복음주의 역사 시리즈 6

복음주의 미래

쟁점과 전망

크레이그 G. 바돌로뮤 외 2인 편집
이 호 우 옮김

기독교문서선교회

기독교문서선교회(Christian Literature Crusade: 약칭 CLC)는 1941년 영국 콜체스터에서 켄 아담스에 의해 시작되었으며 국제 본부는 영국의 쉐필드에 있습니다.

국제 CLC는 59개 나라에서 180개의 본부를 두고, 약 650여 명의 선교사들이 이동도서차량 40대를 이용하여 문서 보급에 힘쓰고 있으며 이메일 주문을 통해 130여 국으로 책을 공급하고 있습니다.

한국 CLC는 청교도적 복음주의 신학과 신앙서적을 출판하는 문서선교기관으로서, 한 영혼이라도 구원되길 소망하면서 주님이 오시는 그날까지 최선을 다할 것입니다.

The Futures of Evangelicalism
Issues and Prospects

by
Craig G. Bartholomew,
Robin Parry & Andrew West

translated by
Ho Woo Lee

Copyright © 2003 by Inter–Varsity Press

Originally published in the U.S.A. under the title as
The Futures of Evangelicalism: Issues and Prospects
by Inter–Varsity Press

Translated and used by the permission of Inter–Varsity Press,
Norton Strret, Nottingham NG7 3HR, England

All rights reserved

Korean Edition
Copyright © 2012 by Christian Literature Crusade
Seoul, Korea

추천사

신문철 박사
한세대학교 신학대학원장

   오늘날 세계 기독교회를 성장 측면에서 진단해 볼 때 진보적 성향의 교회는 쇠퇴하지만 복음주의적 성향의 교회는 꾸준하게 또는 괄목할만하게 발전하고 있습니다. 특히 서구 교회의 쇠락은 현저하게 드러나고 있습니다. 복음의 본질과 능력을 액면 그대로 믿느냐 아니냐, 성경의 권위와 무오성을 믿느냐 아니냐에 대한 차이에서 비롯된다고 생각합니다. 복음의 본질이신 그리스도와 성경의 무오성을 신학적 근본으로 삼고 있는 복음주의는 현대 복음주의적 교회의 현저한 발전에 추진력을 제공하고 있는 것이 사실입니다. 특히 최근 50여 년간 복음주의는 후현대주의적 사상에 맞서며 복음의 정체성과 역동성을 수호하는 일에 세계 교회를 하나로 묶어주는 구심점 역할을 해왔습니다.

   하지만 현대 복음주의가 자성해야 할 문제도 여럿 있습니다. 그중에서 특별히 복음주의가 가지고 있는 다양성과 실용주의를 꼽을 수 있습니다. 교파적·신학적 다양성 때문에 그리고 세속적 문화에 대한 실용주의적 이해 때문에 때로는 '복음주의 정체성이 과연 건전한 것인가 과연 성경적인 것인가'라는 의문을 갖지 않을 수가 없습니다. 자아적 정체성이 분명하지 않은 복음주의는 미래적 전망이 불투명할 수밖에 없기 마련입니다.

이호우 박사가 번역하고 기독교문서선교회가 출판한『복음주의 미래: 쟁점과 전망』은 이러한 측면에서 매우 유익한 저서라고 생각합니다. 금일의 세계교회는 물론이요 한국교회는 교회성장 지상주의에 포로가 되어있습니다. 이 책의 제2장 "복음주의와 교회"에서 케빈 벤후저(Kevin Vanhoozer) 박사는 모든 것을 교회성장으로 판가름하고 있는 현대복음주의의 교회관을 비판했습니다. 그러한 시도를 소위 "맥도날드형 복음"(McGospel)을 양산해내는 실용주의적 교회관 때문이라고 지적하였습니다. 그 밖의 다양한 쟁점뿐만 아니라 세계적으로 확산되고 있는 현대 오순절운동에 대하여서도 이 책은 성경적 시각으로 폭넓게 잘 분석해주고 있습니다.

오늘날의 교회는 후현대주의적 사조에 그대로 노출되어 있으며 거센 도전을 받고 있습니다.『복음주의 미래: 쟁점과 전망』은 한국 교회 내의 복음주의 운동이 고민하고 자성하여 미래적 행보를 밝게 만들어 갈 수 있는 귀중한 지침서가 될 것입니다. 또한 이 책은 한국 교회가 복음의 본질과 교회의 정체성을 회복하고 우리 민족의 정신과 문화를 선도하는 교회가 되도록 기여하는 유익한 안내서가 될 것을 확신하며 널리 추천하는 바입니다.

역자 서문

이호우 박사
한국성서대학교 역사신학 교수

  복음주의의 역사적·신학적 뿌리는 종교개혁자들의 정신으로 거슬러 올라간다. 그러나 성경적으로 볼 때에 복음주의는 인류의 첫 사람과 함께 시작하고 있다(창세기 3장). 그리스도 예수는 복음주의의 정점에 서 있다. 그러므로 복음주의란 그리스도 예수를 복음의 본질로 고백하며 그 복음을 계시하고 있는 성경을 하나님의 무오한 말씀으로 고백하는 모든 그리스도인들의 신앙과 신학운동이라고 할 수 있다. 이러한 복음주의는 현대주의와 후현대주의의 공존적 사조 속에 살아가는 현대 그리스도인들에게 복음의 가치와 중요성을 깨닫도록 만들어 주고 있으며, 신앙적·신학적 활력을 제공하고 있는 것이 주지의 사실이다. 그러나 복음주의는 후현대주의적 사상과 문화-예를 들어, 다원주의, 상대주의, 해체주의, 실용주의 등-에 의하여 그 정체성과 역동성이 흔들리거나 표류하는 측면이 있는 것도 분명한 사실이다.

  본서는 바로 그러한 인식으로부터 출발하고 있다. 그러한 위기감을 토대로 복음주의의 쟁점들을 진단하고 자성하고 미래적 전망을 성경적으로 올바르게 세우는데 초점을 두고 있다. 아브라함 카이퍼(Abraham Kuyper)의 말처럼 하나님의 주권은 "모든 영역에"(in all spheres)에 미친다. 복음주의는 그 역할을 수행해야 한다. 따라서 본서는 그러한 점을 인식하고, 신학, 성경해석, 윤리, 세계관, 철학, 과학, 영성, 선교, 정치, 목회 등 다양한 영역에 미치는 현대 복음주의의 기능과 영향을 다루고 있다. 이러한 측면에서 본서의 편집인 크레이그 바돌로뮤(Craig Bartholomew)는 현대 교회가 자신의 정체성과 성경적 세계관을 새롭게 회복할 필요가 있다고 강조하면서 하나님과 세상과 인간을 새롭게 이해할 필요가 있다고 주장한 점을 주목해야 한다.

본서가 주장하는 바처럼, 현대 그리스도인들은 복음주의의 정체성과 역동성을 성경적으로 바르게 진단하고 자성하고 미래 방향을 고민해야 할 필요가 있다. 복음주의를 사랑하는 모든 그리스도인들의 사명이요 역할이라고 본다. 이러한 시각에서 기독교문서선교회가 「복음주의 역사시리즈」 출판을 기획하고 시도하는 것은 매우 귀한 일이며, 한국교회의 발전에 크게 이바지하는 일이라고 믿어 의심치 않는다.

번역을 통하여 한국교회를 섬길 수 있는 기회를 주신 기독교문서선교회에 감사드린다. 특히 박영호 박사님과 부족한 번역서를 세심하게 다듬어 주시고 정교하게 편집해 주신 여러 편집원님들께 감사드린다. 그리고 부족한 역자의 지성과 영성을 일찍이 일깨워주셨던 강태국 박사님과 김의환 박사님 그리고 하비 칸(Harvie M. Conn) 박사님께 감사를 드리며 이 역서를 헌정한다.

나의 학문적 동지이며 본 역서의 추천사를 써주신 신문철 박사님께 감사를 드린다. 복음주의에 관한 학문적 연구를 통하여 한국교회를 섬기고 계신 한국복음주의신학회와 한국교회사연구소의 동료 교수님들과 더불어 본 역서의 출판의 기쁨을 나누고자 한다. 본서의 번역을 위해 격려해 주신 분들의 사랑과 기도에 진심으로 감사드린다.

Soli Deo Gloria!

목차

추천사 신문철 박사(한세대학교 신학대학원장) / 5
역자서문 / 7

서론: 자성의 시간
   크레이그 G. 바돌로뮤(Craig G. Bartholomew, Cheltenham) / 13
기고자 소개 / 19

제1장 복음주의 신학과 미래
      앨리스터 E. 맥그래스(Alister E. McGrath, Oxford) / 25
제2장 복음주의와 교회: 복음의 동반자
      케빈 J. 밴후저(Kevin J. Vanhoozer, Chicago) / 57
제3장 복음주의와 성경 해석
      I. 하워드 마샬(I. Howard Marshall, Aberdeen) / 133
제4장 복음주의와 성경신학
      그레엄 골즈워디(Graeme Goldsworthy, Sydney) / 163

CONTENTS

제5장 선교의 미래적 동향
    크리스토퍼 라이트(Christopher Wright, London) / 193

제6장 복음주의와 윤리
    로빈 패리(Robin Parry, Worcester) / 213

제7장 기독교 세계관과 복음주의의 미래
    크레이그 G. 바돌로뮤(Craig G. Bartholomew, Cheltenham) / 251

제8장 복음주의 영성
    유진 H. 피터슨(Eugene H. Peterson, Vancouver) / 285

제9장 복음주의와 철학
    그레고리 J. 라우리(Gregory J. Laughery, Lausanne) / 321

제10장_A 복음주의와 은사주의 운동(영국)
    나이젤 스코트랜드(Nigel Scotland, Cheltenham) / 353

제10장_B 북미와 전 세계의 오순절
    조나단 루스벤(Jonathan Ruthven, Virginia Beach) / 393

제11장 복음주의와 정치
    스티븐 라자러스(Stephen Lazarus, Washington, DC) / 411

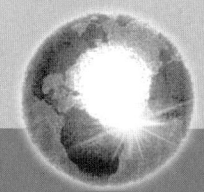

The Futures of Evangelicalism

서론: 자성의 시간

크레이그 바돌로뮤

　일 년간 캐나다 토론토(Toronto)에서 공부하였을 때, 동료들과 함께 나는 '미래들'(Futures)이라고 불리는 기막히게 멋진 커피숍에 들리곤 했었다. 카페에는 시험 기간 중에도 학생들로 가득 찼으며, 쾌적한 분위기 속에서 맛좋은 커피와 놀랄 만큼 다양한 케이크와 영양가 높은 음식들이 학생들에게 제공되었다. 이 책의 제목은 아마 그때 거기에서 유래하였다고 볼 수 있겠다.

　이 책에 실린 논문의 모든 저자에게 있어서 복음주의가 우리에게 자양분을 깊이 제공해주는, 그리고 추천하고 싶은 좋은 것이라는 점은 틀림없이 당연한 사실이다. 복음주의를 통하여 그리스도에 대한 신앙으로 다시 돌아온 저명한 그리스도인들에 관해 듣는 것은 드문 일이 아니다. 그러나 마치 자신들이 기독교의 대안적인 전통을 붙잡기나 한 것처럼, 나중에 그들은 복음주의와 거리를 두려고 한다. 이곳 영국에는 최근에 '후복음주의'(post-evangelicalism)에 관한 토론이 있었으며, 그리고 변화를 가져오려고 복음주의를 매우 근본적으로 재구성하려는-종종 급격한 후현대주의적 방향에서-시도가 (이전의) 몇몇 복음주의자들에 의해서 있었다. 이러한 방식은 이 책의 접근과 다르다.

우리 모두에게 있어서 복음주의는 기독교 신앙에 가장 성경적이고 참된 것으로 간주되고 있는 기독교 전통이다. 물론 복음주의를 정의한다는 것이 힘들다는 것을 알고 있다. 실제로 다양한 유형의 복음주의자들이 있고 그 다양성이 우리 안에 실재하고 있다.[1] 우리 중에 어떤 사람들은 종교개혁 전통을 철저히 따르는 성공회 복음주의자들이다. 다른 사람들 중에는 은사주의-여기에 속한 성공회 사람, 그렇지 않은 성공회 사람이 있다-와 오순절주의를 따르는 복음주의자들도 있다. 그렇지만 우리 모두는 다양한 '복음주의' 사이에서 한 가족이라는 유사성이 있다는 점을 깨달을 수 있을 것이다. 그럼에도 불구하고 복음주의를 정확하게 정의한다는 것은 쉬운 일이 아니다.

이러한 점은 우리가 복음주의에 대하여 무비판적이라는 것을 의미하지 않는다. 오히려 이 책이 역설하는 바는 복음주의가 자성하고, 뉘우치고 그리고 배워야 할 많은 것을 가지고 있다는 점이다. 그러나 우리의 비판은 절망 속에 복음주의를 떠나버린 사람들로부터 나온 것이 아니라, 마치 구약의 선지자들처럼 매우 열정적으로 여전히 복음주의 안에 머물고 있는 사람들로부터 나온 예언자적 비판이다. 현대 복음주의의 양상을 두고 눈물을 흘려야 할 경우, 예레미야와 호세아와 같은 심정으로 눈물을 흘려

---

1) 복음주의 본질에 대한 많은 논의들과 다양한 유형의 각기 다른 종류의 복음주의자들이 있다. 이러한 점에 관하여 도움이 될 수 있는 두 권의 책은 Knight(1997)와 McGrath(1988)를 꼽을 수 있다. 둘 다 복음주의를 정의하는 방법에 대하여 논하고 있으며 이제까지 제안된 복음주의자들의 유형을 언급하고 있다. 두 사람 모두 '복음주의자'라는 용어가 종교개혁 이후, 다른 의미를 갖게 되었다고 말한다. Knight(1997: 20)는 종교개혁 시기에 복음주의자는 개신교인과 다소 동의적인 용어였다고 지적한다. 하지만 18-19세기 복음주의적 각성 시기에 복음주의자는 개인적인 회심, 거룩한 삶, 대중 전도 그리고 종종 사회개혁 등과 연관되기 시작했다. 1940년대 이후 복음주의는 신복음주의로 알려진 후근본주의적 운동으로 언급되고 있는데, 즉 복음주의는 근본주의와 거리를 두려고 애를 썼다.

야 한다. 우리는 복음주의의 풍족한 가치를 알고 있으며, 엄청난 잠재력을 십분 발휘하는 복음주의를 갈망하고 있다.

잘 문서화되어 있는 바와 같이, 실제로 복음주의는 지난 20세기 후반부 동안 큰 발전을 이룩하였고, 그 결과 복음주의는 현재 '서양에서 가장 널리 그리고 활동적으로 헌신적인 기독교의 한 유형'이 되었다.[2] 그러나 바로 그러한 성장은 복음주의 스스로 문제점을 초래했으며, 그로 인해 서구의 복음주의가 현재 기로에 서 있다는 생각이 널리 퍼져 있다. 복음주의의 현재 상태와 미래에 대한 그렌즈(Stanley Grenz)의 최근 평가에서 그는 다음과 같은 말로 글을 시작했다. '복음주의의 미래가 불확실하다. 적어도 이러한 평가는 오늘날의 많은 복음주의적 동향 조사자들, 예측가들 그리고 예언자들에게서 나온 것이다.'[3] 이러한 기로는 서양 문화가 현재 겪고 있는-소위 '후현대성'(postmodernity)의 도전-변화와 밀접하게 관계되어 있다. 어느 것이 참된 것인지 아닌지를 우리가 어떻게 아는가-즉 인식론에 관련하여-와 같은 문제에 직면할 때, 복음주의의 어떤 유형은 후현대성보다는 현대성에 더 근접한다.[4] 20세기 동안 복음주의자들은 후현대주의의 단편성과 다원성을 가지고 문화에 대한 흥미를 되찾았으며, 그 단편성은 또한 복음주의의 특성을 밝혀주고 있다.

복음주의를 향한 현시대의 도전에 대한 정확한 이유가 무엇이든지 간에, 복음주의자들에게 있어서 지금은 분명히 자성해야 하는 시기이다. 즉 우리의 미래가 희망적이라면, 우리가 주의를 기울여야 할 필요가 있는 것

---

2) McGrath 1996: 9.
3) Grenz 2000: 11.
4) 이러한 점에서 Knight(1997)는 Carl Henry와 Donald Bloesch 간의 접근방식을 비교했다. Grenz(2000: 85-116)는 Henry와 Bernard Ramm을 대조했다. Ramm의 현대적 관련성에 관해서는 Ramm의 『복음주의적 유산』(*The Evangelical Heritage*)에 있는 Vanhoozer의 서문을 보라. 후현대주의의 출현과 더불어 이러한 차이점들은 이전에 상상했던 것보다 매우 더 중대해졌다는 점을 지적하고 있다.

이 무엇인지를 평가하는 방도로서, 우리가 그간 걸어왔던 길과 발전을 이루었던 방식을 평가해야 하는 시기인 것이다. '복음주의의 미래'라는 제목은 복음주의를 위한 다양한 미래의 가능성을 찬찬히 불러일으킨다. 이러한 점에서 복음주의자들이 이루었거나 그렇게 하지 못한 진척 상황에 관련하여 핵심적인 주제를 다루어 달라고 우리는 논문 기고자들에게 요청하였다. 물론 앞으로의 발전 방향을 위해 계획된 의제들의 윤곽을 보여 준다는 시각에서 말이다.

이 책의 각 논문이 토의된 주제에 관한 최종적 견해를 선언하는 것이라든지, 또는 중요한 모든 주제를 다 토의한 것이라는 식의 어떠한 착각에도 빠지지 않기를 우리는 바란다. 오히려 이 글의 목적은 복음주의자들과 다른 이해관련 집단들이 복음주의와 복음주의의 가능한 미래에 대하여 자성할 수 있도록 자극을 주는데 있다. 이 책에서 취급할 분야들은 신학, 교회, 성경 해석, 성경신학, 선교, 윤리, 세계관, 영성, 철학, 은사주의 운동 그리고 정치 등으로서 근본적으로 중요한 것들이라고 생각된다. 이 책이 앞날의 미래를 위해 복음주의자들에게 좋은 진전 방안들에 관하여 건전한 자성과 토론을 유발할 수 있기를 희망한다.

이 책을 출판하게 된 이정표는 글로스터셔대학교에서 있었던 '복음주의의 미래'에 대한 학술대회로서, 이 대회는 글로스터셔대학교 선임 연구원들의 기꺼운 재정적 도움으로 이루어졌다. 이런 일을 수행하도록 감동적이고 협력적인 환경을 제공해 준 댐 자넷 트로터(Dame Janet Trotter) 총장과 대학교 당국에 감사드린다. 대학교 내에서 여러 방편으로 협력하고 있는 나의 공동 편집인 로빈 패리(Robin Parry)와 앤드류 웨스트(Andrew West)의 도움이 없었다면, 이 책은 결코 빛을 보지 못했을 것이다. IVP의 필립 듀스(Philip Duce)는 편집 전 과정을 통하여 많은 도움과 격려를 주었으며 순조롭게 완성되도록 해주었다.

프레드 휴즈(Fred Hughes) 박사에게 이 책을 헌정한다. 프레드는 1997년부터 2003년까지 글로스터셔대학교 신학 및 종교학과 학과장을 역임하였다. 그 학과가 신설 인문학과에 병합됨에 따라 프레드는 지금 그 자리를 내려놓았지만, 그는 여전히 대학교 행정요원으로 남아 있다. 진실과 지혜로서 신학 및 종교학과를 이끌었던 프레드에게 이 책을 헌정하는 것은 우리에게 무한한 기쁨이다.

Bibliography

Grenz, S. J. (2000), *Renewing the Center: Evangelical Theology in a Post-Theological Era*, Grand Rapids: Baker Academic.

Knight III, H. H. (1997), *A Future for Truth: Evangelical Theology in a Postmodern World*, Nashville: Abingdon.

McGrath, A. (1988), *Evangelicalism and the Future of Christianity*, London: Hodder & Stoughton.

—— (1996), *A Passion for Truth: The Intellectual Coherence of Evangelicalism*, Leicester: Apollos.

Vanhoozer, K. J. (2000), 'Foreword: The Pattern of Evangelical Theology: Hommage à Ramm', in B. Ramm, *The Evangelical Heritage: A Study in Historical Theology*, ix–xxvii, Grand Rapids: Baker.

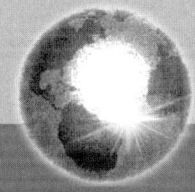
The Futures of Evangelicalism

기고자 소개

크레이그 바돌로뮤(Craig G. Bartholomew)는 글로스터서대학교(University of Gloucestershire) 인문대학 선임연구원이다. 그는 구약성경 지혜문학과 성경해석의 권위자이다. 『전도서 강독: 구약성서 석의와 해석학 이론』(Reading Ecclesiastes: Old Testament Exegesis and Hermeneutical Theory)의 저자이며, 『주의 영역 안에서: 칼빈 시어벨드 리더』(In the Fields of the Lord: A Calvin Seerveld Reader)의 편집인이며, 그리고 『그리스도와 소비주의』(Christ and Consumerism)의 공동 편집인이다. 또한 그는 성경과 해석학 연재 간행물의 편집인이기도 하다.

그레엄 골즈워디(Graeme Goldsworthy)는 시드니(Sydney)에 위치한 무어신학대학교(Moore Theological College)에서 성경신학과 구약성경을 가르쳤다. 뉴 사우스 웨일즈(New South Wales)의 북쪽 해안 지역에서 반 은퇴생활을 하고 있으며 무어대학교에서 방문교수로 해석학을 계속하여 가르치고 있다. 『계획에 따라』(According to Plan), 『기독교 경전으로서 성경전체를 설교하기』(Preaching the whole Bible as Christian Scripture), 『기도와 하나님의 지식』(Prayer and Knowledge of God) 등의 저자이다. 그의 성경연구를 모아놓은 세권의 책 『골즈워디 트릴로지』(*The Goldsworthy Trilogy*)가 있다.

그레고리 라우리(Gregory J. Laughery)는 라브리 공동체(L'Abri Fellowship) 스위스 지부에서 사역하고 있다. 『움직임 속에 살아있는 해석학: 성경해석학에 끼친 폴 리쾨르의 공헌에 대한 분석과 평가』(*Living Hermeneutics in Motion: An Analysis and Evaluation of Paul Ricoeur's Contribution to Biblical Hermeneutics*)의 저자이며, 『오순절 이후』(After Pentecost)에 '언어의 변경에 놓인 언어'(Language at the Frontiers of Language)라는 연구 논문과 계시록 관련 주석을 집필하였다.

스티븐 라자러스(Stephen Lazarus)는 워싱톤 DC 지역에 있는 공공정의센타(Center for Public Justice)의 선임 정책원이다. 이 센타는 비정당 기독교 공공정책협회이며 공공지역에서 믿음을 가진 사람들의 정당한 처우를 보장하는 정책을 개발하고 있다. 이 센타의 직원들은 신앙 기반 및 공동체 솔선(Faith-Based and Community Initiative)의 일부로서 백악관과 주정부에 자문으로 일하고 있다.

하워드 마샬(I. Howard Marshall)은 1964년부터 1999년까지 가르쳤던 아버딘대학교(University of Aberdeen)에서 신약학 명예연구교수로 있다. 목회서신서와 누가복음 주석서를 포함하여 많은 학술적 저서와 논문을 집필하였으며, 최근에는 물톤과 기든(Moulton and Geden)의 제6판인 『헬라어 신약성경 용어색인집』(*Concordance to the Greek New Testament*)을 편집하였다.

앨리스터 맥그래스(Alister E. McGrath)는 옥스퍼드대학교(Oxford University)의 역사신학 교수이며 위클리프 홀(Wycliffe Hall)의 학장을 맡고 있다. 탁월한 신학자이며 연사인 맥그래스는 복음주의에 관한 몇 편의 작품을 포함하여 수많은 저서를 집필하였다. 그의 가장 최근 출판물로는 총 3권으로 이뤄진 『과학적 신학』(Scientific Theology)의 첫 두 권('자연'[Nature]과 '실재'[Reality])이 있다.

로빈 패리(Robin Parry)는 워세스터(Worcester) Sixth Form College에서 'A' 등급 종교학을 가르쳤다. 구약설화 윤리학으로 박사학위를 마친 뒤 패터노스터출판사(Paternoster Press)의 최고 편집장이 되기까지 그곳에서 10년간 교수생활을 하였다.

유진 피터슨(Eugene H. Peterson)은 캐나다 밴쿠버(Vancouver) 리전트대학교(Regent College)의 영성신학 은퇴교수이다. 그는 현대용어로 의역한 성경 『메시지』(The Message)의 저자이며, 『동일방향에서 긴 순종』(A Long Obedience in the Same Direction), 『명상하는 목사와 장벽 뛰어넘기』(The Contemplative Pastor and Leap Over a Wall)를 포함하여 수많은 저서를 집필하였다. 메릴랜드 벨 에어(Bel Air)에 Christ our King Presbyterian Church를 설립하여 29년간 목회하였다.

조나단 루스벤(Jonathan Ruthven)은 버지니아 주 버지니아 비치(Virginia Beach)에 위치한 리전트대학교(Regent University) 신학부의 조직신학 교수이다. 교수로 일하기전에 12년간 목회를 하였으며 케냐에서 선교사 활동을 하였다. 그의 가장 최근 저서로는 『역사를 형성하는 예언: 종말에 관한 에스겔의 비전에 관한 새로운 연구』(The Prophecy That Is

Shaping History: New Research on Ezekiel's Vision of the End)가 있다. 그는 독자로부터 받는 의견을 좋아하고 있다. ruthven@regent.edu

나이젤 스코트랜드(Nigel Scotland)는 1984년부터 강의하고 있는 글로스터서대학교(University of Gloucestershire)의 신학-종교학 분야의 위원장이다. 성공회 목사인 스코트랜드는 1975년부터 1984년까지 세인트 바울과 세인트 메리 대학교(College of St Paul and St Mary)에서 교목과 강사를 역임한 바 있다. 그 이전에는 몬트리얼(Montreal) 관구 내 레이크필드(Lakefield) 교구 목사로 일하였다. 많은 책들을 집필하였는데, 최근 저서들로는 『요한 버드 섬머: 복음주의적 대주교』(John Bird Summer: Evangelical Archbishop), 『은사주의와 신 천년설』(Charismatics and the New Millennium), 『현대 영국 내 분파주의적 종교』(Sectarian Religion in Contemporary Britain), 그리고 『선하고 예의바른 인물들: 팔머스톤 경과 주교들의 의석 그리고 변혁기의 복음주의적 성공회인들』(Good and Proper Men: Lord Palmerston and the Bench of Bishops and Evangelical Anglicans in a Revolutionary Age) 등이 있다.

케빈 밴후저(Kevin Vanhoozer)는 시카고(Chicago) 트리니티 복음주의신학대학원(Trinity Evangelical Divinity School)의 조직신학 분야 연구 교수이다. 이곳에 오기 전에 신학 및 종교학 분야의 선임강사로 있었던 에딘버러대학교 뉴 칼리지(New College)에서 8년간 신학을 강의하였다. 저서로는 『이 본문에는 의미가 있는 것인가?』(Is There a Meaning in this Text?), 『제일 신학: 하나님, 성경, 그리고 해석학』(First Theology: God, Scripture and Hermeneutics) 등이 있으며, 근간 저작으로는 『교리 드라마: 신학에 대한 정경적인-언어학적인 접근』(The Drama of Doctrine: A Canonical-linguistic

Approach to Theology)이 있다.

앤드류 웨스트(Andrew West)는 전직 학교 교사이었으나 현재는 글로스터셔대학교 교목으로 일하고 있다. 크레이그 바돌로뮤와 함께 『성경을 따라 기도하기: 시편 묵상』(Praying by the Book: Reading the Psalms)의 공동 편집인이다.

크리스토퍼 라이트(Christopher Wright)는 랭험 국제 동역자회(Langham Partnership International)의 국제목회(International Ministries)팀 책임자이다. 이 동역자회는 존 스타트(John Stott)가 설립한 목회단체로서 전 세계에 산재해 있는 교회와 신학교를 후원하고 있다. 라이트는 만민기독대학교(All Nations Christian College) 총장을 역임한 바 있으며 인도에서 살면서 가르치는 일도 하였다. 『하나님의 백성으로서 삶』(Living as the People of God)을 포함하여 구약성경에 관련된 몇 권의 책을 집필하였다.

The Futures of Evangelicalism

제1장

복음주의 신학과 미래

앨리스터 맥그래스

글로스터셔대학교의 새로운 위상을 축하하면서, 복음주의를 위한 신학의 역할에 관한 몇 가지 자성적 성찰과 이 글이 권고하는 목회와 섬김을 위한 가능성을 제안하는 것이 특별히 적절하리라고 본다. 그리고 1926년 이 곳 글로스터셔에서 태어난 제임스 패커(James I. Packer)에게 존경을 먼저 표하지 않고서, 어느 누가 복음주의 신학을 강의할 수 있겠는가?[1] 패커는 전도, 예배 그리고 영성과 관련하여 신학의 중요성을 복음주의자들에게 일깨워주는 일에 자신의 장구하고 뛰어난 생애를 바쳤다. 따라서 이 주제에 관하여 할 말이 많이 있는 패커를 기념하면서 이 글을 시작하는 것 또한 적절하리라고 본다.[2]

---

1) McGrath 1997.
2) 특히 그의 고전적인 작품 『하나님을 아는 지식』(*Knowing God*)(Packer 1973)과 그의 뛰어난 강연 '조직적 영성에 관한 서론'(An Introduction to Systematic Spirituality)(Packer 1990)을 보라. 그의 강연은 McGrath 1999: 194-209에 해설과 함께 수록되어있다.

1. 신학에 대한 그리스도인의 반감: 일반적 개요

 이 주제에 대한 탐구를 시작하는데 있어서 가장 중요한 것은 서양의 주류 교회들안에 학문적 신학(academic theology)에 대한 무관심이 증대되고 있다는 점이다. 신학의 본 고장에서 왜 학문적인 신학이 하찮은 존재로 여겨지는 수모를 겪고 있는 것일까? 아마 거기에는 많은 원인들이 있을 것이다. 가장 명백한 원인은 세계 전역에서 여전히 큰 영향력을 끼치고 있는 미국식 학문 문화의 강력한 실용주의적 속성 때문이다. 학문적 신학은 소위 말하는 '철학 기피'의 희생물일 수도 있는데, 그것은 말하자면 철학적인 분석에 손을 대기보다는 문화적인 문제들에 더 역점을 두어 다루는 경향으로 간주될 수 있는 것이다. '미국인의 지적인 생활 속에, 현실성 없는 생각은 중대한 죄악으로 항상 간주되어 왔다고 말하는 것은 결코 과장이 아니다.'[3] 신학에 대한 일반적인 기피 현상은 이론적 분석의 장점과 필요성에 의문을 갖고 있는 것보다 더 넓은 문화적 경향을 반영하고 있으며, 그리고 그것은 일상의 이슈들에 직접 관여하는 것을 훨씬 더 선호하고 있음을 뜻한다.
 이런 점에 대한 중요성은 쉽게 감지된다. 만약 캘리포니아의 한 대형교회가 성장일로에 있을 경우, 더 나은 목회기법, 더 나은 주차시설, 더 나은 집회시설, 증가된 수입의 흐름 그리고 목회자들의 더 효율적인 시간 활용 등을 계발하는 일에 관심을 기울일 가능성이 높다. 지난날의 학문적 신학은 교회생활의 실제적인 이슈들에 관심을 기울이는 일이 거의 없었다. 물론 설교와 가르침은 예외로 두어야 한다.
 신학은 분명히 설교와 기독교 교육 과정에-특히 청중을 양육하는 면에

---

 3) Smith 1963: vii. 존 듀이(John Dewey, 1859-1952)의 도구주의(instrumentalism)의 중요성을 잘 논하고 있다. West 1989: 5에 나오는 탁월한 설명도 참조하라.

서 이것은 교회 생활에 매우 중요한 요소이다-있어서 중요한 역할을 하고 있다. 이런 점에서 신학은 틀림없이 영예의 자리를 얻고자 기대하는지 모른다. 많은 방문을 통해 내가 깨달은 것은 꽤 많은 목회자들이 자신들의 서재 책꽂이에 여전히 두꺼운 신학 서적을 꽂아놓고 있다는 것이다. 신학자들 사이에 목회자에 관한 일반적인 농담은 다음과 같은 것이다. 목회자들의 책꽂이를 한번 둘러보면, 하나의 분기점이 있음을 알아차릴 수 있는데, 어느 시점 이후 그들이 신학서적 구입을 중단한 것같이 보이는 경우가 있다는 것이다. '바로 그 때 저들의 뇌는 죽었다'라는 식의 농담을 하곤 한다.

  내가 가르쳤던 제자를 방문하고 나서야 그러한 재밌는 농담을 확인할 수 있었다. 그는 학문적으로 명석했으며, 그의 번득이는 학구적인 생활은 나보다 앞서는 듯 보였다. 최근 그는 지난 5년간의 세월을 교구 목회에 보냈다. 그의 서재에서 함께 커피를 마셨을 때, 그의 책꽂이를 대충 살펴보았는데 어쩔 수 없이 그 분기점을 인지하게 되었다. 나는 그러한 점을 지적하며 일깨워 줄만한 말을 해주려고 했었다. 그러나 그는 나에게 다음과 같이 일침을 가하는 말을 건넸다. 화를 내기보다 오히려 슬픈 기색으로 '네'라고 답하면서, '그러한 책들이 내가 섬기는 사람들에게나 그들을 섬기는 내 자신에게 해 줄 말이 아무것도 없다는 것을 깨닫게 된 때가 있었죠'라고 하였다. 그 다음 그 자신에게 도움이 되었던 몇 권의 책들을 꺼내더니 그 이유를 설명하였다. 그의 두뇌는 틀림없이 살아있었고 생동적이었다. 틀림없이 신학은 그 목사와 성도들에게 중요한 관련성을 만드는데 실패한 듯이 보였다.

  문제점은 너무 많은 주요 학구적인 신학자들이 자신들의 편리를 위해 우리 나머지 사람들에게 생소한 언어로 말하며, 전혀 다른 종류의 의제들을 다루고 있는 것 같다는 것이다. 1960년 한스 릴제(Hans Lilje) 주교는 뉴

욕의 유니온신학교-세계적으로 유명한 신학교들 중에 한 곳-학생들에게 강연을 통하여 그러한 점을 언급한 바 있다.

> 기독교회가…참되고 살아있는 어떤 감동을 전달해야 하는 측면에서 자신의 신앙에 관해 말하는 능력을 잃어버린 것 같다. 신학자들의 언어는 매우 추상적이며 자기중심적이고 실제 생활과 거리가 멀어 보여서, 신학이 대학교 내에서 주도적인 위치를 차지했던 시기 그리고 신학이 서구 국가의 지적인 생활을 형성하는데 가장 큰 영향을 주었던 시기를 단지 꿈만 꿀 수 있을 뿐이다.[4]

어쨌든 더 나아진 것은 없다. 어느 저명한 영국 신학자가 영국교회를 위해 목회를 준비하고 있는 우리에게 강연을 했던 1970년대의 한 사건을 떠올려 본다. 신학 문제에 관한 해박한 지식을 강의하기 전에, 그는 자신의 목회 시절에 있었던 몇 가지 개인적인 회상을 먼저 꺼냈다. 그의 교구에 속한 소수의 노년 부인들을 정기적으로 어떻게 방문하였는지, 미지근하게 우러난 차 한 잔을 마시며 그들과 어떻게 대화를 나누었는지에 대하여 언급했다. 저 유명한 신학자가 손자들이나 채소 가격 그리고 노년의 고충 등과 같은 주제들에 대해 대화를 나누며 그 노부인들과 함께 말을 주고받아야 하는 그런 무례를 겪었다는 생각에 우리 모두 숨죽여 킥킥거렸다(분명히 그렇게 여겼다).

그의 강연이 마치고 난 후, 우리는 그가 교구의 노부인들과 좀 더 많은 시간을 보냈으면 좋았었겠다고 생각했다. 대부분의 그의 강연을 이해할 수 없었으며, 우리의 실제 삶-사람들 사이의 관계의 문제들, 생활비의 문제들, 그리고 세상의 고통과 같은-과 전혀 관계없는 것들이었다. 그

---

[4] Hendry 1960: 216을 자세히 살펴보라.

의 강연은 가장 안 좋은 의미에서 학문적인 것이었다. 절망적일만큼 과시적인 언어로 일관했으며, 나라의 방대한 대부분이 영향을 받고 관심있어 하는 이슈들과 연관성이 없었다. 이것은 찰스 뉴만(Charles Newman)이 나중에 '담론 부풀리기'(inflation of discourses)라고 불렀던 것의 선명한 예시였다. 즉 담론 부풀리기는 언어의 허세를 만들고, 공공의 유익성 또는 현실성에 관한 관계를 포기하게 만든다.[5] 그 강연 이후 나는 신학자가 되지 않을 것과 나의 학문적 성향에 대한 교정으로서 교구 목회에 투신할 것을 결심했다. 하지만 그것은 또 다른 이야기이다.

영국에서 학문적 신학이 교회에 현실적이지 못하다는 인식은 1977년으로 거슬러 올라갈 수 있는데, 어느 학구적인 신학자 모임에서 『성육신 하나님의 신화』(Myth of God Incarnate)라는 제목의 책을 출판했을 당시였다. 글 기고자들에게 있어서 그 책은 의심할 바 없이 흥미로운 신학적 실험이었으며, 학문 연구에 있어서 하나의 이정표적인 공헌이었다. 그러나 안쓰럽게도 그 책은 그와 같이 간주되지 않았다. 오히려 신학이 어떻게 스스로 궁지에 빠지게 되는지를 잘 보여주는 예가 되었다. 반면 이에 대항하여 급히 서둘러 집필된 보수주의의 저작(The Truth of God Incarnate)은 학문적으로 더 뛰어난 것으로 널리 간주되었다.[6] 『성육신 하나님의 신화』는 비그리스도인들을 즐겁게 해주었으며, 점차 화가 난 기독교 대중을 당황하게 만들었고, 유력한 종교 자유주의가 교회에게 또는 세상에게 제공할 수 있는 것이 아무것도 없다는 것을 많은 사람에게 확신시켜 주었다. 아드리안 해스팅스(Adrian Hastings)는 그가 높이 사고 있는 영국 기독교 역사 안에서 다음과 같은 것을 관측하였다.

---

5) Newman 1985.
6) Hick 1977 그리고 Green 1977.

만일 『성육신 하나님의 신화』가 흥분을 불러일으켰다면, 그 흥분은 장기간 사면초가에 몰린 기독교 신앙의 성체위에 높이 들여진 백기를 목격하는 것을 매우 열광적으로 즐거워했던 불가지론 세계의 능글맞은 흥분이었다. 그리고 그것은 자신들의 장교들이 마음에 거리낌 없이 자신들을 밀고했다는 것을 알았을 때 몹시 지쳐 있는 수비대 일반 사병들의 망연자실한 흥분이었다. 머지않아 소수의 기고자들이 비록 명목적일지라도 그리스도인임을 스스로 포기했다는 사실, 또는 그 모임에서 가장 큰 영향력과 대중성을 지닌 돈 큐피트(Don Cupit)가 불과 2년 뒤에 무신론적 신앙으로 귀의했음을 선포했다는 사실은 전혀 놀랄만한 일이 아니었다.[7]

만일 이 작품이 그리스도인들이 보기에 학문적 신학의 지위를 높이려는 의도가 있었다면, 그것은 아주 분명하게 실패하고 말았다. 그것은 일종의 자살골이자 영국의 학문적 신학이 가지고 있는 지적 얄팍함과 영적 부적합성을 독자들에게 확신시켜 주는 자기선전의 대표적인 예가 되었다.

학문적 신학과 교회 사이에 증가되고 있는 간격은 최근의 신학이 교회의 생활, 예배 그리고 선교 등과 전혀 관련이 없어 보이는 이슈들에 많이 집중하고 있다는 사실을 통해 잘 드러나고 있다. 아드리안 해스팅스는 지난 세대에 나타난 많은 영국 신학의 단점을 평론하면서 이러한 점의 중대성을 지적하였다.

> 내적 일관성에 관한 공정한 척도를 지닌 신학 없이는 어떠한 교회도 오래도록 지속될 수 없다. 그 내적 일관성은 신자들의 실제적인 종교 생활과 그리고 현대 사회에서 요구하는 신뢰성 또는 유용성에 대한 특정 기본 필수 사항 등 이 두 가지와 유기적으로 관련되어 있는 것이다…1970년 대 옥스퍼드나 캠브리지 대학교에서 가르쳐진

---
7) Hastings 1986: 650-651.

영국의 학문적 신학의 주된 전통은 이러한 필요를 거의 채워주지 못하였다. 학문적 신학과 이른바 평신도 신학 간에 주목할 만한 공백이 오래도록 있어왔는데, 그럼에도 불구하고 지난 시대 동안 그 둘 사이에는 여전히 연결고리가 잔존하여 왔다. 고어(Charles Gore), 템플(William Temple), 램지(Arthur Michael Ramsey), 또는 패러(Austin Farrer) 등의 신학은 교회가 신학과 함께 살 수 있고 성장할 수 있다는 것을 아주 분명하게 보여준다. 니너햄(Dennis Nineham), 힉크(John Hich), 또는 큐피트(Don Cupit) 등의 신학은 그와 같은 것이라고 말할 수 없다…70년대 주요 신학자들이 발휘할 수 있었던 것보다 더 강력하게 신앙에 대한 어떠한 논리적인 표현을 창출할 수 없는 교회는 결코 미래가 없다고 말하는 저들의 작품에 대해 어떠한 논박도 없는 상태이다.[8]

해스팅스가 지적한 사항에 대해 안쓰럽게도 반박할 여지가 없다. 그러한 말이 있은 이후, 학문적 신학이 신자들로부터 신뢰성을 완전히 잃어버린 것인지에 관하여 많은 사람들을 염려스럽게 만들면서 그야말로 상황은 나빠지고 말았다.

2. 복음주의와 신학: 몇 가지 중요 요소들

그렇다면, 복음주의는 어떠한가? 복음주의는 엘리트주의를 피하면서, 기독교 신학을 위한 목회적이고 영적인 현실성을 보장해주고 있는가?[9] 오랜 기간 신학적인 반추가 있었음에도 불구하고, 복음주의는 학문적인 영

---

8) Ibid.: 662–663.
9) McGrath 2000.

역에서 신생아로 널리 간주되고 있다. 많은 사람들이 복음주의의 등장을 환영한 것은 아니었다. 그 이유는 부분적으로 신학화 작업 과정에서 성경을 중요시 여기는 복음주의의 고집스러운 주장 때문이다. 즉 신학에 대한 복음주의적 접근방식의 가장 근본적이고 필수적인 특징들 중에 하나가 신학은 모든 면에 있어서 성경에 의해 반드시 배양되고 통제되어야 하며, 성경에서 발견한 것에 대하여 충실하고 일관된 설명을 제공해야 한다는 것이다. 그러한 용어들 속에서 신학적 활동을 이해한다는 것은 신학이 본질적으로 성경에 대한 집중 그리고 그 안에서 발견되어지는 것을 교회와 세상에 표현하고 전달하려는 갈망 그 이상이나 그 이하도 아니라는 점을 주장하는 것이다. 기독교 신학은 성경적 증거에 정중하고 순종적인 주의를 기울여야 하는, 그리고 성경에 표현된 것을 발견해 내는 것을 통하여 신학 자체가 형성되어지고 재형성되도록 해줘야 하는 책무를 가지고 있다.

'복음주의'라는 용어는 1920-1930년대 북미에서 일어난 근본주의와 관련된 특히 반지성주의적 이미지를 계속적으로 떠올리게 만든다. 그러나 복음주의는 그 비판적인 시대의 방어적인 태도와 지나친 대응으로부터 벗어난 지 오래되었다. 제2차 세계대전 이래, 복음주의는 목양적이고 영적인 문제들에 대하여 타협하거나 약화시킴 없이 지적인 문제들에 대해서도 계속적으로 관심을 표명하여 오고 있다.

북미 복음주의의 최근 역사 때문에 복음주의의 주요 지지층은 지난 세대의 신학에 대해 상반된 감정을 가지고 있는 것이 분명하다. 제2차 세계대전 이후 북미 복음주의가 지구촌 기독교계에 중요 존재로 출현한 이래, 적어도 복음주의 운동의 큰 부류가 복음주의의 중대한 의제에 관한 신학적인 업무를 긴급한 우선사항으로 지속하고 있는 것같이 보이지 않고 있다. 왜 이러한 일이 일어났을까? 주된 원인을 네 가지로 꼽을 수 있는데, 각기 심층적으로 연구할 가치가 있는 것들이다. 이들 중에 세 가지는 영국 복음주의보다는 북미 복음주의와 특히 관련되어 있으며, 이것은 미국과 영국 진영에 각기 관련된 매우 다른 지적인 기풍을 어느 정도 반영하고 있다.

1) 근본주의의 지속적인 영향

한 세대동안 학문적 신학으로부터 복음주의를 멀리 떼어 놓은 것이 북미 복음주의가 가지고 있는 근본주의적 유산이다. 이런 요소가 학문적 신학에 오래도록 참여해온 영국 복음주의에게는 거의 의미가 없다. 1920년대 북미 근본주의의 발흥은 이 지역 복음주의 안에 있는 신학에 대한 상반된 태도를 이해하는 것과 결정적으로 중요한 관련이 있다. 근본주의의 발흥은 일반적으로 복음주의가 학문에 전념하도록 영향을 주었다. 이러한 현상은 이른바 중국의 '문화 혁명' 기간 동안 발생한 사건들과 유사한 고통을 보여준다. 즉 근본주의와 문화혁명 이 두 가지는 그 다음의 복구과정을 고통스럽고 위험스럽게 만들면서, 주류 학문적 활동으로부터 한 세대를 갈라놓았다. 한편 그 복구과정에 추가적인 문제가 발생하면서, 미국의 대학교와 대학들은 일반적으로 자신들의 기독교 설립 정신으로부터 멀리 벗어나 표류하였다.[10] 근본주의자들은 신앙적인 이유로 일종의 사상이나 또는 문화적 활동으로부터 면제되어야 할 것을 고집스럽게 주장한다.[11] 이러한 근본주의자들의 지속적인 영향으로부터 완전하게 회복한 것으로 보이는 복음주의가 어떤 면에서는 지적으로 얄팍하다는 평판을 여전히 가지고 있다.

---

10) 이러한 점을 지적한 다음의 글을 참조하라. Marsden 1994; Sloan 1994.
11) 1940년대 영국 교회의 복음주의에 관한 통찰력 있는 평가를 참조하라: '복음주의자들은 신앙적인 이유로 문화와 학문성 그리고 지적활동으로부터 면제받으려는 경향을 가지고 있었다.' Manwaring 1985: 55.

2) 신학과 교회 생활에 대한 실용적 접근

그러나 지적 활동에 대한 복음주의의 열정이 부족하다는 것을 전적으로 근본주의적 유산이라고 탓할 수 없다. 복음주의 운동의 지적 나약성을 강력하게 탓할 수 있는 미국적 '낙천주의'(feel-good-ism) 치유 문화에 오늘날의 복음주의가 집착하고 있다는 주장이 가능하기 때문이다. 특히 북미 복음주의는 성공이라는 실용적 기준에 강조점을 두고 있는데, 이것은 목양적이고 전도적인 실천을 위한 복음주의의 의심스러운 공리성 때문에 신학적 활동의 후퇴를 가져왔다. 통찰력 있는 중요한 최근 한 연구에서, 대비드 웰스(David F. Wells)는 복음주의가 한 때 붙잡았던 신학의 중요성에 대한 무엇인가를 잃어버리고 있다고 지적했다.[12] 복음주의 운동의 강력한 실용주의적 성향은 교회성장, 낙천적 설교 그리고 세속 심리학자들에 의해 주로 제시된 목회 유형 등을 강조하도록 만들었다고 평가했다. 한 때 일반적으로 갖추어야 할 것으로 인식되었던 고전적 신학을 영예로운 자리에 두는 것에 실패한 복음주의 신학교들과 더불어 고전적 신학의 역할은 심하게 약화되었다는 것이다. 웰스에 따르면, 신학은 세상에서 기독교 정체성을 유지하고 함양시켜 주는데 필수적인 것으로 더 이상 간주되지 않고 있으며, 또한 목회를 위한 새로운 접근방식으로서 중요한 자료로도 더 이상 간주되지 않고 있다고 한다. 그러나 웰스가 자신의 연구사례를 지나치게 설명한 것으로 지금은 널리 여겨지고 있다. 실제로 제2차 세계대전 이래 복음주의는 신학적인 결과물을 상당하게 지속적으로 산출했으며, 복음주의의 신학적 유산을 포기하려는 그 어떠한 특별한 경향도 보여주고 있지 않고 있다.[13]

---

12) Wells 1993.
13) Braaten 1966의 서평을 보라. 20세기 복음주의 신학에 대한 좋은 길잡이로는 Elwell

더불어 여기에 포함된 몇 가지 이슈들이 더 있는데, 특히 학문적 신학이 기독교 공동체의 생활로부터 벗어나 표류하고 있다고 보는 태도이다. 만일 복음주의가 학문적 신학을 소홀히 여겼을 경우, 복음주의 공동체 안에서 신학에 대한 이해, 다른 사람과의 소통 그리고 복음주의 신학의 독특한 역할 등에 대하여 확신을 주는데 실패한 복음주의 신학 자체에 어느 정도 문제가 있는 것이다. 주로 교회 안에 학문적 신학에 대한 경멸감이 폭넓게 존재하는 상황에서 신학이 현실성을 가지고 있을 것이라고 생각하는 복음주의자들을 기대할 수 없다. 지지층의 성공 여부에 대한 타당성은 현실적 적합성이 하나의 이슈라는 주장에 달려 있다는 점을 신학은 반드시 증명해야 한다.

역사 속에 나타난 어떠한 부흥도 학문적 신학에 대한 단지 새로운 관심으로부터 태동된 적이 없었다는 점을 복음주의는 항상 유념하고 있다. 복음주의 신학의 갱신은 복음주의의 갱신에 달려있다. 생활 속에 부흥을 불러일으키는 것은 신학이 아니다. 신학이란 신학이 왜 존재하는지, 무엇을 하도록 제안해야 하는지에 대한 비전을 품은, 그리고 자신감이 있고 사려가 깊은 신앙 공동체로부터 분출되는 것이다. 신학은 비전의 원인이 아니라, 그 비전의 표현이다. 니니안 스마트(Ninian Smart)가 통찰력 있게 지적한 바처럼, '행동하는 신학은 적절한 의미에서 신앙을 분명하게 표현하는 것이다'라고[14] 할 수 있다. 표현할 수 있는 믿음이 없는 신학은 아무것도 전달하거나 나타낼 수 없다. 신학은 복음주의 공동체가 그 공동체의 비전을 분석하고, 다시 다듬고, 상황에 맞도록 조절하며, 그리고 보다 잘 표현할 수 있도록 도와주어야 한다. 그렇다고 해서 신학이 그 비전을 첫 번째 위치로 만들 수는 없다. 신학적 성찰에 대한 선명한 전통은 역동적 신앙

1933이 있다.
14) Smart 1973: 6-7.

공동체의 원인이라기보다는 결과이다.¹⁵⁾

이러한 주장은 1960년대에 표출되었던 '신의 죽음' 논쟁을 통해 분명하게 드러났다. 많은 관심이 이 논쟁의 신학적 개념에 쏟아졌었다. 그러나 이런 사신신학의 출현을 야기했었던 주류 교회들 안에 종교적 활력이 부족하다는 인식으로 인하여 지금은 거의 주목을 받지 못하고 있는 것이 사실이다.

> '신의 죽음' 작품 안에 포함된 대부분의 철학과 신학이 평범하거나 그 이하라고 여겨지는 반면에, 이 작품의 필자들에게 교회의 신학적인 생활과 예배를 통해 반드시 체험했어야 하는 경험이 얼마나 절대적이고 절박한 것이었는지를 자성하는 것이 매우 필요하다. 예를 들면, 토마스 알티저(Thomas Altizer)가 그의 작품 『기독교 무신론주의의 복음』(The Gospel of Christian Atheism)에서 선포한 죽은 신은 실제로 매우 병약한 하나님이다. 누군가 그에게 그러한 하나님에 대한 생각을 주었음에 틀림없다. 이러한 증거는 그런 생각이 병약한 교회에서 나온다는 것을 제시해준다.¹⁶⁾

비전과 목적에 대한 의식이 없는 교회, 하나님이 교회와 함께 하신다는 기대감을 상실한 교회는 나약하며 목적이 불분명하고 비현실적인 신학에 틀림없이 곧바로 이르게 된다.

그러므로 이상과 같은 관찰은 복음주의의 미래적 안녕이 어쩌면-결코 필수적인 것은 아니지만-지속할 수 있는 영성을 활기차게 추구하는 일과 사회적이고 정치적인 이슈에 대한 증가한 참여의식 등으로 결합된 복음주의적 행동주의에 달려있다는 것을 제안하고 있는 것 같다. 따라서 '제2

---

15) 이 주제에 대한 성공회주의의 특별한 참고는 McGrath 1993을 보라.
16) 인용, Ramsey 1972: 21.

차 대각성운동'으로 대개 연결된 지방 부흥운동의 복잡한 네트워크 뒤에 놓여 있는 개인 구원에 대한 강조가[17] 복음주의적 병합과 확장에 필수적인 것으로 널리 간주되고 있다. 그러한 부흥운동과 관련된 설교유형들-감정적 반응을 겨냥한 대중적 설교들-은 자아성찰이라는 신중한 과정보다 오히려 즉흥적이고 실존적인 결정에 근거하여, 개인적 회심에 대한 헌신을 이끌어 내고자 청중들을 유도하려는 희망을 반영하고 있다. 복음주의가 스스로의 성공여부를 측정하고자 사용하려는 경향이 있는 높은 실용주의적 표준 때문에, 신학은 회심이라는 중대한 책무에 있어서 분별력 있는 역할을 거의 하지 못했다.

복음주의가 대중적 운동이 되어가고 있는 것은 정확하게 복음주의자들이 복음주의에 대한 대중적 호소를 알리고 향상시키는 것을 중시하고 있기 때문이다. 기독교 신앙에 대한 즉각적이고 어떤 면에서는 개인주의적 접근방식을 따르는 복음주의적 행동주의자는 민주주의적 개인주의로 증가 추세 경향을 보이는 문화 속에서 복음주의가 높은 존재감과 인지도를 유지하고 있다는 점을 확실하게 해주고 있다. 그렇다면, 신학을 필요로 하는 사람은 누구인가? 매우 지성적이 되어감에 따라 소규모의 학문적 엘리트들만이 남게 되는 그런 유형의 기독교 신앙은 설 자리는 없다. 그리고 그리스도인들의 일상에서 자신들이 직면하고 있는 관심과 이슈에 대해 분명한 관련성을 잃어버린 기독교 신앙도 마찬가지이다. 대부분의 복음주의자들의 입장에서 볼 때, 바로 그 자리가 신학이 우리를 이끌어 가고 있는 장소인 것이다.

그러나 모든 것을 고려해 볼 때, 여전히 비판을 받을 만한 유형의 특별한 신학이 있다. 즉 소위 '학문적 신학'으로서, 이것은 해박하고 깊이 있는 신학이라는 의미에서 아니라, 학문의 가치와 목적에 의해서 신학의 의제

---

17) 참조, Boles 1972; Bilhartz 1986.

만을 다루는 것을 말한다. 여기서 학문이란 일련의 순수한 '학문적 질의' (이 용어의 부정적 의미에서)에 사로잡혀있는 것뿐만 아니라, 일련의 비기독교적 또는 반기독교적 가정에 기초하여 학문적 논쟁을 실행하는 것을 말한다. 이점에 대해서는 아래에서 살피고자 한다.

3) '학문적 신학'의 엘리트주의

신학을 기독교회의 생활과 관심으로부터 거리를 두게 하는 전문적 학문의 세속적인 의제에 대하여 학문적 신학은 답변할 책임이 있다. 지난 오랜 기간 '학문'을 학식과 지혜 그리고 개인적인 고결과 동일시 해왔다. 복음주의자들은 현대 미국적 학문이 학식의 발전이나 우수성 보다는 엘리트주의, 이념 논쟁 그리고 만연한 반종교적 선전에 더 치중하고 있는 듯이 보이는 몇 가지 증가 추세적인 징후에 대하여 우려를 표명하여 왔다.[18] 특히 미국에서 몇몇 학문적 신학자들의 경우에 있어서, 그들은 한때 주목과 존중과 고평가를 받았던 학문을 위하여 대화에 임하기보다 오히려 완전히 반자유적인 신학으로 종종 판명된 것을 분명하게 표현해주고, 그리고 자신들의 논적들 및 전혀 열정적이지 못한 동료들과 더불어 격론을 벌이는 그러한 경향을 추종하는 자들에 불과한 듯이 종종 비쳐졌다.[19] 반기독교적인(비록 종교적이든지 그렇지 않든지 일체의 대중적 헌신에 대해 어쩌면 적대적일지라도) 것으로 널리 인식되고 있는 현대 미국 대학교의 강력하게 제도화된 자유주의적 기풍은 가장 최근의 문화적 경향보다 오히려 복음 자체에 더 충실하도록 복음주의자들의 결심을 강화시켜주고

---

18) 가장 널리 읽혀진 비평은 Bloom 1987에 나온다. 이 글은 D'Souza 1991과 같은 최근 연구 작품에 보충자료로 유익하다.
19) 이러한 성향에 대한 개인적인 설명과 비판에 대해서는 McGlasson 1994를 보라.

있으며, 그리고 '학문적 신학'은 일련의 세속화와 상대화라는 가정을 통하여 모면되거나, 좌우되거나, 유지되는 것과 전혀 관련성이 없다는 복음주의자들의 생각을 강화시켜주고 있다. 이러한 복음주의자들의 자각은 항상 전적으로 옳다고 볼 수 없다. 때때로 복잡한 상황을 잘못 판단하게 만들기도 한다. 그럼에도 불구하고 의도적이든 또는 단순히 실제적이든지 간에 학문의 의제가 반복음주의적이라는 복음주의자들의 두려움을 누그러뜨리기 이전에, 학문은 가야하는 실질적인 방안을 가지고 있다는 점이 분명하다.

학문적 신학자들은 때때로 복음주의를 '순진한'(naïve)으로 지칭한다. 그렇지만 이 명칭에 대한 해석이 필요하다. 면밀히 살펴보면, 이 용어는 일반적으로 '세속 학문의 권위를 거부하는 것', 또는 '자급적이고 폐쇄적인 학문의 규범에 동의하지 않는 것'과 같은 의미를 지니고 있다. 요컨대 이 용어는 지적 능력이나 학문적 활동과는 거의 관련이 없다. 대신에 이 용어는 점점 더 소외되고 반종교적인 학문으로 비쳐지고 있는 이데올로기에 굴복되는 것을 거부하는 복음주의에 초점을 맞추고 있다.

학문적 신학의 특징과 실현 가능성에 대한 회의주의가 늘어나는 환경 속에서, 복음주의는 자신의 경계 너머 현실성 있는 어떤 것을 제시하는 통찰력을 가지고 있어야 한다. 신학은 교회를 섬겨야 한다. 복음주의는 교회 생활 전체로부터 동떨어진 전문화된 영역이기 보다 오히려 항상 더 큰 전체의 일부로서 신학을 보여주어 왔다. 신학자는 신앙공동체 위에 위치해 있는 사람이 아니라, 그 공동체의 예배, 기도, 경배 그리고 전도 생활에 깊이 참여하는 사람이다.

복음주의에 있어서 신학자란 내부로부터 신앙공동체를 섬기도록 부르심을 받은 사람이다. 그 섬김의 일부는 신학적인 개념과 전망에 대한 비판이다. 그러나 이 비판은 공통된 기독교 신앙과 헌신으로 서로 사랑하고 돌보는 비판이다. 세속적 신념과 가치, 종종 과격한 불가지론주의 또는 무신론주의에 근거하여 학문적 '신학자들'에 의해서 행해지는 기독교 공동체에 대한 현대적 비판과 같은 것이 아니다. 기독교 공동체는 이와 같은 것을 서로 공유해야한다는 어떠한 긴급한 이유를 느끼지 않는다. 복음주의에 있어서 학문적 신학이 비현실적인 것만큼 엘리트주의적이다. 정말로 학문적 신학의 비현실성은 엘리트주의와 직접적인 비례관계가 있는지 모른다. 학문적으로 인지된 엘리트주의의 중요성에 대해서는 좀 더 자세히 살펴보아야 한다.

신학은 잠재적으로 엘리트주의적이며, 종종 일반 기독교 신자들의 관심에 기울이지 않는다. 따라서 신학은 북미 복음주의의 대중적인 특징과 강경한 긴장 상태에 놓이곤 한다. 신학의 엘리트주의는 특히 북미에서 복음주의에 대한 심각한 우려를 일으키고 있다. 앞서 언급한 바처럼, 북미 복음주의는 일반 그리스도인들에게 중요한 이슈들에 대하여 진심으로 관심을 보여주는 강력한 대중 운동이다. 북미 복음주의는 일반 사람들의 생각을 신중하게 간주한다. 일체의 대학 연구 활동에 관해 아주 오랜 기간 어느 누구도 생각하지 않았다. 실제로 대중적인 문화로부터 벗어난-그리고 심지어 소홀히 취급하는-'상아탑'이라는 학계에 대한 일반 대중의 고정관념은 진리에 절박해 하고 있는 것이다. 적어도 대중의 생각 속에는 일상의 현실과 동 떨어진 학문은 학문적인 엘리트주의와 폭 넓게 관련되어 있는 것으로 본다.

4) 일반 대중의 경건성에 뿌리를 둔 복음주의 신학

복음주의는 학문적 신학의 엘리트주의를 향해 시간을 거의 소비하지 않고 있으나, 반면 일반 사람들이 직면하고 있는 문제들을 언급하는 일에는 우선적으로 관심을 가지고 있다.[20] 하지만 '대중영합주의'(populism)는 자체적인 한계가 있다는 점을 유념해야 한다. 대중문화에 대한 복음과의 연관성이 전적으로 학문적인 이슈에 대한 부적절한 우려로 인해서 결코 소홀히 취급되지 않는다는 점을 복음주의는 인식하고 있다. 어째든 대중문화는 피상적이라는 걱정스러운 경향을 종종 보여주고 있다. 이러한 지적 피상성은 한 세대의 사조-또는 10년의-가 다음 세대에는 쓸모없게 된다는 것을 종종 의미하고 있다. 대중에게 호소하고자 하는 복음주의의 관심이 기독교 신앙의 깊은 신학적 뿌리를 뽑아서 밖으로 내 던지는 것을 통해 결코 얻어지는 것이 아니며 유지되는 것도 아니라는 점을 복음주의는 확실하게 할 필요가 있다. 복음주의는 기독교 신앙을 통하여 세대 간의 차이를 가로지르는 안정성과 중대성을 공급받고 있는 것이다. 전적으로 '학문적인' 신학은 엘리트주의적이고 비현실적이다. 대중에 영합하는 신학은 깊이가 없는 대중적 호소력을 당연하게 지니고 있다. 올바르게 이해하자면, 신학이란 지적인 그리고 영적인 깊이와 인내력에 관한 것이다.

일반 그리스도인들의 관심에 무심한 학문적 신학자들의 태도와 대중영합주의 신학의 피상성 두 가지를 지적하면서, 복음주의는 기독교 공동체에 대한 헌신적인 관점 안에서 일관된 중요한 신학적 반성이 나타나도록 격려하는 것이 온당할 것이다. 그리고 복음주의는 신앙공동체 안에서 자신들과 다른 사람들을 위해 생각하는 신앙인으로 신학자들을 이해하는 것이 좋을 것이다.

이와 유사한 접근방식이 마르크스주의자인 작가 안토니오 그람시(Antonio Gramsci, 1891-1937)에 의해서 시도 되었는데, 그는 16세기 종교개혁을 '유기적 지식인'이라는 그의 개념의 한 예로 삼았다.[21] 이 개념은 복

---

20) 탁월한 연구 작품인 Mouw 1994를 참조하라.
21) 이 부분에 대한 구체적인 연구를 위해서는 McGrath 2001: 144-155를 보라.

음주의에도 상당히 중요하다. 왜냐하면 그것은 복음주의 내에서 신학의 적절한 위치를 나타내주고 있기 때문이다. 그람시는 지식인을 두 가지의 특징적 유형으로 구분하였다. 첫째, 외형적 권력을 가지고 사회 공동체를 제압하는 사람이다. 이 '전통적 지식인들'은 그 사회 공동체가 택한 사람이 아니며, 그들의 권력은 단지 사회를 제압하고 있는 한도 내에서 영향력을 가질 뿐이다. 반면 그람시가 말하는—권장하는—'유기적 지식인들'이란 개념은 사회 공동체를 운영하고, 그 공동체로부터 존경을 받고, 그리고 그 공동체의 앞날을 대변하는 등 이러한 저들의 존재감으로 인하여 권력을 갖게 된 사상가들을 말한다. 그들의 권력은 강요된 것이 아니라 자연스럽게 부여된 것이다. 그리고 그 권력은 공동체가 그들을 지지한다는 존경과 그들을 공동체의 대표자와 사상가들로 인정한다는 하는 자발성을 나타내주고 있다. 이러한 신학자 모델은 많은 복음주의자들의 경험을 상기주고 있는데, 그들은 극도의 회의론주의에 빠진 '직업적인 신학자들'을 1960년과 1970년대의 무책임한 행동의 결과물로 간주하였다. 이 기간 동안 학문적 신학은 그 당시의 가장 최근 문화적 분위기에 자발적으로 포로가 되었고, 모욕감을 가까스로 숨겨가면서 교회의 목양적이고 영적인 필요와 관심을 취급하였다.

  복음주의 영국 작가 존 스토트(John R. W. Stott)는 이러한 점에서 '유기적 지식인'의 뛰어난 본보기가 되는 인물이다. 그는 언급할만한 가치가 있는 학력 또는 제도적 권위를 전혀 갖고 있지 않지만, 그가 얻은 존경 때문에 복음주의 공동체(그리고 그것을 넘어) 안에서 엄청난 지위를 바르게 누리고 있다. 권위를 가질만한 가치 있는 존재로 여기고 있기 때문에 사람들은 그를 권위 있는 인물로 인정하였다. 스토트와 공동체 간에는 하나의 유기적이고 자연스러운 관계가 있었다. 그는 공동체를 대변하여 말했고, 공동체에게 자신의 책임감을 아주 분명하게 보여주었다. 종교개혁적 관점에 동감하는 가운데, 그람시 작품을 신중하게 탐독하는 것은 복음주의자들에게 신앙공동체를 바라보도록 용기를 줄 것이다. 또한 그것은 기독교 전통, 신자의 합의(consensus fidelium)에 대한 관심, 복음에 대한 사랑, 그리고 복음을 세상과 연결하려는 책임 있고 박식한 관심-학계에서 인정하든지 말든지 간에-등에 충실한 하나의 입증된 기록물로서 각 개인 안에서 권위를 추구하고 찾을 수 있도록 복음주의자들을 격려할 것이다. 최고의 지성인은 아마 학문 밖에 존재하며 활동할지 모른다! 복음주의 신학자들은 이중적 책임감을 인식하고 있다. 이러한 것이 가져다주는 전적인 책임감을 가지고 복음주의 신학자들은 다른 신학자들뿐만 아니라 복음주의 공동체를 위하여 글을 쓰는 것이다.

3. 복음주의를 위한 신학의 유익

신학은 어떠한 유익을 복음주의 공동체에 가져다주는가? 많다! 세 가지만을 구체적으로 다음과 같이 살펴보고자 한다.

- ◆ 기독교 교리의 심오함에 대한 높은 공감대를 형성하는 것.
- ◆ 우리를 감동시키는 신학 공식, 예를 들어, 슬픔 또는 기쁨의 눈물을 흘리게 하면서 우리의 감정을 이끌어내는 것.
- ◆ 복음의 진리에 대한 깊은 개인적인 유용성을 나타내는 방식 안에서 우리가 행동할 수 있도록 만드는 것

물론 신학이 복음주의 공동체를 섬길 수 있는 다른 많은 방법이 있다. 특별히 여기서 나의 관심은 그 가능성을 낱낱이 다루는 것보다는 오히려

단지 그것을 분명하게 보여주는 것에 있다.

1) 믿음에 대한 우리의 공감대를 증대시키는 것

첫째, 기독교 교리에 대한 높은 공감대를 우리가 어떻게 가질 수 있는지를 생각해 보자. 기독교 신학 가운데 매우 어려운 측면들 중에 하나인 삼위일체 교리를 참조하면서 이 점을 살펴보고자 한다.

삼위일체 교리는 하나님에 대한 비전에 유일하고 적절한 반응이 경배와 헌신이라는 것을 이끌어 내기 위하여 하나님에 관한 복잡한 기독교적 이해를 풍부하게 모두 모아 놓는다. 이 교리는 창조, 구속 그리고 성화와 같은 기독교 교리를 일관성 있는 완전체로 함께 짜 놓고 있다. 그렇게 함으로서 세상을 창조하신 하나님, 자연 질서의 경이로움 속에 배여 있는 그분의 영광; 세상을 구속하신 하나님, 그리스도의 부드러운 얼굴 속에 배여 있는 그분의 사랑; 그리고 신자들의 생활 속에 지금도 함께 하시는 하나님에 대한 비전을 만들어 낸다. 즉 하나님에 대한 기독교적 이해가 환원주의 또는 이성주의에 의해서 훼손되지 않는 점을 보장한다는 의미에서 삼위일체 교리는 하나님에 대한 '신비를 보존하고' 있다고 볼 수 있다. 브라질의 해방신학자 레오나르도 보프(Leonardo Boff)는 그 점을 다음과 같이 설명한다.

> 이러한 면에서 신비를 안다는 것은 우리의 삶 속에서 최상의 그리고 최종적인 것에 대한 오직 가능한 태도, 즉 경외심이 어떻게 유발되는지 이해하도록 해준다. 이성을 목 조르는 대신에, 신비는 마음과 심장의 확장을 요청한다. 신비는 우리를 바보스럽고 당황스럽게 하는 것이 아니라, 오히려 우리를 행복하고, 즐겁고,

감사하게 만들어 주는 것이다. 신비는 우리 앞에 놓여 있는 장벽이 아니라, 하나님의 무한함에 도달하는 출입구이다. 신비는 절벽과 같다. 우리는 결코 그것을 측량할 수 없지만, 그 절벽 자락에 설 수 있고, 만질 수 있고, 그 아름다움을 찬양할 수 있다. 그래서 삼위일체의 신비가 있는 것이다.[22]

'당신의 하나님은 너무 작아요!' 신학은 의도했던 바와 달리 역효과를 명확하게 가질 수 있는 상당한 위험성이 있다. 신학의 참된 모습은 풍성한 기독교 계시에 대한 우리의 공감과 이해를 심화시켜주는 데 있으며, 신학의 내용과 내적 역동성에 관한 새로운 시각을 우리에게 제공하여 준다. 이러한 의미에서 삼위일체 신학은 우리를 부르시고 구속하신 하나님의 인격과 사역을 나타내줌으로써, 하나님에 대한 우리의 비전이 넓어지도록 환기시켜 주고 있다. 그러나 만일 형식 이면의 현실과 관계가 없는 형식의 단순한 반복으로 신학을 정의한다면, 바로 그 동일한 신학이 또한 우리의 비전을 제한시킬 수 있다.

현대 복음주의에 흥미롭고 도전적 사안이 되는 개혁주의 고전 문답서를 상기해보자. 『웨스트민스터 소요리문답서』(Westminster Shorter Catechism)는 '사람의 제일 되는 목적이 무엇인가?'라고 묻는다. 제시된 답변은 복음주의 신학의 왕관에 박힌 보석으로 예찬되고 있다. '하나님을 영화롭게 하고 영원토록 그를 즐거워하는 것이다.' 이 짧막한 진술은 신학적 탐험이라는 여정으로 우리를 안내한다. 즉 하나님의 영광에 대한 새로운 이해를 얻게 됨에 따라, 우리는 그 영광을 하나님께 돌릴 수 있으며, 그와 같은 하나님에 대한 지식으로 말미암아 향상된 영적인 삶을 누릴 수 있다. 또한 하나님의 충만한 영광을 잠시라도 본다는 것은 복음전파에 강

---

[22] Boff 1988: 159.

력한 자극이 된다. 성전 안에서 하나님의 영광을 잠시 본 것으로 인해 이사야가 하나님의 부르심에 응답했던 것이 아니었던가? 우리의 마음과 생각과 감정이 신학을 통해 자극을 받고 일깨워지도록 할 필요가 있다. 우리를 사랑하시고 그분의 소유로 부르신 바로 그 하나님의 광대하심을 우리가 잠시라도 보게 될 때, 신학이 우리의 무릎을 경배와 찬양 앞에 꿇게 할 것이라는 점을 바르게 붙잡아야 한다.

2) 우리의 감정을 책임감 있게 이끌어 내는 것

영국 남성을 '윗입술이 뻣뻣한' 사람이라고 특징짓는 것을 종종 듣는다. 즉 이 말은 영국 남성들이 남자답지 못하거나, 위신을 떨어뜨리거나, 굴욕적이거나, 또는 성숙하지 못한 창피스러운 일에 대하여 어떠한 감정도 드러내는 것을 거부한다는 의미이다. 나는 심리학자가 아니기 때문에 그런 행동이 현명한지 또는 정상적인지 대하여 평가할 수 없다. 그러나 1997년 다이애나(Diana) 황태자비의 죽음에 대한 반응을 통해 분명히 드러난 것처럼, 영국인들은 필요한 경우에 감정적 표출을 완벽하게 할 수 있다는 것이다. 왜 많은 복음주의자들이 일종의 감정적 개입을 영적으로 미성숙한 부끄러운 일로 믿고 있는지에 대하여 나는 놀라움을 금치 못하고 있다.

감정을 공개적으로 표현하는 것이 원칙적으로 꼭 필요하다는 것을 바라는 것은 아니다. 그러나 감동 없이-혹 눈물을 흘리는 감동?-예수 그리스도의 고난과 죽음에 대한 이야기를 읽을 수 있다는 것이 전혀 불가능한 것은 아니지만, 생각할 수 없는 일이다. 아이작 왓츠(Isaac Watts, 1674-1748)는 그가 살고 있던 당시의 많은 그리스도인들이 내면적 깊이가 없다고 확신했다. 그는 좀 더 깊이 있으며 깨우침이 있기를 원했다. 그는 독자들이 그러한 관심을 갖도록 권고하였다. '어떤 사물의 표면 주위를 겉돌지 말아야 하며, 단지 외면만을 가지고 서둘러서는 안 된다. 당신의 시간과 환경이 허락하는 한, 문제에 깊숙이 파고 들어가야 한다.' 그의 헌신 찬송곡들 중에는 '문제에 깊숙이 파고 들어가는' 관심이 나타나는 찬양이 있는데, 찬양의 주제에 맞는 적극적 참여로 청중의 개인적인 헌신을 불러일으키게 한다.

왓츠가 가장 사랑하는 찬송은 십자가 묵상에 관한 유형들로서 청중의 마음에 애통과 경이 및 헌신의 감정을 일깨우는 목적을 지니고 있다. '놀라운 십자가를 생각할 때에'(한국 찬송에는 '주 달려 죽은 십자가 우리가 생각할 때에'라는 제목으로 소개됨-역주)라는 곡에서, 왓츠는 청중이 자신들의 적절한 입장에서 세상의 매력을 보도록 하면서 동시에 십자가를 묵상하도록 제시하고 있다. 십자가를 생동감 있는 언어로 채색하는 것과 더불어, 왓츠는 십자가의 불 빛 안에서 세상의 모든 것이 얼마나 무의미한가를 강조하고 있다. 청중을 위해 그리스도의 고난을 언어적 그림으로 묘사하면서, 왓츠는 청중이 자신들의 구주에게 참회와 애통 그리고 철저한 헌신을 드리는 일에 깊이 감동받기를 희망하고 있다.

주 달려 죽은 십자가 우리가 생각할 때에
세상에 속한 욕심을 헛된 줄 알고 버리네

죽으신 구주 밖에는 자랑을 말게 하소서
보혈의 공로 입어서 교만한 맘을 버리네

못 박힌 손발을 보오니 큰 자비 나타 내셨네
가시로 만든 면류관 우리를 위해 쓰셨네

온 세상 만물 가져도 주 은혜 못 다 갚겠네
놀라운 사랑 받은 나 몸으로 제물 삼겠네

우리는 왓츠가 그의 독자들로 하여금 십자가를 어떻게 묵상하도록 인도하는지를 주목해야 한다. 그의 찬송가는 그리스도의 죽음을 통해 경험되는 고통과 세상을 위한 구원이 성취되었음을 뜻하는 사실에 주의를 집중시키면서 십자가를 언어적 그림으로 묘사하고 있다. 이러한 점을 보다 분명하게 해주는 실례를 들어보자. '용서'는 이해하기에 단순한 개념이다. 그러나 우리는 그 단어가 지적하는 현실을 경험하는 것이 필요하다.

단어가 지시하는 경험과 삶의 진정한 세계에 빠져드는 것 없이 그 단어를 '이해했다'고 치명적으로 생각하기 쉽다. '용서'란 관계가 혼란스럽게 되었을 때 진정으로 문제에 대한 관계를 회복시키는 것을 말한다. 용서는 당신에게 소중한 어떠한 것을 회복시키는 것이며, 당신의 어리석음으로 인해 영원히 잃어버렸다고 당신이 생각하는 그것을 회복시키는 것이다. 만일 당신이 그러한 상황을 겪어 보았다면, '용서'라는 단어는 강렬한 감정을 유발시키며 필요한 상황을 상기시켜주는 삶의 변혁을 의미할 것이다. 용서받는 것을 결코 필요로 하지 않은 사람은 '용서'라는 짤막한 단어가 갖는 풍요와 경이 그리고 기쁨을 결코 알 수 없을 것이다.

랜들 니콜스(J. Randall Nichols)는 그 점을 강력하게 강조하고 있는데, 코르푸(Corfu)라는 그리스의 한 섬을 방문했을 때 그 자신이 경험한 것을 다음과 같이 기록하였다.

내가 들었던 가장 아름다운 음악은 어느 성금요일 코르푸의 한 교회에서 그리스 농부 아낙네들이 그들의 주름지고 딱딱한 얼굴에 눈물을 적시며 부르는 성가였다. 눈물을 흘리는 이유를 누군가에게 묻자, 그는 '그들의 주 그리스도가 죽으셨기 때문이다'고 답했다. 그와 같은 눈물을 흘리지 않고서는 부활의 참된 의미를 결코 알 수 없을 것이라고 나는 종종 생각하였다.[23]

니콜스의 요점은 만일 우리가 첫 성금요일 날에 배여 있는 절망감과 무력감 안으로 빠져들지 않고서는 결코 부활의 기쁨과 희망을 알 수 없다는 것이다. 부활의 참된 의미는 참된 용서이다. 그리스도인의 영성은 유죄 선고받은 죄인이라는 깨달음에 기초하고 있다. 즉 하나님의 용서에 의해서 완전하게 변화된다는 경험을 뜻한다. 정죄에 대한 눈물을 흘리지 않고서는 용서가 뜻하는 참된 의미를 결코 이해할 수 없다.

신학이 우리의 감정에 영향을 주어야 한다는 제안은 결코 신학의 지적 고결함을 손상시키지 않는다. 신학에 적합한 감정적 요소들을 찾아내는 일은 우리에게 도움이 된다. 음악(예를 들어, 바하[J.S. Bach]의 수난곡 합창)과 미술(예를 들어, 마티아스 그뤼네발트[Matthias Grünewald]의 예수 수난 그림)은 신학에 어울리는 적합한 감정적 요소를 묻는 질문에 도움을 줄 수 있다. 어떤 복음주의자들은 교부시대와 종교개혁 시기에 지적되었던 유사한 우려를 반복하면서 신앙생활에 음악과 미술이 어떤 역할을 하도록 하게하는 경향에 대해 비판적이다.[24] 그렇지만 바르게 사용한다면 음악과 미술은 은혜의 수단으로 보여 질 수 있으며, 그리스도의 품성과 사역에 집중하도록 우리를 도와주고, 나아가 믿음의 자질을 심화시켜주는데 잠재적 힘을 가지고 있다고 나는 믿는다.

---

23) Nichols 1987.
24) Routley 1978; Blume 1975를 예로 들 수 있다.

3) 적절하게 행동할 수 있도록 만드는 것

신학은 우리가 살아가고 행동하는 방식에 영향을 준다. 뛰어난 본보기는 새 예루살렘에 대한 그리스도인들의 비전이다. 이 비전은 우리의 시선을 위로 향하도록 용기를 주며, 그리스도께서 앞서 가 계신 곳을 바라보도록 해 준다. 바울은 이 점에 있어서 골로새서를 통해 다음과 같이 강조하였다.

> 그러므로 너희가 그리스도와 함께 다시 살리심을 받았으면 위의 것을 찾으라. 거기는 그리스도께서 하나님 우편에 앉아 계시느니라. 위의 것을 생각하고 땅의 것을 생각하지 말라. 이는 너희가 죽었고 너희 생명이 그리스도와 함께 하나님 안에 감추어졌음이라(골 3:1-3).

새 예루살렘에 대한 우리의 믿음은 그리스도와 함께 최종적으로 사는 것을 소망하는 사람으로서 행동하도록 그리고 그 세계를 바라보도록 용기를 준다. 두 명의 위대한 복음주의자 조나단 에드워즈(Jonathan Edwards)와 존 스토트는 그러한 점을 각기 다른 방식으로 설명하고 있다.

에드워즈의 가장 주목할 만한 작품 중에 하나가 '기독교 순례자'(The Christian Pilgrim)라는 제목의 설교이다. 에드워즈는 이 설교를 통해 우리가 믿음의 여정을 따라 여행을 할 때 우리 자신의 나아갈 방향을 올바르게 잡도록 돕는 일에 관심을 보여주고 있다. 우리가 세상을 지나갈 때, 세상을 향한 우리의 태도는 어떠해야 하는가? 이 세상도 하나님의 창조물이기 때문에 우리는 세상이 악하다고 거부할 수 없다. 그러나 세상은 하나님이 아니기 때문에 그것은 우리 인생 여정의 최종 목표인 참된 영광에 이르기에는 부족하다. 에드워즈는 우리의 최종 목표가 하나님이라는 사실을 상기시켜주고 있다. 그리고 바로 그 동일하신 하나님 외에 만족스럽게 하는 권력이나 경배 받을 만한 권리를 가진 것은 아무 것도 없다는 사실을 일깨워주고 있다.

따라서 에드워즈는 '하나님은 이성적인 창조물의 최고선이며, 그를 즐거워하는 것은 우리의 영혼이 만족할 수 있는 유일한 행복이다'고 천명하고 있다. 그러므로 하나님과 함께 하는 궁극적 기쁨이 이 세상이 주는 어떠한 즐거움과 기쁨을 완전하게 압도할 것이라는 사실을 깨달으면서, 우리는 이 세상을 통과하여 지나가고 이 세상이 제공하는 모든 것을 즐겨야 할 것이다. 자신의 설교 통하여 에드워즈는 그러한 자세에 대하여 다음과 같이 말하였다.

> 우리는 이 세상과 이 세상의 즐거움에 의존하지 말고, 천국을 소망해야 한다…우리는 무엇보다도 천상의 행복, 하나님과의 동행 그리고 그리스도와 함께하는 평안을 갈망해야 한다. 비록 외면적인 즐거움에 둘려 쌓여 있고, 절친한 벗들과 친척들로 구성된 가족을 이루었을 지라도, 비록 기쁨을 나누는 사회 동료들이 있고, 자녀들이 유망한 많은 자질을 소유하고 있음을 볼 지라도, 비록 좋은 이웃과 더불어 살아가고, 일반적으로 널리 존경을 받을 지라도, 우리는 이 모든 것을 우리의 안식으로 삼아서는 안 된다…우리는 그것들을 소유하고 즐기고 사용해야 하지만, 부르심 앞에서는 언제든지 그 모든 것들을 기꺼이 포기해야 한다. 천국을 위해 그 모든 것들을 자발적으로 그리고 기꺼이 바꿀 수 있어야 한다.[25]

따라서 에드워즈는 우리의 인생 여정에 대한 새로운 시각을 제시하고 있다. 여행을 할 때, 우리가 지나쳐 가는 세상의 아름다움을 무시하라고

---

25) Edwards 1966: 136-137.

요구하지 않는다. 어쩌면 그것의 진가를 인정하고, 언젠가 빛나는 광채 속에서 우리가 보아야 할 하나님의 아름다움을 미리 맛보는 자세로 세상을 바라보아야 한다. 다른 사람들과의 동료의식과 사랑으로부터 멀리하라고 요구하지 않는다. 오히려 하나님의 현존과 사랑 안에 있는 기대감으로 세상을 바라보면서 세상의 가치와 진가를 인정해야 한다. 언젠가 우리는 최상의 것을 위하여 좋은 것을 포기해야 할 것이다. 반면에 우리는 하나님 존전에 나아가는 것이 얼마나 아름다운 것인지를 기대해야 하며, 우리의 인생 여정에서 그와 같은 생각이 우리에게 용기와 즐거움을 준다는 것을 깨달아야 한다.

이와 관련하여 존 스토트는 미래 영광에 대한 희망이 어떻게 빛나고 있으며, 그 희망이 현재를 어떻게 변화시키고 있는지를 분명하게 보여 주었다. 1976년 일리노이 주 어바나(Urbana)에서 열린 기독학생회(Inter-Varsity) 선교대회의 시리즈 강연에서 스토트는 신학과 영성과 특히 전도 등의 희망찬 영광에 대한 중요성을 전개하였다. 이와 같은 기독교 신앙의 주된 주제가 회복되어야 한다는 것과 그리고 이 주제가 오늘날 그리스도인의 삶의 다방면에 적용되어야 한다는 것을 강연을 통해 그는 분명하게 요청하였다.

> 눈을 높이 들라! 여러분은 분명히 시대의 창조물이며, 또한 영원에 속한 자녀이다. 여러분은 천국의 시민이며, 이 땅에서는 외국인이요 나그네이며, 천상의 도시를 향하여 여행하는 순례자이다.
> 몇 년 전 나는 길거리에서 5달러 지폐를 주운 한 젊은 사람에 관한 이야기를 읽었다. '그 때부터 그는 걸을 때 한시도 눈을 높이 들지 않았다. 몇 년간 그는 29,516개의 단추, 54,172개의 핀, 12센트를 모았고, 휘어진 등과 구두쇠 같은 성격을 갖게 되었다.' 그러나 그가 잃어버린 것을 생각해 보라. 그는 태양의 섬광, 별들의 광채,

친구들의 얼굴에 있는 미소, 또는 봄날의 꽃들을 볼 수 없었다. 왜냐하면 그의 눈은 항상 배수로를 향해 있었기 때문이다. 이와 같은 그리스도인도 수없이 많다. 이 땅에 우리는 중요한 사명을 가지고 있으나, 우리가 누구이며 어디로 가야하는 지를 잊게 만드는 그와 같은 삶의 방식에 우리가 결코 사로잡히지 않도록 해야 한다.[26]

스토트는 우리가 기다리는 영광에 대한 지식을 새롭게 하도록 그리고 영광의 기적에 대한 기대를 시작하도록 우리에게 용기를 북돋아 주고 있다. 즉 그 영광이 지금 우리에게 영향을 주도록 격려하고 있는 것이다.

4. 결론

1960년과 1970년대 브리스톨 틴데일 홀(Tyndale Hall, 나중에 트리니티 대학교가 됨)에서 행한 기독교 교리 강연을 통하여 제임스 패커는 신학이 갖는 세 가지 기능에 대해 말했다.

> 첫째, 신학은 성경, 하나님, 인간 본질, 교회, 세계 등에 관한 이해를 깊이 있게 해준다.
> 둘째, 신학은 그리스도인으로서의 우리 생각과 삶을 인도한다.
> 셋째, 신학은 선교와 전도에 있어서 기독교 신앙의 소통을 도와준다.[27]

따라서 패커의 입장에서 볼 때, 신학은 삶과 생각 그리고 교회 목회에 필수적인 요소이다. 즉 이 글 전체를 통하여 내가 열심히 지지하는 입장

---

26) Stott 1977: 90.
27) McGrath 1977: 182-183.

이기도 하다. 복음의 엄청난 풍요와 진실이 우리의 마음과 감정 및 상상을 자극하고 키워준다는 것을 확실하게 보장하면서, 신학은 우리가 세울 수 있는 하나의 견고한 기초를 복음주의에게 제공하고 있다. 이 새로운 천년시대에 신학이 도약과 발전을 이루어야 하는 것처럼, 이 글을 통해 나는 신학이 복음주의 공동체를 섬길 수 있는 몇 가지 방법들의 윤곽을 보여주려고 노력하였다.

Bibliography

Bilhartz, Terry D. (1986), *Urban Religion and the Second Great Awakening*, Rutherford, NJ: Fairleigh Dickinson University Press.

Bloom, Allan (1987), *The Closing of the American Mind*, New York: Simon & Schuster.

Blume, Friedrich (1975), *Protestant Church Music: A History*, London: Victor Gollancz.

Boff, Leonardo (1988), *Trinity and Society*, London: Burns & Oates.

Boles, John B. (1972), *The Great Revival, 1787–1805: The Origins of the Southern Evangelical Mind*, Lexington, KY: University Press of Kentucky.

Braaten, Carl E. (1996), 'A Harvest of Evangelical Theology', *First Things* 61: 45–48.

D'Souza, Dinesh (1991), *Illiberal Education: The Politics of Race and Sex on Campus*, New York: Free Press.

Edwards, Jonathan (1966), 'The Christian Pilgrim', in *Basic Writings*, New York: New American Library.

Elwell, Walter A. (ed.) (1993), *Handbook of Evangelical Theologians*, Grand Rapids: Baker.

Green, Michael (1977), *The Truth of God Incarnate*, London: Hodder & Stoughton.

Hastings, Adrian (1986), *A History of English Christianity 1920–1985*, London: Collins.
Hendry, George S. (1960), 'Theological Table-Talk', *Theology Today* (July).
Hick, John (ed.) (1977), *The Myth of God Incarnate*, London: SCM Press.
McGlasson, Paul C. (1994), *Another Gospel: A Confrontation with Liberation Theology*, Grand Rapids: Baker.
McGrath, Alister E. (1993), *The Renewal of Anglicanism*, London: SPCK.
—— (1997), *To Know and Serve God: A Biography of James I. Packer*, London: Hodder & Stoughton.
—— (1999), *The J. I. Packer Collection*, Leicester: IVP.
—— (2000), 'Evangelical Theological Method: The State of the Art', in John G. Stackhouse (ed.), *Evangelical Futures: A Conversation on Theological Method*, 15–37, Grand Rapids: Baker.
—— (2001), *The Future of Christianity*, Oxford: Blackwell.
Manwaring, Randle (1985), *From Controversy to Co-existence: Evangelicals in the Church of England, 1914–1980*, Cambridge: Cambridge University Press.
Marsden, George (1994), *The Soul of the American University: From Protestant Establishment to Established Non-Belief*, New York: Oxford University Press.
Mouw, Richard J. (1994), *Consulting the Faithful: What Christian Intellectuals can Learn from Popular Religion*, Grand Rapids: Eerdmans.
Newman, Charles (1985), *The Post-Modern Aura: The Art of Fiction in an Age of Inflation*, Evanston: Northwestern University Press.
Nichols, J. Randall (1987), *The Restoring Word: Preaching as Pastoral Communication*, San Francisco: Harper & Row.
Packer, James I. (1973), *Knowing God*, London: Hodder & Stoughton.
—— (1990), 'An Introduction to Systematic Spirituality', *Crux 26/1*: 2–8.
Ramsey, A. M. (1972), *The Christian Priest Today*, London: SPCK.
Routley, Erik (1978), *The Church and Music: An Enquiry into the History, Nature, and Scope of Christian Judgement on Music*, London: Duckworth.
Sloan, Douglas (1994), *Faith and Knowledge: Mainline Protestantism and American Higher Education*, Louisville, KY: Westminster/ John Knox Press.
Smart, Ninian (1973), *The Science of Religion and the Sociology of Knowledge*, Princeton: Princeton University Press.
Smith, John E. (1963), *The Spirit of American Philosophy*, New York: Oxford University Press.
Stott, John (1977), 'The Biblical Basis for Declaring God's Glory', in D. M. Howard (ed.), *Declare His Glory Among the Nations*, Downers Grove: IVP.

Wells, David F. (1993), *No Place for Truth: or, Whatever Happened to Evangelical Theology?*, Grand Rapids: Eerdmans.

West, Cornel (1989), *The American Evasion of Philosophy: A Genealogy of Pragmatism*, Madison, WI: University of Wisconsin Press.

© Alister E. McGrath, 2003

제2장

복음주의와 교회: 복음의 동반자

케빈 J. 벤후저

1. 서론: 복음주의의 최상과 최악의 시기

'교회의 세기.' 이것은 제2차 바티칸회의, 에큐메니컬 운동 그리고 은사주의 운동에 감동받은 희망에 찬 수많은 관망자들이 20세기를 어떻게 특징지었는가를 의미한다. 복음주의자들은 어떻게 지내었는가? 교회의 이론과 실천에 대한 복음주의의 최근 상황을 설명하는데 있어서 다음과 같이 표현한 찰스 디킨스(Charles Dickens)의 말이 가장 적절한 것 같다. '그것은 최상의 시기였으며, 그리고 최악의 시기였다.'

1) 최상의 시기

제3천년 기 여명에 복음주의자들은 주위를 둘러본 다음, 당당하게 '우리가 도달하였다'라는 결론을 내린다. 실제로 사회적으로 복음주의자들은 영향력 있는 위치에 도달하였다.

북미에서 복음주의자들은 자신들을 '도덕적 다수'(moral majority)로 간주한다. 1976년을 복음주의의 해로 선언했던 「타임」(Time)지는 복음주의자들의 정치적 영향력을 공개적으로 인정하였다. 또한 복음주의자들은 학문적으로도 성취를 이루었다. 고등교육기관을 소유하기 시작했으며, 성경비판에 대한 외적 위협과 세속적 인본주의와 과학적 자연주의에 응전하였다. 마침내 교회 문제에 있어서도 복음주의자들은 복음주의 교회가 하나의 성공담이 되고 있다는 여론에 도달하였다. 복음주의 교회들이 숫자적으로 성장하고 있으며, 새로운 기법들을 도입하고 있고, 개인과 가족 그리고 사회 개발을 위한 무수한 프로그램들을 개발하고 있다. 드디어 우리는 도달했으며, 현재 우리는 거대 가족이다.

현재 복음주의자들은 고백주의 교회들 안에 뿐만 아니라, 개혁을 간절히 바라는 자들을 위해 전혀 새로운 복음주의적 교파들 안에도 자리 잡고 있다. 하지만 복음주의 도래의 또 다른 상징은 복음주의자들이 에큐메니칼 석상에 자리를 차지하고 있다는 점이다. 로마가톨릭교회와 복음주의자들이 교리적 합의에 논의할 수 있다는 것은 복음주의자들의 존재를 인정받고 있다는 분명한 표시이다. 마침내 복음주의자들은 문화적인 측면에서도 도달했다.

즉 세상을 피하는 대신에, 오히려 복음을 현재의 필요와 관련시키기 위한 방법으로 그들은 문화적 전망을 조성하고 있으며 자원을 발굴하고 있는 중이다.

2) 최악의 시기

'우리는 도달하였다.' 그렇다면, 어느 곳에 도달하였다는 말인가? 교회의 본질과 기능에 대하여 비판적으로 반성해볼 때, 복음주의 교회의 외형적인 성공은 성경적이고 신학적인 본질이 뚜렷하게 결핍되었다는 점을 숨기고 있다. 복음주의 교회가 외형적으로 부유할지 모르나, 복음주의 교회학의 질과 양은 거의 결여된 상태이다. 설상가상으로 우리가 믿음에 관해 말하는 것(말씀, 세계관)과 우리가 사는 방법(기풍, 생활양식) 사이에 확연한 분리현상이 너무 자주 있다는 것이다.

(1) 빈약한 자성

교회학은 빈궁한 사촌이거나, 또는 스탠리 그렌즈(Stanley Grenz)의 표현대로 '복음주의 신학의 방치된 의붓자식'[1]이다. 조지 벤더벨드(George Vandervelde) 역시 '만약 복음주의에 취약한 신학적 부분이 있다면 그것은 교회학이다'[2]라고 동조한다. 이 취약성에 대한 원인들에 대해서 앞으로 논의하겠지만, 그 원인들 중에는 복음주의 운동의 파라처치(parachurch) 속성과 개인 구원에 대한 강조가 포함되어 있다.

방치에 대한 많은 사례 중에서 두 가지 정도면 충분할 것이다. 『스펙트럼의 맞은편에』(*Across the Spectrum*)에서 조지 보이드(George Boyd)와 폴 에디(Paul Eddy)는 분열을 초래하는 많은 문제에 대하여 복음주의자들이 주장하는 다양한 견해를 제시하고 있다.[3] 총 18장으로 구성된 이 책은 세례, 성찬, 은사 그리고 여성안수와 같은 문제들을 다루고 있으나, 교회의

---

1) Grenz 1993: 165.
2) Vandervelde 1999: 30.
3) Boyd & Eddy 2002.

본질과 사명과 같은 문제는 일절 언급하지 않고 있다. 많이 알려진 1999년의 성명 '예수 그리스도의 복음: 복음주의 축제'에 대한 일종의 주석서로 집필된 『이것이 우리가 믿는 것이다』(This We Believe)라는 책 역시 교회에 대하여 한 장도 다루지 않고 있다.[4] 복음주의 계파 간의 '연합'에 대하여 한 장을 다루고 있으나, 초점은 복음의 진리 안에서 연합되어야 한다는 것이다.

'거룩한 공회와 성도의 교제를 믿습니다'라는 신조적 확신에서 분명하게 출발된 이 연합을 보존하거나 나타내 보여주는 교회의 역할에 관해 어느 한 장도 언급하고 있지 않다. 어쨌든 정확한 문제점은 복음주의자들이 자신들이 믿고 있는 교회에 관하여, 다시 말해서 교회의 본질과 교회의 사명 그 어느 것도 대체로 알지 못하고 있다는 것이다.

(2) 빈약한 실천

교회의 한 기능은 그리스도인을 믿음으로 양육하는 것이다. 교회의 부화장치(incubator)가 교인들의 삶을 점검하는데 얼마나 잘 작동하고 있는지를 우리는 평가할 수 있다. 복음주의 교회 안에는 어떠한 종류의 특징이 형성되어 있는가? 새로이 조성된 성공-교회의 영향력, 구성원 그리고 부유함-으로 복음주의 교회는 무엇을 하고 있는가? 열매를 통해 그것을 알 수 있다. 이와 같은 주님의 말씀은 개인이든지 또는 복음주의와 같은 전통이든지 간에 영적 건강을 평가할 수 있는 보다 엄격한 규범을 제시해 주고 있다.

북미 복음주의의 '성공' 또는 도래는 주로 세속적 문화에 타협함으로서 얻어진 것이라고 로버트 건드리(Robert Gundry)는 최근에 주장하였다. 이것은 학계에 있는 복음주의자들에게 맞는 말이다. 학계에 있는 복음주의

---
4) Akers, Armstrong & Woodbridge 2000.

학자들은 자유주의적 상대자들의 것과 동일한 주석적 도구와 방법론을 종종 사용한다. 일반적으로 사회 안에서 복음주의자들의 삶의 모양이 비복음주의자들의 그것과 비교해 볼 때 거의 차이가 없는 것과 마찬가지이다.

> 성경적·신학적 학문성에 끼친 우리의 공헌에 대한 비복음주의자들의 인식이 증가하고 있는 것, 학문적, 정치적, 그리고 폭넓은 문화적 힘과 영향에 대한 우리의 욕구를 당연하게 돋우어 주는 것 등과 더불어, 타협을 이뤄야 한다는, 복음의 날선 검이 둔탁해진다는, 믿는 자와 세상 간에 구별이 희석되고 있다는…주님을 외치기보다는 단지 말씀을 속삭인다는 그런 위험 요소들이 뒤 따라 오고 있다.[5]

복음주의자들이 자신들의 근본주의적인 예리함을 잃어버린다든지, 더 이상 세상에 대항하지 못하고 함께 생활하지는 않을까를 건드리는 우려하고 있다. 충실한 '종파'-세상과의 긴장 속에 있는 하나의 미미한 공동체-로서 출발하였던 점은 세상 안에서 새로운 지위와 수반되는 품위를 지닌 아주 안락한 하나의 '기관'으로 악화되었다. 사도요한의 종파주의와 같은 좋은 처방이 필요하다고 건드리는 주장한다. 즉 말씀을 위하여 '세상'을 향해 맞서는 자발성과 함께 하나님의 말씀에 대한 철저한 헌신이 필요하다는 것이다.

대비드 웰스(David Wells)도 이에 동감하고 있다. 『타협된 교회』(The Compromised Church)라는 제목의 책에서 웰스는 '표면에 드러난 복음주의의 풍요로움과 경계선 없는 복음주의의 열정은 복음주의 아래에 놓여 있는 영적 공허를 숨기고 있다'[6]고 탄식했다. 그 공허는 교리적 본질과 신앙의 도덕적 속성에 관한 골자를 부분적으로 빼버린 결과이다.

---

5) Gundry 2002: 74.
6) Wells 1998: 22.

웰스의 진단은 건드리의 견해와 유사한 것이다. 즉 복음주의 교회들은 문화에 대하여 지적이고 영적인 적대감을 유지하기보다 오히려 점점 더 그것에 순응하는 경향이 있다. 적절성 측면에서 교회는 무언가 달라야 한다. 그렇지 않으면 제시할 만한 중요한 것이 아무것도 없게 된다는 아이러니를 웰스는 지적하고 있다.

(3) 빈약한 예배

복음주의 교회가 이론과 실천에 빈약하다는 것은 아마 가장 극적으로 예배의 빈곤을 의미한다. 예배는 하나님에 대한 지식의 지표이며 믿음에 대한 폭넓은 문화적 수용의 지표이기도 하다.[7] 또한 예배는 '사람과 공동체로서 우리의 정체성을 보여주고 형성해준다.'[8] 마르바 던(Marva Dawn)은 복음주의자들이 교회를 '사람들이 이해하기 쉽게 바꾸고' 있는 점에 대하여 우려하고 있다. 왜냐하면 하나님을 알고 경배하려는 우리의 노력에 최선을 기울이기 위하여 절대적으로 필요한 것이 지적 요소와 영적 자질인데, 이런 점들이 결여된 사용자 친근 유형과 기법을 저들이 택하고 있기 때문이다.

사람을 그리스도께 불러 모으기 위해서 교회가 예배를 바꾸어야 한다는 아이디어는 잘못된 개념이다. 마치 예배는 사람의 필요를 충족시켜주기 때문에 예배는 그들을 교회로 반드시 불러 모아야 한다는 개념과 같은 것이다. '성공은 교회가 예배 안에서 반드시 거부해야 할 가장 위험스러운 우상숭배이다.'[9] 예배는 근본적으로 하나님에 관한 것이지 우리에 관한 것이 아니다. 던에 따르면, 교회 예배가 실패하는 이유는 사람에게 너

---

7) Vanhoozer 2002: 3-16을 보라.
8) Dawn 1995: 4.
9) Ibid.: 285.

무 많은 것 또는 너무 심오한 것을 제공하기 때문이 아니라, 너무 적은 것 또는 너무 피상적인 것을 제공하기 때문이라고 한다. '우상숭배로부터 예배를 지킬 수 있는 유일한 방법은 하나님을 예배의 대상으로 삼는 것이다.'[10] 요점은 올바르게 질문하는 것이다. 즉 '오전 9시 예배에 사람들을 어떻게 더 많이 모을 수 있을까?'가 아니라, 오히려 '어떻게 하나님을 최상으로 경배하고 충실한 제자를 만들 수 있을까?'이어야 한다.

마케팅 전략은 전형적으로 본질적인 것(복음 '제품'[product])에 초점을 두지 않고, 주변적인 것(회중의 '포장'[packaging])에 둔다. 던은 윌리엄 핸드릭스(William Hendricks)의 연구를 인용하면서 많은 사람들이 예배 참여를 중단하는 이유가 지루함 때문이라고 말했다.[11] 교회가 제공하는 많은 것들-음악, 오락, 치료, 음식-은 어디에서나 가능하다. 그러나 어디에서나 가능하지 않은 것은 말씀과 성례 그리고 예배 안에서 복음을 선포하고 기쁨을 나누는 것이다. 어디에서나 가능하지 않은 것은 신학이다. '예배는 우리가 질문을 하도록 만들어 주어야 한다…하나님은 누구인가? 세상에서 하나님의 목적을 위해 하나님은 내가 속해있는 공동체와 나 자신을 어떻게 사용하시기를 원하는가?'[12] 하나님의 실존에 초점을 맞춘 참된 예배는 세속적인 주제에 근거한 기독교적 변형이기보다 오히려 예수 그리스도의 방식으로 현대 문명의 사람들과 맞설 만큼 체제 전복적이어야 할 것이다.

3) 가장 긴박한 시기

그래서 어느 쪽인가? 최상인가 최악인가, 호황인가 불황인가? 마음속

---

10) Ibid.
11) Ibid.: 287.
12) Dawn 1995: 295.

에 품고 있는 복음주의의 양상에 따라 어느 경우든지 둘 다 가능하다. 그러나 명백한 사실은 우리가 긴박한 시기에 살고 있다는 것이다. 기독교는 더 이상 서구세계에 존재하지 않는다.

종교는 개인화가 되어가고 있는 중이다. 이러한 변화에 얼마나 잘 반응해야 하는가에 대한 지금의 결정은 복음주의의 미래적 특징을 형성할 수 있는 습성과 경향이 될 것이다. 교회는 키에르케고르식 철학 비율에 타협할 것인가 아니면 충실하게 계속하여 남아 있을 것인가라는 갈림길에 놓여 있다. 충실성은 독창성과 상반되지 않는다고 서둘러 추가하여 말하고 싶다. 과거의 모양과 내용을 보존하는 것과 새로운 것을 경험하는 것 사이에서 결정하는 것이 아니라, 복음의 사람이기 보다 오히려 문화의 사람이 되느냐, (아주 솔직한 용어로 표현하면) 말씀의 사람이기 보다 오히려 세상의 사람이 되느냐 하는 틈새에서 양자택일의 결정을 해야 한다.

실제로 이 책에서 다루고 있는 모든 문제가 교회에 대한 우리의 이해와 직접적 연관을 가지고 있거나, 반대로 그렇지 않을 수도 있다. 교회-복음주의자들이 자신들의 믿음과 함께 살아가는 통로-는 복음주의적 경험과 신학의 진정한 숨마(summa, 대전)이다. 따라서 교회 본질과 기능에 대한 혼란은 더 심각한 혼란의 징후로서 복음주의의 정체성과 복음주의의 소명에 대한 혼란을 야기할 것이다.

지금은 우리의 성취에 안주할 시간이 아니다. 오히려 지금은 그리스도 교회의 회원으로서 그리고 복음의 사람이라는 한 개인으로서 그 특권과 책임을 재발견해야할 시기이다. 그러한 이유로 이 글의 명제는 다음과 같은 것이다. 최상의 복음주의 시기는 반드시 교회 시기이어야 하며, 최상의 교회 시기는 반드시 복음주의 시기이어야 한다. 그러나 교회란 무엇인가, 그리고 복음주의적이란 무엇을 의미하는가?

2. '단순한 교회학': 문제와 방안

우선적으로 '유일무이한' 복음주의 교회라는 것은 없다. 수많은 교파 교회 안에 복음주의자들이 있으나, 명백하게 복음주의 이름을 사용하는 교회는 몇몇에 불과하다. 그러나 하나님의 백성이 틀림없는 복음의 사람이라는 점을 고려해보면, 모든 참된 교회란 어떤 면에서 반드시 복음주의적이어야 한다.

하나님의 백성은 말씀 선포를 통하여 모든 민족으로부터 함께 모인 사람이며, 그리스도의 몸을 이루기 위하여 성령에 의한 부르심을 받고 능력을 힘입은 사람이다. 정확히 말하자면, 복음주의자들이 자신들의 독자적인 교회학을 가지고 있지 않기 때문에 '단순한 교회학'이라는 측면에서 생각하는 것이 더 바람직하다.

1) 문제: 사라지는 복음주의 정체성

솔직히 내 자신이 이 문제의 한 부분임을 인정한다. 지난 몇 년간 나는 교회학 필수과목 강의를 가능한 피했는데, 그것은 교회학이 종말론과 한 짝을 이루고 있었기 때문만은 아니었다. 나는 강의계획서의 일부가 논쟁의 인기순위로, 즉 나뉘어 있는 일련의 교리들로 구성되어 있는 듯한 것을 원하지 않았기 때문이다.[13] 끊임없는 가족 간의 언쟁보다 힘든 것은 아무것도 없다. 결국 내가 교회학 강의를 맡은 것은 좋기도 하고 싫기도 하고 애매모호하였다.

---

13) 세례의 유형, 목회에서 여자의 역할, 은사의 위치, 임직의 본질 그리고 교회 정치와 같은 이슈들을 말한다.

(1) 교회학적 비가시성

나 혼자만이 그렇지는 않았다. 복음주의 교회학은 20세기 신학의 감시 화면에 대체로 드러나지 않았다. 그러나 진정한 문제는 다른 종류의 비가시성인데, 즉 참된 교회는 오직 하나님에 의해서만 보이는 신자들의 비가시적 교제라는 개념이다.

스탠리 그렌즈는 이런 강조가 복음주의의 경건주의적 유산에 있음을 밝혀냈다. '경건주의자들은 세례와 같은 교회 의식에 대한 효능과 교회 교리에 대한 단순한 집착에 이의를 제기하는 반면에, 신생을 중요한 신앙 신조로 삼으면서 그리스도인이 된다는 의미의 새로운 비전을 새롭게 열었다.'[14] 이후부터 교회는 참된 회심자들의 영적 교제, 즉 특별히 교권적 소속을 초월한 하나의 단체였다.[15]

복음주의 교회학은 전형적으로 비가시적 교회에 대한 설명으로 보는 경향이 있다. '시작부터 복음주의 교회학의 중요한 원칙은 참된 회심자들의 비가시적 교회와 그리고 참된 신자들과 명목상의 그리스도인들 모두를 포함하는 가시적 기관으로서의 교회 간에 구분이었다.'[16] 신앙에 대해 각 개인의 결정에 주어진, 그리고 그리스도와의 비가시적 관계에 대해 각 개인에게 주어진 우선권은 조지 마스던(George Marsden)이 관측한 바와 사뭇 거리감이 있다. 즉 그는 '복음주의의 뚜렷한 특징들 중의 하나는 제도적 교회에 대한 복음주의의 일반적인 무시이다'[17]라고 논박하고 있다.

블로쉬(Bloesh) 역시 복음주의 안에 교회학에 대한 '끔찍스러운 무시'는

---

14) Grenz 2000: 291.
15) '복음주의 운동 그 자체는…대체로 파라처치 운동이었다. 이 운동의 중요하고 결정적인 특징은 복음주의적 자각을 형성한 파라처치 기관들로부터 도래했다'고 말한 Mohler(1990: 530)의 글을 참조하라. 이런 기관들 중에서 the Inter Varsity Fellowship, the Tyndale Fellowship, Christianity Today 그리고 the Evangelical Quarterly 등과 같은 출판물을 꼽을 수 있다.
16) Grenz 2000: 297.
17) Marsden 1991: 81.

신자 개인에 대한 교회 공동체의 후속적 양육 탓이기 보다 오히려 신앙에 대한 각 개인의 결정을 강조하는데 에서 기인한다고 지적하고 있다.[18]

'비가시적 교회가 틀림없이 성장해야 하며, 반면 가시적 교회는 반드시 쇠퇴해야 한다.' 이것이 복음주의자들이 가시적 교회를 희생시키면서까지 비가시적 교회를 끌어올리려는 참된 사례인가? 나는 '이미-그러나 아직은'(already-not yet)이라는 종말론적 개념 안에서 비가시적-가시적 교회의 구분을 벗어 던질 것을 아래에서 제안할 것이다. 그러나 우선적으로 비가시적 교회에 특권을 줌으로서 발생하는 결과에 대하여 탐구하고자 한다. 쉽사리 규명되는 가장 두드러진 결과는 가시적 교회가 구원론적 계획과 목적에 있어서 아무런 상관이 없다는 점이다. 그 결과, 가시적 교회에 참여하는 것은 선택적 사항으로 나타난다.

더욱이 교회가 구원과 무관하다는 개념은 더욱 혼란스런 문제, 즉 구원에 대한 이해가 감소되었음을 보여주는 징후이다. 정말로 구원이 그리스도에 대한 개인적인 인격적 관계로 압축되어질 수 있을까? 우리가 살펴보게 될 것처럼, 그와 같은 개인주의적 강조가 성경의 복음 보다 오히려 현대 문화에 더 많은 빚을 지고 있다고 생각하는 데에는 그럴만한 적절한 이유가 있다.

만일 우리가 천국에 직접 접근할 수 있다면, 왜 제도적인 교회가 필요한가? 그리스도와의 개인적 관계와 그리고 파라처치 기관들에 왜 의존하지 않는가? 이유가 정말로 무엇인가? 복음주의자들은 가시적 교회의 필요성에 대한 칼빈의 발언을 생각하는 것이 좋을 것 같다. 비록 교회가 선택받은 자들의 비가시적 단체라고 칼빈이 말했지만, 말씀과 성례 사역에 참여하고 은혜를 누리는 신자들의 가시적 조직의 중요성을 또한 강조하였다.

---

18) Bloesch 1983: 127.

칼빈의 『기독교 강요』 제4권의 제목은 '하나님께서 우리를 그리스도와의 사귐에로 초대하시고 이 사귐에 머물게 하시는 외적인 수단과 도움'이다. 요점은 구원을 이루기 위해 인위적 기관이 필요하다는 것이 아니라, 오히려 교회는 우리가 그리스도 안에서 얻는 구원을 육성하고 함양하기 위한 하나님이 정하신 하나의 수단이라는 것이다. 교회의 양육적 역할을 근본적으로 생각하면서, 칼빈은 교회를 '어머니'라고까지 말했는데, 어머니로부터 우리는 반드시 배우고 모든 삶에 안위를 얻어야 한다.

교회는 하나님의 섭리적인 계획의 일부이다. 아니, 교회는 하나님의 섭리의 일부이며, 인간의 죄와 연약함을 위한 하나님의 공급의 일부이다. 왜냐하면 그리스도인의 삶은 일시불로 결정되는 신앙의 문제가 아니라, 계속적으로 양육해야하는 신앙의 문제이기 때문이다. 그런 이유로 가시적 교회가 필요하고 중요한 것이다.

(2) 복음주의 정체성

복음주의 교회학을 제안하는 것은 우리가 '복음주의적'이라는 의미를 안다는 것을 전제하는 것이다. 실제로 두 가지 문제점-복음주의 정체성의 의미와 복음주의 정체성을 조성하고 강조하는 면에서 교회의 역할을 명확하게 하는 것-은 상호 관계적이다. 예를 들어, 복음주의적인 자기 이해가 경건주의와 명제주의(propositionalism) 사이에서 갈팡질팡하고 있다는 스탠리 그렌즈의 최근 제안을 생각해보라.[19] 복음주의의 연합은 교리에 대한 공통적 확신에 기초하기보다 오히려 신앙에 대한 공통적 경험에 기초하여 세워져 있다고 그는 주장한다. 보수주의적 경건은 정통주의적 교리보다 앞선다는 것이다.[20]

---

19) Grenz 2002.
20) 흥미롭게도 Grenz(2002: 63)는 중생의 경험과 구원의 확신('경험주의적 종교')에 대한

복음주의자라는 의미에 대하여 그렌즈가 마음에 품고 있는 이해는 신학과 교회학 모두에 분명한 영향력을 지니고 있다. 무엇보다도 신학이란 '공동체주의자'가 되는 것이다. 어떤 사람이 가지고 있는 믿음(또는 신앙)은 '우리가 위치해 있는 공동체에 의존하기'[21] 때문에, 신학은 기독교 공동체의 '신앙 모자이크의 표현'이 된다.[22] 그렌즈는 두 가지 면에서 교회는 중심적이라고 생각한다.

첫째, 공동체는 개인적인 경험과 정체성(신앙)을 형성하기 때문이며,

둘째, 공동체는 신학(이해를 추구하는 신앙)을 추구하기 위한 필수적 조건이기 때문이다. 우리는 그렌즈의 공동체주의적 교회학을 물질적이고 형식적인 원칙에 따라 재진술 할 수 있다. 물질적인 면에서, 구원에 대한 하나님의 총체적 목적은 새로운 사람을 만드는 것이기 때문에 교회는 중심이다. 구원 이야기의 결론은 한마디로 공동체이다. 형식적인 면에서, 신학은 공동체의 '신앙 모자이크'의 표현이기 때문에 교회는 중심이다. 그렌즈의 설명대로, 교회는 복음주의 정체성과 신학 모두의 핵심적 자리에 위치하고 있다.

교회학의 중요성에 대하여 그렌즈는 두 개의 다른 방향으로 계속하여 설명하고 있다. 먼저, 그는 의미와 지식과 진실은 공동체적 구조물이라는 후현대주의 의견을 받아들인다. '교회 교리학으로서-이해를 추구하는 공동체의 신앙으로서-신학은 선천적으로 공동체주의적이다.'[23] 그 다음으로, 그렌즈는 공동체가 신학의 통합적인 중심사상, '조직신학의 구성에

경건주의자들의 관심이 18세기 실증주의자들로부터 영향 받았을지 모른다고 지적했다. 그러나 그는 그것을 염려하는 것 같지는 않아 보인다.
21) Grenz 2000a: 132.
22) '기독교 신앙 모자이크를 표현하기'는 Grenz 책(2000a)의 한 장의 제목이다. 이 신앙 모자이크는 성경 이야기로 알려져 있다. 그러나 이것은 신학을 분명하게 표현하는 것이 신앙이라는 공동체의 망(web)이지 성경의 것은 아닌 것으로 보인다.
23) Grenz 2000a: 133.

중추가 되는 주제'라고 주장한다.[24] 왜냐하면 인류 역사 안에 하나님의 최종적인 목적은 정확히 공동체 형성에 있다는 것이 성경의 가르침이기 때문이다.

분명하게 그렌즈는 복음주의 정체성과 교회의 중심성 이 둘에 대한 설득력 있는 설명을 복음주의 신학에 제공하고 있다. 그러나 경건주의와 스콜라주의의 고질적인 딜레마에 대한 그의 해법이 적절한 것인지 아닌지 우려스러운 부분이 있다. 만일 교회 임무의 일부가 기독교적 정체성을 발전시키는 것이라면, 바로 그 정체성이 주로 인지적이거나 도덕적 또는 정서적인 용어로 비쳐지느냐 아니냐에 따라서 상당한 차이를 만들어 낸다.

복음주의자들은 '머리'를 넘어 '마음'을 반드시 선택해야 하는가? 복음주의 교회는 교리와 생활 사이에서 선택해야만 하는가? 그렌즈의 해법은 회심의 경건을 중요하게 간주하는데, 그 결과, 신학은 '언어로 구현된 종교적 감정의 표현'-슐라이어마허(Schleiermacher)의 교리에 대한 정의-과 같은 것이 된다. 그렌즈는 한 가지 중대한 면, 즉 신앙 경험을 형성하고 표현하는 이 두 가지에 대해 공동체의 역할을 강조한다는 면에서 슐라이어마허와 차이가 있다.

복음주의 교회는 어떤 유형의 기독교 정체성을 발전시켜야 하는가? 나는 경건과 명제라는 이분법을 좋아하지 않는다. 진실을 원하며 그것을 또한 느끼기를 원한다. 두 갈래의 복음주의 정체성에 대한 그렌즈의 설명은 유사하게 현대성을 이분법적으로 분석한 칸트를 떠올리게 만든다. 지식(사실)에 대한 그의 이론과 도덕성(가치)에 대한 그의 이론을 어떻게 합성하느냐는 것이 칸트의 문제였다. 또한 머리와 마음, 인지와 의지, 그리고 형이상학과 도덕 간의 구분을 어떻게 연결하느냐에 대해 그는 확신이 없었다.

---

24) Ibid.: 132.

슐라이어마허처럼, 그렌즈는 단순하게 칸트의 윤리학과 『실천이성비판』(Critique of Practical Reason)을 그의 형이상학과 『순수이성비판』(Critique of Pure Reason) 보다 상위에 올려놓았다. 그러나 칸트 자신은 제3의 용어 곧 상상을 도입하였다. 복음주의자들도 그와 유사한 것을 사용해야 한다고 나는 믿는다.

지성주의와 도덕주의 둘 다 참된 신앙에는 치명적이다. 복음주의 교회는 그 둘 모두를 반드시 피해야 한다. 한편, 신앙을 지적 찬동과 동일시하는 것도 치명적이다. 교회 안에 너무 많은 사람들이 자신들을 복음주의자라고 하는데, 그 이유가 자신들이 교리 목록에 정신적 찬동을 하고 있기 때문이라는 것이다. 신자가 수많이 있지만, 제자는 너무나 적다. '값싼 은혜'-용서의 설교 그러나 제자도의 설교가 아닌-는 복음주의 교회의 대적이라는 본회퍼의 말이 옳다.

도덕주의-복음주의자가 되는 것은 어떤 특정 방식으로 행동하는 것이라는 개념-역시 똑같이 해로운 것이다. 심지어 그들이 도덕적일 때조차, 외적인 운동을 통해 움직이는 것은 한 사람의 내적 존재가 새롭게 되고 변형되는 것과 동등한 것이 아니다. 이러한 면에서 회심의 경건 즉 성령 사역의 경험을 강조하는 그렌즈가 옳다고 본다.

복음주의 정체성은 소위 복음주의적 상상력에 의해서 형성된 것으로 가장 알맞게 여겨지고 있다고 나는 생각한다. 다시 말하면 복음주의 정체성은 창조와 타락과 구속이라는 실제로 있는 그대로 세상을 보여주는 성경 담론이다. 상상력이란 있지도 않은 것의 이미지를 창출하는 능력을 뜻하는 것이 아니다. 오히려 감각 인식을 피해나가는 실제적 차원을 이해하는 능력을 의미한다.

상상력은 같은 관점의 여러 현상을 고찰하는 일종의 시각을 통하여 다양한 인물들과 사건들을 완전하게 파악할 수 있는 뚜렷한 인지 능력이다. 또한 그것은 통일된 전체(또는 이야기)의 관점에서 다양한 부분을 이해하는 능력이다. 복음주의자들은 하나님이 그리스도 예수 안에서 행하신 일들에 관한 복음 이야기 안에 자신들의 정체성을 둔다. 복음 이야기는 지식과 윤리 모두를 위한 표준 역할을 하면서, 인식적이고 실존적인 중요성을 즐겨야 한다. 요컨대 상상력은 머리와 마음을 연합하는 통로이다. 상상력이 추구하는 연합은 생각하는 것과 느끼는 것 둘 다를 포함하고 있다.[25]

상상력은 또 다른 전체를 이해하는 활동과 연계되어 있다. 곧 지혜를 얻는 것이다. 성경의 사실들을 아는 것으로 충분하지 않다. 그것들을 어떻게 적용하고 관계 시킬지를 반드시 알아야 한다. 이러한 점에서 상상력은 지혜와 동류이다. 이것은 사물들이 어떻게 함께 들어맞는지를 이해하는 능력이며, 어떤 사람이 어떻게 올바르게 어울리는지를 깨닫는 능력이다. 복음주의자들은 복음의 관점에서 자신들을 규정해야 한다.

예수님의 이야기는 진실과 선함과 미(beauty)를 이해할 수 있는 복음주의적 표준이며 기준이다.[26] 따라서 '복음주의'는 동시에 신앙 부흥(중생), 교리 개혁(성경에 대한 믿음) 그리고 상상력의 활성화(성경에 내주함)라고 불린다.

2) 방안: '단순한 교회학'

일찍이 교회학을 무시한 나의 태만의 죄를 후회한다. 교회학은 내가 가르치고 있는 가장 흥미로운 교리들 중의 하나가 되었다. 왜 그러한 변화

---

25) '보는 것'(아는 것)과 '느끼는 것'(경험하는 것)의 종합으로서 최상의 이야기에 대해서는 C. S. Lewis 것을 참조하라.
26) 교회 안에 있는 미의 역할에 대해서는 Vanhoozer(2003b)를 보라.

가 일어났는가? 두 가지를 꼽을 수 있다.

첫째, 나는 복음주의를 괴롭히고 있는 불일치적인 부분에 집중하기보다 오히려 교회론의 필수적 핵심에 치중하기로 결심했다. 다시 말해서 교회의 근본적 본질과 임무-'단순한 교회학'-에 초점을 맞추기로 했다.

둘째, 나는 복음주의자들이 특히 복음에 관하여 믿고 있는 바를 교회가 육성하고 분명하게 보여주고 있다는 것을 알 수 있게 되었다. 교회는 단순한 하나의 교리가 아니다. 그것은 그리스도인들이 하나님께 영광을 돌리기 위해 하나님 앞에서 살아가는 삶이다. 이러한 점에서 복음주의 교회는 복음주의 신학의 살아있는 숨마(summa)이다. 교회는 신학적 공동체라는 것이 이 글에서 다루는 주요 논쟁들의 하나이다.

단순한 교회학과 단순한 복음주의는 함께 나란히 간다. 각각은 복음주의자들을 자주 분열시키는 부차적인 문제보다 오히려 근본적인 진리에 초점을 맞춘다. 나는 '단순한'이라는 용어를 '사소한'이라는 뜻 보다는 C. S. 루이스처럼 본질적이라는 의미로 사용하고 있다. 복음주의 교회가 앞을 향해 나아가는 길은 복음의 진리와 능력을 회복하는 것이다. 즉 사람을 자신과 함께 교제하도록 하시는 하나님의 구원 목적에 대한 약속과 부르심을 회복해야 한다. 왜냐하면 교회는 교제이기 때문이다. 신약성경에서 에클레시아(*ekklēsia*)는 항상 '무리'(assembly) 또는 '모으심'(gathering)을 뜻하고 있는 것이지, 결코 '건물'(building)이 아니다.[27] 따라서 교회는 복음의 사람, 복음을 선포하기 위하여 복음에 의해 모여진 사람이다.

(1) '단순한' 복음주의

'단순한' 복음주의가 된다는 것은 복음에 응답하는 것이다. 그것은 복음

---

27) Tinker(2002: 149)는 그와 같은 오해를 피하기 위해서 '교회'라는 용어를 더욱 정확하게 사용하기를 권고하고 있다.

의 메시지(기록된 말씀)를 고백하는 것이며, 복음의 사역(살아있는 말씀)에 순응하는 것이다. '복음주의 신학은 복음에 의해서 환기되고, 통제되고 그리고 판단된다.'[28] 단순한 복음주의는 하나님이 구원을 베푸시기 위해 행동하고 계시며(거기에 좋은 소식이 있다), 하나님이 진실하게 말씀하고 계신다(이 소식은 영감된 성경을 통하여 우리에게 전해진다)는 두 가지 확신을 긍정하는 것이다.

버나드 램(Bernard Ramm)은 '복음주의 기독교는 하나님의 말씀과 행위가 사람의 믿음과 응답 또는 경험 위에 있다는 기독교 견해를 지시하는 것이다'[29]라고 했다. 이러한 측면에서 '복음주의'는 이미 성취한 목표이기 보다는 목적의 진술이며, 사회학적 서술이기 보다는 신학적 처방이다. 이 목적은 성경적이어야 하며, 말씀과 생각과 행동에 있어서 성경적으로 입증된 복음과 일치되어야 한다.

나에게 꿈이 있다…그것은 복음주의 교회가 단순한 복음주의를 위한 교회의 비전을 되찾을 것이라는 꿈이다. 나는 복음주의를 위한, 즉 세 가지 뚜렷한 특징으로 구별되는 단순한 복음주의를 위한 새 날을 위해 일과 기도를 한다.

> ① 단순한 복음주의는 우리가 신앙의 근원인 성경으로 꾸준히 돌아가야 한다는 주장에 따라 근본적이어야 한다. 근본적 복음주의는 정경인 성경을 복음의 요람과 필수적인 맥락으로 그리고 진리와 생활의 기본적 표준으로 붙잡는다. 성자 하나님과 성령 하나님을 통해서 그리고 그 안에서 성부 하나님이 이미 이루신 그리고 지금 행하고 계신 것에 대한 성경적인 증거는 진리, 선함 그리고 아름다움이 무엇인지를 결정하는 시금석이다.

---
28) Webster 2001a: 191.
29) Ramm 2000: 13.

둘째로, 복음에 대한 확신을 가지고 현대 문화를 기꺼이 극복해야 한다는 측면에서 단순한 복음주의는 근본적이다. 근본적인 복음주의는 객관성(말씀)에 뿌리를 두고 있으며 주관성(성령)에 있어서는 열정적이다.

② 단순한 복음주의는 복음주의자들의 유일한 전유물이 아니라는 점에서 평화적이어야 한다. 우리는 잘못된 해석으로부터 복음의 순결성을 보존하는 일에 투쟁적인 반면에, 우리는 또한 우리 자신의 문화적 훈련을 인지하고, 가능한 다른 많은 고백적인 그리스도인들과 더불어 평화를 도모하는 일에 반드시 더욱 힘써야 한다. 단순한 복음주의가 평화적인 것은 그것이 본질적인 요소들(예를 들어, 복음의 순결성을 유지하는 일에 필수적 것들)에 초점을 맞추고 있고, 비본질적인 요소들에 대해서는 겸손과 자애를 피력하고 있기 때문이다.

③ 단순한 복음주의는 즐거운 것이다. 선포되는 모든 말씀들 중에서 복음이 최상이기 때문이다. 복음주의자들은 예수 그리스도에 의해 가능하게 된 삶의 풍성함을 즐기고 있다. 따라서 '재미없는' 복음주의란 어떤 면에서 모순적이다. 복음주의자들의 기쁨은 단순히 감정적인 것이 아니라, 예수 그리스도 안에서 하나님이 성취하신 것에 대한 전 인격적인 응답이다. 유앙겔리온(*euangelion*, 복음)은 유카리스트(*eucharist*, 성찬) 즉 감사에서 나온다. 단순한 복음주의자들은 복음의 하나님을 찬양하고 영광을 돌리고 즐거워하는 측면에서 자신들의 최고의 소명을 인지한다. 교회는 이 임무에 필요불가결한 것이다.

(2) 단순한 교회학

'유일무이한' 복음주의 교회와 같은 조직체는 없다. 분명히 복음주의 교파들이 있지만, 예수 그리스도의 교회는 하나이다. 정확히 말하면, 복음주의자들은 '단순한 교회학'이라고 말할 수 있는 많은 고백적 교회와 교파들 안에 존재하고 있기 때문이다. 교회에 대한 복음주의자들의 역할은 복음의 순결성을 증진시키고 보존하는 것이다. 따라서 교회에 대한 복음주의적 이해란 단순한 교회학과 복음의 사람들이 되도록 하는 일을 지향하는 것이다. 이 교파 저 교파가 아닌 예수 그리스도가 머리이신 그 유일한 교회에 충성을 바쳐야 한다.[30]

'항상 개혁되고', '항상 새롭게 되는' 것은 교회에 대한 복음주의자들의 좌우명이 되어야 한다. 복음주의는 근본적으로 주류 고백적인 기독교 안에 하나의 갱신 운동이었다. 진실로 복음주의를 이해하는 한 가지 방법은 부활(성령 안에서 중생의 경험)과 개혁(성경 권위의 실천)으로서 복음주의를 간파하는 것이다. 이러한 개혁과 갱신 운동에 있어서 무엇이 분명하게 복음주의적이어야 하는 것은 복음주의의 원천이며 기준이 되는 복음이다. 즉 단순한 교회학은 복음의 주도권이 계속 이어지도록 하는 일(전도), 복음의 순결성을 보호하는 일(신학) 그리고 복음의 조명 안에 살면서 복음을 실행하는 일(교회) 등에 헌신된 사람을 품는 것이다.

단순한 복음주의 교회학이란 교회를 복음을 증거 하는 일, 복음의 지혜를 표현하는 일, 그리고 복음의 하나님을 경배하는 일 등에 책임을 지고 있는 복음의 백성들로 보는 것이다.

3. 복음과 문화 사이의 교회: 끊임없는 위기

복음의 백성-확실히 담대한 외침이지만, 상당히 시기상조이다. 왜냐하면 너무 많은 복음주의 교회들의 증거와 지혜 그리고 예배가 문화 수용

---

30) 이 글의 후반부에서 교회의 질서와 리더십 문제에 대한 이러한 입장의 함축적 의미를 다루게 될 것이다.

적인 면에서 타협적이었기 때문이다. 여기서 우리는 교회와 문화의 가능한 관계를 도식화한 니버의 유명한 분류체계를 되새겨야 할 것이다. 그는 문화 위의 그리스도, 문화를 거부하는 그리스도, 문화적인 그리스도 그리고 문화의 변혁자 그리스도로 분류하였다. 복음주의자들은 어떠한 유형에 어울리는가? 아마도 모든 유형에 어울리는 각각의 복음주의 교회들이 있을 것이다. 그렇지만 나는 끊임없는 유혹과 복음주의를 괴롭히는 죄악, 즉 복음과 문화를 혼란스럽게 하는 죄라고 생각되는 것에 초점을 맞추기를 원한다.[31]

복음주의자들은 복음의 순결성을 보존하기 위하여 흄이나 헤겔, 프로이드, 막스, 다윈, 불트만, 틸리히 등과 같은 현대 지적 풍광의 거장들과 싸우면서 서부전선의 참호에 오래도록 숨어 지내 왔다. 그러나 복음주의자들은 성공적으로 현대적 개념에 저항하는 동시에, 현대적 가치와 방법 그리고 관습을 더불어 공모해왔다. 20세기 복음주의의 엄청난 아이러니는 현대 사조에 저항하면서 동시에 현대 문화에 순응해왔다는 점이다.

1) '모든 나라와 같이'

나의 자녀들은 중학교 때에 인기가 있거나 외모가 멋지게 보이는 것에 대한 비밀을 알아챘다. 즉 다른 사람들처럼 행동하고, 멋진 아이들이 하는 것을 따라하는 것 말이다. 다반사로 이것은 자신의 원칙을 타협한다는 것을 의미한다. 반면 이것은 많은 사람이 지불을 준비해야하는 대가이기도 하다.

이스라엘 역시 거짓 신을 섬기는 가나안과 이집트에 '뒤지지 않으려고' 다른 나라와 같이 되고자 하는 끊임없는 유혹을 받았다. 가장 두드러진

---
31) 이 주제에 대한 도움이 될 만한 글 모음집 Hunsberger & Van Gelder 1966을 보라.

예로서, 이스라엘의 장로들은 신에 대한 유행에 따라 하나님의 통치보다 오히려 인간 통치자가 필요하다고 결심하였다. '모든 나라와 같이 우리에게 왕을 세워 우리를 다스리게 하소서'(삼상 8:5).[32]

'모든 나라와 같이.' 복음주의자들은 이스라엘 백성처럼 멋진 모든 단체들과 같이 되기를 분명히 원한다. '새로운 경영기법과 판매 도구를 우리에게 달라!', '잡지와 텔레비전과 영화를 우리에게 달라!', '프로그램과 전문가를 우리에게 달라!' 교회를 위하여 가장 최근의 경영기법, 심리학, 미디어 그리고 심지어 오락적 전략까지 수용하고 적응하는 일이 쇄도하고 있다. 세상의 지혜를 흡수하고 그리스도를 홍보하기 위하여 그것을 사용하는 일에 몰두하고 있다.

현시대의 불신앙의 기원을 다룬 제임스 터너(James Turner)의 책은 놀랄 만한 결론을 담고 있다. 과학이나 세속화에 탓을 돌리는 대신에, 터너는 종교 자체에 일차적인 책임이 있다고 꼬집었다. 특히 신앙이 상실된 것은 교회를 둘러싼 변화하는 문화에 교회가 적응하는데 실패했기 때문이 아니라, 정확히 말하면 강경노선을 포기할 정도로 교회가 문화에 적응했기 때문이라는 것이다.[33] 교회가 외부세력(이것은 항상 상황적인 것이다)에 의해 위협을 받았다는 사실보다 오히려 교회가 이러한 위협에 대처하는 방법에 근본적인 문제가 있었다는 것이다. 문화적 수용은 스스로 초래한 부적절한 치명적 단계이다.

문제는 문화가 트로이 목마인지 아닌지, 다시 말하면 자기 파멸적 위기에서 교회가 불러들인(=수용한) 세상이 교회에게 준 선물인지 아닌지에 있다. 동시에 약식 판단을 하지 않도록 주의해야 한다. 제4복음서 전체를 통하여 말씀을 반대하며 빛을 미워하고 어둠을 사랑하는 세상, 즉 요한복음

---

32) 본 논문에서는 NRSV 영어 성경을 따랐음(한글성경은 개역 개정판을 따랐음-역주).
33) Turner 1985.

서의 코스모스(*cosmos*, 세상)와 '문화'를 단순하게 동일시 할 수 있겠는가?[34]

모든 것은 우리가 '문화'와 '세상'을 어떻게 이해하는가에 전적으로 달려 있다. 우리는 상당할 정도로 일반은총의 가능성을 인정한다.[35] 하나님의 사랑과 자신과의 사랑 사이에는 그리고 하나님의 도성과 인간의 도성 사이에는 분명히 상충되는 점이 있다. 그러나 이러한 대립이 교회와 문화 간의 긴장으로 단순하게 동일시 할 수 있을까? 또는 오히려 그 긴장이 두 개의 힘, 즉 죄의 힘과 은혜의 힘 사이에 놓여 있는 것일까? 후자의 경우에서, 그 대립적 관계가 죄와 신실한 순종-소위 유형교회에 배여 있는 이분법-사이에 있는 것만큼이나 단순하게 교회와 세상 사이에 있지 않을 수도 있다는 결론이 나온다.

설령 문화를 세속적인 것으로 단순하게 동일시 할 수 없을지라도, 문화적 추정과 선호 그리고 관행을 받아들이기 전에 교회는 반드시 대단한 주의와 현명한 판단에 신경 써야 한다. 다른 영의 경우처럼 시대의 영을 틀림없이 분별해야 한다(요일 4:1). 예를 들어, 교회는 공의와 자유를 위해 일해야 하는 반면에, 그것들이 단지 부속적 기독교 이념에 대한 표지 이야기가 아니라는 것을 보장해야 한다. 그러나 실제로 교회의 사명을 잃어버림 없이 전적으로 문화를 거부하는 입장, 또는 교회의 정체성을 잃어버림 없이 전적으로 문화적이어야 한다는 입장 그 어느 한쪽만을 교회가 수용하는 것은 거의 불가능하다. 대신에 교회는 문화를 복음에 활용하기 위하여 정확히 복음과 문화 사이의 불안정한 틈새에서 살아가야 한다.

그럼에도 불구하고 우리가 모든 뉘앙스와 미묘함을 신중하게 언급할

---

34) Gundry(2002: 56-62)는 제4복음서에는 오직 하나님만이 세상을 사랑하신다고 지적했다. 예수님이나 그의 제자들이 세상을 사랑하는(또는 세상을 위해 기도하는) 것으로 기술되어 있지 않고 있다. 분파주의자들은 세속적 권력을 의미하는 세상을 거부하는 자들로 자신들을 엄격하게 규정한다.

35) Mouw 2001을 보라.

때조차, 사람들의 눈과 귀에 더욱더 명백해지는 것은 복음주의 교회가 오히려 거꾸로 문화가 교회를 변혁시키도록 종종 내버려 두고 있다는 점이다. 그런 모습들을 살펴보자.

2) 현대 개인주의

복음주의 교회에 가장 현저하고 강력한 도전들 중의 하나가 현대주의의 한 페이지에서 곧바로 떨어져 나온 개인주의이다. 계몽주의는 사회를 자율적 개인주의 간의 자발적 계약으로 보았다. 실제로 칸트는 어떤 권력에 복종하는 것이라기보다 오히려 자신을 위하여 생각하고 선택하는 측면으로 계몽주의를 정의하였다. 개인주의는 자아의 신성한 가치를 증진시키는 명백한 하나의 현대적 개념이다. 개인적인 자유, 사적인 재산과 개인적인 부, 개인적인 충족, 자기 번영과 자수 성가적인 인물, 그리고 자기 자신의 행복을 추구하는 권리 등.[36]

국가를 연상하게 하는 현대 사회 계약은 또한 교회에도 영향을 주었다. 19세기 복음주의자들은 신자들이 교회의 회원이기 이전에 저들 각자에 의해서 자발적으로 구성된 단체로서 교회를 쉽게 이해하였다. 이런 경우, 각각의 신자는 교회보다 우선한다. '교회의 회원을 구성하기 보다는 오히려 교회는 신자들에 의해서 구성된다. 그들은 교회의 회원이기 전에, 그리고 별도로, 어떤 의미에서 완전한 "영적 자아"로 간주된다.'[37]

유사하게, 예수님과 어떤 사람과의 인격적 관계는 그 사람의 교회와의 관계보다 앞선다. 이런 모습에 뒤따르는 문제는 교회를 불필요한 어떤

---

[36] Roxburgh 1996: 322-323을 보라. 이 글은 목회 사역이 치유적 접근과 '기술적 합리성'에 의해 영향을 받고 있는 유형들을 검토하고 있다.
[37] Grenz 2000: 314.

것으로, 즉 로버트 벨라(Robert Bellah)가 말한 '고립된 생활양식의 거주지'로 축소한다는 것이다. 그것은 사람들이 그들 각자의 선에 공헌할 것이라고 믿는 하나의 계획안에서 서로의 공통된 이해에 따라 결속된 집단을 뜻한다.[38]

개인주의가 가는 곳에 소비지상주의가 뒤 따른다. 개인을 향상시키는 것은 나의 필요, 나의욕구 그리고 나의 충족에 집중하는 것이다. 개인주의는 사람들로 하여금 자신들의 필요를 충족시키기에 가장 잘 재단된 교회를 고르도록 만들어 준다. 그러나 시장 수요를 채우는 식의 '기획자 교회'(designer churches)라는 개념은 교회의 참된 본질을 착각하게 만든다. 명백하게 해야 할 것이 있다.

나는 몇몇 대 교회 집단에 흡수되기 위하여 자신들의 인간성을 포기하라고 복음주의자들에게 말하고 있는 것이 아니다. 오히려 나는 인간성에 대한 현대적 이해가 공동체 안에서 삶을 강조하는 성경과 양립될 수 있는지에 대하여 의문이 드는 것이다. 그리스도 안에서 하나님이 일하신다는 측면은 새로운 공동체를 조성하는 것이다. 즉 그 공동체는 하나님의 계획의 일부이다.

조지 벤더벨드에 따르면, '복음주의 교회학을 위한 과제는 그리스도에 의해서 시작된 새로운 실재의 공통적인 현실에 대해 더욱더 통합적인 이해와 실천을 개발하는 것이다.'[39] 각각의 개인은 그들 자신의 집에서 은밀히 예수님과 인격적인 관계를 가질 수 있을지 모르나, 그들은 자신들의 벽장 안에서 공동체를 발견할 수 없는 것이다.

---

38) Bellah 1986을 보라.
39) Vandervelde 2003: 19.

3) 현대화와 맥도날드화

사회는 '맥도날드화'에 의해 변화되고 있다고 조지 리처(George Rizter)는 말한다. 맥도날드화란 '미국 사회는 물론 세계 나머지의 더 많은 분야를 주도하려는 패스드푸드 요식업체의 경영전략에 의해서 나타나는 과정을 말한다.'[40] 맥도날드화는 일반적으로 사회의 현대화에 대한 하나의 쉬운 비유이다. 왜냐하면 이러한 사회적 권력과 형태-세속화, 산업화, 관료주의화-는 합리성과 진보에 대한 계몽주의적 관념을 구체적으로 나타내기 때문이다.

현대 사회는 사회생활 영역 안에 있는 도구적 합리성을 위한 승리주의적 훈련이다. 도구적 합리성은 중요한 개념이다. 자연의 영역에서 합리주의적 성공을 보면서, 현대 사상가들은 최후 추론 과정에 대한 유사한 유형의 수단을 사회에 적용하는 일에 힘쓰고 있다. 과학적 방법은 우리가 물질적 환경을 정복하는 일이 가능하도록 해주고 있다. 아마도 이성은 우리가 사회적 환경 또한 정복하도록 가능하게 해주지 않을까? 이것은 맥도날드와 무슨 관련이 있는 것일까? 바로 다음과 같은 점 때문이다. 맥도날드의 목적은 즉각적이며 효율성 있는 음식을 제조하고 시장 유통을 '정복하는 것이다.' 맥도날드는 식당 경영의 개념을 합리화 하고 있다. 더욱이 맥도날드는 세계화 규모로 이 과정을 다시 만들어 내고 있다. 아치는 신경 쓰지 마라, 맥도날드의 아치는 아치형의 현대적 기구이다.

리처는 패스트푸드 준비과정의 원칙이 패스트푸드 그 자체와 아무런 관련이 없는 다양한 기관에도 나타나고 있다고 설득력 있게 증명하고 있다. 현재 차에 탄 채로 이용할 수 있는 은행이나 약국이 있다. 한 시간 안에 시력을 검사하여 안경을 맞출 수 있거나 사진을 현상할 수 있는 것이

---
40) Rizter 1993: 1. 또한 Shenk 1996을 참조하라.

가능하다. 이런 문화적 경향은 신속성, 예측 가능성 그리고 효율성 등과 같은 특성에 중요성을 두고 있다는 것을 뜻한다. 사업 경영과 마케팅 기술은 교회 안에도 침투해 있다. 감성적 필요를 충족시키려는 또는 '구도자를 감동시키려는' 희망은 '시장이 결정하게 하자'라는 완곡어구이다.

거기에 현대 문화가 복음주의 교회 안에 영향을 주는 또 다른 징후는 전문화 경향이다. 지적했던 것처럼, 계몽주의적 활동은 도구적 이성—기술—을 삶의 영역에 더욱 더 적용한다는 것이다. '입문'서적들은 현대의 전형적인 문헌 장르이다. 그 결과, 전문화가 증가하고 있다.

'문예부흥 시대의 사람'은 모든 면에 대해 약간씩 알고 있는 일반인이라면, 현대의 경쟁자는 전형적으로 소수의 것에 대해 모든 것을 알고 있는 전문가를 뜻한다. 늘어나는 전문화로 인하여 단편화 문제가 뒤따르고 있다. 이것은 신학교뿐만 아니라 목회 사역에 있어서도 심각한 문제가 되고 있다. 신학교육에 있어서 가장 취약적 결과는 성경신학과 신학의 구분에 있는데, 각기 하나의 뚜렷한 전문 영역이 되었고, 각기 각자의 많은 부가적 전문화를 이루고 있다. 현재 교회 안에도 마찬가지로 각기 다른 영역의 많은 전문 목사들이 있다(예를 들어, 설교목사, 상담목사, 청년목사, 장년목사).

엘리어트(T.S. Eliot)는 전문화를 반대하는 사례에 대하여 다음과 같이 언급한다.

> 지식 안에서 우리가 잃어버린 지혜는 어디에 있는가?
> 정보 안에서 우리가 잃어버린 지식은 어디에 있는가?[41]

기술을 정복하거나 정보를 능숙하게 처리한다고 해서 그 어느 것도 사

---

41) '반석'(the Rock)이라는 시의 Chorus부분.

람의 상태를 효과적으로 다룰 수 없다. 예를 들어, 다이어트 현상을 보자. 살을 빼는데 도움이 되는 수백 권의 책, 방법, 기술, 제품, 보조용품 그리고 지원 단체들이 있다. 그렇지만 현대 서구에는 적어도 이전보다 과체중의 사람이 더 많다. 리차드 왓슨(Richard Watson)이 『철학자의 식습관』(*The Philosopher's Diet*)에서 언급한 바처럼, 체중을 줄이는 방법이 '적게 먹는 것이다'[42]라는 것을 알기 위하여 고도의 지능을 필요로 하지 않는다. 정말로 효과적이 되기 위해서는 생활양식을 바꾸는 것이 필요하다. 우리 마음(마음만이 아니라)의 욕구를 재조절할 필요가 있다. 이것은 미덕을 습득하고 인품을 형성-영적인 형성-하는 것을 뜻한다. 불행히도 그것을 위한 빠르고 쉬운 기술은 없다!

사람들은 자가 치유를 통하여 자신들을 변화시킬 수 있다는 환상을 주장하기 위하여 다이어트 서적을 구입한다. 복음주의 교회가 더 잘 알아야 하는 것은 인성의 참된 변화는 의지력이나 의약품 또는 기술 그 이상의 것을 요구한다는 것이다. 진정한 변화는 성령의 역사를 필요로 한다.

사공이 많으면 배가 산으로 간다. 더욱이 지혜를 육성하기 보다는 실제적인 제안만을 내놓기 더 쉽다. 전문화는 처리할 수 있는 영역 안으로 삶을 분할함으로써 삶이 우리의 통제 안에 있다는 환상을 만들어 낸다. 그리고 경영을 언급하는 것, 그것은 교회가 상당히 세속문화로부터 가져온 또 다른 증상이다. 어떤 목사들은 농담하기를(웃어 넘겨 버리기에는 너무나 사실에 가까운) 목회학석사(M.Div.) 학위보다는 오히려 경영학석사(MBA)를 얻었으면, 목회를 준비하는데 더 좋았을 텐데 라고들 한다.

복음주의 교회의 목회 본질은 무엇인가? 구체적으로, 목사를 생각할 때 어떤 모델을 지향해야 하는가? 빅토리아 시대의 목사는 성경언어로 훈련된 참으로 신학의 '명수'였고 지역사회의 지성인이었다. 현대적인 목사의

---

42) Watson 1998: 8.

일반적인 모델은 치유자와 경영자이다. 그러나 교회가 기업을 모델로 삼는다면, 목사는 반드시 경영자가 되어야 한다. 즉 인사관리와 재정과 프로그램의 경영인이 되어야 한다. 이것은 교회의 맥도날드화를 이루는 결과를 낳게 한다. 조지 헌스버거(George Hunsberger)는 현대의 교회가 '종교적 서비스와 상품의 노점상'이 되어가고 있다고 지적했다.[43] 지역 교회는 소매업체 매장 또는 교파 상품의 체인점이 되고 있고, 반면 교파는 기업 본부가 되고 있다. 회중은 소비자가 되고 있으며, 그들의 욕구는 항상 정당한 것이다.

4) 성공의 복음

왜 아니겠는가? 복음주의 교회는 대형교회로 성장하고 있으며, 교회성장이 좋다는 것은 하나의 자명한 이치이다. 그러나 이런 것이 무엇이란 말인가? 모든 것이 일종의 성장에 달려 있다. 성경은 대단하다고 고려하지 않은 일종의 성장 또는 이득에 대해 분명하게 말하고 있다. '사람이 만일 온 천하를 얻고도 제 목숨을 잃으면 무엇이 유익하리요 사람이 무엇을 주고 제 목숨과 바꾸겠느냐?'(마 16:26). 여기서 중요한 개념은 유익이다.

교회는 성공에 대한 세상적인 이해에 대하여 주의를 기울여야 한다. 성공이란 무엇인가? 맥도날드에게 있어서, 그 답은 쉬운 것이다. 그것은 이익과 배당금이며 사들인 수십억 개의 버거들이다. 교회도 같은 종류의 생각을 해야 하는가: '착석 십 억 명 이상?' 이것은 성공에 대한 실용적인 정의이며, 이러한 성공은 무슨 일을 하며, 무엇을 팔고, 무엇이 사람들을 교회로 끌어 들일 수 있는 것이며, 그리고 무엇이 사람들의 필요를 충족시킬 수 있는 것인가라는 측면에서 정의된다. 온 천하를 얻을지라도 생명-

---

43) Hunsberger 1996a: 337-338.

근본적인 진리와 능력이 되는 교회의 진실성-을 잃는다면 그게 무슨 소용이 있겠는가? 만약 맥도날드형 복음(McGospel)을 전하다면 내게 저주가 있으리라!

4. 교회관을 수정하기: 제일 신학으로서의 교회학

도구적 이성이 현대성의 특성인 반면에, 전통에 기초한 합리성은 후현대주의적 표어이다. 철학자 알라스데어 맥킨타이어(Alasdair MacIntyre)는 모든 이성적 사고력은 어떤 전통 또는 다른 구조 속에서 일어난다고 주장한다. 맥킨타이어는 전통을 하나의 형식 본문을 어떻게 가장 잘 해석하는가에 관한 '사회적으로 구현된 주장'으로 정의한다. 후현대주의 안에서 전통과 조화를 이루는 새로운 관점은 '사회'와 '실천'에 대한 상호 관련 개념을 중요시한다. 실천이란 어떤 좋은 결말 그러나 꼭 '결과물'이어야 할 필요가 없는 것으로 이어지는 협력적인 인간 행동 유형이다.[44] 그러므로 개인주의적 자율 개념에 대한 최근에 언급되는 비판은 아주 흥미롭게도 철학으로부터 나오고 있다.

성경학자와 신학자는 공동체주의자들의 시류에 빠르게 편승하고 있는데, 마치 후현대주의적 전환이 당연히 '공동적 실천으로 전환'하는 것처럼 말이다. 물론 교회에 대한 후현대주의적 상황과 중요성에 대하여 많이들 언급한다.[45] 그러나 공동적 실천으로의 전환이란 삼위일체 신학과 더불어 20세기 가장 중대한 신학적 회복들 중의 하나를 위해 무대를 설치하는 것이라는 측면에 초점을 맞추어야 한다. 지난 10여 년 가량, 교회론은 주

---

44) MacIntyre 1984: 187; cf. Kelsey 1992: 118.
45) Vanhoozer 2003a: ch. 1.

로 비복음주의자들 사이에서 신학적 연구와 집필 활동의 선두 자리로 옮겨갔다. 따라서 교회론은 계시교리를 '제일 신학'으로 효과 있게 치환해야 한다.[46]

1) 존 밀뱅크(John Milbank): 하나님의 도성에 거주하기

케임브리지 대학교에 연계된 많은 신학자들로 포진된 급진적 정통주의 운동의 창설자 존 밀뱅크는 다른 그 무엇보다도 신학은 곧 교회학이라고 했다.[47] 교회는 무엇보다 하나의 새로운 실천이다. 즉 하나의 새로운 언어 게임이며 삶에 대한 하나의 새로운 형태이다. 말할 필요도 없이, 밀뱅크는 기독교가 하나님과의 개인적 관계라는 개념에 동조하지 않는다. 하나님의 도성이란 뚜렷하게 구별되는 정치가 완비되어 있는 하나의 참된 도성 또는 사회이다. 즉 그것은 사회 조직과 권력에 대한 온전한 새로운 형태(예를 들어, 자기 사랑보다는 오히려 자선)를 증명하는 일련의 구체적인 실천이다.

밀뱅크에 있어서 신학이란 교회의 문법서와도 같다. 교회학적 실천의 주해서이다. 따라서 교회의 실천은 주 교재 즉 신학 주석이 된다. 용서하고, 나누고 그리고 평화를 조성하는 일 등과 같은 인간의 행위 안에서 복음을 구체적으로 구현하지 않고는 복음의 의미를 이해할 수 없다고 그는 주장한다. 신학이란 사회학 그 자체이며, 그리스도의 소시에타스(*societas*, 사회)에 대한 학문이다. 따라서 교회는 예수님의 이야기의 참된 의미를 보여주는 사회적으로 구현된 논거이다.

---

46) '제일 신학'에 대한 충분한 설명은 Vanhoozer 2002a: ch. 1을 참조하라.
47) 특히 Milbank 1990: ch. 12를 보라.

2) 스탠리 하우어워스(Stanley Hauerwas): 이방국가로서의 교회

복음주의자들은 자신들의 신앙을 아주 진지하게 다루지 않는다는 '자유주의자들'의 비난에 익숙하지 못하다. 스탠리 하우어워스는 현대 자유주의자라고 할 수 없지만, 복음주의자도 아니다. 그 이유는 복음주의자들이 교회를 아주 진지하게 취급하지 못하고 있다고 그가 대체로 생각하기 때문이다. 하우어워스는 교회가 지금의 모습보다 더 교파적이 되기를 원한다. 즉 그가 우려하는 것은 특히 복음주의 교회가 교회로서의 재치와 특성 두 가지를 잃어버리고 있다는 점이다.

교회가 세상 '안에' 또는 세상 '의' 것이 되어야 하는 문제가 아니다. 교회는 세상에서 무엇이어야 하는지(whether)를 걱정할 필요가 없다. '교회의 유일한 관심은 세상에서 어떻게 해야 하는가(how)이다.'[48] 전통에 귀 기울임 없이 그리고 유형(가시적) 교회 회원으로서 어떠한 훈육을 행하지 않으면서도 자신들이 성경적이 될 수 있다고 생각하는 실수를 복음주의자들이 범하고 있다고 하우어워스는 믿고 있다. '교회 바깥에는 (좋은) 해석은 없다'는 하우어워스의 말이 당연한지도 모른다.

하우어워스는 복음주의자들이 특히 북미에서 자신들의 민주주의를 교회에 들여오고 있음을 우려한다. 다수가 지배한다. 다수가 결정한 것을 좋아하지 않는 사람들-예배 형태와 주일학교 등과 같은 것에 관하여-은 퇴장하여 반대의사를 표시할 수 있고, 제일장로교회를 떠나서 제이(또는 제삼)장로교회를 세울 수 있다. '복음주의는 "당신이 찾고자 하는 것을 우리가 가지고 있다"는 주장으로 사람들을 끌어 모으려 노력하는 시장 경제에 민감하지 않을 수 없다.'[49]

---

48) Hauerwas & Willimon 1989: 43.
49) Clapp(1998)과의 인터뷰에서 Hauerwas가 한 말이다.

대체적 방안은 새신자가 주인에게 순종하는 제자도 훈련의 회복에 있다고 하우어워스는 주장한다. 기도하는 법을 배워야 하며 벽돌 쌓는 법을 배워야 한다. 즉 더 많은 경험과 기술을 가지고 있는 사람과 함께 그런 일을 하면서 말이다. 따라서 교회는 기독교적 미덕과 실천과 인격을 형성하는데 있어서 핵심이 된다.

'교회 바깥에는 성화가 없다'는 하우어워스의 말 또한 당연한지 모른다. 교회의 소명은 교회의 분명한 정체성을 보존하는 것이며, 그런 이유로 교회를 둘러싼 자유주의적이고 민주주의적이고 개인주의적인 문화와 같이 되고자 하는 압박에 맞서야 하는 것이다. 교회의 소명은 예수님의 이야기로 갖춰진 습관과 미덕을 나타내는 일종의 공동체가 되어야 하는 것이다.

3) 존 요더(John Yoder): 예수의 정치를 실천하기

또한 복음주의자들은 자신들보다 더 진지하게 예수님을 대하는 다른 그리스도인에게 익숙하지 못하지만, 요더의 경우는 딱 들어맞는 사례가 된다.

존 하워드 요더는 예수님의 정치-예수님이 사셨던 방식으로 살아가는 제자 공동체-를 실천하는 교회를 촉구한다. 요더는 이러한 종류의 교회-고백적인 교회-를 행동주의적(activist)이고 개변주의적인(conversionist) 교회들과 구분을 한다.[50] 행동주의 교회는 더 나은 사회를 건설하기를 원한다. 더 많은 평화와 정의를 구한다. 그러나 이것은 단지 시저(Caesar)의 것(즉 국가의 것)은 시저에게 주는 미화된 정치이다. 개변주의 교회-많은 복음주의적 단체를 포함하여-는 개인의 내면적 변화를 위해서 일한다. 결과적으로 이 교회는 세상에 제공하는 어떠한 대안적 사회 이론이나 실천

---
50) Yoder 1969.

을 가지고 있지 않다.

밀뱅크, 하우어워스 그리고 요더 자신은 제삼 또는 '고백적' 유형의 교회를 옹호한다. 이러한 관점에서 교회는 세상이 만들 수 없는 일종의 사회적 삶을 보여주기에 애쓰는 제자 공동체라는 것이다. 즉 사람들이 진실을 말하고, 약속을 지키며, 다른 사람의 짐을 함께 짊어주고, 자신들을 헐뜯는 사람을 용서하고, 그리고 자신들의 적을 사랑하는 공동체를 말한다.[51] 교회는 예수 그리스도의 방식을 따르는 공동체이며, 그 방식에 관한 공동체이다. 비록 동시에 교회의 목적이 유형적인 신앙공동체로서 효과적인 증인이 되는 것이지만, 교회의 주된 관심은 충성이지 능률이 아니다. 특히 교회는 예수님의 모범을 따르면서 비폭력을 실천하는 사람들이 되도록 부르심을 받았다고 요더는 믿고 있다.

진리를 증거하고 평화의 길을 걷는 것은 불신앙의 세계로부터(어둠은 빛을 이해하지 않는다) 적대감을 야기하기 때문에, 교회는 고통을 당하게 될 것이다. 십자가는 '어떤 사람이 시저의 것보다 진지하게 하나님의 실존에 대한 이야기를 할 때 일어날 수 있는 표징이다'고 하우어워스는 말한다.[52] 그리고 요더에게 있어서 교회의 정치적 임무는 십자가를 똑바로 향하신 예수의 길을 따라가는 제자 공동체가 되는 것이다.

4) 가톨릭과 복음주의 신학을 위한 센터: 성령의 사역으로서의 교회 실천

아마도 교회학에 신학적 자존감을 세워준 가장 수준 높은 변증은 라인

---

51) Yoder의 교회학에 관한 탁월한 서문에 대해서는 Cartwright(1998)를 보라. 이 책은 교회에 대한 Yoder의 가장 중요한 글을 담고 있다.
52) Hauerwas & Willimon 1989: 47.

하드 휘터(Reinhard Hütter)의 『고통 받고 있는 신성한 것들: 교회 실천으로서의 신학』(*Suffering Divine Things: Theology as Church Practice*)이다.[53] 많은 복음주의자들처럼, 휘터는 '하나님'의 뜻이란 공동체가 어떻게 살아가야 하는가에 대한 목적이라는 개념 속에서 특정한 위험 요소를 보았다. 그 위험 요소는 후현대주의적 구성주의로서, '하나님'이 단지 하나의 사회적(어쩌면 관념적인) 투영에 불과하다는 경우이다.

휘터의 해결방안은 공동체적 실천 개념을 포기하지 않는 것이고, 오히려 공동체적 실천과 성령의 사역을 연계하는 것이다. 교회의 핵심적 실천은 '낭만적인'(poetic) 것이 아니라 '희생적인'(pathic) 것이다. 그것은 창조적으로 상상하는 교회의 결과물이 아니라 오히려 성령의 사역을 받아들이는 교회의 결과물이다.

휘터는 자신의 책을 프로 에클레시아(*Pro Ecclesia*, 친 교회) 건설을 임무로 하는 단체인 가톨릭과 복음주의 신학을 위한 센터(The Center for Catholic and Evangelical Theology)에 헌정했다. 이 센터와 그리고 공동 창설자인 로버트 젠슨(Robert Jenson)과 칼 브라튼(Carl Braaten)에 협조적인 신학자들은 기독교 신학과 생활에 교회의 중요성을 다시금 주장하는 일종의 선언문을 최근에 발표했다.

이 신학자들을 묶어주는 공동분모는 하나님을 아는 것과 경험하는 것은 '특별 공동체와 그 공동체의 실천에 참여하는 것-성령 하나님의 사역에 동참하는 것-이 서로 불가분의 관계라는' 가정이다.[54]

지식이 공동체의 실천 안에 배여 있다는 개념은 하나의 유사한 후현대주의적 주제이다. 그렇지만 성령과 교회의 관계는 하나의 중대한 새로운

---
53) Hütter 2000. 그의 주장에 대한 간결하고 쉬운 설명을 Buckley & Yeago 2001: 23-27에서 찾을 수 있다.
54) Buckley & Yeago 2001: 1.

특성을 공동체의 주제로 추가하고 있다. 휘터에 따르면, 교회와 교회의 전통에 관하여 신학적으로 적절하게 설명한다는 것은 성령의 사역이 곧 교회인 성령의 경륜을 논의하기 위하여 사회학과 민족학을 반드시 극복해야 한다는 것을 뜻한다. 교회는 교회의 정체성을 만드는 것이 아니라, 그것을 받는 것이다. 성도는 일단의 새로운 실천 안에서 사회화되었을 뿐만 아니라, 성화된 사람이다. 교회를 '성령의 대중적인 얼굴'로서[55] 그리고, 어쩌면 더욱 논쟁적이겠지만, 성령을 교회의 '위격'으로서[56] 휘터는 말하고 있다.

이런 이유로 전통은 단순한 인간의 창작물이 아니라 성령의 사역에 동참하는 통로이다. 성령은 근본적으로 직접적이고 내면적 방식을 통해 각 사람과 일하신다는 생각을 휘터는 반대한다. 반면에 하나님이 근본적으로 그의 백성을 모으시는 방식은 교회 안에서 그리고 교회를 통하여 일하시는 성령에 의한 것이라고 휘터는 주장한다. 하나님에 대한 지식조차, 즉 신학의 목적은 그리스도인들이 교회의 핵심적 실천-세례, 주의 만찬, 성경읽기, 공동기도, 환대-에 오직 참여할 경우에 이루어진다. 이러한 실천은 단순히 문화적인 것이 아니라 성령론적인 것이다. 그러므로 교회란 하나님을 알고 하나님의 지식 안에서 성장하기 위한 장소이다. 이러한 명제는 하나님과의 직접적 관계에 대한 전통적이며 복음주의적인 이해에 중대한 도전임을 보여준다.

그러나 이 저자들에 따르면, 범세계적인 보편 교회 밖에서는 어느 누구도 참된 복음주의자-복음 안에서 그리고 복음에 의해서 기초되고 인도되는-가 될 수 없다.

---

55) Hütter 2000: 158.
56) Ibid.: 119.

5) 스탠리 그렌즈: 하나님의 공동체로서의 교회

몇몇 복음주의자들이 귀담아 듣고 있는 것이 있다. 예를 들어, 스탠리 그렌즈는 복음주의가 후현대주의에 맞서기 위해서 반드시 공동체적이 되어야 한다고 믿고 있다. 그렌즈에게 있어서 형식적이던지 실질적이던지 간에 교회는 가장 중심이다. 형식적인 면에 있어서, 신학은 공동체의 '신앙 모자이크' 표현이기 때문에 교회는 중심이다. 실질적인 면에 있어서, 구원에 대한 하나님의 온전한 목적은 새로운 백성을 형성하는 것이기 때문에 교회는 또한 중심이다. 구원에 대한 이야기의 결론은 한마디로 공동체이다. 공동체는 신학의 '통합적 주제'라고 그렌즈는 주장한다.

그렌즈는 현대 개인주의와 계몽주의의 합리성에 대한 후현대주의적 비판을 수용한다. 아울러 그는 인간성에 대한 새로운 공동체적 이해를 수용한다. 인간은 자립적이거나 자율적이지 않다. 오히려, 자아는 관계성에 의해서 형성된다. 자아는 스스로 만드는 것이 아니라 공동체 안에서 그리고 공동체에 의해서 만들어지는-형성되는-것이다. 예를 들어, 자아의 사회적 관계를 떼어 놓고서 인격 발달과 영적 형성을 생각할 수 없다.

그렌즈는 후현대주의적 감성과 상호 관계를 맺을 만큼 타협적이지 않다. 예를 들면, 그는 후현대주의를 '관계 전환'으로 설명한다. 그러나 또한 그는 '성경 이야기에 대한 중요한 초점은 인간관계다'라고 지적한다.[57] 교회란 기독교 정체성을 형성하기 위하여 성경 이야기를 사용하시는 성령에 의해서 창조된 하나의 공동체이다. 또한 그렌즈는 하나님이 삼위적 관계이시기 때문에 인간 안에 있는 이마고 데이(*imago Dei*, 하나님의 형상)를 인식할 수 있는 유일한 방법은 사랑의 관계 속에서 사람 공동체를 만드는 것이라고 주장한다. 그것은 곧 교회이다. 따라서 삼위일체 하나님에 의

---
57) Grenz & Franke 2001: 215.

해서 창조되었을 뿐만 아니라, 삼위일체적 공동체 자체와 공유하기 때문에 교회는 하나님의 공동체인 것이다.[58]

6) 교회가 기초인가? 예와 아니오

교회가 기초인가? 이것은 매우 많은 중대한 역할-인식론적, 윤리적, 신학적-을 교회에 부여함에 따라 발생하는 뚜렷한 질문이다. 이 질문을 제기하고 고민하는 그렌즈가 옳다고 본다. 한편, 그렌즈는 기초라는 것은 구원을 이루는 삼위일체 하나님과의 신앙적 만남을 뜻에서 '아니오'라고 답변한다. 하지만, 보수주의(성경이 신학의 기초이다)와 자유주의(경험이 신학의 기초이다)의 대체 가능한 근본주의적 접근 사이에서 선택을 강요받을 때, 그렌즈는 교회의 비근본적 기초를 택한다.[59] 교회 없이는 자성적인 신앙생활, 즉 신학이 있을 수 없다. 지금 교회-연구의 공동체로서-가 신학 작업을 위한 필요조건(기초)이라는 것을 인정하는 것이 필요하다. 그러나 공동체가 권위의 기초라고 제안하는 것은 전적으로 다른 문제이다. 권위의 근원은 정확히 우리가 방금 살펴본 교회학의 부활이 불러일으킨 이슈이다.

도덕적이고 교리적인 결정을 내리는 많은 경우, 권위는 성경의 영감이나 주교의 교권이나 개인적 경험이 아니라, 오히려 집합 공동체 안에서 발견된다고 요더는 제안하고 있다. '성령과 우리는 이 요긴한 것들 외에는 아무 짐도 너희에게 지우지 아니하는 것이 옳은 줄 알았노니'(행 15:28). 공동체가 성경을 보여주는 것이 아니라, 새로운 역사적 상황에 대한 성경이 뜻하는 바에 성령이 공동체를 지도하시는 것이다. 이런 이유로 요더가

---
58) Ibid.: 228; cf. Volf 1998.
59) Ibid.: 233-234.

'인간성 해석학'을[60] 말할 수 있는 것이다.

하우어워스는 극단적으로 이 원칙을 고수한다. 만일 사람들이 이미 하나님의 공동체의 일부가 아니라면, 그들은 바르게 성경을 읽을 수조차 없다고 그는 주장한다. 말씀을 청취하는 것은 사람들을 교회로 인도하지 못하지만, 교회에 참여하는 것은 사람으로 하여금 말씀을 듣게 만들 수 있다. 하우어워스의 견해를 보면, 분명히 교회는 참된 기초이다. 다른 무엇보다도 성도들의 생활-그들의 생활이 충성된 증인의 전형적인 예가 되는-에 동참하는 것을 통하여 성경의 뜻하는 바를 우리가 알게 된다. 복음을 깨닫는 또 다른 방법은 교회의 의식적 행위인 예배를 통하는 것이다. 하우어워스는 공동체가 말씀이나 성경을 이해하는 것보다 우선한다고 지적한다. 산상수훈에 대한 해석에서 그는 '만일 산상수훈을 바르게 연구하면, 이 설교는 비폭력적 윤리를 제창하는 것이 아니라, 오히려 비폭력적 공동체의 필요성을 역설하고 있다'고 말했다.[61]

이 시점에서 다음과 같은 질문을 던질 수 있다. 즉 지나치게 공동체에 집중된 교회학이라는 것이 가능한 것인가? 만약 교회가 기독교 신앙과 생활에 대한 권위 있는 시금석이라는 의미에서 기초라고 한다면, 어떻게 교회의 실천이 성경에 의해서 이의가 제기되거나 교정될 수 있겠는가? 만일 공동체가 기초라고 한다면, 어떻게 공동체가 변화될 수 있겠는가? 신중하게 고려하거나 어쩌면 받아들이는 복음주의자들이 이러한 신학자들 가운데 많이 있는 반면에, 또한 복음주의자들이 현시대의 토론에 기여하고 있을지 모른다.[62] 살펴본 바처럼, 복음주의자가 된다는 것은 하나님

---

60) Yoder 1984: 15-45.
61) Hauerwas 1993: 72.
62) 낙관론주의자가 비관론주의자보다 약간 우세한 가운데 교회학에 대하여 현대 신학자들은 현재 두부류로 양분되어 있다. 이 글의 이 부분은 주요 낙관론주의자들을 총괄적으로 살펴보았다. 비관론주의자들 사이에 가장 뛰어난 인물인 Radner는(1998) 교회 분열은 교회가 성경을 바르게 이해하지 못한다는 척도이며, 연합과 진리의 영이 부재하다는

의 말씀과 행위가 남녀의 신앙과 반응 또는 경험 보다 우위에 있으며, 아울러 공동체의 그것들보다 앞선다는 것을 주장하는 것이다. 성경에는 잘못을 범했거나 하나님에 대해서 그리고 하나님의 하시는 일을 잘못 이해한 공동체의 실례들-이스라엘 사람, 바리새인들 그리고 제자들-로 가득차 있다.

교회 역사 안에서 나쁜 관행의 실례들을 찾는 것 또한 어려운 일이 아니다. 반면 성경과 교회 역사 안에는 귀와 마음을 여시는 성령과 동행할 때 변화를 일으키는 말씀의 능력에 대한 실례들도 얼마든지 있다.

5. 복음주의의 유산: 교회의 본질과 기능

종교개혁자들로 하여금 참된 교회의 표준을 발전시키도록 만들었던 불충실한 관습이 당시의 교회 안에 명확하게 실재하고 있었다. 참된 교회의 표준이란 바로 말씀에 대한 충실한 설교와 성례의 집행이다. 이 두 가지를 '복음주의적 표지'로 보자, 왜냐하면 각기 구술적으로(설교) 그리고 가시적으로(성례) 복음을 선포하는 유형이기 때문이다. 동시에 종교개혁자들은 복음의 말씀이 복음의 영과 분리된 비효율적인 것이라고 주장했다.[63] 말씀과 영은 함께 가며, 교회는 이 두개의 적절한 집, 즉 그 두 가지가 구원의 효력을 가장 충만하게 생산해 내는 현장이다.

하나님의 백성을 끌어 모으는 것은 복음이다. 왜냐하면 성령이 복음을 수용하도록 하는 것과 같이, 그리스도는 복음의 청중들을 자신의 몸으로

지표라고 주장한다. 이스라엘이 남 왕국과 북 왕국으로 나뉜 것처럼, 사람들이 보혜사의 부재를 견뎌내고 있는 동안에 교회는 분열한다. 또한 Reno 2002를 보라.
63) '말씀'이란 성경이 증명하는 복음의 내용을 뜻하며, '영'이란 복음의 사역, 즉 성령을 뜻한다. 그것은 권능을 부여하시는 말씀의 현존과 증명이다.

통합시키기 때문이다.

 복음주의자들은(나는 '복음주의자'라는 용어를 사회학적 면보다 오히려 신학적인 측면을 강조하는 넓은 개념으로 사용한다) 교회 역사를 통해 교회가 복음 자체에 대해 '분석적'이며 복음 자체의 함축이라는 점을 적어도 암묵적으로 알고 있었다는 것이 나의 견해이다. 교회는 말씀과 영을 포함하고 있는 것이 아니라, 말씀과 영에 의해서 구성된다. 아우그스부르그 신앙고백에 따르면, '교회는 복음이 순전하게 가르쳐지고 바르게 집행되는 곳에 있는 성도의 총회이다.' 요컨대 교회의 필요 불가결성은 말씀과 성례 안에서 성령의 능력을 부여받은 교회의 복음 사역으로부터 기인한다.

 만약 '두툼한 설명', 즉 사회학에 대한 인간의 범주를 넘어서는, 심지어 '공동체 관습'의 개념을 넘어서는 그러한 설명을 적절하게 제시할 수 없다면, 교회를 충분하게 이해할 수 없다. 따라서 교회가 무엇인지에 대한 것을 설명하기 위해서는 신학적 범주에 제대로 의지하는 것이 반드시 필요하다.

 교회는 결국 신학적 공동체이기 때문이다. 바로 이것이 이 부분에서 내가 말하고 싶은 전반적인 주장이다. '복음의 백성'으로서 교회에 대해 네 가지 주장을 펼치고자 한다. 처음 두 가지는 교회의 본질에 적용되며, 그 다음 두개는 교회의 기능에 적용된다.[64]

① 교회는 복음의 주제이다.
② 교회는 복음의 결과이다.
③ 교회는 복음의 구현이다.
④ 교회는 복음의 대리자이다.

---

64) Meeking & Stott 1986: 65-69로부터 이 네 가지 개념을 가져왔다.

1) 신학적 공동체

'그러나 너희는 택하신 족속이요 왕 같은 제사장들이요 거룩한 나라요 그의 소유가 된 백성이니'(벧전 2:9).

교회를 특별한 사람으로 만드는 것은 하나님과 교회의 특별한 관계 때문이다. 교회 외에 하나님이 부르시고 조성한 어떤 다른 사람의 모임도 없다. 단지 사회학적 범주만으로 교회를 충분하게 설명할 수 없다. 이 범주로는 교회의 실재에 대해 단지 빈약한 설명만을 줄 뿐이다. 다음과 같은 존 웹스터(John Webster)의 말을 살펴보자.

> 교회론 없이 신론이 있을 수 없다, 기독교 신앙고백에 따르면, 하나님은 자신을 위해 백성을 모으시는 구원 사역의 경륜 안에서 자신이 누구인지를 밝히시는 분이시다…[그리고] 신론을 온전하게 거론하지 않고서 교회론을 말할 수 없다. 하나님의 존재와 활동 안에서만 교회는 교회의 존재와 활동을 갖는다.[65]

교회 안에 있는 최근의 불만감을 신학공동체인 교회 정체성의 상실 탓으로 여기기 시작한 것이 복음주의자들이 아니고 주류 개신교인들이라는 사실은 흥미롭고 역설적인 것이다. 『믿음으로 성경읽기』(Reading the Bible in Faith)라는 제목의 최근 글에서 많은 목회자들이, 주로 비복음주의자들로서, 교회 안에 신학의 회복의 필요성을 요구하고 있다. 정확히 말하면, 하나님의 말씀을 선포하고, 밝혀내고 그리고 적용하는 측면에서 자신들의 사명감을 알고 있는 더 많은 목사-신학자들을 그들은 요청하고 있다.

---
65) Webster 2001a: 195.

경영기술, 목적 지향적 과정, 재조직, 홍보, 또는 위기관리 등과 같은 것으로 교회가 종종 도움을 받을 수 있으나 결코 새롭게 될 수는 없다. 교회는 신학공동체로서의 교회 정체성을 회복하고 그러한 자원들에 마음을 씀에 따라, 교회는 새 생명의 선물을 더욱 더 충성스럽게 기다리는 것이다…그 자원들이란 하나님이 교회를 만드시고, 유지하시고 그리고 보존하심에 의해 약속된 수단들을 말한다.[66]

왜 복음주의자들은 그러한 것을 더욱 많이 말하지 못하는가?

문제는 다수의 교회 회원들이 교회보다는 문화에 의해 더 많이 영향을 받고 있다는 것이다. 서양의 일반 그리스도인은 성경을 읽는 것보다 텔레비전 시청에 더 많은 시간을 보낸다. 따라서 그 사람들은 다원주의, 소비주의, 물질주의 그리고 상대주의 등과 같은 주의를 조장하는 메시지에 노출-심지어 포격당하는-되어 있다. 오늘날 쉽게 구할 수 있는 많은 종류의 성경 공부 교재들과 컴퓨터 보조물들이 있지만, 이전 세대의 복음주의자들이 어쩌면 더 높은 수준의 성경 문학을 즐겼을 것이다. 성경의 구성과정에 대한 열정을 되찾을 필요가 복음주의자들에게 있다. 즉 복음의 진리와 능력에 의해서 형성되고, 개혁되고 그리고 변혁되는 갈망 말이다. 복음주의자들은 자신들의 기본적 정체성이 성적으로나 문화적으로, 인종적으로나 민족적인 문제로 결정되는 것이 아니라, 오히려 '그리스도 안에서' 신학적으로 결정되는 정체성이라는 의식을 회복할 필요가 있다.

(1) 교회는 복음의 주제이다

하나님이 세상에서 하고 있는 일에 관한 좋은 소식은 각 개인뿐만 아니라 인류 전체에 중요하다. '성경의 메시지는…하나님이 그분의 통치아래

---

66) Lazareth & Alston 2001: x.

사람을 모으고 계시다는 것이다.'[67] 로잔 협약은 교회가 '하나님의 우주적 목적 그 중심에' 서 있다고 말한다.[68] 창세기 12장 초반부를 보면 하나님은 아브라함에게 그의 자손들을 '큰 민족'으로 만들겠다고 약속한다. 하나님은 영혼 구원자가 아니라 인간관계의 조성자이다. 이스라엘과 교회는 둘 다 '선택된 민족들'이다. 특별한 특권을 즐기는 것뿐만 아니라 특별한 책임을 수행하도록, 즉 은혜의 계약(하나의 '거룩한 민족')을 선언하고 보여 주라고 선택된 것이다. 거룩하다는 것은 '따로 세우다'라는 의미이며, 이스라엘 민족은 하나님을 경배하고 그분의 계명 준수를 견고히 붙잡으면서 다른 민족과 구별되어야 하는 책임을 가지고 있다.

교회가 당면한 상황은 어느 정도 다르지만, 역시 신학적이고 하나님 중심적이어야 한다. 교회는 하나님 나라 또는 그분의 통치의 날이 밝아 온다는 표지이다. 하나님의 영이 특별하고 친숙한 방식으로 그분의 백성에게 주어졌다. 물론 하나님 나라의 도래는 이스라엘의 메시야적 희망의 현실화이다. 따라서 교회는 '좋은 소식 가운데 중요한 요소이다.'[69] 왜냐하면 십자가상에서 예수님이 성취하신 것은 하나님과 죄인 간의 화해뿐만 아니라, 이전에 소원했던 인류 집단 간의 사회적 화해를 가져오기 때문이다. 그렇게 때문에 신약성경은 복음이 이방인은 물론 유대인을 위한 것이라고 강조한다. 그러므로 교회는 여전히 몰려드는 천국 공동체의 첫 열매로서 구원의 경륜 속에 있는 참된 장소인 것이다.

(2) 교회는 복음의 결과이다

교회는 본질적으로 하나의 신학 공동체이다. 하나님과 교회의 관계는

---

67) Millar 2000: 684.
68) 재인용., Vandervelde 2003: 7.
69) Meeking & Stott 1986: 68.

교회 존재(esse)의 씨네 쿠오 논(sine quo non, 필수요소)이다. '교회는 구원의 신성한 경륜 안에 있는 구성요소로서, 하나님의 신비를 예수 그리스도 안에서 명백히 드러내며, 지금 성령의 능력 안에서 활동하고 있다.'[70] 교회는 자주 반복되는 언약적 약속의 결과이다. '나는…너의 하나님이 될 것이며 너희는 나의 백성이 될 것이라'(레 26:12). 조지 벤더벨드에 의하면, '교회는 자신의 형상을 따라 창조된 사람들의 공동체와 함께, 가운데, 그리고 그 안에 거하시는 삼위일체 하나님의 계획의 결과로 드러난다.'[71] 따라서 교회학은 '오순절과 재림 사이에 운행하시는 그리스도의 공동체 안에서 그 내주하시는 하나님이 취하시는 모습에 대한 조직적인 반영이다.'[72]

① **'삼위일체 하나님의 사역.'** 복음이란 예수 그리스도를 통하여 하나님이 우리의 하나님이 되시고, 비록 죄인이지만 우리를 하나님의 백성으로 삼으시려는 언약적 약속을 이행하셨다는 좋은 소식이다. 복음이란 의로우신 하나님이 불의한 자들과 더불어 사귐이 있는 길과 바로 그 교제를 통하여 불의한 자들이 성화되는 길을 가능하게 만들었다는 좋은 소식이다. 그러므로 삼위일체 하나님의 품성과 사역을 떼어놓고 교회와 복음 그 어느 것도 올바르게 이해할 수 없다.

복음주의적이라는 것은 삼위일체적이라는 것이다. 왜냐하면 성부와 성자와 성령의 신성을 깨닫지 못하고서는, 그리스도를 믿는 신앙을 통한 은혜에 의해서 구원에 관한 복음 메시지의 고결함을 보존하는 것이 불가능하기 때문이다. 복음은 오직 삼위일체 교리의 조명 안에서 이해될 수 있다. 하나님과 함께 하는 삶이 가능한 이유는 오직 성자 하나님의 화해하는 사역과 우리를 그리스도와 연합하게 하며 그

---

70) Webster 2001a: 195.
71) Vandervelde 2003: 10.
72) Ibid.: 10.

리스도 안에서 살아가도록 만드시는 성령 하나님의 중생의 사역 때문이다. 동시에, 교회의 일부가 된다는 것은 성자와 연합되어진다는 것이며, 성령 안에서 서로에게 연합되어진다는 것이다. 교회는 본질적으로 삼위일체 하나님의 사역이다. '그러므로 교회는 하나님의 백성이며 그리스도의 총회인 것은 교회가 성령의 교제이기 때문이다.'[73] 교회가 다른 세속적 단체와 같지 않다는 것은 당연하다. 왜냐하면 그리스도 안에서 교회에 생명과 빛과 자유를 줌으로써 궁극적으로 교회의 몸을 창조하고 유지하는 것은 성령이기 때문이다.

② **'복음의 창조물.'** 인간 총회 안에 있는 삼위일체 하나님의 임재와 사역을 어떻게 인지할 수 있을까? 교회가 실제로 어디에 존재하는 지를 어떻게 깨달을 수 있을까? 복음의 임재와 실천 그리고 능력에 의해서라고 간략하게 답할 수 있다. 교회는 '말씀의 창조물'이라고 불리운다.[74] 더불어 칼빈은 참된 교회의 두 가지 분명한 표지를 제시했다. 그것은 말씀의 충성스러운 선포와 성례의 충성스러운 집행과 수용이다. 둘 중에 그 어느 표지도 성령의 사역 없이는 참된 효력이 없다. 성령은 은혜의 수단, 즉 살아계신 그리스도의 실재 안으로 교회를 이끄시는 수단으로서 언어적이고 시각적인 표지를 사용하신다.

그런 까닭에 복음이 참으로 선포되고 드러나는 곳 어디서든지, 상대적으로 교회는 존재하는 것이다. 교회는 복음의 창조물이며 말씀과 성령의 공동체라고 말할 수 있다. 교회가 '그리스도 안에서' 어떻게 한 백성이 될 수 있겠는가? 세 가지 방식으로 그리스도 안에서 우리가 통합되어진다고 레슬리 뉴비긴(Lesslie Newbigin)은 답한다. 즉 복음을 청취하고, 세례와 주의 만찬의 성례 집행에 참여하고, 그리고 성령을 모

---

73) Clowney 1995: 51.
74) Schwöbel 1989: 122.

시며 그 안에 거주하는 방식을 통해서 말이다.[75] 복음의 백성이 된다는 것은 이스라엘과 예수 그리스도의 이야기가 현실을 이해할 수 있는 틀이 되게 하는 성경의 새로운 미지의 세계로 들어가는 것이다. 또한 복음의 백성이 된다는 것은 말씀을 집행하고 생활 속에 말씀을 현실로 만드는 신성한 기운이신 성령의 새로운 미지의 세계로 들어가는 것을 말한다. 사도행전은 교회 기원을 기술하고 있다. 교회는 빅뱅과 함께 시작된다. 즉 말씀 선포와 성령의 기름 부으심으로 시작된다.

이 빅뱅은 교회의 태동, 다시 말하면 옛 것 안에 새로운 실존의 시작이며 창조에 대한 하나님의 최종적 목적을 기대하는 종말론적 실존을 의미한다. 말씀과 성례 그리고 성령의 은사들은 교회가 하나님의 온 백성의 종말론적 모임을 진실로 기대하는 것이 가능하도록 해 준다.[76] 따라서 각 지역의 회중은 '하나의 참된 천상 교회 바로 그곳의 온전한 표출이며',[77] 종말론적 교회의 첫 열매이다.

2) 선교 공동체

'교회는 존재한다. 교회는 교회의 존재하는 바를 행한다. 교회는 교회가 행하는 바를 조직한다.'[78] 교회 조직과 교회 프로그램에 대한 우리의 모든 생각은 교회가 참으로 무엇인가에 대한 우리의 이해를 나타내주어야 한다. 교회란 무엇인가? 하나의 선교 공동체로서 살아가도록 성령에 의해 창조된 백성이다.[79]

---

75) Newbigin 1953: 30.
76) Volf 1998: 141.
77) Tinker 2002: 139.
78) Van Gelder 2000: 37.
79) Ibid.: 25.

마치 성령이 선교 또는 성자의 보내심을 계속 이어가고 그 일에 동참하듯이, 교회 역시 선교 또는 성령의 보내심을 계속 이어가고 그 일에 동참한다. 본질적으로 교회가 하나님의 백성인 반면에, 기능적으로 교회는 세상을 위한 백성이다. 왜냐하면 그 백성은 하나님의 사람들이기 때문이다. 따라서 교회는 구속의 드라마 또는 경륜 안에서 현재 진행 중인 역할을 맡고 있으며, 선교 인과관계의 위엄을 가지고 있다.

(1) 교회는 복음의 구현이다

교회는 복음의 공동체로서 복음에 상응하는 삶의 모양을 보여 주어야 한다. 무엇보다도 회집된 공동체는 그리스도 안에서 행하신 하나님의 사역을 더욱 깊이 기대하고 그것에 알맞게 응답하는 일을 찾으면서, 복음의 하나님을 찬양해야 한다. 따라서 교회는 복음-좋은 소식과 백성의 즐거운 응답-을 경배 중에 구현해야 한다.

복음을 찬양하는 사람들은 실제로 어떻게 살아야 하는가? 복음의 사람들은 '우리를 위하여 죽임을 당하신 순종의 주님을 보여주는 공동체'가 되어야 한다.[80] 복음은 그리스도 예수의 인성과 사역 안에서 하나님 나라의 도래를 선포하는 것이다. 그렇기 때문에 복음의 사람들은 하나님의 구속적 통치의 여명을 보여주는 바로 그와 같은 방식으로 살아야 한다. 세상과의 관계에 있어서 교회는 단지 회심자의 공동체인 것뿐만 아니라, 체제 전복자의 공동체이기도 하다. 왜냐하면 복음으로부터 영향을 받은 공동체는 주님이 그러했듯이 반문화적 관습에 관계하는 공동체이기 때문이다. 반문화적 관습 중에 중요한 것은 용서이다. 이 용서는 복음의 화해하는 능력의 효과이다. 교회는 교회가 화해의 공동체가 되기까지 복음을 구현해야 한다. 이 공동체는 모든 인종과 사회적 신분이 함께 교제를 나누

---
80) Meeking & Stott 1986: 67.

는 하나님의 새 창조 세계의 미래를 기대하는 공동체이다. 교회는 미래에서 온 씨앗이며, 종말론적 추수의 첫 열매이며, 그리고 하나님 나라를 위한 예치금이다.

(2) 교회는 복음의 대리자이다

'선교'를 선교사로 알려진 전문인들에 의해서 항상 먼 곳 어딘 가에서 일어나는 무언가를 교회가 후원하는 것으로 일반적으로 이해하고 있다. 그러나 교회는 신학 공동체이며 삼위일체 하나님의 선교적 행위의 결과이다. 또한 교회는 하나님의 선교적 활동에 동참하는 특권과 책임을 받은 공동체다. 선교란 삼위일체 하나님의 생명 안으로 사람을 통합시키는 말씀과 성령의 주도권이다. '선교는 교회의 본질과 분리시키는 또는 추가적인 그 밖의 어떤 것이 될 수 없다. 지역 회중의 필수적인 본질은 그것 자체로 선교이다.'[81] 이런 의미에서 교회의 모든 성도는 선교사인 셈이다.

우리는 예수님의 대 위임 명령에 응답하고 성령의 선교사역에 동참해야 한다. 복음을 선포하는 것뿐만 아니라, 복음의 실천을 통하여 제자를 삼고 사람을 세우는 것을 통해서 말이다. 예배하기, 찬양하기, 위로하기, 용서하기 등. 물론 교회는 복음화뿐만 아니라 교리문답화가 필요하다. 교리 학습이란 '새신자가 몸과 마음과 영으로 그리스도께 순종하고 기꺼이 제자가 되는'[82] 과정을 일컫는다.

신학 공동체로서 교회의 이런 의미를 회복하는 것이 복음주의자들에게 절대적으로 필요하며, 이 교회의 사명은 교회 시대 이전의 대 명령에 의해서 그리고 이전의 성자와 성령의 선교에 의해서 결정되어진 것이다.

---

81) Van Engen 1991: 70.
82) Wells 2003.

6. 복음주의적 책무: '그리스도 안에서 자신의 모습을 갖추라'

존 리스(John Leith)는 하나의 훌륭한 질문을 다음과 같이 주고 있다. 다른 모든 인간 제도로부터 동 떨어진 교회가 말할 수 있는 것이 무엇이며 행할 수 있는 것이 무엇인가? 그는 이 질문을 직접적으로 그 자신이 속해 있는 장로교회에 물으면서, 동시에 주류 개신교회가 쇠퇴하는 주요 원인이 신학적 진실과 수준 있는 설교를 상실했기 때문이라고 강력하게 논박한다. 최근의 문제에 대하여 리스는 자신이 '개혁파 책무'라고 지칭한 것, 즉 말씀을 수행하는 것이라고 답변한다. '어떤 곳에서는 가장 뛰어난 것으로 간주되지 않은 문제를 위해 설교자-또는 교회-가 가져야할 유일한 역량은 신학으로서, 이것은 특별히 하나님의 말씀을 해석하고 그것을 설교와 가르침과 목회자의 보살핌에 적용하는 역량을 말한다.'[83]

현재의 이 논문 역시 다음과 같은 유사한 질문을 묻고 있다. 다시 말해 복음주의 교회가 무엇을 분명하게 말해야 하며, 행해야 하며, 그리고 어떠한 모습이 되어야 하는가? 나의 대답-그것을 '복음주의적 책무'라고 칭한다-은 복음을 선포하고 실행해야 한다는 것이다. 교회가 복음을 붙잡고 그것을 구현할 때, 교회는 궁극적으로 참된 것에 응답하며 현실 그대로 세상과 맞서게 된다. 더욱이 교회가 복음을 수행하는 한, 교회는 네 가지 전통적인 속성을 보여 줄 것이다. 바로 하나의, 거룩한, 공회적 그리고 사도적이라는 네 가지 속성이다.[84] 로마가톨릭 교회학에 있어서 네 가지 표지는 하나의 가시적 사회, 즉 로마가톨릭교회 제도를 뜻하는 설명이다. 루터에게 있어서 이 표지는 비가시적 교회의 속성으로서, '그리스도

---

83) Leith 1988: 22.
84) 이 네 가지 특징은 콘스탄티노플 회의의 니케아 신조 '나는 하나의 거룩한 공회와 사도적 교회를 믿는다'(I believe one holy catholic and apostolic church)에 정의되어 있다.

안에' 숨겨진 것과 같은 실재를 뜻한다. 찰스 밴 인젠(Charles Van Engen)은 교회의 네 가지 표지를 형용사보다 오히려 부사로 이해한다. 이는 그 표지들을 비가시적 본질만큼이나 교회의 현재 진행 중인 사명에 더 많이 집중하도록 하기 위해서 이다. 따라서 네 가지 표지는 통일하기, 신성하기, 화해하기 그리고 선포하기와 같은 교회의 사역을 표현하고 있다.[85]

교회는 사회학적인 동시에 영적인 연합체이다. 한편, 교회는 세상 안에 존재한다. 또한 더욱 중요한 것은 교회가 '그리스도 안에' 존재한다는 것이다. 이 양면성을 이해하는 최상의 방법은 교회의 종말론적 본질을 인식하는 것이다. 성령의 창조로서 교회는 하나님의 최종 왕국 목적에 대한 미래적 완성의 표지이며 더불어 기폭제이다. 그 동안 교회는 두 시기 사이에 존재하게 된다. 그렇기 때문에 우리의 위임 권한은 (그리스도 안에서) 우리의 모습을 (실제로) 갖추는 것이다.

교회의 네 가지 전통적 표지를 종말론적으로, 즉 이미의(즉 비가시적으로) 상황과 동시에 아직 완전하게 성취되지 않은(즉 가시적으로) 상황으로 볼 것을 제안한다. 그렇게 이해할 때, 그 표지는 선물이며 동시에 의무이다. 또한 그것은 교리적 '존재'와 윤리적 '의무' 간의 연결고리이다. 바울서신서에 있는 것처럼, 그러한 주장은 '그리스도 안에' 이미 이뤄진 상황에서 '그리스도인 안에' 반드시 있어야 할 상황으로 바뀌는 것이다.

그런 이유로 교회를 향한 성령의 메시지는 '그리스도 안에서 이미 이뤄진 자신의 모습을 갖추라'인 것이다. 복음은 '그리스도 안에서' 존재하는 상황을 선포하는 것이다. 아울러 그리스도의 충만으로 성장하기 위하여 교회는 온 마음, 정신, 영혼 그리고 힘을 다하여 이 복음주의적 책무를 따라야 한다.

---

85) Van Engen 1991: 66.

1) '하나'

한편, '몸이 하나요 성령도 한 분이시니'(엡 4:4)라는 말처럼 교회의 연합은 하나의 페타콩플리(*fait accompli*, 기정사실)이다. 따라서 바울은 에베소교인들에게 '성령이 하나 되게 하신 것을'(엡 4:3) 힘써 지키라고 격려하고 있다. 교회 연합은 선물이며 동시에 의무이다. 자신의 모습을 갖춘다는 것은 비가시적으로 이미 이뤄진 상황을 가시적으로 드러내 보이는 방법을 배우는 것을 의미한다.

(1) '그리스도 안에서' 하나

복음주의자들은 전형적으로 교회들 간의 그리고 교파들 간의 가시적 연합을 이뤄내는 일에 많은 노력을 기울이지 않았다. 복음주의자들은 주로 파라처치 기관들을 통해서 자신들의 열정을 전도에 쏟아 부었다. 복음의 진리는 복음주의적 우선순위 안에서 가시적 교회가 하는 것보다 높은 위치를 차지하고 있다. 그러나 우선순위를 재고해야 할 시간인 것 같다.

이미 살펴본 바와 같이, 교회는 복음의 주제이며 동시에 창조물이다. 복음의 순수성을 지키려는 열의와 교회의 연합을 이루고자하는 열의 사이에는 어떠한 모순도 없다. 전자-복음의 순수성-는 실제로 후자를 필요로 한다. 이프라임 래드너(Ephraim Radner)는 복음의 진리가 너무나도 명백한 교회 분열이라는 현실 때문에 모호해졌다고 주장한다.[86] 마찬가지로 제프리 웨인라이트(Geoffrey Wainwright)의 다음과 같은 식견은 모든 복음의 사람들에게 하나의 고정된 도전을 주고 있다. '영적 연합과 가시적 연합은 참으로 대안적이 되지 않는다. 가시적 연합의 대안은 가시적 분열

---
[86] Radner 1999: 364-365.

이며, 그것은 복음에 맞서는 하나의 증거이다.'[87]

요약하면, 복음주의자들은 복음의 순수성을 위하여 교회 연합의 문제를 재고해야 한다. 복음주의적 책무는 이런 것이다. 그리스도 안에서 자신의 모습을 갖추라. 분명히 교회는 하나이다. 연합은 선물이다. 톰 오든(Tom Oden)은 그에 따르는 의무에 대해서 '제삼의 천년기는 그리스도 안에서 우리가 이미 법정적으로 가지고 있는 연합을 실제적으로 다시 한 번 구현하는 의무에 직면하고 있다'고[88] 진술한다. 흥미롭게도 로마가톨릭 신학자 한스 큉(Hans Küng)은 '연합을 위한 기준은 예수 그리스도의 복음이어야 한다'고[89] 선언하고 있다. 달리 말하면, 복음은 참된 교회인지 아니면 그 반대인지를 산정하는 표준이며 판단이다.

(2) 종말론적 상상력

복음주의 교회학은 전형적으로 가시적 교회의 손실 또는 방치보다는 비가시적 교회에 초점을 둔다고 앞에서 언급한바 있다. 이 양극을 뒤집는 것은 해결 방안이 될 수 없을 것이다. 우리에게 필요한 것은 교회의 양면, 즉 신학적·영적·비가시적 그리고 인위적·사회학적·가시적인 두 양면을 항상 마음을 다하여 지키는 방안밖에 없다. 복음주의자들을 위한 전진 방안은 종말론적 상상력을 회복하는 것이라고 나는 제안한다.

복음주의 교회는 상상력이 부족하다. 상상력을 환상과 허구와 혼동해서는 안 된다. 오히려 그것은 어떤 것을 이해하는 능력, 감각으로 분명하지 않은 연계성을 이해하는 능력이다. 종말론적 상상력이란 거기에(아직) 있지 아니한 것을 보는 능력, 그리고 마치 그리스도와 더불어 변화되고

---

87) Wainwright 1983: 4.
88) Oden 1992: 307.
89) Küng 1968: 291.

그분께 순응하며 따르는 것과 같은 창조에 대하여 이해하는 능력을 뜻한다. 종말론적 상상력은 '이미-아직은'(already-not yet)의 긴장 관계에서 가시적 교회를 볼 수 있도록 도와준다. 상상력에 대해 고마워하자. 왜냐하면 가시적 교회가 어떻게 되어가는 가를 예상할 수 있기 때문이다.

종말론적 상상력 없이는 세례와 주의 만찬 안에서 무슨 일이 있을지 깨닫는 것은 불가능하다. 이 상징적 행위는 과거 사건의 단순한 재현이 아니다. 그것은 예수님과 그의 제자들의 이야기 안으로 우리를 통합시켜 주는 사건이다. 예수님의 생애의 사건을 지적으로 찬동하는 것으로 충분하지 않다. 그 사건과 반드시 동일시해야 한다. 따라서 세례와 주의 만찬은 우리가 우리의 일상생활에 대한 이해를 추구하고 해석하는 틀이 되는 것이다. 우리는 옛 체제에 대해서 그리스도와 함께 죽었고, 그분과 함께 삶의 새로운 체제로 살아났다. 세례는 그리스도인의 교제 안으로 들어가는 지점이며, 주의 만찬은 그리스도 안에서 우리가 갖는 교제를 강화시키는 통로이다. 음식을 나누는 것보다 더 나은 친교적 행위는 아마 없을 것이다. 주의 만찬을 나누는 자들은 '교감'을 나눈다. 즉 주님과 연합하는 경험과 그리고 서로 간에 연합하는 경험 말이다. 교회 생활과 예배에 참여하는 것은 어쩌면 우리의 상상력을 형성시켜주는 최상의 길이다. 따라서 상상력은 오늘날 넘쳐나는 세속적 이론들(예를 들어, 자연주의, 유물론주의, 공리주의) 측면에서 보다 오히려 성경적인 측면에서 세상(그리고 교회!)을 이해할 수 있을 것이다.

경험적 현실만으로-예를 들면, 현재 교회들 간의 분열-우리의 모습을 규정해서는 안 된다. 그리스도인으로서 우리의 정체성은 '그리스도 안에' 감추어져 있다. 우리의 참된 정체성은 종말론적이다. 우리는 그리스도 안에서 새로운 피조물이다. 그렇기 때문에 우리는 우리의 본질적 모습을 갖추어야 한다. 교회도 마찬가지이다. 우리는 그리스도 안에서 하나이기에, 우리의 본질적 모습을 갖추어야 한다. 경험적 현실은 종말론적 현실보다 뒤처지며, 이러한 뒤처짐은 창조의 신음이다. 따라서 교회 또한 그리스도께서 이미 성취하신 연합을 위하여 신음하고 있다.

2) '거룩한'

복음은 다른 모든 언어로부터 '구별되었기' 때문에 거룩하다. 다른 복음은 없다(갈 1:6). 마찬가지로 교회는 성도의 교제이기 때문에 거룩하다. 복음으로부터 자신의 모양을 취하며, 복음 증거를 감당하기 때문에 성도는 정확하게 구별된다.

(1) 교회는 예배 공동체이다

교회가 거룩한 것은 교회 구성원 각자가 도덕적 완전 상태('이미'와 '아직은' 사이의 긴장을 회상하라)에 이르렀기 때문이 아니라, 교회의 모습과 행동이 다른 모든 사람들의 제도와 구별되기 때문이다. 하나님을 경배한다는 것은 다음어진 견고한 기초를 기억하는 것이다. 예배를 통해 교회는 하나님께 그분이 마땅히 받아야 할 것을 드려야 하며, 하나님의 자녀요 종으로서 교회 자체의 정체성을 보강해야 한다. 하나님의 은혜로운 계획으로 우리를 인도하시고 있다는 것을 예배는 우리 자신에게 정확히 일깨워 준다.

(2) 교회는 사역의 공동체이다

교회는 하나님의 사역을 기리는 것뿐만 아니라 그것을 계속 이어 나가는 것이다. 교회의 신성한 소명-교회의 분명한 사명-은 세상을 향한 성자와 성령의 사역에 동참하는 것이다. 교회는 사랑의 수고를 위해 알려진 하나의 사역 공동체가 되어야 한다. '그리스도 제자의 무리인 교회는 인간 존재 갱신의 근원이 되시는 하나님을 위하여 일하는 것을 그분의 소명으로 삼는 사람들의 공동체이다.'[90]

3) '공회적'

'공회적'(catholic) 교회란 전체로서의 교회를 말하는 것이다. 즉 '각 나라와 족속과 백성과 방언에서'(계 7:9) 모인 사람들로 구성된 우주적 교회를 뜻한다. 이런 의미에서 '공회적'은(충분히 역설적이지만) '교구적인'과 정반대이다. 좀 더 역설적인 것은 복음주의자들은 가톨릭주의자들보다 좀 더 '교구적인'-단지 그들 자신의 문제에 집중하는 편협적인 마음-성향을 가지고 있다는 점이다. 교회의 범우주적 보편성은 궁극적으로 복음 자체의 범우주적 보편성에 근원을 두고 있다. 라민 새너(Lamin Sanneh)가 지적하듯이, 복음은 모든 민족과 인종을 위한 메시지이며, 따라서 그것은 모든 시대와 지역에 매우 맞게끔 전환이 가능하다.[91]

(1) 교회는 모든 시대와 지역을 포용한다: 위대한 전통

복음주의 교회가 범우주적 보편성을 부정하는 한 가지 방법은 여기와 지금이라는 현재적 상황에만 집중된 단일문화적일 때 가능하다. 복음은 문화적 근시에 의해서 제공되지 않는다. 복음주의자들은 지역교회가 전체 교회의 대표라는 개념을 되찾을 필요가 있다. 교회는 그리스도의 것이다. 따라서 21세기 서양의 복음주의자들은 이전 시대의 그리고 먼 곳에서 오랜 기간 잃어버린 자신들의 형제와 자매들을 다시 불러 모아야 한다. 지역 회중은 보다 넓은 기독교 전통 안에서 자신들의 위치의 의미를 되찾

---

90) Wolterstorff 1997: 197.
91) Sanneh 1989: 214. 또한 Satari 1996을 참조하라.

아야만 한다. 왜냐하면 최상의 의미에서 전통이란 단지 하나님의 다른 가족 구성원들 가운데 복음이 특별한 장소와 시기에 어떻게 일하였는가에 대한 이야기이다. 교회 전통은 분명히 성경보다 위에 있는 권위가 아니다. 그러나 복음주의자들이 전통을 도외시한 결과로 인하여 저들은 현재를 위한 중요한 원천을 무시하고 있다.[92]

(2) 교회는 모든 유형을 포용한다: 다양성

단일문화주의는 과거를 외면하는 문제일 뿐만 아니라, '다른 것'을 무시하는 문제이다. 에드먼드 클라우니(Edmund Clowney)는 '인종주의 역시 보편성을 부정한다'고 기록한다.[93] 북미에서 가장 큰 차별적인 사건은 11시 주일 아침 예배시간이라고 말한다.[94] '동질의 사람 집단' 원칙에 근거한 교회 성장 운동은 보편성을 부정하는 또 다른 실례이다.[95] 확실한 것은 자신과 동일한 사회적-경제적 계층과 피부색 부류와 함께 나누는 예배를 보다 안락하게 느낀다는 것이다. 그러나 예배는 안락을 느끼는 것이라고 성경 어디에서 말하고 있는가?

화해에 대한 헬라어 카탈라게(katallagē)는 '다른 것에 반대하여'라고 대략 번역될 수 있는 두 개의 헬라어 단어로 구성되어 있다. 이것이 화해에 대한 생생한 상상이다. 즉 화해한다는 것은 친교를 방해하는 장애물을 제거하는 것이다. 구원에 대한 좋은 소식이란 하나님이 그리스도 안에서 죄인들과 화해하는 것이다. 사도 바울은 복음에 대한 교회의 사역을 '화목의 사역'(고후 5:18)이라고 기술한다. 교회의 보편성을 말하는 신약성경의

---

92) Bloesch(2003)은 다음과 같이 올바르게 지적하고 있다. 어떤 복음주의자들은 전통의 권위를 위해 성경의 권위를 버리고 있다. 그러나 전통을 정정하고 갱신하는 잠재력을 지닌 최종적 기준과 권위로 복음을 여전히 보존할 때 전통에 관심을 기울이는 것이 가능한 것이다.
93) Clowney 1995: 97.
94) Emerson & Smith 2000을 보라.
95) Clowney 1995: 97.

최고의 예들 중에 하나가 사도행전 15장이다. 15장에 나오는 예루살렘 공회는 이방 그리스도인들이 그들처럼(예를 들어, 할례 의식) 될 필요가 없다고 결의했다. 우주적 화해의 신비가 유대인과 헬라인이 함께 주의 만찬 주변에 모였던 현장 속에서 근본적이고 역사적인 사실로 증명된 셈이다.

21세기 복음주의 교회의 성공 여부도 유사한 사안에 당연히 달려 있다. 다른 사람들을 우리 자신들과 같이 만들지 않고도 저들을 포용할 수 있을까? 이것이 필립 젠킨스(Philip Jenkins)가 명명한 '그 다음의 기독교국가'(next Christendom), 즉 지구촌 기독교의 도래 때에 복음주의 교회가 직면하는 과제이다.[96]

서양의 그리스도인들은 아프리카, 아시아 그리고 남아메리카의 형제자매들과, 또는 그리스도인이든 아니든 상관없이 자신들의 문화 그리고 사회적-경제적 신분을 공유하는 다른 미국인과 서양인들과 더불어 더 깊은 친밀감을 느낄 것인가? 복음의 보편성이 요구하는 것은 민족적이고 사회적·경제적 정체성을 포괄하는 교회가 우리 자신의 것이라기보다는 다른 사람의 것이 되어야 한다는 것이다. 즉 '하나님은 충성된 사람들 사이에 현존한다는 양상은 단순화할 수 없는 다문화적인 것이다.'[97] 복음주의자들은 정확히 복음의 보편성에 대한 저들의 헌신 때문에, '다인종 집단'주의라고 부르는 것을 구현할 수 있는 미래를 위해 노력해야 한다.

4) '사도적인'

'사도적인'의 근본적인 의미는 누군가 들은 바를 말하기 위하여 보내졌다(*apostellō*, 아포스텔로, 밖으로 내보내다)는 뜻이다. 키에르케고르가 옳게 지

---

96) Jenkins 2002.
97) Brownson 1996: 236.

적한 것같이, 사도의 권위는 자신들의 신앙적인 재능으로부터 유래한 것이 아니라, 오히려 자신들이 증거 하는 내용물로부터 유래한다. '…관하여는 우리가 들은 바요 눈으로 본 바요'(요일 1:1). 사도적이라는 것은 증거의 사명을 위해 보내졌다는 것이다. 교회는 교회가 사도적 복음에 응답할 정도에 이르기까지 사도성을 나타내야 한다.

(1) 선교 공동체

사도는 메시지를 지닌 선교사이다. 종교개혁자들은 '진리 계승'의 개념에 관심을 가졌던 것에 비해, 교회 통치 원리로서의 사도적 계승에 대한 문제에는 관심을 적게 가지고 있었다.[98] 복음주의 교회가 사도적인 이유는 교회가 사도들의 가르침을 주장하고 있으며 또한 세상 안으로 보내졌기 때문이다. 성자와 성령이 보내심을(missio, 미시오, 선교 또는 보내심) 받았던 것처럼, 교회 또한 성자의 이름과 성령의 능력으로 보내심을 받은 것이다.

(2) 해석의 공동체

따라서 사도적인 계승과 복음주의적 계승은 한 쌍의 원칙이다. '부활하신 그리스도의 복음을 계속하여 온전하게 선포하는 것.'[99] 그렇지만 효과적인 증거란 성경 진술의 경직된 반복 그 이상을 뜻한다. 복음의 의미와 진리가 참되게 새로운 역사적 그리고 문화적 환경에 선포되도록 하기 위하여 복음은 반드시 해석되어야 하고, 다듬어져야 하고 그리고 상황에 맞춰져야 한다. 그러므로 교회가 '다른 복음이 없음'을 선포할 때, 비록 그와 동일한 것이 새로운 방식을 통하여 그리고 그 안에서 자주 표현되어져할

---

98) Paul Avis, 재인용 Tinker 1991: 26.
99) Moltmann 1977: 359.

지 모르지만, 교회는 교회의 사도적 계승을 실행해야 한다. 이 점에 있어서, 복음주의자들은 강해적 설교를 계속적으로 장려해야한다. 교회는 하나님의 말씀을 듣는 장소이지, 사람들의 최근의 일시적 유행이나 기량을 듣는 곳이 아니다. 후자에 모든 것을 너무 자주 초점을 맞추는 것은 강요적(impository) 설교를 야기하게 된다.

7. 결론: 복음 공연장

사도적 메시지를 보존하기 위해서는 메시지를 선포하기보다 오히려 반드시 실천해야 한다. 성경적 해석은 제자도와 영성, 행위와 기도를 요구한다. 확신에 찬 복음의 해석이란 반드시 선포되어지는 것뿐만 아니라, 그에 맞추어 살아가야 하는 것이다. 교회는 복음이 선포되는 장소인 것뿐만 아니라, 보여주는 장소이다. 왜냐하면 복음의 의미는 복음의 깊이와 넓이 그리고 복음의 내용과 문법을 이해한 사람들의 증거를 통해서만-복음을 듣는 것뿐만 아니라 복음을 따라 사는 사람들에 의해서-궁극적으로 배울 수 있기 때문이다. 복음주의자들은 반드시 효과적인 증거를 위하여 발-다리와 팔-을 복음 위에 올려놓아야 한다.

교회는 성령이 효과적으로 말씀을 집행하는 곳에 존재한다. 그곳은 복음이 들려지고, 받아드려지고 그리고 응답되어지는 장소이다. 사람들이 복음으로부터 자신들의 모습을 취하고, 문화와 소통하는 방식 안에서 복음에 부합하는 자신들의 삶의 태도를 반드시 계속적으로 추구할 때 교회는 존재한다. 따라서 교회는 복음의 공연장 곧 기독교 세계관이 구체적인 형태를 띠는 무대가 된다. 또한 교회의 이러한 이상은 '실재에 대한 지성적이고 이치에 맞는 해석으로서 기독교 신앙과 전통을 표현하는'[100] 린더 케크(Leander Keck)의 새로운 변증학적 임무에 응하는 것이다.

로버트 웨버(Robert Webber)는 '후현대주의적 세계에서 도전이란 초월적 실재의 임재를 여기 이 땅에 이루는 것이다'라는[101] 유사한 표현으로 복음주의 교회의 임무를 이해했다. 그와 같은 것이 예배의 목적이며, 교회의 증거이고 지혜이다. 즉 복음에 따라 계발되고 변혁되어진 세계관과 인생관을 명백하게 드러내 보이는 삶의 방식을 제시하는 것이다. 교회는 복음의 공연장이며, 하나의 분명한 세계관-삼위일체 하나님에 의한 사랑과 같은-을 기억하고, 기념하고, 독려하고 그리고 무엇보다도 실천하고 그에 따라 살아가는 바로 그런 장소이다.

1) 복음의 동반자

요약하면, 복음주의 안에 개인주의의 강조는 성경적 신앙보다 오히려 현대 문화에 더 기인하고 있다고 언급한 바 있다. 복음주의자가 된다는 것은 단순히 구원받은 개인이 된다는 것이 아니다. 오히려 창조 질서를 갱신하기 위하여 하나님이 하고 계시는 사역의 일부가 된다는 것이다. 복음주의자들은 교회의 교리와 실천을 틀림없이 회복해야 한다. 복음의 순수성 역시 요구된다. 최상의 복음주의란 복음의 사람이 된다는 것이 정확하게 무엇을 의미하는 지를 계속적으로 자성하는 전통을 지칭한다.[102] 가시적 교회는 중요하다. 왜냐하면 그 교회가 예수님에 의해서 출

---

100) Keck 1993: 105.
101) Webber 1999: 8.
102) Cf. Tanner(1997)는 기독교 정체성은 특성이나 신앙의 고정된 목록 관점에서 정의되는 것이 아니라, 참된 제자가 된다는 것이 무엇을 의미하는지를 결정하는데 있어서 현재 진행 중인 임무의 관점에 따라 정의되는 것이라고 했다. 유사하게, 복음주의 정체성도 복음의 최종적 내용에 대한 동의의 관점에서가 아니라, 복음의 진리를 공유하는 확신과 복음의

발된 떠오르는 종말론적 실재-화해의 공동체-의 구체적인 표시이기 때문이다. 복음주의적 유산 속에 잠재된 주제, 다시 말해서 교회는 이미-아직은 이라는 복음 메시지에 대한 하나의 증거라는 개념을 반드시 되찾아야 한다고 나는 또한 강조하였다. 교회는 복음의 동반자(company)라고 나는 생각한다.

그 첫 번째 예로서, '동반자'란 하나의 모임이다. 교회는 복음으로 동반자를 보살피는 모임이다. 친구를 보면 그 사람을 알 수 있다는 속담에 웨인 부스(Wayne Booth)는 동의하고 있으며, 이렇듯이 누군가가 읽고 있는 책을 보면 그 사람을 알 수 있는 것이다.[103]

두 번째 예로서, 교회는 교회 공동체 생활 속에, 특히 세례와 주의 만찬 안에 복음을 보여주는 동반자이다. 특히 주의 만찬 관습은 '동행'(companion)(com+panis, 함께+떡, 떡으로서)이라는 용어의 어원적 중요성을 지니고 있다. 교회는 복음의 동반자이다. 왜냐하면 교회는 하나님의 관점(신학)과 탁상친교(윤리)를 공유하기 때문이다. 최종적으로, 교회는 공연적인 의미-가수, 연사, 그리고 배우로 구성된 공연단-에서 동반자이다. 이것이 교회를 선교적 공동체로 상상하는 최상의 길이라고 나는 생각한다.[104]

2) 공연 동반자

'내가 생각하건대 하나님이 사도인 우리를 죽이기로 작정된 자 같이… 구경거리가 되었노라'(고전 4:9)

의미를 발견하고 그에 따라 살아가려는 공통된 헌신의 관점에서 비쳐질 수 있다.
103) Booth 1988.
104) Hunsberger 1996b: 14를 보라.

교회는 복음의 영의 능력 안에서 복음의 말씀을 공연하는 곳이다. 우리는 모든 언행을 통해 예수 그리스도의 제자가 되어야 하며, 하나님의 사랑을 뜻하는 십자가 형상을 보여주는 삶을 살아가는 연기자가 되어야 한다. 마치 복음의 동반자인 것처럼, 교회는 복음의 해석자가 될 수 있다는 것이 정확하다.

> 해석은 학교에서 너무 제도화되고 박식한 남녀 학자들에 의해서 이뤄지기 때문에 해석이 생각과 기록된 주석서들로 지나치게 동일시되어 왔다. 해석이란 의미이며, 의미를 들을 수 있어야 한다. 그러나 더 기본적으로 성경적 의미는 완료되었다…가장 참된 기독교 성경 해석이란 하나님을 잘 아는 생활에 대한 인간의 법규이다… 따라서 해석의 최종적 형태는 하나님을 닮아가려는 사람의 실천인 것이다. 하나님의 백성으로서 우리가 하는 것은 성경에 대한 우리의 해석이다.[105]

(1) 모든 신자의 공연자주의정신

복음주의자들은 종교개혁의 만인제사장주의 원칙을 가지고 있다. 교회의 각 성도는 성경을 읽고 해석하는 특권과 책임을 갖는다. 그러나 우리가 살펴본 바처럼, 성경해석의 가장 적절한 형태는 공동체 안에서 살아가는 삶의 모양이다. 로마가톨릭 신학자 한스 울스 폰 발타자르(Hans Urs von Balthasar)가 약간 과장하여 성자들의 삶 자체가 모든 주해보다 더 참되고 확신에 찬 복음에 대한 해석이라고 말한다. 그러나 복음주의적 관점에서 보면, 모든 신자들은 성자이다. 그들은 하나님을 섬기기 위해 구별

---

[105] Scott 1995: 144-145. 신학의 임무는 그리스도인의 행동을 비판하고 개선하는 것이다. 이 점에 대하여 복음주의자들은 교리문답서 실천을 회복하는 것이 당연할지 모른다. 이 교리문답서는 생각과 생활에서 하나님의 말씀에 부응하도록 제자를 훈육하고 훈련시켜 준다.

된 사람들이다. 따라서 '모든 신자의 공연자주의정신'(the playerhood of all believers)를 확신하는 것이 필요하다.

교회의 모든 회원은 공연자다. 즉 맡은 역할을 지닌 그리고 기여할 수 있는 재능을 지닌 성령을 부여받은 대리자이다. 회중은 무대에서(예를 들어, 강단에서 그리고 제단 주변에서) 배우들을 관람하는 단지 청중에 불과하다는 생각에 복음주자들은 맞서야 한다. 반면에 복음의 온 백성은 공연자다. 교회의 모든 구성원은 믿음을 통하여 말씀과 성령으로 결합된 인도하심에 따라 은혜에 의해서 복음 공연에 합류하는 것이다.[106]

교회는 서커스를 공연하는 것이 아니라, 오히려 길이요 진리요 생명이신 크리스투스(*Christus*, 그리스도)를 공연하는 것이다. 왜냐하면 교회는 그리스도인의 삶이 '입는' 또는 가식적(위선적 방식)으로 꾸며지는 장소가 아니라, 교회 회원들이 그리스도의 의의 옷으로 '입혀지는' 장소이기 때문이다. 즉 그리스도로 덧입는다는 것-그분의 길을 준행하면서 그분의 몸 안에 합쳐진다는 것-은 가식적 의미에서 단지 '입혀질 수' 없는 그 어떤 것이다. 오직 성령만이 그리스도의 마음을 보여주는 연기자의 언어와 생활을 창조할 수 있다. 교회란 '그리스도께 순종하고 섬기는 잘 알려진 삶 속에서 함께 공유하는' 장소이다.[107]

(2) 성경말씀과 성찬, 둘 다 공연하고 기도하기

복음주의 신앙과 삶이란 근본적으로 그리스도 예수의 복음에 대한 해석이다. 교회에 있어서 그리스도를 세우고 복음을 공연하는 것보다 더 중요한 것은 없다고 나는 믿는다. 복음을 공연하지 않는 자에게 화가 있으

---

106) 역사적으로 이 위대한 역할은, 비록 2차 바티칸 회의 이후 이런 구분이 약간 줄어들기는 했지만, 평신도는 복음주의와 로마가톨릭 교회학 사이에 하나의 중요한 차이가 있다는 것을 알려 준다.
107) McClendon 1986: 28.

리라! 물론 몇 가지 우리의 공연에는 즉흥적인 요소들을 포함할 수 있다. 그러나 그 공연은 고정된 두 가지 요소에 의해서 항상 이루어져야 한다. 즉 권위 있는 책으로서의 성경 말씀과 그리고 한 묶음으로서의 성찬이다. 참으로 교회의 소명은 새로운 상황 안에 성경 말씀과 성찬을 집행하는 것이다. 성령 하나님은 우리에게 모든 버팀목을 주시며 우리에게 필요한 것을 상기시켜 준다. '성령은 삶 속에 기억될 성경말씀을 주시며, 천국을 기대하는 희망이 현실화되도록 변화를 주신다.'[108]

지식적으로 성경말씀에 찬동하는 것은 적절하지 않다. 사탄 역시 그렇게 한다(약 2:19). 복음의 사람은 성경에 동의하는 것뿐만 아니라, 성경 안에 머물러 있어야 한다. 복음은 현실, 진리, 선하심 그리고 아름다움에 대한 잣대가 되어야 한다. 모든 그리스도인들 중에서 복음주의자들은 이름만 갖는 운동이 아니라, 복음을 실천하는 것에 관심을 반드시 가져야 한다. '값싼 무오성'-성경적 진리를 실천하지 않는 신앙고백-은 어느 누구에게도 도움이 되지 못한다. 오히려 진리를 실천해야 한다. 이것은 다른 것들 사이에서 행동하는 교회를 의미하는 것이다.

복음주의자들은 성만찬(Eucharist)을 주의 만찬(Lord's Supper)으로 되돌릴 필요가 있다. 왜냐하면 유카리스토(eucharistō)는 '감사를 드린다'는 것을 의미한다. 이것은 복음주의자들의 삶 전체의 중심주제가 되어야 한다. 교회는 예수 그리스도를 선물로 주신 하나님께 감사하기 위해 서로 모여 있다. 감사(eucharistō, 유카리스토, 감사를 드린다)는 복음(euangelion, 유앙겔리온, 좋은 소식)에 대한 적절한 응답이다. 우리가 함께 나누는 떡과 잔은 연극의 절정에 대한 기억이며 더불어 연극의 결론에 대한 예행연습이다.

성경 말씀과 성찬에 따라 산다는 것은 엄숙한 실천의 문제이다. 복음

---
108) Wells 2003.

주의적 공연이란 '시대 정신에 대조적이지만 그 시대의 언어로'[109] 복음의 의미를 보여주는 것을 말한다. 성경을 공연하고 간절히 바라는 교회는 복음 외에의 문화나 서책을 수용하는 것에 저항할 것이다. 신앙고백적인 교회가 된다는 것은 우리의 입술과 팔다리 그리고 논리와 삶을 통해 그리스도의 참된 도를 증거 하는 것이다. 교회의 소명은 그리스도 안에서 전형적으로 드러난 하나님의 형상 즉 참된 인간성을 보여주는 것이다. '오늘날 절실히 필요한 것은 성공적인 교회보다 오히려 충성스러운 교회이며, 문화에 순응하는 교회보다 오히려 십자가 아래에 있는 교회이다.'[110]

(3) 동반자를 인도하기

'교회는 존재한다. 교회는 교회의 존재하는 바를 행한다. 교회는 교회가 행하는 바를 조직한다.'[111] 이러한 점에 있어서, 교회가 해야 할 일을 어떻게 조직하거나 또는 요청하는 지에 관하여 사람들은 거의 말하지 않는다. 만일 모든 그리스도인 개개인이 복음의 동료들 간에 경주자일 경우, 교회 사역을 관장하는 사람들의 정확한 역할은 무엇인가? 특별히 두 가지 근본적 사안이 이런 상황과 연관성을 가지고 있다.

첫째, 모든 복음적 행위가 동등하지 않다는 것이다. 그런 까닭에 비평가가 필요하다. 사도 바울은 주의 만찬을 준수하는 고린도교인들의 방법을 비판하였는데, 바울은 그 방법이 '가치가 없는'(고전 11:27) 것이라고 주장했으며, 고린도교인들이 실제로 복음이 아닌 어떤 다른 의미의 것으로 행하였다고 논박했다.

둘째, 제자화된 교회는 그 자체가 복음의 한 측면이라는 것이다. 이 후

---

109) Bloesch 2002: 274.
110) Ibid.: 280.
111) Van Gelder 2000: 37.

자의 경우는 좀 더 분명한 설명이 필요하다.

  복음이란 그리스도께서 포로를 자유롭게 하신다는 좋은 소식이다. 즉 죄와 무의미 그리고 죽음의 속박으로부터 놓임을 받는 자유를 뜻한다. '그리스도께서 우리를 자유롭게 하려고 자유를 주셨으니'(갈 5:1). 따라서 복음의 동반자는 해방된 자들의 동반자이다. 그러나 기독교적인 자유는 현대주의적이고 후현대주의적인 위조품과 혼동되어서는 안 된다. 기독교적인 자유는 자율적인 개인주의도 아니며, 쉽게 가늠하기 힘든 '무엇이든 좋다'는 식의 자유도 아니다. '교회의 무질서가 지금은 아무 제제 없는 자기주장의 새로운 변화에 대한 자유와 창의로서 여겨지고 있다.'[112] 그에 반하여 교회 질서란 주로 인간의 자만과 권력에 대한 욕망을 억제시키는 사안이다. 이프라임 래드너는 '분수 이상의 자랑을'(고후 10:13-16) 하지 않으려고 다른 사람들이 이미 수고하고 있는(롬 15:20) 지역에서 일하지 않기로 동의한 사도 바울의 예를 꼽았다. 교회 질서는 섬김과 겸손의 예수님의 방식을 따르는 교회 헌신으로 추가 확대된다. 그리스도인의 자유와 지도력 둘 모두의 모양은 모범되신 예수님으로부터 나온다.

  교회는 '질서를 벗어나' 갈 수 있다. 소위 어떤 '독립적' 교회들은(그리고 독립교회 뿐만 아니라!) 그들 자신의 방식에 따라, 예를 들어, 삼위일체 교리를 인간 전통의 찌꺼기로 거부하면서 교회의 우주적 보편성을 부정하는 경우가 있다. 그와 같은 교회들은 많은 이단들처럼 자신들이 무엇을 믿을지 그리고 어떻게 살아야 할지를 자신들의 힘으로 쉽게 선택할 수 있다고 생각하는 오류를 범한다. 이렇게 훈련받지 않은 교회는 시대의 문화적 올가미와 이데올로기적 늑대에 손쉬운 먹잇감이 되고 말 것이다.

  복음의 동반자는 성경을 충성스럽게 공연하기 위하여 훈련과 지도를 필요로 한다. 역사적으로 교회는 각기 복음에 의해서 성립 소환되는 두 가

---

112) Radner 2001: 227.

지 자료를 이용하여 왔다. 첫 번째는 니케야 신조로서, 그것은 복음-복음의 전제, 확언 그리고 함축-의 요약이며, 동시에 차후의 오독을 방지하기 위한 '복음의 주변을 둘러싼 울타리'이다. 신조는 '복음의 공개적이고 법적 효력이 있는 표시'이다.[113] 따라서 신조는 올바른 실천을 위한 하나의 역할을 감당한다. 훈련과 지도에 대한 두 번째 도구는 감독제도이다. '관리 감독의 사역은 복음에 대한 교회의 신앙고백을 필수적으로 암시한다.'[114]

교회의 복음 증거에 대한 순수성을 확실하게 보증하는 것은 장로, 감독, 목사 또는 주교의 역할이다.[115] 교회의 증거를 감독하는 자들은 다른 무엇보다도 복음의 권리와 요구에 순복하는 일에 본보기가 되어야 한다. 아울러 감독자들은 자신들의 행동을 감독함으로써 공동체를 훈련시키는 책무를 지니고 있다. 따라서 그 공동체 안에서 말하고 이뤄진 모든 일은 복음의 진리에 부합하는 것이다.

3) 하나님 나라의 비유

조지 헌스버거에 따르면, 교회의 사명은 '하나님의 통치를 나타내 보이는 것이다.'[116] 교회가 행하는 모든 것 안에서 교회는 하나님 나라가 그리스도와 성령 안에서 도래했다는 하나의 표식이다. '교회는 왕을 암시하는

---

113) Webster 2001b: 123. 본 책자의 저자들은 '니케야' 기독교에 근거한 '본질적' 기독교 같은 어떠한 것을 성취할 수 있다고 믿고 있음에 주목하라.
114) Webster 2001a: 192.
115) 내가 뜻하는 감독제도란 '관리 감독'의 사역을 강조하는 것이다. 특히 신약성경(예, 사도행전 20:17; 디도서 1:5-7) 안에 있는 두 용어의 상호 호환성에 비추어, 감독이 에피스코포스(*episkopos*, 주교)인가, 아니면 프레스바이테로스(*presbyteros*, 장로)인가는 상대적으로 이차적인 문제이다. 그러나 교회가 복음의 선포, 복음의 축제 그리고 복음의 실천과 같은 복음의 순수성을 보존하는 특별한 책임을 가지고 있는 지도자-종의 역할을 깨달아야 한다는 것이 더 일차적인 문제이다.
116) Hunsberger 1996b: 15.

선지자이며 제사장이다."¹¹⁷⁾ 교회란, 마치 교회가 그리스도 안에서 존재하는 것 같이, 세상이 새로운 것-새 창조, 새 언약, 새 생명 그리고 새 존재-이 되었음을 보여주는 것이다. 이것이 주변 사회에 의해 공유되기보다 오히려 교회가 하나의 다른 '타당성 있는 구조'를 보여 주어야 한다는 뉴비긴의 요청을 실현하는 한 가지 방안이다.

하나님의 뜻이 통치하는 곳이 곧 하나님 나라이다. 가시적 교회-가시적 교회의 복음주의 진영조차!-와 하나님 나라를 쉽게 동일시하는 것이 당돌할는지 모른다. 살펴본 바처럼, 가시적 교회가 아직까지 흠이 없다는 것은 아니다. 그럼에도 불구하고 가시적 교회는 하나님 나라를 보여주는 의무를 지니고 있다. 교회가 천국의 통치체제를 보여줄 정도까지 교회는 복음의 공연장이 되어야 한다. 교회의 이와 같은 공연적인 모델은 교회가 반문화적이어야 하는 동시에 말씀(권위있는 책)과 성령(열정적인 능력)에 대한 전통적인 복음주의적 강조를 보존해야 한다는 하우어워스와 요더의 요구를 취한다는 점에 주목해야 한다. 하나님 나라의 비유가 되는 것, 바로 이것이 복음주의 교회에 있어서 최고의 소명이다.¹¹⁸⁾ 예수님의 비유 안에 있는 것처럼, 교회는 '평범함 속에 비범함'의 그림이 되어야 한다. 주고 받는 식의 세속적인 경제 원리를 능가하는 사랑의 모델이 되어야 한다. 왜냐하면 교회는 다른 경제관을 가지고 존재하기 때문이다. 다시 말하면 성령의 은사를 통하여 그리스도의 풍성을 자신의 백성에게 부여하시는 삼위일체 하나님의 경제 원리이기 때문이다. 교회 생활의 유형은 매우 설득력이 있고 분명하기 때문에 사회의 세속적 개념을 뒤 엎는다. 어느 인간 사회도 하나님 나라의 비유가 될 수 없다. 어느 인간 사회도 부활을 증

---

117) Wells 2003.
118) '비유' 모델이 로마가톨릭 교회학 뿐만 아니라 몇몇 복음주의적 처리과정에서(예, Webber 1999: 91) 종종 발견되는 성례 모델보다는 교회의 종말론적 본질을 더 잘 담고 있다고 믿는다.

거 해야 하는 의무를 가지고 있지 못하다. 그렇게 할 수 있는 다시 사신 그리스도의 영적 능력을 부여받지 못했기 때문이다. 교회의 실천이 참된 이유는 부활 때문이다. '진실한 인간 행동은 죽음에서 다시 사신 예수님의 부활에 세워진 실재와 일치하는 행동을 말한다.'[119] 따라서 교회의 특별한 임무는 부활의 실존을 증거 하는 것이다. 교회의 각 성도는 이런 일의 임무-말하고 실행하는 것-를 가지고 있으며, 이런 역할을 위해 성령으로 무장되어 있다.

교회가 무엇을 말하고 행동해야 하는지는 공허한 놀이가 아니다. 이에 반하여, 복음의 동반자는 엄숙하고 즐거운 역할을 수행한다. 들을 수 모든 언어의 최상 일뿐만 아니라, 가장 참되신 예수 그리스도의 이야기를 교회는 기념하고 기려야 한다. 왜냐하면 복음의 백성들이 신령과 진정으로 예배할 때, 그들은 초월적이고 영광스러운 실존, 옛 것으로부터 나온 새 것, 그리고 평범한 것 안에서 거룩한 것 등을 목격할 수 있기 때문이다. 그렇게 함으로써 교회는 공허한 기쁨과 텅 빈 희망이었던 것에 기독교적 모양과 본질을 제공한다. 함께 모인 복음의 동료는 기업의 소원 성취 같은 것과 아무런 관계가 없다. 그런 것은 세속적 문화의 몫이다.

천국 비유로서의 교회는 꿈을 이루는 그런 것이 아니라, 오히려 진리를 경험하고 맛보는 것이다. 교회는 하나의 살아있는 사명 성명서, 즉 하나님이 '이미-아직은'의 상태로 우리와 함께 하신다는 최상의 복음주의 진리에 대한 하나의 공동체적 전시물이다. 흘러가고 있는 세상 안에서, 복음의 백성의 특별한 소명은 자신들이 실재, 즉 그리스도 안에서 충만한 종말론적 실재와 계속 접하고 있다는 것을 보여주는 그런 삶의 방식으로 살아가는 것이다.

---

119) Webster 2001a: 224.

Bibliography

Akers, John, John H. Armstrong and John D. Woodbridge (eds.) (2000), *This We Believe: The Good News of Jesus Christ for the World*, Grand Rapids: Zondervan.

Bellah, Robert N. (ed.) (1986), *Habits of the Heart: Individualism and Commitment in American Life*, New York: Harper & Row.

Bloesch, Donald G. (1983), *The Future of Evangelical Christianity*, Garden City, NY: Doubleday.

Booth, Wayne (1988), *The Company We Keep: An Ethics of Fiction*, Berkeley: University of California Press.

Boyd, Gregory and Paul Eddy (2002), *Across the Spectrum: Understanding Issues in Evangelical Theology*, Grand Rapids: Baker.

Brownson, James (1996) 'Speaking the Truth in Love', in Hunsberger & Van Gelder 1996: 228–259.

Buckley, James J. and David S. Yeago (2001), *Knowing the Triune God: The Work of the Spirit in the Practices of the Church*, Grand Rapids: Eerdmans.

Cartwright, Michael G. (1998), 'Radical Reform, Radical Catholicity: John Howard Yoder's Vision of the Faithful Church', in John Howard Yoder, *The Royal Priesthood: Essays Ecclesiological and Ecumenical*, 1–49, Scottdale, PA: Herald Press.

Clapp, Rodney (1998), interview with Stanley Hauerwas, *Books and Culture* (Nov./Dec.): 18.

Clowney, Edmund P. (1995), *The Church*, Downers Grove: IVP.

Dawn, Marva J. (1995), *Reaching Out without Dumbing Down: A Theology of Worship for the Turn-of-the-Century Culture*, Grand Rapids: Eerdmans.

Emerson, Michael O. and Christian Smith (2000), *Divided by Faith: Evangelical Religion and the Problem of Race in America*, New York: Oxford University Press.

Grenz, Stanley J. (1993), *Revisioning Evangelical Theology*, Downers Grove: IVP.

―― (2000), 'Articulating the Christian Belief-Mosaic', in John G. Stackhouse (ed.), *Evangelical Futures: A Conversation on Theological Method*, 107–136, Grand Rapids: Baker/Leicester: IVP.

―― (2000), *Renewing the Center: Evangelical Theology in a Post-Theological Era*, Grand Rapids: Baker.

―― (2002) 'Concerns of a Pietist with a Ph.D.', *Wesleyan Theological Journal* 37: 58–76.

Grenz, Stanley J. and Jonathan Franke (2001), *Beyond Foundationalism: Shaping Theology in a Postmodern Context*, Louisville, KY: Westminster/John Knox Press.

Gundry, Robert H. (2002), *Jesus the Word According to John the Sectarian*, Grand Rapids: Eerdmans.

Hauerwas, Stanley J. (1993), *Unleashing the Scriptures: Freeing the Bible from Captivity to America*, Nashville: Abingdon.

Hauerwas, Stanley and Samuel Wells (eds.) (2003) *The Blackwell Companion to Christian Ethics*, Oxford: Blackwell.

Hauerwas, Stanley and William H. Willimon (1989), *Resident Aliens: Life in the Christian Colony*, Nashville: Abingdon.

Hunsberger, George R. (1996a), 'Sizing up the Shape of the Church', in Hunsberger & Van Gelder 1996: 333–346.

—— (1996b), 'The Newbigin Gauntlet: Developing a Domestic Missiology for North America', in Hunsberger & Van Gelder 1996: 3–25.

Hunsberger, George R. and Craig Van Gelder (eds.) (1996), *The Church Between Gospel and Culture: The Emerging Mission in North America*, Grand Rapids: Eerdmans.

Hütter, Reinhard (2000), *Suffering Divine Things: Theology as Church Practice*, Grand Rapids: Eerdmans, 2000.

—— (2001), 'The Church', in Buckley & Yeago 2001: 23–47.

Jenkins, Philip (2002), *The Next Christendom: The Coming of Global Christianity*, Oxford: Oxford University Press.

Keck, Leander (1993), *The Church Confident*, Nashville: Abingdon.

Kelsey, David (1992), *To Understand God Truly: What's Theological about a Theological School*, Louisville, KY: Westminster/John Knox Press.

Küng, Hans (1968), *The Church*, Tunbridge Wells: Search Press.

Lazareth, William and Wallace Alston (2001), 'Introduction', *Reading the Bible in Faith: Theological Voices from the Pastorate*, Grand Rapids: Eerdmans.

Leith, John H. (1988), *The Reformed Imperative: What the Church Has to Say that No One Else Can Say*, Philadelphia: Westminster Press.

MacIntyre, Alasdair (1984), *After Virtue: A Study in Moral Theory* 2nd ed., Notre Dame: University of Notre Dame Press.

Marsden, George (1991), *Understanding Fundamentalism and Evangelicalism*, Grand Rapids: Eerdmans.

McClendon, James (1986), *Ethics: Systematic Theology*, vol. 1, Nashville: Abingdon.

제2장 복음주의와 교회: 복음의 동반자   **129**

Meeking, Basil and John Stott (eds.) (1986), *The Evangelical–Roman Catholic Dialogue on Mission 1977–1984*, Grand Rapids: Eerdmans.

Milbank, John (1990), *Theology and Social Theory: Beyond Secular Reason*, Oxford: Blackwell.

Millar, J. G. (2000), 'The People of God', in T. Desmond Alexander and Brian S. Rosner (eds.), *New Dictionary of Biblical Theology*, 684–687, Leicester: IVP.

Mohler, R. Albert (1990), 'Carl F. H. Henry', in Timothy George and David S. Dockery (eds.), *Baptist Theologians*, 518–538, Nashville: Broadman & Holman.

Moltmann, Jürgen (1977), *The Church in the Power of the Spirit*, London: SCM Press.

Mouw, Richard J. (2001), *He Shines in All That's Fair: Culture and Common Grace*, Grand Rapids: Eerdmans.

Newbigin, Lesslie (1953), *The Household of God: Lectures on the Nature of the Church*, London: SCM Press.

Oden, Thomas (1992), *Life in the Spirit*, vol. 3 of *Systematic Theology*, San Francisco: HarperCollins.

Radner, Ephraim (1998), *The End of the Church: A Pneumatology of Christian Division in the West*, Grand Rapids: Eerdmans.

—— (1999), 'The Absence of the Comforter: Scripture and the Divided Church', in Christopher Seitz and Kathryn Greene-McCreight (eds.), *Theological Exegesis: Essays in Honor of Brevard S. Childs*, 355–394, Grand Rapids: Eerdmans.

—— (2001), 'To Desire Rightly: The Force of the Creed in its Canonical Context', in Seitz 2001: 213–228.

Ramm, Bernard (2000), *The Evangelical Heritage: A Study in Historical Theology*, Grand Rapids: Baker.

Reno, R. R. (2002), *In the Ruins of the Church*, Grand Rapids: Brazos.

Rizter, George (1993), *The McDonaldization of Society: An Investigation into the Changing Character of Contemporary Social Life*, Thousand Oaks, CA: Pine Forge Press.

Roxburgh, Alan J. (1996), 'Pastoral Role in the Missionary Congregation', in Hunsberger & Van Gelder 1996: 319–332.

Sanneh, Lamin (1989) *Translating the Message: The Missionary Impact on Culture*, Maryknoll, NY: Orbis.

Satari, Paul Russ (1996), '"Translatability" in the Missional Approach of Lamin Sanneh', in Hunsberger & Van Gelder 1996: 270–283.

Schwöbel, Christoph (1989), 'The Creature of the Word: Recovering the Ecclesiology of the Reformers', in Colin E. Gunton and D. W. Hardy (eds.), *On Being the Church: Essays on the Christian Community*, 110–155, Edinburgh: T. & T. Clark.

Scott, David (1995), 'Speaking to Form: Trinitarian-Performative Scripture Reading', *Anglican Theological Review* 77: 137–150.

Seitz, Christopher R. (ed.) (2001), *Nicene Christianity: The Future for a New Ecumenism*, Grand Rapids: Brazos.

Shenk, Wilbert R. (1996), 'The Culture of Modernity as a Missionary Challenge', in Hunsberger & Van Gelder 1996: 69–78.

Tanner, Kathryn (1997), *Theories of Culture: A New Agenda for Theology*, Minneapolis: Augsburg.

Tinker, Melvin (1991) 'Towards an Evangelical Ecclesiology (Part One)', *Churchman* 105: 18–29.

—— (2002), 'Refining the Reformers: A Theological Response to "The Anglican Understanding of Church"', *Churchman* 116: 149.

Turner, James (1985), *Without God, Without Creed: The Origins of Unbelief in America*, Baltimore: Johns Hopkins University Press.

Van Engen, Charles (1991), *God's Missionary People: Rethinking the Purpose of the Local Church*, Grand Rapids: Baker.

Van Gelder, Craig (2000), *The Essence of the Church: A Community Created by the Spirit*, Grand Rapids: Baker.

Vandervelde, George (1999), 'Ecclesiology in the Breach: Evangelical Soundings', *Evangelical Review of Theology* 23: 29–51.

—— (2003), 'The Challenge of Evangelical Ecclesiology', *Evangelical Review of Theology* 27: 4–26.

Vanhoozer, Kevin J. (2002a), *First Theology: God, Scripture, and Hermeneutics*, Leicester: IVP.

—— (2002b), 'Worship at the Well: From Dogmatics to Doxology (and Back Again)', *Trinity Journal* 23: 3–16.

—— (2003a), 'Theology and the Condition of Postmodernity: A Report on Knowledge (of God)', in Kevin J. Vanhoozer (ed.), *The Cambridge Companion to Postmodern Theology*, ch. 1, Cambridge: Cambridge University Press.

—— (2003b), 'Praising God in Song: Beauty and the Arts', in Hauerwas & Wells 2003: ch. 5.

Volf, Miroslav (1998), *After Our Likeness: The Church as the Image of the Trinity*, Grand Rapids: Eerdmans.

Wainwright, Geoffrey (1983), *The Ecumenical Movement: Crisis and Opportunity for the Church*, Grand Rapids: Eerdmans.

Watson, Richard (1998), *The Philosopher's Diet*, Boston: Nonpareil.

Webber, Robert E. (1999), *Ancient-Future Faith: Rethinking Evangelicalism for a Postmodern World*, Grand Rapids: Baker.

Webster, John B. (2001a), *Word and Church: Essays in Christian Dogmatics*, Edinburgh: T. & T. Clark.

—— (2001b), 'Confession and Confessions', in Seitz 2001: 119–131.

Wells, David (1998), 'Introduction: The Word in the World', in John H. Armstrong, *The Compromised Church: The Present Evangelical Crisis*, 19–34, Wheaton: Crossway.

Wells, Samuel (2003), 'The Gift of the Church and the Gifts God Gives it', in Hauwerwas & Wells 2003: ch. 2.

Wolterstorff, Nicholas (1997), *Art in Action: Toward a Christian Aesthetic*, Carlisle: Solway.

Yoder, John Howard (1969), 'A People in the World: Theological Interpretation', in James Leo Garrett, Jr (ed.), *The Concept of the Believer's Church*, 252–293, Scottdale, PA: Herald Press.

—— (1984), *The Priestly Kingdom: Social Ethics as Gospel*, Notre Dame: University of Notre Dame Press.

Recommended reading

Bloesch, Donald, *The Church*, Downers Grove: IVP, 2002.

Buckley, James J. and David S. Yeago (eds.), *Knowing the Triune God: The Work of the Spirit in the Practices of the Church*, Grand Rapids: Eerdmans, 2001.

Clapp, Rodney, *A Peculiar People: The Church As Culture in a Post-Christian Society*, Downers Grove: IVP, 1996.

Clowney, Edmund P., *The Church*, Leicester, IVP, 1995.

Dawn, Marva J., *Reaching Out without Dumbing Down: A Theology of Worship for the Turn-of-the-Century Culture*, Grand Rapids: Eerdmans, 1995.

Hunsberger, George R. and Craig Van Gelder (eds.), *The Church between Gospel and Culture: The Emerging Mission in North America*, Grand Rapids: Eerdmans, 1996.

Käkkäinen, Veli-Matti, *An Introduction to Ecclesiology: Ecumenical, Historical and Global Perspectives*, Downers Grove: IVP, 2002.

Tinker, Melvin, 'Towards an Evangelical Ecclesiology (Part One)', *Churchman* 105 (1991), pp. 18–29.

Van Gelder, Craig, *The Essence of the Church: A Community Created by the Spirit*, Grand Rapids: Baker, 2000.

Vandervelde, George, 'Ecclesiology in the Breach: Evangelical Soundings', *Evangelical Review of Theology* 23 (1999), pp. 29–51.

Volf, Miroslav, *After Our Likeness: The Church as the Image of the Trinity*, Grand Rapids: Eerdmans, 1998.

Webster, John B., *Word and Church: Essays in Christian Dogmatics*, Edinburgh: T. & T. Clark, 2001.

© Kevin J. Vanhoozer, 2003

제3장

복음주의와 성경 해석

I. 하워드 마샬

　지난 20여년 이상 '해석학' 분야에서 연구하기를 원하는 여러 명의 대학원생들을 만났다. 이러한 사실은 오늘날 신약성경 연구 분야에서 볼 수 있는 하나의 증상이다.[1] 그들이 정말로 원하는 것이 해석의 일반적인 원칙을 논의하고자 하는 것인지, 아니면 성경구절 또는 주제에 대한 어떤 신선한 접근방식을 시도하려는 것인지 그들 자신도 아주 정확하게 확신하지 못하고 있는 것처럼 종종 보였다. 또한 바로 그와 같은 점은 전반적인 모든 분야가 불확실하다는 현재 상황의 증상이기도 하다. 한때 거의 당연하게 여겼던 것처럼, 성경 해석이 학문적으로 주의를 요하는 논쟁적 주제로서 중요한 역할을 해왔다. 논의에 대한 최근 정황은 두 권의 믿을

---

1) 급속히 늘어나는 전문적인 편협함으로 인해 나는 성경 전체보다 오히려 주로 신약성경에 관해 이 글을 쓰고 있지만, 내가 말하고자 하는 것은 일반적으로 복음주의적 성경 연구에 대한 입장을 희망적으로 제시하려는 것이다.

만한 사전들과 한 권의 '입문서' 안에 도움이 되게끔 요약되어 있다.[2] 이러한 정황 가운데, 기독교 신앙과 소위 '복음주의적' 학문 분야 바로 그 안에서 그와 같은 논의가 새롭게 대두되고 있다는 것은 놀라운 일이 아니다.

1. 세 단계 접근방식

비록 서로 간에 정확히 구분될 수 없지만, 편리상 세 단계로 나누어 개관적으로 살펴보자.

① 일반 해석학 단계: 이것은 일반적으로 어떻게 해석되는지를 물은 다음에 성경적으로 특별히 어떻게 해석되는지를 묻는 것이다. 이 단계에서 해석학을 탐구하는 것은 아주 중요하다. 여기에서 발생하는 두 가지의 필수적인 질문이 있다. 첫째, 본문은 그 본문 자체적으로 '의미'를 가질 수 있는지, 다시 말하면 객관적인 의미를 가질 수 있는지를 묻는 것이다. 또는 의미가 독자와 본문 간의 상호작용을 통하여 어떻게든 새롭게 생성되어서, 본문 자체적으로 어떠한 고정된 의미를 가지고 있는지를 묻는 것이다. 확실히 이러한 질문은 성경 권위에 대한 우리의 이해에 상당한 영향을 미칠 수 있다.[3] 둘째, 언어가 어떻게 '작용하는지'에 관한 질문과[4] 그리고 성경본문과 그 본문의 강독 안에 실제로 무슨 일이 일어나고 있는지를 깨닫기 위한 언어의 영향에 관한 질문이다.[5] 그렇지만 주로 이 분야에 대한 상대적인 무지로 인해, 또한 연구의

---

2) Coggins 1990; Hayes 1999; Barton 1998.
3) Vanhoozer 1998.
4) 이에 대한 한 가지 실례는 어휘사전, 사전 또는 신약성경 헬라어 등이 무엇을 제공해야 하는지 그리고 어떻게 정리되어져 있는지에 관한 질문일 것이다.
5) 특별히 Bartholomew, Greene & Möller 2001을 보라.

다른 두 단계들보다 성경 해석의 핵심을 위한 즉각적 수확이 다소 적기 때문에, 이 단계를 오히려 이 글의 한편에 남겨 두기를 제안한다.
② 주석 단계: 이곳에서 우리는 본문을 그 본문의 시대 속에서 이해하기 위하여 본문에 접근하는데 사용될 수 있는 다양한 방법들과 도구들을 고려할 것이다.
③ 적용 단계: 여기에는 고대 본문이 현대 독자들에게 말하고자 하는 것을 가지고 있는지 그리고 어떻게 가지고 있는지에 대한 질문을 이끌어내는 것이다.

2. 복음주의 학문의 발전

일반적으로 성경학자들 및 설교자들처럼, 복음주의자들은 비교적 최근까지 이 세 분야에 문제점이 있었다는 점을 깨닫지 못하였다고 말하는 것이 아마 맞을 것이다. 그럼에도 불구하고 논의가 필요하다는 인식이 점차적으로 늘어나고 있었다. 한 가지 실례만으로도 충분할 것 같다.

1973년 틴데일 협회(Tyndale Fellowship)의 신약성경 연구 단체가 그와 같은 주제에 전념하면서 일련의 논문들을 토의했을 때, 우리가 그 당시의 분위기에 영향을 받았다는 것은 의심의 여지가 없다. 그 때의 논문들은 결국 1977년에 『신약성경 해석: 원칙과 방법에 관한 에세이』(*New Testament Interpretation: Essays on Principles and Methods*)라는 제목으로 출판되었다. 이 책은 신학생들을 위한 종합적인 입문서로 의도된 것이었다. 이 책의 '신약성경 주석에 접근방식'이라는 제목의 글을 통해 마틴(R. P. Martin)은 그가 명명한 '문법적-역사적 방법'을 권장했다. 마틴은 그 방법을 그가 칭하는 '교리적 접근' 그리고 '인상적인 접근'과 비교하였다. 전자는 성경이 후기 교회적 진술에 비추어 자주 해석되는 일련의 신학적 참고자료로 간주되는 경우이었으며, 반면 후자는 성경구절이 독자의 마음을 흥분시키는 '복된 생각'으로 더 작용했다. 일반적 수준에서 이러한 종류의 해석들이 자주 사용되었다고 말하는 것이 타당하다. 반면 '문법적-역사적 방법'은 성경이 특별한 역사적 정황에서 나온 책이며, 단어들이 원어들로 구성되어 있다는 사실을 중요하게 취급한다. 이 방법에 따른 참된 해석은 그 정황을 반드시 감안해야 하며, 단어의 표현을 설명할 수 있는 가능한 모든 재료들을 사용하여 본문을 이해하려는 노력이 틀림없이 있어야 한다는 것이다. 성경은 성경 자체의 단어에 따라 반드시 이해되어야 한다.[6]

'문법적-역사적 방법'을 권장하면서, 동시에 마틴은 성경 학계에서 지배적인 접근방식인 소위 '역사적-비평적 방법'으로부터 거리를 두려고 하였다. 두 용어는 매우 유사해 보이며, 후자의 방법이 전자의 도구들을 사용하였음에 틀림없다. 그렇지만 트뢸치(E. Troeltsch)와 같은 학자들에 의해 진술된 바처럼, 역사적-비평적 방법은 초자연성 부인에 기초하고 있으며, 성경 본문을 단순히 사람의 유오한 문서 모음집으로 이해하려고 하였다. 결과적으로 넓은 의미에서 역사비평은 복음주의자들에 의해서 탐탐치 않게 여겨지고 있었다.

복음주의자들은 이 역사 비평의 전제는 근거 없는 것이며, 그 비평의 결론은 틀림없이 거짓된 것이라고 믿었다. 따라서 저들은 지체함 없이 그 모든 비평을 거부하였다. 또한 복음주의자들은 성경에서 오류와 모순을 찾아내고 그것 위에 이론을 세우고자 하는 것 같은 방법론을 피하였다. 그와 같은 것은 영적으로 무익했다. 왜냐하면 본문의 신학적 중요성을 설명하기보다 오히려 본문이 어떻게 성립되었는가를 탐구하는데 더 많은

---
6) Marshall 1977: 220-251.

관심을 가지고 있는 듯이 보였기 때문이다. 선호하는 사례를 들자면, 오경의 문서설이 배척받은 이유가

첫째, 창세기의 모세 저작설을(예를 들어, 요 1:45에서 주장하는 것으로 추정되는) 부인하였기 때문이다.

둘째, 문서설은 다른 본문들 간의 차이와 모순을 들춰내는 다양한 자료들에 근거하여 성경 이야기를 몇 개의 부분으로 해체하려는 것에 상당히 기초하고 있기 때문이다.

셋째, 문서설은 성경본문의 신적 권위를 무시하는 경향이 있기 때문이다. 또한 문서설에 대한 최근 비판은 원칙적으로 그 방법이 성경의 메시지를 오늘날의 현실로 끌어내올 수 없었으며, 따라서 영적으로 황무한 것이라고 했다. 그런데도 많은 성경 연구가 그러한 방식으로 행해졌다.

이러한 접근방법의 확산에 직면하고 있었던 복음주의자들은 다음과 같은 두 가지 방식으로 대응하였다.

① 자신들의 입장에서 비평가들을 논박하고, 비평가들의 이론에 맞서는 합리적인 반박을 창출해 내고, 그리고 더 나은 이론을 구축하는 것 등을 통하여 그와 같은 문제점들을 다루는데 힘쓰는 학자들이 있었다.[7]

② 아마 대다수는 성경 무오성에 대한 자신들의 믿음에서 위안을 찾았으며, 그리고 비평가들이 무엇을 말하든지 간에, 저자권 또는 예언에 관한 성경적 진술은 당연히 역사적으로 오류가 없다고 주장하였다. 그러므로 많은 해석자들은 쉽게 '고등비평학자들'(그들이 그렇게 칭하는 것 같이)과 저들의 결론을 무시하였다. 어떤 종류의 학문이든지 간에 결국은 불신하였다. 오랜 기간 진지한 복음주의적 학문은 거의 없었고, 복음주의

---

7) 그러한 학자들로는 G. C. Aalders, O. T. Allis 그리고 J. G. Machen이 있다.

목회 후보생들은 자신들이 고등비평에 감염되거나 신앙을 잃어버릴까봐 신학 학위를 취득하지 말 것을 장로들로부터 종종 강요받았다.

성경본문에 대한 실제적인 해석에 있어서 복음주의 학자들은 시대의 관행을 따랐다. 기본적으로 주석은 본문이 말하고 있는 바를 찾기 위해 언어적 그리고 구문론적 탐구를 통하여 완벽하고 절적하게 수행되었다. 본문을 설명하기 위해서 배경 지식을 끄집어냈다. 그러나 본문의 폭넓은 구성단위와 본문의 핵심적 요지를 찾기보다 오히려 본문 구절구절을 자세히 설명하는데 대부분의 시간을 보내는 경향이 있었다.

성경본문은 그 본문이 견지하고 있는 바처럼 현대 독자들에게 다소간 할 말이 있을 것이라고 여겨졌었다. 그러므로 다른 환경에 본문을 재적용한다는 의미에서, 또는 원 상황에 있지 않았던 사람들이 이해할 수 있도록 본문을 번역한다는 의미에서 '해석'이 약간 필요했다. 보통 원 독자와 현대 독자 사이에 구분이 거의 없었다고 추론될 수 있었다.

따라서-이미 언급한 예외적인 것이 있음에도 불구하고-학문성은 거의 없으며, 복음주의는 주로 방어적이고, 그리고 해석학은 별로 문제로 여겨지지 않는 등의 상황에 우리가 있는 것이다.

그러나 잠시 전에 언급했던 학술대회처럼, 몇 권의 책들이 출간되었다. 무엇이 변화를 일으킨 원인으로 작용했는가? 지난 50년가량 다방면으로 성경 연구 분야에 괄목할만한 성장이 있었으며, 특히 설득력 넘치는 학자들을 통해 가장 광범위한 의미에서 '해석학' 또는 '해석'에 대한 엄청난 관심이 있어왔다. 또한 학문에도 환영할 만한 몇몇 변화가 있었다. 성경책이 신학적 기록이라는 인식이 있었다. 그리고 만일 유일하게 중요한 목적이 아니라면, 해석의 주요 목적들 중의 하나가 성경신학을 설명하도록 해야 하는 것이라는 인식이 있었다. 다수의 주요 주석서들은 이러한 명백한 목적을 성취하였다. 동시에 본문은 문학적 독립체로서 본문 자체의 정당성 안에서 탐구되어져야 한다는 인식도 있었다. 이것은 본문의 최종적 형태 안에서 그 본문에 집중하도록 해주었으며, 본문이 어떻게 형성 되었는가에 대한 흥미를 감퇴시켜 주었다. 예를 들어, 마태복음과 누가복음에 대한 초기 연구는 저자들이 자신들의 자료들을 어떻게 사용하였는가를 묻는 소위 편집사적으로 두 복음서를 보는 경향이 있었다. 그러나 지금 공관복음서 문제를 풀어 가는데 있어서 최근의 교착상태는 복음서 저자들이 자신들의 이야기를 어떻게 말 했는가를 물어보는 변화를 가져왔으며, 그리고 서사비평과 담화분석은 자료비평과 편집비평을 대신하는 경향을 보이고 있다.[8] 이러한 발전은 전반적으로 성경 학문이 복음주의자들에게 더욱 더 알맞은 분야에 집중하고 있다는 것을 의미한다.

우리는 상황에 어쩔 수 없이 영향을 받는다. 이 기간 동안 복음주의적 성경 학문의 발전은 이처럼 광범위한 배경을 지닌 더 전향적인 접근방식에 어느 정도 맞선 것으로 최소한 이해되어야 한다.

비평적 연구방법은 시작부터 초자연 현상의 가능성을 배제한 반종교적 전제를 받아들이지 않고도 사용되어질 수 있는 것으로 알려졌다. 트뢸치가 정해 놓은 연구의 출발점을 받아들이지 않고도 문법적-역사적 연구를 행하는 것이 가능하다.[9] 회의적인 '역사적·비평적 방법'에 맞서서 '믿음비평' 접근방식을 내세울 수 있다.[10]

---

8) 보다 오래된 학문분야는 관심으로부터 분명히 사라지지 않는다는 것을 강조하는 것은 중요하다. 즉 그것은 여전히 중요하지만, 반면 다른 학문분야가 관심의 중심에 서기도 쉽다.
9) Abraham 1982를 보라.
10) Wright(1980: 97)는 학문의 보다 넓은 영역을 설명하기 위해 이 용어를 사용한 J. K. Mozley를 언급하고 있다(나는 S. P. Dray의 미출판 학위논문을 참조하게 된 것을 감사하게 생각한다). 성경책을 사람의 집필로 대하는 자세는 성경의 신적기원과 영감을 믿는 학자들의 연구를 위한 하나의 적절한 주제라는 점을 인식하는 접근방식을 위해 나는 이 용어를 사용한다.

그렇지만 여기에도 여전히 문제가 되는 부분이 있다. 역사적 연구에 따른 문제점이란 연구자들이 믿기를 원하지 않는 결론이나 또는 자신들을 지지하는 사람들의 신앙에 거슬리는 결론으로 인도할 수 있다는 점이다. 따라서 어떤 학자들은 성경 안에 오류로 간주할 수 있는 것에 대한 일체의 가능성을 배제하는 입장에서 시작을 한다. 그러므로 오류를 찾으려는 어떠한 방법도 원칙적으로 부적절한 것으로 여겨져 배제되어 진다. 사람들이 오류로 이해하고 있는 것에 확실히 많은 것들이 달려 있다.

결과적으로 복음주의자들 사이에 양극화 현상이 벌어지고 있다. 한쪽 끝에는 비평적 방법을 거부하는 로버트 토마스(Robert Thomas)와 같은 학자들이 있다. 특히 토마스는 복음서의 편집비평을 반대하고 있는데, 그 비평이 복음서 안에 예수님이 말씀하신 문자 그대로의 글을 가지고 있지 않다는 결론을 내리기 때문이다. 또 다른 한쪽 끝에는 복음서 저자들이 다양한 방식으로 자신들에게 주어진 자료들을 편집했다는 것을 받아들이는 학자들이 있다.

그러나 그렇다할지라도 상황은 복잡하다. 그것은 모두 무엇이 '오류'로 여겨지느냐에 달려있다. 편집비평 찬동자들은, 만일 복음서가 예수님의 실제적인 말씀을(헬라어로 번역된 것을 인정하는바!) 제공하지 않을 경우, 이것은 오류를 구성하고 있는 것이 아니라, 화자의 말을 요약하거나 바꾸어 표현하는 하나의 용인된 방식이라고 주장하였을 것이다. 아울러 '무오주의자들'인 카슨(D. A. Carson)과 건드리(R. H. Gundry) 두 사람 간에도 차이점이 있다. 전자는 마태복음을 역사적인 것으로 이해하는 반면에, 후자는 그것을 주로 유대인의 성경주석 '미드라쉬'로 보고 있다.

그 결과, 복음주의 안에는 역사성(요나서는 역사적 이야기인가, 아니면 비유인가?), 자료(예루살렘의 이사야는 이사야서에 있는 모든 예언들의 자료인가, 아니면 여러 자료들이 그 안에 결합되어 있는 것인가?), 그리고 저작권(바울이 목회서

제3장 복음주의와 성경 해석   141

신서들을 집필했는가, 아니면 후기 일인 저자 또는 여러 저자들의 작품인가?)과 같은 문제들에 관해 아주 폭넓은 입장이 있다. 이론적으로 '무오주의자'는 각기 이 세 가지 경우에서 후자를 대안으로, 만약 그 대안이 집필상의 용인된 관례일 경우, 받아들였을 것이다. 그러나 실제적으로 어떤 이들은 그 셋 모두로 인해 상당한 어려움을 겪었을 것이다.

지금의 이러한 다양성은 새로운 일이 아니다. 1940년대 틴데일 협회가 태동되었다. 이것은 성경 비평주의의 도전에 정직하고 공평하게 맞설 수 있도록 복음주의적 학문을 발전시키려는 하나의 중대한 시도였다. 이 협회의 주도적인 창설회원들 중에 한명인 브루스(F. F. Bruce)는 자신의 1947년 글에서 소속 학자들의 연구를 속박하고 있는 로마가톨릭교회의 방식과 틴데일 협회의 방식을 다음과 같이 비교하였다.

> 예를 들어, 오경의 집대성, 이사야서의 구성, 다니엘서의 연대, 복음서의 자료, 또는 목회 서신서의 진실성 등과 같은 비판적인 쟁점사안들에 있어서, 우리 각자는 사용할 수 모든 증거물이 지적하는 결론을 따르고 선포하는데 있어서 자유롭다. 참된 어떠한 연구도 결코 속박되어서는 안 된다는 것을 우리는 당연하게 여기고 있다.[11]

브루스의 설명은 현실적인 것보다는 이상적인 것을 제시하였다고 말할 수 있다. 특히 복음주의 출판사들은 자신들의 이념이나 지지자들의 이념-자신들의 고객들을 잃을 수 있다는 바로 그런 현실적 두려움으로 인하여-에서 벗어난 입장을 가진 출판 작업을 기꺼워하지 않는다. 가정

---

11) Bruce 1947: 58f. Bruce는 George Beasley-Murray와 자신이 요한복음과 요한계시록의 공동 저작권에 대한 다양한 입장을 표현했던 기고문을 「복음주의 쿼털리」(*Evangelical Quarterly*)가 어떻게 다루었는지를 각주에 기록하였다.

과 목회에서 여성 지위에 대한 평등주의적 입장은 미국 성서공회로 하여금 본래의 의도를 철회하도록 만들었다. 이 평등주의적 입장을 지지하는 것을 두려워했던 사람들에 의해서 제안된『새국제성경』(New International Version) 개정안에 대한 반응을 비교해도 좋을 것이다.[12] 출판사에 영향력을 가진 사람들의 압력과 출판사 자체적인 검열 등 이러한 문제들이 결코 해소되지 않았다는 것이 명백하다.

복음주의 학자들은 최근 몇 년간 일고 있는 일반 해석학(상기의 제1단계)의 발전을 환영하며 기대하고 있다. 런딘(R. Lundin), 씨슬톤(A. C. Thiselton) 그리고 밴후저(K. Vanhoozer) 등은 이 분야의 토론에 널리 주목받을 만한 몇 가지 가장 중요한 의견을 제시하였다. 크레이그 바돌로뮤(Craig Bartholomew)가 주도하는 '성경과 해석학 세미나'에는 다양한 신학 기관에서 온 학자들이 참여하여 폭넓은 토론을 펼치고 있다. 당시의 논문과 논평들이 세 권의 책으로 집필되어 나왔다.[13]

연구방법에 관해서(상기의 제2단계), 복음주의 기관에서 나온 두 권의 학습교재를 비교하는 것은 흥미로운 일이다. 25년 전 내 자신이 직접 편집한 책은 그 중에서도 다음과 같은 주제를 다루었다. 의미론, 서론(저자, 독자, 연대 등), 종교적인 배경, 역사비평, 자료비평, 양식비평, 전통역사, 편집비평, 장르[14] 그리고 구약성경의 활용. 주석은 두 개의 어려운 구절들을

---

12) 솔로몬의 가치로 여겨지는 해결 방안은 지지자들의 일부를 만족시키기 위하여 개정되지 않은 NIV를 계속하여 출판하는 것과 남은 지지자들을 위하여 다른 이름으로 개정된 성경을 또한 계속 출판하는 것이다(『현대 새국제성경』[Today's New International Version]; 아마 이것은 구 성경을 고수하는 사람들이 과거의 성경을 받아들이고 있다는 것을 암시하기 위한 의미는 아닐까?).

13) Bartholomew, Greene & Möller 2000; Bartholomew, Greene & Möller 2001; Bartholomew, Chaplin, Song & Walters 2002. 그 세미나는 글로스터서대학교 해석학 대학원과 영국 및 해외 성서공회의 후원 속에 개최되고 있다.

14) 이 부분은 서신서 안에 있는 다양한 유형의 자료들을 탐구한 Martin의 글(상기의 각주 6을 보라)에서 다뤄지고 있다.

제3장 복음주의와 성경 해석   **143**

검토하고 그것들을 어떻게 이해하는가를 탐구하는 것으로써 논문을 통해 이것을 다루었고, 그리고 같은 구절들을 탐구하고 그 구절들로부터 오늘날의 의미를 어떻게 이끌어 내는가를 연구하는 주해에 관해서는 추가적인 논문을 통해 다루었다. 이러한 모든 접근방식은 본문 이해를 위한 적절하고, 필수적이고 그리고 가치 있는 것으로 알려졌다.

이것과 대조하여, 훨씬 더 최근의 책으로 조엘 그린(Joel Green)이 편집한 『신약성경 청취하기: 해석을 위한 전략』(Hearing the New Testament: Strategies for Interpretation)을 꼽을 수 있다. 이 책이 취급한 제목의 목록은 전승사비평*, 역사비평과 사회-과학적 관점, 유대적 외경 본문의 적절성, 그리스-로마 문헌과 문화의 적절성, 사본비평, 현대 언어학*, 담화분석, 장르분석*, 구약성경의 활용*, 서사비평, 수사비평, 신약성경 속의 독자, 남녀 평등주의적 해석학, 정경적 상황 속에서 신약성경 읽기 등이다.[15] 두 가지 면에서 인상적이다.

첫째, 1977년에 비로소 들려지기 시작된, 또는 언급할 가치 있는 것으로 생각되기에는 아직 충분하게 발전되지 않았던 신약성경 연구에 등장한 다수의 접근방식이다.[16] 신약성경을 보다 더 충분하게 설명하기 위하여 그 당대의 유대적 그리고 비유대적 문헌들을 연구하자는 필요성이 항상 인식되고 있던 차에, 컴퓨터화된 성경본문과 연구방법등과 같은 새로운 도구들 그리고 새로운 발견들(예, 사해사본 전집의 유용성)은 이 분야에 일대혁신을 일으켰다. 또한 담화분석, 수사비평 그리고 독자반응비평 등과 같은 새로운 유형의 본문 분석들이 표면화되기 시작했으며 본문에 대한 새로운 질문을 묻도록 만들었다.

---

15) 이 목록 안에 두 책 간에 중복되는 정도를 표시하기 위하여 두 책의 공동 주제에 대해서 별표 표시를 하였다.
16) 1977년 책에서 하나의 과실적인 누락은 본문비평이었다.

둘째, 복음주의 학자들이 그러한 접근방식들을 수용했을 뿐만 아니라, 많은 경우에 있어서 그들은 그 방식의 발전에 중대한 공헌을 이루었다. 헬라어 신약성경의 본문을 규명하는데 있어서 메츠거(B. M. Metzger)의 뛰어난 작품은 좀 더 전통적인 접근방식들 중에서 가장 대표적인 사례이다. 신약성경에 대한 사회-과학적 방법을 발전시키는데 있어서 저지(E. A. Judge)의 선구적인 작품은 널리 좋은 평을 받고 있다. 그린의 학술대회에 참여한 몇몇 기고자들은 새로운 접근방식에 대한 선두주자로서 주목받고 있는 중이다.

이와 같이 본문 주석의 단계에서 복음주의 학자들은 연구 방법의 발전과 적용에 중요한 역할을 하고 있다.

아주 최근 연구에 열중하고 있는 좀 더 보수주의적인 학자들과 좀 더 자유주의적인 학자들 간에 관계회복이 어느 정도 있었다. 이런 일이 있을 수 있던 것은 성경본문에 대한 연구가 역사적 사건에 대한 증거로서의 본문의 수준보다는 오히려 문학적 개체로서의 본문의 수준에서 행해지는 경향이 있었기 때문이다. 그리고 이런 유형의 연구가 지난날에 주요 논쟁점이었던 역사성과 자료 등과 같은 문제들을 불러일으키지 않았기 때문이다. 물론, 문학적 수준에서 순수하게 본문을 설명하려는 유혹이 있을지 모르는 가운데 역사적 연구를 제외하고서 문학적 연구만을 실행하는 데에는 위험이 있을 수 있다. 예를 들어, 누가가 초대교회의 여성을 묘사하는 있어서, 역사적 현상들에 제약을 받으면서 기술하고 있는 것이라기보다 오히려 누가 자신의 특별한 동기에 의해서 기술하고 있다고 말하거나 설명하기 쉽다는 것이다.

본문의 근간을 이루는 역사적 사건과 그 본문과의 관계를 강조해야하는 중요한 임무를 복음주의자들은 가지고 있다. 또한 역사적인 문제를 소홀히 여기고 논쟁적 사안에 덜 집중하는 위험이 있을 수 있다. 예를 들어,

오늘날 구약성경의 자료에 대한 문제에 거의 관심을 기울이지 않고 있으며, 그리고 완결된 전체의 책으로서 연구하는 것을 선호하고 있다(그러나 구약성경 책은 그 상태에 이르러 있다). 성경본문의 최종적 형태에 대한 이 같은 강조는 확실히 환영받을 만하다. 하지만 역사에 대한 문제는 영원히 회피되어질 수 없는 사안이다.

3. 본문의 적용

아마 고려되어야 할 가장 중요한 사안은 본문 적용에 관한 문제이다(상기의 제3단계). 현시대 속에서 어떻게 고대 본문을 읽고 적절하게 적용할 수 있을까?

대표적인 답변을 위해 패커(J. I. Packer)의 말에 주목해 보자. 1999년 첫 출간된 '성경을 이해하기: 복음주의 해석학'이라는 제하의 짧은 글에서,[17] 다음의 진술에 근거하여 복음주의 해석학의 독특한 특징을 강조했다. '복음주의자들은 성경 말씀을 듣고 최종적으로는 그 가르침이 자신들을 인도하도록 맡겨야 한다고 말하지만, 이것은 자신들의 이전 생각과 의도를 많이 재정리하는 일에 연루시킬 수 있으며, 그리고 이것은 자신들의 동료들 그리고 시대의 사고방식과 자신들을 서로 뚜렷이 반목케 할 수 있다'(150). 그 다음 그는 복음주의자들의 해석을 좌우하는 네 가지 원리를 설명했다.

① '성경구절은 인간 저자들이 의식적으로 표현하고 있는 것의 의미를 반드시 가지고 있다.' 인간 저자들이 말하는 것은 하나님이

---

17) Packer 1999: 147-160.

말하는 것이기 때문이다(153).
② '모든 성경 교훈의 일관성, 조화 그리고 진실성은 해석에 있어서 잠정적인 가설로 반드시 간주되어야한다'(155).
③ '해석은 다양한 성경구절들이 가르치고 있는 바를 종합하는 것이며, 따라서 각 구절은 계시 전체의 유기적 관계 속에서 각 구절의 적절한 위치와 의미를 발견하는 것이다.' 이런 제목 하에서, 패커가 논평하기를 점진적인 계시란 '보다 미숙한 개념을 내버림으로써 영적 분별력이 성장되는 진화론적 과정이 아니라', 오히려 '이전의 계시가 나중 계시를 위한 초석이 되는 것이다'(155f)라고 했다.
④ 본문이 요청하는 바에 대한 응답은 반드시 명백하게 드러나야 한다. 여기에 다음과 같은 중요한 방식이 있다.

따라서 모든 성경책 안에서 하나님의 의지, 사역 그리고 방법에 관한 보편적이고 변치 않는 진리들을 발견하는 것이 가능한 것처럼, 성경 각 권에서 거룩하시고 은혜로우신 하나님께 드리는 충성과 헌신에 대한 보편적이고 변치 않는 원칙들을 찾는 것이 동일하게 가능하다. 그리고 성경책 안에 있는 문화적 틀을 적용하는 특별한 상황으로부터 그 원칙들을 분리하는 것이 가능하며, 오늘날 우리가 살고 있는 장소, 환경 및 조건 속에서 그 원칙들을 우리 자신에게 재적용하는 것이 가능하다. 성경의 세상과 우리의 세상 간에 문화적 차이를 알고 있지만 그것을 초월하는 이런 종류의 합리적 적용은 복음주의 강단의 업무이며, 그리고 그것은 기록된 성경본문을 개인적으로 묵상하려는 복음주의 훈련의 인식된 목표이다…복음주의자들은 지난 반세기의 '비평적' 주석들 안에서 자신들의 해석 모델을 찾지 않았다. 그 주석들은 본문에 대한 역사적 설명을 제공하는 것을 중단했으며, 적용할 수 있는 어떠한 견지도 전혀 가지고 있지 않았다. 오히려 하나님의 말씀으로서 성경이 자신들의 독자들에게 무엇을 의미하는지, 뿐만 아니라 원 독자들을 위한 신앙적 교훈으로서 성경이 무엇을 의미하였었는지를 다루는…옛 집필자들의…전적인 믿음으로 주해하는 방법 안에서 복음주의자들은 해석 모델을 찾았으며, 그리고 그들의 뛰어난 재능은 자신들이 문법적-역사적 방법을 통해 주석했던 자료를 적절하게 적용시키는 일을 창안해 냈다.(157)

여러 자료들로부터 유사한 주장들이 있을지 모르겠으나,[18] 여기 패커가 말한 바는 대표적으로 합의하고 있는 견해이다. 그는 소위 교리적 진술과 하나님께 응답하는 원칙을 구분하고 있다. 전자는 그 진술 그대로 받아들이는 것이다. 그러나 후자가 제시하고 있는 유형은 특별한 상황('저 큰 성읍 니느웨로 가서 그것을 향하여 외치라', 욘 1:2)과[19] 문화적 틀('사람이든지 짐승이든지 다 굵은 베 옷을 입을 것이요 힘써 하나님께 부르짖을 것이며', 욘 3:8)에 의해서 형성되는 것으로 알려져 있다. 그러므로 하나님의 메시지에 응답하는 원칙을 따로 분리하여 놓은 다음에, 그 원칙을 우리의 상황과 문화적 배경 속에서 우리 자신에게 합리적으로 재적용해야 하는 것이다.

따라서 우리는 일반적 관례이며 상당히 폭넓게 지지를 받고 있는 하나의 해석학적 방법을 가지고 있다. 그러나 아주 동일한 유형의 정황 속에

---

18) 한 유명한 잡지 안에 다음과 같은 글이 실려 있다.
　　신약성경이 명령한 것을 가장 잘 적용하기 위해서는 본래의 상황을 이해하는 것이 필요하다. 만일 그 상황이 우리의 현재 상황과 동일하거나 비슷하다면, 우리는 그 명령을 우리의 삶 속에 직접 적용할 수 있다. 그렇지 않다면, 명령 뒤에 있는 원칙들을 발견할 필요가 있고 그 원칙들을 우리가 직면하고 있는 비슷한 상황에 적용해야 한다. 신약성경이 명령하는 몇 가지를 가지고 특별한 상황에 대한 일반적인 원칙들을 찾을 필요는 없다. 오히려 일반적인 원칙들을 위해 특별한 상황을 찾아야 한다(예를 들어, 사랑의 명령을 적용하는 것). 실제로 그 목록은 끝이 없다. 그러나 우리가 할 수 있는 일에 대해 생각하기 전까지 우리는 성경의 명령들을 적용하지 않는다. 하나님께 지혜와 인도를 구하라, 그 다음에 그의 인도에 따라 행동하라(Kuhatscheck 2001).
19) NIVI 영어성경(한글성경은 개역 개정판을 따랐음-역주).

살고 있는 해석자들 사이에서 조차 동일한 결과를 항상 이끌어 내지는 못하고 있다. 50년 전, 복음주의자들 사이에 목회자 안수와 교회 지도력을 남자에게 제한하는 것으로 실제 동의했었으나, 오늘날 그와 같은 동의는 더 이상 존재하지 않는다. '개혁주의'라고 고백하는 그리스도인들에 의해서 성경적인 가르침으로 특별하게 이해했던 인종차별적 관습은 성경적 교훈과 양립할 수 없는 것으로 알려져 있다. 교리적인 사안에 있어서, 공의와 심판의 본질 그리고 그 결과에 따르는 속죄에 대한 이해에 관하여 중대한 문제점들이 있다.[20]

복음주의자들이 성령의 어떤 은사들(특히 방언, 예언과 치유)에 대해 폐지론적 견해를 실제로 수용하는 경향이 있었던 반면에, 성령론의 재평가를 따르는 은사주의적 회중 안에는 그런 은사들이 계속 재흥되어 왔다. 불신자에 대한 최종 심판의 본질에 대해서도 논쟁이 끝이질 않는다. 이 논쟁은 복음을 듣지 못했을 지라도 사람들은 결국 구원받을 것인지 아닌지, 또한 최후 심판은 의식하는 영원한 고통을 수반하는 것인지 아닌지에 관한 문제이다.[21] 이 논쟁은 최후 심판에 대한 설교가 과거의 경우에 비해 훨씬 적은 비중을 차지하고 있다는 사실과 병행한다. 또한 '나중 계시를 위한 초석'이라기보다는 오히려 내 버려야 할 '보다 미숙한 개념'으로 간주하는 가르침이 있는 경우, 특히 구약성경 안에서, 문제점들이 발생한다. 이를테면 특정 상황에서 대량학살에 대한 신적 승인은(명시적인 또는 묵인적인) 분명하고도 우려스러운 사례이다.

성경 안에(또는 일반적으로 고대세계 안에) 딱히 어떠한 유사성도 없는 현

---

20) 이 질문은 인간 형벌의 본질에 관한 것으로써, 그 형벌이 인과응보적일 뿐만 아니라 억제적이고 교정적인가에 관한 문제이다. 형벌은 죄에 대한 신적 심판과 어떻게 관련되어 있고, 그리고 심판은 인과응보로서 주로 어떻게 이해될 수 있는가? Marshall 2001을 보라.

21) 어떤 성경구절은 계속 진행하는 고통을 암시하고(막 9:48; 계 20:10, 15), 반면 다른 구절은 완전한 파멸을 암시한다(살후 1:9; 약 4:12). Hilborn 2000에 나오는 각기 다른 입장에 대한 설명을 참조하라.

대적 쟁점들을 그리스도인이 다루어야 할 때 추가적인 일련의 문제들이 발생한다. 예를 들어, 수정이나 피임, 유전자 변형 그리고 임신중절 수술 등과 같이 현대 과학적·의학적 기술에 의해서 전형적으로 발생되는 문제들이다. 이러한 문제들에 있어서 성경을 어떻게 적용할 수 있겠는가?[22]

인간 생활의 매우 일반적인 이슈들과 더불어 또 다른 문제가 발생할 수 있는데, 그리스도인들이 노예제도라든지 대표성이 없는 정부에 반대운동을 펼치는 경우와 같은 것들이다. 비록 그와 같은 이슈들이 성경에서 문제가 되지 않는다든지, 그리고 그와 같은 사회적·정치적 틀 속에서 순종적으로 살아가도록 사람들을 분명하게 독려하고 있고, 사회와 국가의 구조 안에서 근본적인 변혁을 위한 반대운동을 결코 권장하고 있지 않을지라도 말이다('사람보다 하나님께'(행 5:29) 순종하는 원리는 오직 인간의 권력이 기독교 증거를 금지하는 경우에 적용된다). 그리스도인들은 시민권리 운동과 평화로운 시위 등을 어떻게 옹호해야 하는가?

따라서 해석 '방법'을 채택하는데 있어서 만장일치를 필히 이끌어 내지 못할 경우, 광범위한 문제가 뒤 따른다. 성경 교훈의 종합이나 조화를 도출해 내고, 그 성경 교훈의 합리적 적용을 만들어내는 본문 개개의 주석 단계에서 문제가 발생한다. 그러므로 복음주의자들이(다른 그리스도인들과 같이) 성경 안에서 믿고 행동하도록 하나님이 말씀하시고 계신 바를 어떻게 말할 수 있는지를 알아내기 위하여 직접 또는 더 좋게 성경의 메시지를 적용할 수 있는 방법을 새롭게 검토하고 있는 중이라는 점은 놀라운 일이 아닐 수 없다. 더욱이 이러한 문제점은 원칙의 적용과 관련 있는 것뿐만 아니라, 어떤 경우에는 원칙 스스로의 상태와 관련이 있다.

우리가 지금 계속 말하고 있는 바처럼, 현대주의적 또는 '후현대주의적' 사람들이 용인하지 않는 기독교 신앙과 윤리의 제 양상들이 있는데, 그것

---

22) 예를 들어, Jones 2001; Bruce 2001을 보라.

들을 벗겨내고 있는 고전적 '자유주의'의 길을 복음주의자들이 따라 갈 수 없다는 것은 일반적으로 분명하다. 기독교 신앙을 그와 같이 도려내 버린다는 것은 성경을 현대 의견의 임의적 변화와 변동에 종속시키는 것이며, 그것은 어떠한 확고한 원칙들에 의존하지 않고 있다는 것으로 인식되고 있다.

기초가 더 좋은 접근방식은 어느 정도까지는 현대의 세속적 사고가 기독교 메시지에 의해 궁극적으로 감동을 받거나 또는 그 메시지와 조화를 이루는 원칙들을 통해 형성되어진다는 인식을 포함하고 있다.[23] 그와 같은 경우에서, 만약 복음으로 육성된 사고가 성경 교훈과 충돌을 빚는 것 같은 결론에 이를 경우, 이것은 우리가 성경 교훈을 정확하게 알고 있었는지를 재고할 수 있는 하나의 사례가 될 것이다. 특별히 '재고'가 '거부' 또는 '개정'과 같은 것이 아니라는 점을 주의해야 한다. 이것은 어떤 것이 어딘가에서 틀릴 수도 있다는 것을 상징하는 황색 경고 불빛 그 이상은 결코 아니다.

현대인의 사고에 문제가 달려 있을 수 있다는 것이 동시에 가능하다. 다시 말하면 성경 속의 무언가를 포기하도록 만드는 현대문화와 세계관 대신에, 그런 의견 충돌의 현존은 해결을 필요로 하는 문제가 있다는 지표 역할을 한다. 따라서 기적의 가능성을 부정하는 소위 현대 과학적 세계관이 결정권을 갖도록 허용할 수 없으며, 그리고 성경에 근거한 기독교 세계관은 현대의 세계관이 결함이 있으며 수정될 필요가 있는 세계관이라는 점을 올바르게 깨달아야 할 것이다.

그러므로 우리는 그와 같은 사안들을 다루는 어떤 원칙적인 방법을 찾

---

23) 예를 들어, 단순한 '사물' 또는 처분 가능한 물건이 아닌 본래적 가치와 존엄성을 지닌 사람으로서 인간에 대한 인식은 하나님의 형상으로 창조된 성경적 교리에 궁극적으로 달려 있으며 또는 적어도 그것과 조화를 이룬다.

아야 하는데, 여기서 그 논쟁에 잠시 집중해보자.

패커에 의해 잘 기술된 입장과 비교하며, 해이스(R. B. Hays)에 의해 발전되어온 대안적 접근방식에 대하여 살펴보자. 해이스가 복음주의에 매우 근접하게 서 있다는 것은 무(D. J. Moo 1999: 272)가, 물론 비평적이지만, 해이스가 자신의 책에서 말했던 대부분에 동의한다고 말했던 사실로 입증되고 있다.[24] 광의적으로 말하면, 패커가 언급한 네 가지 원칙과 오히려 같아 보이는 네 가지 임무를 반드시 이행해야 한다고 해이스는 주장한다.

첫째, 신중하게 본문을 읽어라(기술적인).

둘째, 성경 문맥 속에서 본문을 살펴라(종합적인).

셋째, 본문을 우리의 정황과 연결하라(해석학적인).

넷째, 본문을 따라 살아라(실용적인).

그 다음 그는 성경의 모든 증거가 한 목소리로 말하지 않는다는 문제에 마주친다.[25] 그가 명명한 신약성경의 '핵심적 이미지들'을 찾아냄으로써 그 문제를 해결하고자 애썼으며, 그 이미지들을 다음의 것 안에서 구하였다. 제자들의 기독교 공동체, 하나님께 대한 충성의 모범으로서 예수님의 죽음, 그리고 아직 구속받지 못한 세상에서 부활의 공동체로서의 교회. 따라서 해이스의 방식은 이 세 가지 이미지들에 비추어 성경본문을 탐독하는 것이다. 또한 그는 신약성경 본문은 다양한 모형, 즉 규범, 원칙, 양식 그리고 상징적 세계 등으로 표현되어 질수 있으며, 이들은 다른 유형의 권위를 갖고 있다고 주장한다. 이런 관계 속에서 그는 신약성경의 모범적인 권위를 하나님의 구속적 행위의 이야기로 강조한다. 이러한 원칙

---

24) Hays 1996. 2000년에 성경연구협회(Institute for Biblical Research)가 개최한 학회에서 Hays의 책은 한 회기의 주제로 충분히 중요하게 다뤄졌다. 이 학회에서 Hays는 D. J. Moo와 J. Gundry-Volf의 비평적 논평에 호의적으로 응수했다.

25) 복음주의자들에게 문제가 되는 것은 Hays가 어떤 해소할 수 없는 모순들을 성경 안에서 발견한 다음에, 몇 가지 성경적 가르침을 포기한다는 점이다. 다양성이 언제 모순이 되는가?

에 따라, 본문을 성경 문맥 속에 위치해 놓을 수 있으며, 그리고 어떻게 그 본문이 예상경로를 만들어 내는지를 볼 수 있다고 그는 말한다. 예를 들어, 신약성경 안에 있을 수 있는 예외를 '이혼 불가' 규범으로 확대하는 것, 즉 '그렇게 함으로써 신약성경 자체 안에서 우리가 이해하는 해석학적 경로를 확대하는 것'(Hays 1997: 370)이 타당할지 모른다는 것이다.

두 가지로 다음과 같이 아주 간략히(그리고 불충분한 하지만) 요약해보자.

첫째, 해이스는 '성경 문맥 속에서 성경을 이해하는 것'이라는 기본뼈대 위에 약간의 살을 덧붙이는 시도를 하고 있다. 본문은 본문 스스로 의해서가 아니라, 성경 전체의 적절한 문맥에 비추어 반드시 탐독되어져야 한다고 그는 주장하고 있다. 바로 이러한 점은 그에게 있어서 성경이 기독교 공동체의 본질, 십자가의 모범, 그리고 새 창조의 본질 등의 렌즈를 통해 비쳐진다는 것을 뜻한다. 이와 같은 방식은 어떤 본문의 가르침을 상대화할 수 있다.

둘째, 해이스는 이 같은 방식으로 성경을 읽을 때, 오늘날 성경의 권위 있는 명령은 본문 개개의 표면적 교훈과 동일하지 않을 수 있으며, 오히려 그 본문을 지나쳐 넘어 갈 수 있다는 것을 인정하고 있다. 따라서 그는 '이혼 불가'에 대한 성경적 예외는 다른 배우자와 나중에 재혼하려는 가능성을 지닌 가정폭력의 경우에 이혼을 포함하도록 확대되어야한다 것을 허용하고 있다.[26]

이러한 처리방식이 중요하다는 것은 성경에 있는 윤리적 교훈의 문제를 가지고 씨름하고, 본문을 적용하기 위하여 성경적 원칙으로 간주할 만 것을 찾으려고 애쓰는 가운데 진지하게 성경의 권위를 받아드리는 한 그리스도인의 실례를 통하여 알 수 있다. 특별한 상황과 문화적 체계 속에

---

[26] 참조, Instone-Brewer 2003. 더욱 문제가 되는 것은 예상경로를 확대하는 것이 성경 교훈의 피상적 수준과 반대하는 방식에 따라 행동하도록 인도하고 있다고 생각되어지는 경우이다.

성경본문이 주어졌을 때, 우리가 받아드릴지 않을지에 대하여 세속적인 세상의 말에 귀 기울이기보다 오히려 그 본문을 해석하기 위한 성경적 기준을 찾는 것이 우리에게 더 필요하다. 해이스의 모델이 복잡한 면이 있지만, 복음주의자들을 강력하게 매혹하는 것들 중의 하나가 지나치게 단순화시키는 것이라는 점을 당연히 생각해야 한다. 설교자는 가능한 직접적이고 단순한 방법으로 '성경이 말씀하기를'이라고 말하기를 원하지만, 진리란 때때로 하나의 짧막한 진술보다 오히려 더 복잡한 경우가 있다.

이러한 양식을 따름으로써, 우리는 성경속의 자료가 상황적인지 또는 문화적인지를, 그리고 성경 속에 표현되어 있는 기독교 신앙과 행동의 기본 양식이 무엇인지를 깨달을 수 있는 하나의 더 나은 기준을 갖게 된다.

더욱 논쟁적이 될 만한 것은 교리적 교훈 안에서 우리가 얼마나 멀리 예상경로에 따라 작업 할 수 있는가에 대한 문제이다. 이것에 대한 예시는 논란이 되지 않을 수 없다. 한 가지 예로 충분하리라고 본다. 성경에는 이를 갈며 슬피 우는 것이 수반된 영구적인 고통의 가능성을 암시하는 영원한 불 중의 하나로 불신자들의 최후 상태에 대한 다양한 묘사가 있다.[27] 공의롭고 은혜로우신 하나님에 대한 성경적 모습에 비추어 그리고 고통 행위가 기독교적 행동과 전혀 서로 양립할 수 없다는 인식의 입장에서 많은 그리스도인들은 그러한 설명으로 인해 상당한 어려움을 겪고 있다. 저렇게 하는 것은 하나님의 백성들에게 비윤리적이라 할 경우, 이렇게 하는 것은 하나님에게 윤리적인지를 그리스도인들은 물을 것이다.

이러한 곤경에 직면하게 될 때, 우리는 다양하게 응답할 수 있다.

---

27) 어떤 사람이 한때 지옥의 불을 설교하는 설교자에게 다음과 같은 질문을 던졌다. '모든 치아가 이미 다 빠져버린 사람은 어떻게 되나요?'라고 하자, 설교자는 '치아가 다시 나오게 될 거예요'라고 질문자에게 답변했다.

① 우리는 성경 교훈을 액면 그대로 믿으며, 아무리 현대인들이 그 교훈을 불쾌하게 생각할지라도, 참으로 하나님은 불신자들을 영원히 심판하실 것이라고 확신한다.
② 우리는 성경 본문을 재검토할 수 있어야 하며, 우리의 주석이 잘못되었다고 그리고 가르쳐야 할 것 같은 것을 그 본문이 가르치지 않고 있다고 판단을 내릴 수 있어야 한다. 영원한 파멸을(예를 들어, 한때 파괴되었던 것은 여전히 파괴된 채로 남게 되는데, 이것은 영구히 파괴된 상태라는 것은 아니다) 말하는 것 같이 보이는 어떤 본문이 분명히 있다(내 견해로는). 아마 다른 본문들도 틀림없이 마찬가지일 것이다.
③ 우리는 성경 저자들이 본인들에게 유용한 상상력을 이용하여 심판의 사실을 표현했다고 주장할 수 있다. 그러나 그 상상력이 하나님에 대한 잘못된 모습을 주었을는지 모른다. 그럼에도 불구하고 복음의 조명에 따라 그 상상력이 진리에 대한 부분적인 통찰을 준다는 점을 반드시 깨달아야 한다. 성경 저자들은 죄에 대한 하나님의 심판이 온전하며 엄격하다는 사실을, 그러나 하나님은 고문자가 아니라는 사실을 알려준다. 천상 도시로부터 제외되었다는 기억과 자신들이 제외되었음을 알고 있는 자들이 느끼는 회한은 중요한 것이다.

다시금 이러한 방식 안에서 성경해석은 성경 안에 전혀 예상되지 않았던 문제점들을 다룰 수 있는 정황을 열어 놓는다. 그 문제점들은 유추적인 상황 또는 참고자료 대한 연구를 통해서(보람도 없이?) 해결되지 않을 것이다. 현시대의 문제들에 애써야하는 틀을 제공할 수 있는 하나님의 창조와 재창조(잠재적으로)인 인간에 대한 완전한 이해를 발전시킴으로써 해결 될 것이다.

복음주의자들이 이와 같은 종류의 접근방식으로 어려움을 겪을지도 모르게 되는 상황은 성경을 지나쳐 넘어갈 수 있다거나 또는 몇몇 성경 본문을 문자적으로 더 이상 적용하지 않을 경우라고 할 수 있다. 어쩌면 우리 모두는 이러한 가능성들을 은연중에 용인하고 한다. 예를 들어, 우리의 믿음을 버리도록 만드는 사람들을 집단적으로 학살하지 않는다.

불신 배우자와 이혼하라는 느헤미야보다 오히려 솔선하여 이혼하지 말라는 바울을 일반적으로 따르고 있다. 비록 사도행전 15:20, 29에 나오는 사도적 명령이 폐지되어졌는지 확실하지 않지만, 오직 유대 전통식 고기만 먹어야 한다고 주장하지 않는다. 비록 바울이 교회 안에 '감독'이라 칭하는 지도자를 임명했으나(빌 1:1; 딤전 3:1-7; 딛 1:5-9), 우리 중 많은 사람들이 그렇게 하지 않지 않으며, 과부들을 위한 특별한 교회적 보살핌이 없으며(딤전 5:3-16), 또한 말씀과 가르침에 수고하는 장로들에게 두 배의 존경을 보내지도 않는다(딤전 5:17). 이러한 몇몇 사례들은 상황적이거나 문화적일 수 있으나, 모든 사례들이 다 그런 것은 아니다.

그럼에도 불구하고 무엇을 하고 있는가를 솔직하게 깨닫기보다 오히려 그것에 관하여 침묵하는 경향을 가지고 있다. 어떠한 성경의 사례가 '성경을 지나치게 벗어난' 경우가 될 수 있는지에 대한 여부를 심사숙고 할 필요가 있다.[28]

오늘날 성경연구에 있어서 가장 환영받고 있는 특징들 중에 하나는 성경주석가들의 임무가 현시대의 독자들에게 성경 본문을 적용하는 문제를 직시되고 나서야 완료된다는 것으로, 그러한 인식이 사방으로 확산되고 있다. 1950년대에 틴데일 주석서 첫 권이 나왔는데, 그 당시의 편집장은 다음과 같은 글을 썼다. '비록 신학생들과 설교자들 모두가 이 주석서

---

28) 윤리학 발전 영역에서 성경 교훈을 지나쳐 넘어가는 것이 아니라, 성경과의 일치를 유지하도록 하는데 있어서 중대하게 기여한 작품으로는 Longenecker 1984, Swartley 1983 그리고 Webb 2001 등이 있다.

를 유익하고 시사적으로 사용할 수 있기를 희망하고 있지만, 이 주석서는 근본적으로 주석적이며 그 다음 설교적이 될 것이다.' 그 때에 믿을만한 주석의 필요성이 당연하게 인식되었던 것이다. 그 이후 그 동일 출판사는 [29] 두 개의 주석 시리즈 발행을 촉진시켰다.

영국에서는 『더 바이블 스픽스 투데이』(The Bible Speaks Today)가, 북미에서는 『IVP 신약성경 주석시리즈』(The IVP New Testament Commentary Series)가 각기 나왔다. 이 두 개의 시리즈 안에 주석과 현시대적 적용을 연계하려는 단호한 시도가 있었다. 어쩌면 이런 점에서 복음주의적 출판사가 시대에 뒤떨어졌을는지 모른다. 왜냐하면 1950년대에 이미 아빙돈 (Abingdon)출판사가 『해석자 성경』(The Interpreter's Bible)을 발행하고 있던 중이었기 때문이다. 이 주석서에 참여한 많은 학자들은 각 성경책에 대한 주석과 주해를 발행하기 위해 각기 쌍을 이루어 함께 일하였다.[30]

그러나 우리도 또한 지금은 주목할 만한 성장 기업을 가지고 있다. 학계에 세계적으로 뛰어난 시리즈 『해석: 가르침과 설교를 위한 성경주석』 (Interpretation: A Bible Commentary for Teaching and Preaching)(Westminster/ John Knox Press)이 있다. 그와 함께 『NIV 적용 주석시리즈』(The NIV Application Commentary Series)(Zondervan)를 꼽아야 한다. 이 주석시리즈 안에는 성경 본문의 각 인용구가 다음의 세 가지 중심단어로 논의되었다. 원의미, 전후 문맥, 그리고 현시대적 중요성. 곧 나올 시리즈(『두개의 지평선』[the Two Horizons])는 성경본문과 조직신학의 관계를 반영할 것이다.

---

29) 틴데일 주석서는 '틴데일 출판' 인쇄 하에 영국 기독학생회 출판부에 의해서 발행되었다. 동일 출판부는 BST 시리즈를 발행했으며, 반면 IVPNTCS는 독립적인 파트너 북미 기독교학생회에 의해서 발행되었다.
30) 결과는 전적으로 만족스럽지 못했는데, 그 이유는 주석과 주해가 항상 서로 일치를 이루지 않았으며, 그리고 사용할 수 있는 공간의 양이 아마 매우 제한되었기 때문이다.

4. 결론

특별히 이 글의 후반부에서 나는 복음주의자들의 분열을 야기한 쟁점들을 신중하게 제기하였다. 그러한 분열은 학자뿐만 아니라 목사나 평신도에게도 미치고 있다. 이런 공감대 부족은 아마도 성경해석에 관한 것이다.

이런 방식으로 그 사안을 고려해보자. 세 가지 영역에 대하여 사실상 이미 언급한 바 있다.

① 해석학의 일반적 영역: 해석이란 무엇인가에 대한 질의는 어떻게 반드시 실천해야 하는가와 어떻게 반드시 실천하지 말아야 하는 것에 관한 문제이다. 이것은 성경 해석보다 더 광범위한 질문이다. 복음주의자들은 성경 해석에 대한 현시대의 논쟁을 이미 겪고 있으며, 그리고 그들의 과제는 해석에 있어서 중요한 역할을 하는 것이다. 성경을 경전으로 용인하는 것이 해석의 본질에 영향을 미치는 가 아닌 가라는 점은 하나의 중요한 문제이다.

② 본문의 시대 안에서 성경본문을 이해한다는 의미에서 성경연구 영역: 여기에는 두 가지의 사안이 발생한다. 첫째, 많은 복음주의자들이 학문적 노력을 비교적(결코 전적으로 그런 것은 아니다) 소홀히 여긴지 긴 기간이 지난 후에야, 본문을 분명하게 밝힐 수 있는 가능한 모든 수단을 이용하는 믿음비평의 필요성을 깨닫기 시작했다는 것이다. 둘째, 본문을 보다 정확하게 이해하는데 있어서 적절하고 필수적인 것으로 인식되고 있는 다양하고 새로운 접근방식들과 도구들을 발견하였다는 것이다. 하나의 계속적인 임무는 우리가 부지중에 불신적 비평에 빠지지 않기 위하여 그와 같은 접근방식들을 반드시 평가하는 일이다.[31]

---

31) 성경을 경전으로 수용하는 것과 결코 병존할 수 없는 그리고 실제로 성경 파괴 쪽으로 기울어져 있는 것 같이 보이는 '해체주의'에 대한 몇 가지 분명한 실례들이 있다.

③ 성경본문을 현시대적 메시지로 옮기는 원칙과 그 원칙에 따라 성경 메시지를 이행하는 현실적인 임무와 같은 문구가 종종 사용되어지는 보다 협의적인 의미에서 해석학적 문제와 맞서는 것이 필요하다는 인식이 증가하고 있다. 이 해석학 분야에서 반가운 발전 결과로서, 오늘날의 교회가 20세기 전반부 시기보다 하나님의 말씀을 이해하고 적용할 수 있는 방법들을 더 많이 잘 갖추고 있는 것은 틀림없는 사실이다. 그렇지만 채워져야 할 공간이 여전히 많이 남아 있다. 그리고 특히 전적으로 성경적인 방법 안에서, 아울러 '주님은 자신의 거룩한 말씀으로부터 분출되는 빛과 진리를 더욱 더 가지고 있다'는[32] 것을 깨닫는 방법 안에서 기독교 교리와 조직신학이 발전 될 수 있는 방법에 대한 문제를 고려하는 것이 긴급하게 필요하다.

---

32) 이 인용문의 출처는 청교도 목사 John Robinson(d. 1625)이다.

Bibliography

Abraham, W. J. (1982), *Divine Revelation and the Limits of Historical Criticism*, Oxford: Oxford University Press.

Bartholomew, C. G., J. Chaplin, R. Song and A. Wolters (eds.) (2002), *A Royal Priesthood? The Use of the Bible Ethically and Politically: A Dialogue with Oliver O'Donovan*, Grand Rapids: Zondervan; Carlisle: Paternoster Press.

Bartholomew, C. G., C. Greene and K. Möller (eds.) (2000), *Renewing Biblical Interpretation*, Grand Rapids: Zondervan; Carlisle: Paternoster Press.

Bartholomew, C. G., C. Greene and K. Möller (eds.) (2001), *After Pentecost: Language and Biblical Interpretation*, Grand Rapids: Zondervan; Carlisle: Paternoster Press.

Barton, J. (ed.) (1988), *The Cambridge Companion to Biblical Interpretation*, Cambridge: Cambridge University Press.

Bleicher, J. (1980), *Contemporary Hermeneutics: Hermeneutics as Method, Philosophy and Critique*, London: Kegan Paul.

Bruce D. and D. Horrocks (eds.) (2001), *Modifying Creation? GM Crops and Foods: A Christian Perspective*, Carlisle: Paternoster Press.

Bruce, F. F. (1947), 'The Tyndale Fellowship for Biblical Research', *Evangelical Quarterly* 19: 52–61.

Coggins, R. J. and J. L. Houlden (eds.) (1990), *A Dictionary of Biblical Interpretation*, Philadelphia: Trinity Press International; London: SCM Press.

Gundry-Volf, J. (1999), 'Putting the *Moral Vision of the New Testament* into Focus: A Review', *Bulletin for Biblical Research* 9: 277–287.

Hayes, J. H. (ed.) (1999), *Dictionary of Biblical Interpretation*, 2 vols, Nashville: Abingdon.

Hays, R. B. (1996), *The Moral Vision of the New Testament: Community, Cross, New Creation*, New York: HarperCollins, 1996; Edinburgh: T. & T. Clark, 1997.

—— (1999), 'The Gospel, Narrative and Culture: A Response to Douglas J. Moo and Judith Gundry-Volf', *Bulletin for Biblical Research* 9: 289–296.

Hilborn, D. (et al.) (2000), *The Nature of Hell: A Report by the Evangelical Alliance Commission on Unity and Truth among Evangelicals*, Carlisle: Paternoster Press.

Instone-Brewer, D. (2003), *Divorce and Remarriage in the Church: Biblical Solutions for Pastoral Realities*, Carlisle: Paternoster Press.

Jones, G. (2001), *Clones: The Clowns of Technology?*, Carlisle: Paternoster Press.

Kuhatscheck, J. (2001), 'Applying Scripture', *Decision* 42.9: 47.
Ladd, G. E. (1967), *The New Testament and Criticism*, London: Hodder & Stoughton.
Longenecker, R. N. (1984), *New Testament Social Ethics for Today*, Grand Rapids: Eerdmans.
Lundin, R., A. C. Thiselton and C. Walhout (1985), *The Responsibility of Hermeneutics*, Grand Rapids: Eerdmans; Exeter: Paternoster Press.
Marshall, C. D. (2001), *Beyond Retribution: A New Testament Vision for Justice, Crime and Punishment*, Grand Rapids: Eerdmans.
Marshall, I. H. (ed.) (1977), *New Testament Interpretation: Essays on Principles and Methods*, repr. Exeter: Paternoster Press.
Moo, D. J. (1999), 'A Review of Richard B. Hays, *The Moral Vision of the New Testament*', *Bulletin for Biblical Research* 9: 271–276.
Packer, J. I. (1999), *Honouring the Written Word of God: The Collected Shorter Writings of J. I. Packer Volume 3*, Carlisle: Paternoster Press.
Swartley, W. M. (1983), *Slavery, Sabbath, War and Women: Case Issues in Biblical Interpretation*, Waterloo: Herald.
Wright, D. F. (1980), 'Soundings in the Doctrine of Scripture in British Evangelicalism in the First Half of the Twentieth Century', *Tyndale Bulletin* 31: 87–106.

Recommended reading

Bauckham, R., *Scripture and Authority Today*, Cambridge: Grove Books, 1999.
Bray, G., *Biblical Interpretation Past and Present*, Leicester: Apollos, 1996.
Carson, D. A. (ed.), *Biblical Interpretation and the Church: Text and Context*, Grand Rapids: Baker; Exeter: Paternoster Press, 1984.
Dray, S. P., 'From Consensus to Chaos: An Historical Analysis of Evangelical Interpretation of 1 Timothy 2:8–15 from 1945 to 2001', unpublished thesis, University of Wales, 2002.
Fee, G. D., *New Testament Exegesis: A Handbook for Students and Pastors*, Louisville: Westminster/John Knox Press (originally published 1983), 1993.
Fee, G. D. and D. Stuart, *How to Read the Bible for all its Worth*, Grand Rapids: Zondervan; London: Scripture Union, 1982.
Green, J. (ed.), *Hearing the New Testament: Strategies for Interpretation*, Grand Rapids: Eerdmans; Carlisle: Paternoster Press, 1995.

Green, J. B. and M. Turner (eds.), *Between Two Horizons: Spanning New Testament Studies and Systematic Theology*, Grand Rapids: Eerdmans, 2000.

Hayes, J. H. and C. R. Holladay, *Biblical Exegesis: A Beginner's Handbook*, Atlanta: John Knox; London: SCM Press, 1982.

Kaiser, W. C. and M. Silva, *An Introduction to Biblical Hermeneutics: The Search for Meaning*, Grand Rapids: Zondervan, 1994.

Klein, W., C. Blomberg and R. L. Hubbard, Jr, *Introduction to Biblical Interpretation*, Dallas: Word, 1993.

Lundin, R. (ed.), *Disciplining Hermeneutics: Interpretation in Christian Perspective*, Grand Rapids: Eerdmans; Leicester: Apollos, 1997.

Maier, G., *Biblische Hermeneutik*, Wuppertal: Brockhaus, 1990.

McKim, D. K. (ed.), *Historical Handbook of Major Biblical Interpreters*, Downers Grove and Leicester: IVP, 1998.

Morgan, R. with J. Barton, *Biblical Interpretation*, Oxford: Oxford University Press, 1988.

Osborne, G. R., *The Hermeneutical Spiral: A Comprehensive Introduction to Biblical Interpretation*, Downers Grove: IVP, 1991.

Satterthwaite, P. E. and D. F. Wright (eds.), *A Pathway into the Holy Scripture*, Grand Rapids: Eerdmans, 1994.

Silva, M. (ed.), *Foundations of Contemporary Interpretation*, Grand Rapids: Zondervan; Leicester: Apollos, 1997.

Thiselton, A. C., *The Two Horizons: New Testament Hermeneutics and Philosophical Description with Special Reference to Heidegger, Bultmann, Gadamer and Wittgenstein*, Exeter: Paternoster Press, 1980.

—— (1992), *New Horizons in Hermeneutics*, Grand Rapids: Zondervan.

Thomas, R., 'The Hermeneutics of Evangelical Redaction Criticism', *Journal of the Evangelical Theological Society* 29 (1986), 447–459.

Vanhoozer, K. J., *Is There a Meaning in This Text?*, Grand Rapids: Zondervan, 1998.

Webb, William J., *Slaves, Women and Homosexuals: Exploring the Hermeneutics of Cultural Analysis*, Downers Grove: IVP, 2001.

© I. Howard Marshall, 2003

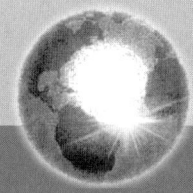

The Futures of Evangelicalism

제4장

복음주의와 성경신학

그레엄 골즈워디

내가 우연히 알게 된 성경신학에 대한 가장 간명한 표현은 '말 그대로 성경이 무엇인지를 알아보려는 성경 연구'라는 것이다.[1] 도날드 로빈슨(Donald Robinson)의 이 말은 성경에 대한 복음주의적 접근방식의 특징이 간결하고 상식적인 접근방식이라는 점을 가리키고 있다. 성경은 기록된 하나님의 말씀, 즉 보통 사람들도 이해할 수 있도록 기록된 말씀이다. 이러한 본질적 확신 때문에 성경신학은 자연스럽게 복음주의적 사고방식에 호소를 한다. 그러나 잠시 생각해보면, 모든 기독교인들이 그러한 확신을 공유하고 있지 않다는 것을 알 수 있다. 동시에 그 확신을 기꺼이 변호하고자 하는 필요성이 항상 존재하고 있다는 것도 알 수 있다.

성경을 좀 더 철학적으로 보려는 시각으로부터 논쟁이 종종 발생하기 때문에, 우리 복음주의자들은 자신들의 확신을 위해서 좀 더 지적인, 심

---
1) Robinson 1997: 7.

지어 철학적 기반을 이해해야하는 책임이 있다. 그러한 목적을 이루기 위해 복음주의 성경신학의 실현 가능성을 연구할 때에 나는 독자에게 탐닉을 요청하고자 한다. 이러한 탐닉은 성경신학에 대한 우리의 열정을 약화시키기보다 오히려 틀림없이 촉진시켜줄 것이다. 왜냐하면 우리가 그와 같은 연구를 추진해 나가기 위한 보다 더 견고한 기반으로써 그 열정을 이해하고 있기 때문이다. 신학대학교들과 지역교회 목회에서 30년 이상 성경신학을 가르친 나의 경험은 두 가지 면에서 나에게 확신을 가져다주었다.

첫째, 하나님의 위대한 계획에 관한 계시를 사람들이 볼 수 있도록 성경을 가르치는 일이 매우 필요하다는 것이다.

둘째, 모든 시대의 평범한 그리스도인들도 한번 성경의 전체적인 통일성과 일관성을 알게 될 경우, 성경을 연구하고자 하는 열의를 점점 더 갖게 된다는 것이다.

이 책에서 많든지 적든지 어느 정도 '복음주의의 미래'라는 중심적 주제에 공헌하고 있는 각 장의 제목들을 분리적인 항목으로 이해해서는 안 된다. 복음주의는 당연히 모든 신학적 학문분야의 통합을 의미한다. 이러한 통합은 어느 하나가 다른 것들과 완전히 분리시킴으로서는 만족스럽게 다뤄 질수 없다는 것을 뜻한다. 또한 이러한 통합은 복음주의가 적어도 이론적으로 솔라 스크립투라(*sola scriptura*, 오직 성경)의 원칙에 대한 표현이라는 사실의 당연한 귀결이다. 그것은 사회학적 또는 문화적 입장이라기보다 오히려 신학적 입장이며, 따라서 성경신학은 신학 정체성의 핵심적 형태이다.

결론적으로 이번 장을 통하여 나는 복음주의적 성경신학이 기독교 사상의 미래적 통합에 참으로 기여할 수 있다는 입장에서 몇 가지 방안을 제시하고자 한다.

1. 성경신학을 정의하기

성경신학은 정확한 정의를 내리기에 애매한 학문분야이다. 정의에 관한 의견 일치와 일련의 기본적 기준이 필요하다. 그렇게 함으로서 명칭만을 단순하게 다루기보다 오히려 성경신학의 본질을 개념적으로 검토할 수 있기 때문이다. 만약 교회 역사 안에서 성경 사용에 관한 깊고 오래된 뿌리를 드러낼 수 있다면, 성경신학의 실현가능성은 높아진다. 만약 성경에 대한 것뿐만 아니라 실제로 성경이 요구했던 바를 드러낼 수 있다면, 성경신학의 실현가능성은 한층 더 강화될 것이다. 성경신학에 대한 설명을 긍정적이고 부정적인 측면 두 가지로 기술할 수 있다.

1787년 제이 피 가블러(J. P. Gabler)는 조직신학과 성경신학 간의 차이를 지적하였다.[2] 아주 간략이 말하면, 성경신학은 조직신학이 아니라는 것이다. 또한 가블러는 성경신학에 관한 몇 가지 긍정적인 매개변수를 정했다. 즉 성경신학이란 성경 데이터로부터 농축된 영원한 진리를 철학적으로 숙고하는 것이 아니라, 성경 데이터 자체를 설명하는 것이라고 했다. 성경신학을 한다는 것은 순전히 역사적으로 적응된 자료, 즉 폐기되어 질 수 있는 자료를 영구적 가치가 있는 개념들로부터 분리해 내는 작업이었다. 그것은 조직신학자가 새로운 철학적 도전에 맞서도록 해주고, 그리고 신학적 불확실성을 극복해 내는 작업이었다.

20세기 말까지 많은 토론과 분류작업이 있었다. 가장 최근의 몇 가지 작품은 교리적 범주에 에 따라서 신구약성경 중에서 하나의 성경신학만을 언급하는 것을 고집했으나,[3] 일반적으로 이러한 것으로부터 탈피하려

---

2) Sandys-Wunsch & Eldredge 1980; Balla 1997; Adam 1995; Knierim 1995; Stuckenbruck 1999.
3) 예를 들어, Jacob 1958; Heinisch 1955; Payne 1962; Richardson 1958.

는 운동이 있어왔다. 대부분 영국과 유럽 국가로부터 시작된 이러한 운동은 미국에서 전체적으로 아주 더 큰 운동으로서 다시 태어나고 합류하는 등 흥하거나 기울기를 거듭하였다.[4] 주로 20세기 후반이 지난 지금에서야 상당한 양의 문헌이 존재하고 있다.

일반적으로 가장 긍정적인 것으로부터 가장 부정적인 것에 이르기까지 성경신학에 대한 평가가 계속 있어왔다. 비록 다양한 견해를 포함하고 있지만, 성경의 통일성을 여전히 인지할 수 있는 하나의 통일된 신학적 입장이 성경 안에 있다고 주장하는 사람들이 있다. 어떤 이들은 복합적인 접근방식을 제안하면서, 단일 신학은 없으며 반면에, 신학들만이 있을 뿐이라고 주장하기도 한다. 또 어떤 이들은 신학의 주된 전제들을 거부하면서 그 분야의 실현가능성에 여전히 이의를 제기하기도 한다.

이와 같이 일관성이 뚜렷하게 부족함에도 불구하고, 몇 가지 타당한 근거 가운데 '성경신학'이라는 용어를 사용하도록 그리고 폭넓은 이해를 기대하도록 만들어 주는 일치된 핵심 영역들이 있다.

> ① 비록 이러한 혼선이 그 용어 사용에 있어서 기술적으로 익숙하지 못한 사람들 가운데 여전히 있을지라도, 우리가 성경신학에 관해서 말할 때, 신학이 성경적이라는(비성경적이거나 이교적인 것과 반대적인 의미로서) 것 그 이상을 의미하고 있음을 일반적으로 수용하고 있다.
> ② 기술적 측면에서, 이제 성경신학은 신학적 내용을 설명하기 위해서 성경을 다루는 방식으로 일컫고 있다. 성경신학은 정경의 여러 문서들에 들어있는 신학을 이해하는 것에 관심을 갖는다. 나아가 성경신학은 각권 또는 성경전집의 신학이 성경의 나머지 부분과 어떠한 관련이 있는가를 묻는 것이다. 또한 성경신학은

---

4) Smart 1961, 8, 9장: '성경신학의 죽음과 재탄생.'

성경전집의 수준에서 보다 오히려 주제들이나 개념들의 수준에서 추구되어져야할 지 모른다.[5] 그러므로 성경신학은 성경의 다양성뿐만 아니라, 성경의 단일성을 찾아야 할 필요가 있음을 말하고 있다. 어떤 면에서 성경신학은 신자들의 공동체가 지금 무엇을 믿어야하는 것을 묻기보다 오히려 각 문서의 저자들이 무엇을 믿었으며 또 무엇을 주장했는가를 물어야 할 것이다.

③ 문서들의 역사적 상황을 살펴볼 정도로, 성경신학은 정경의 기승전결 전개 과정에 포함되어 있다고 주장하는 역사적 진실과 역사가들이 실제로 일어난 일로 믿고 있는 것과의 관련성에 대한 문제에 직면하게 될 것이다. 성경 이야기의 어떤 면들-사실 전체는 아니지만-은 성경적이고 역사적인 이외의 증거와 기꺼이 관련되어 질수 있으며, 따라서 정확할 정도로 연대가 산정되어 질수 있다.

그 다음으로 성경신학자들은 문제들의 전체적인 범위에 관심을 가지고 있다. 문제들이란 다음과 같은 것들이다.

- 신학 지향적인 성경역사와 '실제역사'와의 관련성
- 개별적인 성경 본문들과 책들 그리고 성경전집들에 대한 신학적 관점뿐만 아니라, 이러한 것들을 아우르는 신학적 주제들
- 신구약 성경의 신학적 관련성
- 계시의 점진적 특성
- 성경 전체에 대한 일종의 통일된 신학의 가능성
- 원저자와 수신자들에게 의미했던 본문이나 문서의 신학과 오늘날 우리에게 의미하는 신학과의 관련성

---

5) 예를 들어, Alexander & Rosner 2000을 보라. 이 책에 있는 논문들은 다음의 세 가지 부분으로 구성되어 있다. 성경신학의 이론과 본질, 성경 전집과 책들, 그리고 성경적 주제들.

이러한 광범위한 매개 변수 속에서, 성경신학은 성경 본문의 본질과 권위에 대한 아주 다양한 전제주의적 기반으로부터 추구되어져 왔다. 권위나 영감에 대한 다양한 개념들, 신학적인 혹은 철학적인 다양한 전제들, 신구약 성경 관계에 대한 다양한 평가들, 이 모든 것들은 성경신학을 하는데 있어서 다양한 접근방식과 강조점을 이끌어주고 있다.

이 일반서론 부분에서 두 가지 요점을 좀 더 언급하고자 한다. 첫 번째로, 20세기는 신구약 성경을 각각의 신학들로 과도하게 보는 반면에, 성경 전체의 성경신학으로 연구하려는 성경신학자들이 거의 없다는 사실이다.[6] 많은 사람들은 이러한 사실을 단지 노동과 전문화의 구분을 필요로 했던 결과라고 본다. 어느 한 사람이 성경 본문 전체의 전문가가 되기에는 성경이 너무 크기 때문이라는 것이다. 그러나 진짜 이유는 신학을 종교의 역사로 약화시키고, 따라서 부적절한 사상을 고대 유대주의적 기독교신학으로 끌어 올려 버린 계몽주의적 합리주의의 후유증이라고 주장할 수 있다. 신구약 성경의 관계는 성경신학을 수행할 수 있는 방법을 이해하는데 있어서 여전히 주된 이슈로 남아 있다.[7]

두 번째 사안은 성경신학을 추구하기 위한 실제적 과정과 관련되어 있다. 나는 공시적인 방법과 통시적인 방법 간의 차이를 말하고자 한다. 독일 신학자 아이히로트(Eichrodt)와 폰 라드(von Rad)에게서[8] 나온 20세기의 두 가지 중요 구약신학이 대조를 이루고 있을 때, 이러한 구분은 대중

---

6) Vos(1948)의 초기 복음주의적 작품은 이상하게도 완전하지 않았다. Vos는 초기 선지자들을 간과하였고, 예수님의 가르침만으로 종결하였다. 따라서 예수님의 죽음과 부활 그리고 신약성경 나머지 부분을 생략했다. 신구약성경의 종합적인 성경신학에 대한 가장 뛰어난 최근의 시도는 Childs(1992)에 의해서 이루어졌다. 다른 작품으로는 VanGemeren(1988)의 것이 있으며, Goldsworthy(1991)의 간략한 입문서도 있다. 가장 최근의 종합적인 복음주의적 작품으로는 Scobie(2002)의 것이 있다.
7) 이런 이슈는 Reventlow(1986)에 의해서 논평되었을 때처럼 지금도 여전히 계속되고 있다.
8) Eichrodt 1961: 영어번역서는 1959년의 독일어 제6판을 따른 것이다. 첫 독일어판은 1933에 나왔다. von Rad 1962.

적인 관심을 받았다. 공시적 접근방식은 본문 구성 안에 주어진 지점에서 무슨 일이 있었는지 그리고 무슨 생각을 했는지를 우선적으로 살펴보고, 그 다음에 각각의 본문을 자세하게 분석하는 것이다. 아이히로트의 경우, 그것은 차라리 이스라엘의 신앙에 대한 단면도를 제공하는 시도였다. 반면, 통시적 접근방식은 '시간을 통과하는' 종적인 면을 강조했으며 그리고 다양한 신학적 표현의 연속성 또는 불연속성에 관한 이슈들을 일으켰다. 만일 연속성이 만연해 있었다면, 여러 문서들과 전집들에 관한 신학(또는 신학들)의 통합이라는 결과가 있었을 것이다. 만일 불연속성이 최상으로 남아 있었다면, 성경 내에 보다 큰 의미의 불일치 그리고 심지어 상반성이라는 결과가 있었을 것이다.

2. 복음주의 성경신학이란 무엇인가?

'복음주의적'이라는 비교적 현대적 칭호를 주장하는 사람들이 상당히 폭넓은 신앙 영역을 제시하고 있다는 것을 역사는 보여 주고 있다.[9] 우리는 복음주의적 신앙 대한 신학적 정의를 반드시 규정해야 한다. 복음주의자들이란 신앙에 대한 모든 문제들에 있어서 성경을 최종적 권위로 정해놓은 자들이라는 것을 출발점으로 삼은 다음에, 우리는 이와 같은 정의에 대한 가장 일관된 표현을 얻기 위해 노력해야 한다. 따라서 성경의 본질과 권위, 전통, 인간 이성, 그리고 이런 것들 사이의 관계성들은 정의를 내리는데 필요하다.

---

9) 복음주의를 정의하는 것은 특히 북미에서 경향상 매우 복잡하다. 왜냐하면 (복음주의에 대한 보다 일반적인 정의를 따르는) 많은 개혁주의 신학자들이 다양한 세대주의적 근본주의자들과 다른 비칼빈주의자들을 포함하고 있는 보다 폭넓은 미국 복음주의 단체로부터 자신들을 구분하기 위해 그러한 명칭을 피하고 있기 때문이다.

복음주의 성경신학은 신학의 다양성 내에 성경 문헌의 통일성을 취급함으로서 끊임없이 성경적이어야 한다. 왜냐하면 복음주의 성경신학이 하나의 교리적 구조 또는 실제로 일련의 교리적 구조들에서 비롯되기 때문이다.[10] 이러한 점의 핵심은 성경이 특별한 권위를 가지고 있는 것으로 생각하는 성향이다. 우리가 경험하는 세상을 설명하는 능력과 더불어, 내적 일관성 또는 시종일관의 정도에 따라서 전제가 평가되어져야한다.[11]

또 다른 각도에서 존 칼빈(John Calvin)이 성령의 내적 증거로서 거론했던 바를 반드시 생각해야 한다. 어느 쪽이든, 전적으로 성경신학은 성경 본질에 관한 일종의 교리적-신학적 틀로부터 시작한다는 점을 반드시 깨달아야 한다. 심지어 신앙적 헌신을 필요로 하지 않는 무신론 학자조차도 성경의 전과정을 주관하고 계시며, 자기 현시적이시고, 교통하시는 하나님의 비존재성을 추측하는 신학적인 기반을 실제로 가지고 있다.

복음주의 성경신학은 복음 중심적이고 기독론적이다. 참된 성경신학에 이르는 길은 하나님과 사람사이에 중재자라고 선포하시는 그 한 분만을 통한다는 것(딤전 2:5)을 나는 일관되게 주장하고 있다.[12]

기독론은 구약의 중요성과 구신약의 관련성을 이해하기 위한 기초가 된다. 성육신은 하나님 나라와 타락한 세상 간에 교량이다. 즉 그리스도를 통해서 우리는 하나님에 관한 참된 진리를 갖는다. 우리를 성부 하나님께로 인도하시는 중보자 예수님의 역할을 경시하는 방식을 통해 예수님의 사역과 인격에 초점을 맞춘 그리스도일원론(Christomonism)은 결코 적법한 기독론이 아니다. 초기 기독론적 이단들은 성경적이고 교리적인 신학이 해석학적 순환 과정 속에서 핵심적 요소로 작용하지 않을 때 발생

---

10) Goldsworthy 1986을 보라.
11) Henry(1990)는 비기독교 신앙의 전제라는 면에서 '자기 지시적 불일치' 개념을 설명하고 있다.
12) Goldsworthy 2000b.

하는 일종의 인식론적·신학적 곤경상태를 보여주었다.

3. 복음주의 성경신학의 실현 가능성

현대 복음주의는 종교개혁에 그 뿌리를 두고 있다.[13] 종교개혁의 구호인 솔라 스크립투라(sola scriptura) '오직 성경'은 종교개혁자들이 주장했던 다른 몇 개의 '오직'이라는 구호들과 밀접하게 연결되어 있다. 여기서는 구원자와 주님으로서 그리스도의 유일성을 지적하면서 특별히 '오직 그리스도'에 초점을 두고자 한다. 그분의 주권은 사도행전 2:36에 명시된 그분의 승귀뿐만 아니라, 그분이 모든 은혜와 진리의 근원으로서 육신을 입고 오신 창조주-말씀이라는 사실에(요 1:1-14) 뿌리를 두고 있다.

예수님은 구약의 권위가 구약이 증거한대로 자신의 독특한 사명과 밀접하게 관련되어 있다는 것을 인정하셨다(요 5:39-46; 10:35). 그분은 제자들이 성령께서 진리로 자신들을 인도하신다는 자신감을 가지고 예수님을 구세주로서 선포할 수 있도록 권한을 갖게 해 주셨다(요 14:6-10, 26; 16:12-15). 그분은 자신의 주권을 자신의 양들, 즉 자신의 백성들이 그 분의 목소리를 알고 그 분을 따른다는 사실과 연관 지으셨다(요 10:11-30). 이와 같은 데이터에 근거하여, 우리는 성경의 신학, 즉 통일성을 암시하는 개념을 위한 토대를 갖는다. 계속 진행해야 할지에 대한 여부를 복음주의 성경신학이 결정해야 한다는 점에 대해 많은 관심이 있다. 그러한 관심에는 인식론이나 존재론 그리고 역사와 종말론을 포함하고 있다.

이러한 기술적 용어들에 조심스러워 하는 독자는 그 용어들이 우리가 항상 사용하거나 추측하는 몇 개의 기본적인 개념들을 언급하는 속기술

---

13) Ramm 1973은 이 사실을 잘 설명해주고 있다.

의 방식에 지나지 않는다는 점을 명심해야 한다.

1) 인식론

인식론의 관심은 지식이다. 어떤 방법으로 진리를 알 수 있을까, 그것을 알고 있다고 어떻게 확신할 수 있을까? 예수님은 진리를 구현하기위해 외치셨고(요 14:6), 바울은 그분을 모든 지혜와 지식의 근원으로 이해했다(골 2:3). 신약에 있는 많은 성경구절들은 참된 지식을 위한 출발점이 예수님 안에 있는 그대로의 진리를 이해하는 것이라고 가리키고 있다. 종교개혁자들은 '오직 은혜'라는 구호를 만들었을 때, 그들은 '자연과 은혜를 합친' 것을 진리와 동일시하는 토마스 아퀴나스(Thomas Aquinas)의 혼합개념을 거부하였다.[14] '오직 은혜'는 구원이 어떻게 우리에게 임했는지에 관한 것이었기 때문에, 그것은 진리를 알 수 있는 우리의 심령과 생각의 구원을 포괄하였다. 사실, 오직 은혜로서 구원받는다는 만족할 만한 견해는 심령이 새로워져야 한다는 인식론적(아는 것) 특성을 지니고 있다.[15]

성경은 구원의 말씀이지, 단지 자연에서도 유용하게 덧붙여지는 보충적인 지식이 아니다. 구속의 말씀으로서 성경은 그리스도 안에서 하나님의 구원 사역의 다른 측면만큼이나 '오직 은혜'와 많이 관련 되어있다. 그러므로 '오직 은혜'라는 말은 '오직 성경'을 암시하며, 동시에 이것은 복음주의가 요구하는 인식론과 관련되어 있다. 구원에 있어서 신인협력설의 모든 형태를 거부함으로써,[16] '오직 은혜'라는 말은 자증적인 말씀 안으로

---

14) Thomas Aquinas(1225-74)는 트렌트 종교회의 가톨릭주의와 현대 가톨릭주의 형성과정에 있어서 가장 중요한 신학자로 알려졌다.
15) Stott 1972.
16) 문자적으로 '함께 일하기'의 의미를 지닌 신인협력설은 구원에 있어서 하나님은 자신의 역할을 담당하시고, 인간은 효력적인 면에서 자신의 역할을 담당해야 한다는 개념을 뜻하는 용어이다.

부터 나오는 인식론적인 규범을 받아들이고 있다. 간단히 말해서, 예수 그리스도는 진리를 위한 인식론적인 보증이며 해석학적인 규범이다. 은혜를 통한 이런 지식은 기독론을 막지 못한다. 왜냐하면 그리스도는 하나님에 대한 지식의 중보자이시기 때문이다. 복음주의 신학은 궁극적인 목적이 하나님과 그의 나라에 대한 지식과 경험이라는 것을 항상 인식하고 있다.

이러한 인식을 기초로 하여 구원에 이르는 유일한 길에 관한 유일하신 하나님의 유일한 말씀으로서 성경에 대한 복음주의적 평가를 해야 한다. 구원이 단지 각 개인의 영혼 구원 문제가 아니라, 새 창조에 관한 우주적인 문제로 성경에 드러나 있는 것으로 우리가 알고 있다면, 중생과 심령의 새로운 각성은 심오한 인식론적 중요성을 지니고 있다는 점을 반드시 말해야 한다.[17] 성경은 어느 정도 직접적인 언급이나 암시에 의해서 우주 안의 모든 진상을 다루고 있다. 그 가운데 성경의 궁극적 권위에 대한 복음주의의 기반이 되는 주장이 있다. 어떤 사람들은 윤리나 교회학과 같은 '신앙'이나 '종교적' 삶의 형태로 이 권위를 제한하려고 한다. 성경에서 현대기술이나 과학에 대한 특별한 정보를 끌어낼 수 없는 반면에, 그리스도 안에서 창조와 새 창조에 대한 성경적 관점과 연관이 없는 자료는 단 한 가지도 없다. 인식론적 질문은 성경의 인류학과 밀접한 관계가 있으며, 동시에 존재론적 관심의 한 형태이기도 한다.

2) 존재론

성경신학을 하기 위해서, 우리는 세상, 성경, 인간 독자와 해석자, 그리고 만물의 창조자이며 성경의 궁극적 저자라고 주장하시는 하나님 등과

---

17) Goldsworthy 2000a: 720.

같은 존재론적[18] 형태들을 마주하게 된다. 복음주의적 입장은 성경 '위로부터' 또는 '안으로부터' 주어지는 것으로 대개 이해되고 있다. 다시 말하면 복음주의는 성경이 과거에 있었던, 현재 일어나고 있는, 그리고 장차 일어날 일 등을 아주 분명한 계시의 방법으로 제시하고 있다는 것을 수용한다. 하나님으로 말미암아 영감 된 말씀으로서 성경의 존재론적 위치를 지적하는 성경의 약속은 그 뿌리가 창조 기사에 기반을 두고 있다.

하나님은 자신의 형상대로 인간을 창조하셨고 인간에게 우주 안에 권위의 위계질서를 구성하시는 말씀을 하셨다. 개혁주의(복음주의) 신학은 항상 자연계시의 실제를 수용하여 왔다. 동시에 개혁주의 신학은 창조에 드러난 하나님의 진리를 가리게 하는 인간의 불의 때문에, 아퀴나스가 체계화한 자연주의 신학의 가능성을 거부해왔다. 그럼에도 불구하고 칼빈은 신성의 의미를 언급하였다. 바로 그 신성은 모든 사람들에게 종교와 옳고 그름에 대한 개념을 제공하여 준다. 이것이 바로 로마서 1:18에 진리가 막혀 있으나 함축적으로 복음을 들어보지 못한 사람일지라도 핑계조차 하지 못하도록 했다는 바울의 말인 것이다.

다시 말해서 칼빈은 죄악으로 압박받고 있는 자연계시가 성경 속의 특별계시를 필요로 하고 있다는 점을 주장함으로써 복음주의적 입장의 본질을 표현하였다.[19] 성령의 중생 사역과 성령의 내적 증거를 얻게 될 때까지 죄의 부패성은 우리가 성경의 진리를 깨닫지 못하도록 방해한다. 바로 이런 것은 '성경은 스스로 하나님의 말씀이라고 말하고 있기 때문에 성경이 하나님의 말씀이라는 것을 알고 있다'라는 간접적인 논쟁이 악순환 되는 것을 막아준다. 죄악과 이 죄의 치명적인 영향에 관한 성경적 교리는 오직 성경, 중생 그리고 하나님의 자중적인 말씀에 대한 복음주의적 이해

---

18) 존재론이란 존재(being)에 대해 관심을 갖는 것이다. 무엇이 사물 자체의 모습인가?
19) 칼빈은 그의 『기독교강요』 도입부 몇 장에 걸쳐 자신의 인식론적 입장을 제시하였다.

를 요구한다.

　복음주의 입장에 수없이 도전했던 계몽주의적 관점에서 하나님에 관한 존재론적 질문은 철학적이며 역사적인 질문이다. 다시 말해서 만일 성경신학이 신학적이라면, 이 신학은 단지 고대 히브리인들이나 초대교회가 이해한 것에 대한 설명에 불과하다는 것이다. 계몽주의적 전제는 인간의 자율성과 독자적 이성의 실현가능성을 기반으로 하고 있다. 그것은 아퀴나스가 사용했던 것처럼 아리스토텔레스(Aristotle)의 경험주의를 논리적 결론으로 사용하고 있다. 한때 아퀴나스는 자연이 은혜를 전적으로 대체시키는 근거를 갖도록 허용했다.[20] 그러나 복음주의적 관점에서 존재론은 중심점 자리에 위치하고 있다. 왜냐하면 존재론은 성경이 말하고자 하는 하나님의 본질과 관계하고 있기 때문이다.

　창조의 주재로서 하나님은 궁극적 권위자이시다. 우리가 성경으로 믿고 있는 하나님의 말씀은 최고의 권위를 지닌 말씀이다. 코넬리우스 반 틸(Cornelius Van Til)의 표현대로, 인간의 이성으로 하나님의 말씀을 증명하려는 것은 태양이 진짜인지를 알려고 손전등으로 태양을 비추는 것과 같다.[21] 복음주의 변증학과 신학은 기독교 유신론의 존재론을 견고하게 지지하고 있다.

　성경신학을 추구하는데 영향을 미치는 존재론적 질문은 하나님의 본질, 그리스도, 인류 그리고 성경과 관련된 것들을 포함하고 있다. 다음의 질문은 우선권이나 순서에 관한 분명한 질문처럼 보일지도 모른다. 즉 하나님에 대한 성경적 데이터인가 아니면 교리적 체계화, 어느 것이 먼저인가? 그러나 이러한 질문은 '닭이 먼저냐 달걀이 먼저냐'라는 고전

---

20) Schaeffer 1968: 1장; 또한 Van Til 1969: 169-175를 보라.
21) Van Til 1948: 37. Van Til은 이성적 관점을 비하하지 말고, 오히려 하나님에 대한 이성의 총제적인 의존성을 보여주어야 한다고 했다.

적인 문제를 표현하는 해석학적 순환 과정을 단지 소개하는 것에 불과하다. 하나님의 존재론적 속성을 먼저 반드시 정립해야 하는가? 하나님은 모든 만물 앞에 계시기 때문에 그분의 존재론적 속성은 논리적이어야 할 것이다. 그러나 우리는 이와 같은 일을 성경 속에 계시된 진리에 근거하여 할 수 있을 뿐이다. 더구나 성경은 기독론과 분리될 수 없는 존재론적 삼위일체에 관한 지식을 제시한다. 성경신학과 조직신학 간에 구분이 만일 분리적인 방향으로 기운다면, 그러한 구분은 지나친 단순화와 단편화의 조짐이라 할 수 있다.

복음주의 유신론의 중심에는 삼위일체가 있다. 삼위일체의 교리를 다루는 '기술'은 하나님의 단일성과 복수성 둘 모두를 똑같이 중요하게 유지하는 것이다. 그렇지 않으면 양태론이나 삼신론 둘 중의 하나에 빠지고 말 것이다. 전자는 삼위일체를 단지 행동의 양식에 의해서만 구별되는 단일성(일원론)으로 빠지게 한다. 그리고 후자는 세분의 하나님으로 분리한다. 그러나 삼위일체로서 하나님에 관한 데이터는 하나님의 말씀 안에 있는 자신의 언어와 행위에서 유래되는 것이다. 다시 말해서 이것은 말씀 즉 성육신하신 예수 그리스도 안에 들어있는 가장 완벽한 표현이었다. 그리스도에 관한 우리의 지식은 결국 성경의 데이터에서 파생된 것이다.

성경신학과 다른 학문들과의 관련성은 하나님의 절대적인 존재론적 우선권과 성경의 현상학적 우선권이라는 사실에 관계되어있다. 이것에 우리는 심령을 거듭나게 하시는 성령의 인식론적인 우선권을 추가한다. 믿는 자로서 우리는 그리스도를 통하여 하나님을 깨닫고, 그 다음 성경을 통하여 그리스도를 깨닫는다. 그래서 성경은 성경의 자료와 주제로부터 스스로의 권위와 본질을 갖는다. 신학, 기독론, 인류학 그리고 성경 사이에 상호의존적 관계가 존재한다.

그러면 이러한 점들은 어떠한 공통점으로 가지고 있는가? 상호의존성이라는 사실은 하나님과 그리스도에 관한, 그리고 함축적으로 모든 관계들에 관한 데이터를 시사한다. 삼위일체는 본질적으로 단일성과 복수성, 또는 통일성과 구별성에 대한 관계이다. 칼케돈 회의의 정의에 의하면 (AD 451), 통일성은 혼돈됨이 없는 것이며, 구별성은 분리가 없는 것이라고 단언한다.[22] 통일성과 구별성은 공히 중요하다. 따라서 성부와 성자와 성령의 관계는 예수님의 신성과 인성에 대한 기독론적 관계를 좌우하는 앞선 존재론적 실재이다. 그 다음 이러한 관계는 성육신하신 하나님의 말씀과 성경(기록된 하나님의 말씀)과의 관계에 관하여 알려주고 있다. 이러한 사실로부터 우리는 성경(하나님의 영감된 말씀으로서 하나님과의 존재론적 관계)의 '신성'과 성경의 인간 저자와 역사적 정황 속에서 발견되는 성경의 인성과의 관계를 결정할 수 있는 근거들을 갖는 것이다.

다음으로 하나님에 대한 성경적 이해는 영원 전부터 하나님은 셋-하나(tri-unity)의 관계 속에서, 즉 통일성과 구별성 안에서 성부와 성자와 성령으로 존재하였다는 것이다. 하나님과 창조와의 관계 구조에 대한 핵심은 궁극적으로 그리스도로 성육신하신 하나님이라는 이러한 관계의 완전한 표현으로 나타난다. 그리스도의 두 가지 본성은 통일성-구별성의 관계 속에 있으며, 그리고 이것은 우주 안에 있는 모든 사물의 관계에 특성을 부여해준다.[23] 다른 모든 실체에 대한 각 실체의 통일성-구별성의 정확한 본성은 다양한 반면에, 하나님이 자신의 창조물에 날인해놓으신 최종적인 질서는 어떤 주어진 관계 속에서 통일성이 혼합하려는 또는 구별성이 분리하려는 경향이 있을 때 혼돈으로 나타난다.

---

22) 본질적으로 헬라적인 그리스도의 두 본성에 관한 칼케돈 신조를 비판하는 것은 시대적 유행이었다. 이 신조는 동방교회 사람들에 의해서 헬라어로 기록되었으나, 칼케돈 회의는 동방과 서방이 함께 참여한 참된 범교회적 회의였다. 통일성과 구별성에 대한 관점은 히브리적이고, 그리고 가능한 한 구약적이다.
23) 따라서 기독교 삼위일체론은 하나와 다수와의 관계 그리고 특별한 것과 일반적인 것과의 관계에 대한 해묵은 철학적 문제에 효과적인 방안을 제공하여주었다.

통일성-구별성 구조는 모든 관계에 대한 이해에 영향을 주기 때문에, 그것은 인간관계가 성경 계시 안에서 작용하는 방식으로 그와 같은 것들을 이해하는데 도움을 준다. 인간의 성별, 공동체, 기독교적 사랑과 우정 등에 관련된 윤리적인 국면들은 통일성과 구별성 양자의 특별한 양상을 감안해야 하는 필요성을 보여준다.

우리는 통일성-구별성 구조를 그리스도인의 존재를 묘사하는 루터의 신학적 금언에서 찾을 수 있다. 시물 유스투스 에트 페카토르(simul Justus et peccator, 죄인인 동시에 의인). 이 금언은 은혜의 효과적인 표지(signs)로서 성례에 대한 개혁주의 이해를 뒷받침해준다. 성경신학자에게 있어서 이것은 중요하다. 왜냐하면 그것은 성경신학과 조직신학의 상호의존성을 설명해줄 뿐만 아니라, 성경의 복잡성 안에서 그 관계를 평가할 수 있는 절차상의 기준을 제공해 주기 때문이다. 예를 들어, 해석의 역사는 성경신학의 핵심적 이슈인 신약과 구약의 관계가 통일성-구별성을 통하여 실제적인 통합으로부터 완전한 분리로 이어지는 하나의 연속체를 나타내는 다양한 방법들 안에서 인식되어져 왔다는 것을 보여준다.

3) 역사에 대한 문제

초기시대로부터 성경에 대한 다양한 해석학적 접근방식들은 역사에 대한 문제를 다루는 여러 가지 방법들을 표현하고 있다. 기독교는 나사렛 예수라는 인물을 중심에 둔 시간과 공간 속에서 한 사건 또는 잇따른 사건들로부터 출현했다.[24] 알고 있는 바대로, 이스라엘 민족의 과거 역사와 그리고 유일하시고 참되신 하나님과 이스라엘의 관계를 분명하게 연결하시는 예수님의 가르침과 사역에 대해서 복음은 설명하고 있다. 신약성

---
24) Barnett 1986; 1997; 1999.

경은 예수님과 구약성경의 구속사 사이의 연결고리들에 대한 많은 증거들을 제시하고 있다. 신약성경의 역사관은 타락한 민족과 창조물 구속하시고 그들을 새 창조의 목표로 이끄시는 하나님의 주권적 목적이라는 면에서 구별할 수 있다. 속사도 시대로부터 현시대에 이르기까지 다양한 이방인들의 철학은 성경에서 제시된 창조로부터 새 창조에 이르는 역사적 진행과정에 대한 해석에 영향을 주었다.

예를 들어, 초대교회 때, 헬레니즘은 역사 안에 있는 하나님과 그분의 행위들에 대한 구약성경의 관점을 의심하였다. 이런 문제에 대한 해결은 구약을 우화적으로 보거나, 아니면 말시온의 경우처럼, 구약을 전적으로 삭제해버리는 것이었다. 중세초기는 다양한 가능성들로 격론을 벌였으며, 결국 사중해석 방법을 발전시켰다. 중세후기는 특히 토마스 아퀴나스의 방법과 아리스토텔레스의 경험주의가 해석에 특성을 부여하도록 허용하였다. 이러한 현상은 슐라이어마허(Schleiermacher)와 트뢸취(Troeltsch)의 합리적-경험주의를 예견했다.[25]

개신교 개혁주의자들은 성경적 역사철학을 회복시키려고 애를 썼는데, 바로 이것을 현대 복음주의가 물려받은 것이다. 그러나 18세기의 계몽주의는 주로 데카르트(Descartes)와 칸트(Kant)의 영향을 통하여 서양 사상에 지적인 혁명을 불러일으켰다. 이 혁명은 19세기 말과 20세기에 복음주의자들이 (근본주의)로부터 후퇴했거나, 아니면 활발하게 관여했던 역사적 경험주의와 고전적 자유주의를 가져왔다. 한편으로는 경험주의적 역사주의에 반대하는 바르트(Barth), 니이버(Niebuhr) 그리고 불트만(Bultmann) 등의 항변이 뚜렷하게 있었다. 실존주의적 철학의 영향으로 그와 같은 신학자들은 역사적으로 초자연적 표현이라고 주장한바 있었던 성경 이야

---

25) 토마스주의와 18-19세기의 자유주의 간의 이와 같은 비교는 de Senarclens 1963과 Pelikan 1959 등에 의해서 언급되고 있다.

기 속의 어떠한 것을 쉽게 삭제해버리는 구 자유주의적 접근방식으로 되돌아가게 되었다. 특별히 불트만은 신약성경 안에 있는 초자연적인 요소들을 비역사화하거나 재해석함으로써 신약성경을 비신화화하려고 애썼다. 그에게 있어서 복음의 능력은 역사적 사건으로서 그리스도의 사건에 놓여 있는 것이 아니라, 그리스도에 관한 이야기를 말하는 것에 놓여 있었다.

신학연구의 학문분야 또는 방법으로서 성경신학은 성경역사를 지향하고 있다. 그러므로 성경신학은 성경 역사편찬의 분명한 특징을 포함하고 있는 수많은 역사적 문제들을 제기한다. 성경학자들은 다양한 성경 문서들과 역사적 사건들을 묘사할 수 있는 방법을 가지고 항상 씨름하고 있다. 복음주의자들은 고대 히브리와 기독교 역사편찬들이 아주 상이한 면들을 제시하고 있다는 사실을 점점 더 받아들이고 있다. 그리고 우리가 현대주의 시대에 속해있기 때문에 우리가 당연한 것으로 간주하는 경향이 있는 규범들과 전혀 다른 일련의 규범에 따라서 그것들이 작용한다는 사실 또한 복음주의자들은 받아들이고 있다.

아직도 거기에는 문제점이 있다. 복음주의자들은 그 문제를 다루는 일에 몰두하고 있다. 하일스게쉬히테(*Heilsgeschichte*, 구속사) 접근방식을 따르는 주로 많은 신정통주의 성경신학자들은 실제로 일어난 사건인 히스토리(*Historie*, 역사)와 저자의 신앙적 헌신에 따라서 구성된 사건인 하일스게쉬히테 사이를 갈라놓고 있다. 복음주의는 역사적 예수와 신앙적 예수 사이의 변증법에 의구심을 당연히 갖는다. 복음주의자들은 성경 이야기의 틀로서 구속사의 분명한 접근방식을 수용하면서, 성경 역사와 실제 사건들과의 관련성에 대한 평가의 범위를 반드시 맞추어 보고 진단해야한다. 복음주의 학자는 어떻게 역사적 진실과 주장이 나타나며, 어떻게 우리가 그것들을 깨닫는지에 대한 학문적 질문에 관심을 갖고 있다.

성경본문의 속성 때문에 역사적 진실과 주장은 신학적 특성과의 더 깊은 관계가 있음을 암시한다. 성경 무오성과 확실성, 즉 영감과 권위에 대한 의문들은 결코 사라지지 않을 것이다. 복음주의자들을 영속적으로 좌절시키는 것은 성경 권위의 본질을 적절하게 표현하는 방법에 관한 것이다. 성경 연구와 해석학 모두에 영향을 주고 있는 하나의 유망한 발전이란 어떻게 성경 안에서 하나님이 말씀하고 계신지에 대한 총제적인 질문에 화행이론(speech act theory)을 적용시키는 것이다.[26] 그럼에도 불구하고 문제는 히스토리(Historie, 사건의 역사)와 게쉬휘테(Geschichte, 의미의 역사) 사이에 과격한 격차를 피하는 것이다.

그 외에 복음주의자들은 기독교 역사철학을 위한 성경적 기반이 있음을 깨달아야 한다. 고대 역사편찬에는 여전히 문제가 남아있지만, 성경 이야기에 대한 역사적 진실과 주장을 수용할 수 있는 근거들이 잘 다져져 있는 것 같다. 그러나 그 근거들 또한 예수님과 사도들에 관해 기록된 성경지상주의(biblicism)에 전적으로 달려있는 권위 문제와 분리될 수 없다. 장르 분석은 성경 이야기에 대한 해석에 여전히 관련성이 남아있다. 그러나 광범위하게 살펴볼 때, 복음이 시간과 공간 안에 있는 사건이라는 전반적인 주장은 피할 수 없다. 성경적이고 교리적인 복음주의 신학은 나사렛 예수의 역사적 사건의 중심이 그분의 삶과 죽음 그리고 부활에 있음을 역설한다. 이와 같은 복음 사건의 역사성은 영지주의적 이원론과 가톨릭주의의 내면적 은총,[27] 슐라이어마허의 감정의 종교,[28] 그리고 불트만

---

26) 이러한 양상을 연구하는 복음주의자들로는 Anthony Thiselton, Kevin Vanhoozer 그리고 Nicholas Wolterstorff 등이 있다.
27) 이것은 보수주의적 로마 가톨릭주의자들이 복음서 기록의 역사성을 수용하지 않는다는 것을 의미하지 않는다. 다만 이것은 가톨릭주의가 단번의(once-for-all) 사건을 제단에서 계속되는 실제적 임재로 여기는 배경으로 삼고 있다는 것이다. 은총에 대한 강조는 역사적 사건으로부터 영혼의 현재적 성화로 유사하게 이어지고 있다.
28) 또한 감정의 종교는 성경해석을 경험에 종속시킴으로써 복음주의적이기보다는 현대주의적인 현대 은사주의 종교의 특성을 많이 보여주고 있다고 반박 받는다.

의 실존주의[29] 등을 포함하고 있는 다양한 관점들에 의해 타협되어왔다. 확고한 복음주의 성경신학은 그러한 비역사화 경향들이 대중의 복음주의 경건성에 뿌리를 내리지 못하게 하는데 있어서 절대적으로 필요하다. 또한 교리신학이 일련의 생명 없는 추상적 개념이 되지 못하게 하는데 있어서도 복음주의 성경신학은 반드시 필요하다.

4) 목적론적 역사로서 종말론

성경은 미래적 사건들을 하나님의 이름으로 선포했던 선지자들의 기록을 포함하고 있을 뿐만 아니라, 또한 창조로부터 마지막 날 새 창조에 이르는 연대표를 주기 위한 의도를 가지고 있다. 성경신학에 대해 가장 서술적이지만 신학적으로는 지지를 표명하지 않은 접근방식 조차도 시간과 역사가 전적으로 하나님의 주권적 통치 아래 있다고 주장하는 성경적 입장을 받아들이려고 애쓰고 있다. 종말론은 결정론적(deterministic)이기보다는 오히려 목적론적(teleological)(의도가 있는) 역사이다. 그러므로 그것은 진화론과는 전혀 어울릴 수가 없다.

우리는 창조에서 새 창조에 이르는 포괄적인 역사적 윤곽을 제시하기 위해서 성경적 주장들로부터 역사에 대한 성경적 문제들을 떼어 놓을 수 없다. 만일 하나님이 역사의 주인이시며 성경의 저자이실 경우, 계시 안에 미래적 사건들에 대한 언급이 포함되어있다는 것을 인식하는 데에 어떠한 내부적인 문제가 있을 수 없다. 이것은 단순히 미래의 삶에 대해서 믿는 자들을 보장해주는 방식이 아니다. 사실 그것은 모든 세계 역사의

---

29) 만일 '나의 심령 안에 있는 예수'라는 복음주의 신학이 복음주의적이기보다는 가톨릭적이라 할 경우, 또한 '예수를 위해 결심을 하라'는 요청으로 복음을 감소시키는 대중적인 복음주의는 복음주의적이기보다는 불트만적이라 할 수 있다.

결정적 사건이신 예수님을 중심에 두고 있는 복음적인 세계관에 필수적인 것이다. 기독교 사상사는 복음의 구심점을 사실상 대체하려는 어떤 것으로 종말론이 어떻게 쉽게 이용될 수 있는지 그리고 바뀌질 수 있는지를 보여준다.[30] 이러한 방식으로 종말론은 어떤 특정 종교단체와 분파에 동기를 부여하거나 동력이 되기도 했다.

4. 복음주의 성경신학의 미래

상기의 토론을 고려하는 가운데, 복음주의 미래를 형성하는데 있어서 성경신학의 역할에 관한 몇 가지 논평을 집약하고자 한다. 오직 성경이라는 금언을 고수하는 복음주의는 우리가 어떤 상황에서도 경시할 수 없는 통합적인 힘이었다고 나는 처음부터 논증했다.

종교개혁의 네 가지 '오직들'은 이러한 사실에 관한 상호 보완적인 관점들을 제공한다. '오직 성경'은 성경의 진리 주장을 검증하기 위한 어떠한 외적 지식의 권위도 허용하지 않는다.[31] '오직 믿음'은 우리의 각성과 하나님에 대한 믿음의 유일한 기초로서 그리스도의 인성과 사역의 독특성을 감소시키는 모든 형태의 인위적 신인협력설을 부인한다. '오직 그리스도'는 일체의 시간과 공간 속에 있는 모든 사실들과 사건들은 최종적으로 해석되어진다는 해석학적 원리로서, 그리고 모든 만물의 회복을 위해 작용하는 능력으로서 기독론을 보여준다. '오직 은혜'는 그리스도를 통하여

---

30) 때맞춘 경고와 교정책이 König 1989에 의해서 제공되었다. 그는 '종말론' 용어가 에스카타(*eschata*, 최후의 일들)이기보다 오히려 에스카토스(*eschatos*, 최후의 인물=그리스도)라는 단어를 반영한다고 주장했다.
31) 신앙주의에 대한 이러한 전제주의를 혼동하지 않는 것이 중요하다. 성경의 진리를 입증하려는 데에서 제외된 증거는 없다. 그러나 증거를 수용하는 기준은 객관적으로 자명하다거나 중립적이 아니다.

창조하시고, 계시하시고, 구원하시고, 거듭나게 하시는 하나님의 주권적 사역에 초점을 두고 있다. 이 네 가지 관점들은 복음주의적 인식론, 변증론, 해석학, 신학(성경신학과 조직신학 둘 다), 윤리학과 그리스도인의 삶 등의 핵심이다. 성경신학은 복음주의 안에서 통합적인 힘이 될 만한 잠재력을 가지고 있다. 단 그와 같은 통합적 사고에 동참하려는 의지가 학교와 지역교회 안에 있을 경우에서 말이다.

1) 성경연구의 통합

기독론적 초점과 교리적 전제를 지닌 복음주의 성경신학은 다양한 성경본문 안에 있는 신학적 통일성의 본질을 탐색하도록 잘 갖추어져 있다. 통일성·구별성은 다양한 주제들, 서적들, 자료전집들과 성경들 간의 연관성에 관한 모든 것을 말하지 않는다. 그러나 그것은 우리에게 구별성 없는 통일(융합), 또는 통일성 없는 구별(분리)을 피해야할 필요성을 일깨워준다. 또한 성경 역사와 문헌의 본질은 예수 그리스도 안에 있는 인성 그리고 신적위격과 행동의 관계에 대한 성육신적 변형을 통해 드러나 있다. 복음주의적 전제의 틀 속에서 성경신학은 정독과 주석이라는 어려운 작업을 계속 수행할 것이다. 그것은 성경 메시지를 역사적 복음의 근본적인 진리를 보유하는 현시대의 용어로 해석하기 위한 핵심적인 해석학적 도구로서 기능을 할 것이다. 이를테면 성경신학은 주석에 필수적인 언어학적, 문헌적 그리고 역사적 분석을 다루기 위한 방법을 계속 탐구할 것이다.

성경학에 존재하는 몇 가지 분열을 극복하려는 이러한 관심은 새로운 일이 아니다. 오히려 해야 할 일이 아직도 많이 있다는 의미이다. 21세기의 필요성을 충족시키기 위해 19세기의 신학 교육과정 모델들이 형식에서 벗어날 수 있고 조정될 수 있다고 희망하는 것은 너무 지나친 것인가? 조엘 그린(Joel Green)과 그 밖의 사람들은 학제간의 신학 연구에 대한 희망과 수반되는 문제들을 유익한 쪽으로 검토해왔다.[32] 그러나 어쩌면 학제간의 통합은 신학연구의 전반적 과제에 관한 포괄적이고 통합적인 성경적 관점을 개발하는 것조차 하지 않을 것이라고 나는 추측한다. 만일 이것이 절망적으로 반복해서 들린다면, 나는 독자에게 해석학적 순환 과정보다 더 나은 토의와 기독교 유신론적 전제들만을 단지 참조하도록 할 수 있다. 학문에 관해서, 본문을 재구성한 전승-역사가 본문의 의미를 부여했다고 현대주의가 가정했던 점을 우리는 먼저 주목해야 한다. 복음주의는 이런 점을 주로 거부하는 반면에, 역사적 정황의 중요성을 알아내는 데 힘쓰고 있다. 그럼에도 불구하고 복음주의는 하나님의 계시가 궁극적으로 본문 뒤에 감춰진 것을 반드시 설명해야 한다고 주장하고 있다. 최종적 분석에서 역사는 본문을 설명하지 않는다. 오히려 본문이 역사를 설명하는 것이다.

두 번째 학문적 관심은 신학 교육과정들이 노동의 전문화와 분업화의 요구에 항상 내몰릴 필요가 있는지에 관한 것이다. 어쩌면 그럴 수도 있겠으나, 그 교육과정들은 또한 신학적 이해의 통일성이라는 보다 큰 의미를 증진시키는 목적을 지향할 수 있어야 한다. 적어도 이러한 점은 주해에서 성경신학으로 그리고 최종적으로 교리학에 이르는 성경 학문분야들의 실용적 계승이라는 근본적 수정을 의미하는 것이다. 어쩌면 교리학은 성경신학에 의존해야 한다는 가블러의 주장을 유산과 같이 복음주의자들이 따랐으며, 그리고 마치 중립적이고, 객관적이며, 그리고 비신학적

---

[32] Green & Turner 2000. 이 책에 나오는 Green의 논문 '성경과 신학: 너무 오래도록 나눠졌던 두 개를 연합하기'를 보라. 학제간 통합 개념에 흥미를 주고 있는 이 책이 왜 신약학과 조직신학으로 연구의 한계를 정하고 있는지 의문스럽다. 이 책은 성경학 전체에 전적으로 적합하다.

훈련인 것처럼 또한 그들은 주해를 계속하여 연습하고 있다.[33] 히브리어와 헬라어와 주해의 과정 등을 가르치는 명백한 기독교 방식이 없을지 모른다. 그러나 인간의 언어, 분석 능력, 지성, 그리고 이성 등의 적용은 하나님의 선물이며, 그분의 형상을 따라 지음 받은 존재의 양상이라는 것을 적어도 깨달을 수 있어야 한다.

2) 기독교 사상과 세계관의 통합

우리가 참되고 자의식적인 복음주의 성경신학을 발달시키고 있음에 따라, 우리는 하나님과 그리스도의 보편적인 주장에 끊임없이 직면하게 된다. 통합적인 신학 접근방식으로 성경을 대하려는 관심이 확산되고 있다. 이러한 점은 성경신학을 총체적인 세계관으로 전환하려는 시도라고 할 수 있다.[34] 그러면, 어떻게 성경신학이 복음주의적 세계관의 완성을 도울 수 있는가? 두 가지 중요한 방안이 떠오른다. 첫째, 성경신학에는 다양성을 무시하지 않으면서도 성경 계시의 통합적인 측면을 표현하려는 노력이 끊임없이 필요하다.

내가 제안했던 전제들을 감안할 때, 적어도 현재의 어떤 어려움들이 우리를 좌절시킬 수 있다는 점을 깨달음으로써, 그리고 하나님과 그분의 목적의 연합 안에서 신앙의 기준점으로 통일성을 고수해야한다는 점 또한 깨달음으로써 우리는 지나치게 단순화한 일치를 피할 수 있다. 따라서 다양성과 통일성 양 방향으로 영원히 펼쳐진 창조에서 새 창조에 이르는 성경의 '큰 그림'은 작동하고 있는 하나의 일관된 체제이다.

---

33) 조직신학을 하기위해서 주해와 성경신학이 우선되어야 한다는 것은 대표적으로 Geerhardus Vos와 John Murray 그리고 그 밖의 학자들에 의해서 강조되었다.
34) 이 책에 수록된 Craig Bartholomew의 글을 보라.

목표에 이르는 두 번째 방법은 현시대의 관심을 좀 더 종합적으로 말하도록 만드는 주제별 성경신학을 위하여 성경 연구에 보다 적극적이어야 한다는 것이다. 제임스 바(James Barr)가 성경신학 분야의 단어 연구에 실망했을 때, 그는 좀 더 수용할만한 주제별 또는 개념적 접근방식을 말끔하게 정리해놓았다.[35] 그러나 용어색인에 기초한 단어목록 만큼 주제들의 목록을 쉽게 드러내 주지는 못하였다.

물론 하나님의 왕국, 율법, 하나님의 백성, 또는 언약 등과 같은 핵심적이고 통일된 개념으로서 권하는 '큰' 주제들이 있다. 그러나 포괄적인 세계관을 위한 중요 관심사인 다른 주제들도 있으나, 즉각적으로 매우 분명하지는 않다. 이러한 경우에, 성경신학은 성경적인 관점을 세워주는데 도움이 되는 주제들과 관련된 창의적인 수평적 사고를 사용하는 방법을 제공한다.[36]

19세기에 복음주의자들은 노예제도나 빈곤, 아동 노동, 그리고 노동자와 여성에 대한 착취 등과 같은 사회적인 문제에 관심이 있었던 반면에, 현재의 지구촌은 생태, 환경과 보존, 제3세계의 빈곤, 매춘과 마약, 사회의 법과 질서, 다문화, 아동 학대, 대량 살상무기와 테러 등과 같은 문제들에 우리가 관심을 갖게끔 만들고 있다.

우리가 믿는 바처럼, 만일 성경이 이러한 이슈들에 대해 말할 수 있고 반드시 말해야 한다면, 성경신학자들은 하나님의 사람들이 이러한 문제에 대한 하나님의 마음을 이해할 수 있도록 만들어주는 어떤 창의적인 접근방식에 관여할 필요가 있다.

---

35) Barr 1961.
36) 최근에 나는 시드니 성공회 교구의 사회 이슈 집행부로부터 가족에 관한 성경신학 개요를 제안 받았다. 수평적 사고를 사용하여 다음과 같은 주제들의 중요성을 고려한 접근 방식을 제안하였다. 창조, 하나님의 형상, 성(남성과 여성), 결혼, 출산, 언약, 가족, 아버지의 언약적 역할, 복음 아래의 가족, 그리스도와 그의 신부 등.

3) 공동체 생활과 목회훈련의 통합

브리즈번(Brisbane)에 있는 성공회 교구에서 십사년 동안 교육 담당목사로 일하는 동안, 나는 회중의 공동체생활 그리고 목회훈련과 성경신학과의 관계에 대한 방법들을 검토할 수 있는 기회를 가졌다. 나는 목회사역 팀에 가장 시급한 일들 중에 하나가 지도자적 위치에 있는 모든 사람들이, 특히 가르치는 사역을 포함해서, 기초적인 성경신학과 기독교 교리를 교육받아야 한다는 점을 간파해야 하는 것이라고 확신하게 되었다. 구속사적 구원의 경륜과 핵심적 기독교 교리에 대한 기초적 이해를 갖도록 사람들에게 요구하는 것 없이, 전도, 주일학교 교육, 목회심방 등의 실천적 과정을 위해 사람들을 끌어 모으는 것은 무책임한 일이다.[37]

어딘가에서 나는 성경신학이 회중의 생활과 관습에 영향을 미치는 다수의 방법들을 제안한 적이 있었다.[38] 올바르게 교육을 할 경우, 우리가 아주 당연한 것으로 그리고 거의 설명할 필요가 없는 것으로 여기는 오직 성경이라는 복음주의 관점을 성경신학은 강화시켜준다. 성경신학은 구속사 전체의 맥락 속에서 역사적 예수를 선포할 수 있도록 해준다. 따라서 성경신학은 인간 중심의 강조점과 피상성을 방지하는 높은 관점의 복음을 활성화시켜준다. 성경신학은 교회가 교회사역의 존엄성과 중요성을 이해하고, 단순한 직업의식으로부터 교회사역을 지켜내도록 만들어준다. 성경신학은 종교적인 클럽이 되는 것으로부터 하나님의 백성인 회중을 보호하도록 도와준다는 성경적 자의식에 대한 토대이다.

---

37) 저자의 책 『계획에 따라』(According to Plan)(Goldsworthy 1991)는 지역교회에 대한 일련의 연구서로서 이해될 수 있다. 그 연구는 내가 브리스번에서 지난 5년의 사역기간 동안 매년 평신도들을 가르쳤던 것들이다. 주일아침 기독교교육 시간에 교회 장로들 중에 한사람이 39개 신조를 가르쳤다.
38) Goldsworthy 1992; 1997.

끝으로, 복음주의 성경신학은 전도와 빈민구제로서 세상을 포용하는 우리의 본성을 증명하려는 큰 가능성을 가지고 있다. 성경신학은 그 자체의 기원과 목적에 관한 세계적이고 영원한 관점 안에 선교신학을 둠으로써 이와 같은 일을 실행한다. 성경신학은 선교와 성경 번역에 있어서 상황화라는 긴급한 이슈들을 설명하는데 필요하다. 그것은 복음이 유대인의 것이며 유대인에게 처음 주어졌다(롬 1:16-17)는 것을 보여줌으로서 역동적인 동등성 개념을 변질시키는 엄청난 왜곡을 방지할 것이다. 상황화는 상징(언어)을 변경시킬 수 있는지 모르나, 대상을 결코 변경시킬 수는 없다. 마치 성경 이야기가 성경의 세계가 아닌 다른 곳에서 일어난 것처럼 성경 이야기를 말하는 것은 잘못된 것이다.

참으로 성경신학은 우르(Ur)에서 부름 받아 나온 아브라함, 출애굽 한 이스라엘, 베들레헴에서 유대인으로 태어나시고 로마 사람 본디오 빌라도에 의해서 십자가에서 죽으신 예수님에 관해서 항상 말하는 이야기를 요청하는 방식으로 복음의 보편성을 강조할 것이다. 복음주의는 복음이 비역사화되고 재상황화되는 위험까지도 허용할 것이다. 그런 일은 이전에 한 번 이상 일어났었고, 또 다시 발생할 수도 있다. 기록된 하나님의 말씀의 본질이 요구된 대로 실천하고 있는 성경신학은 바로 그러한 사태를 대비하는 하나의 견고한 안전장치이다.

Bibliography

Adam, A. K. M. (1995), *Making Sense of New Testament Theology*, Macon, GA: Mercer University Press.

Alexander, T. D. and B. S. Rosner (eds.), (2000), *New Dictionary of Biblical Theology*, Leicester: IVP.

Balla, P. (1997), *Challenges to New Testament Theology*, Peabody, MA: Hendrickson.

Barnett, P. W. (1986), *Is the New Testament History?* Sydney: Hodder & Stoughton.

———— (1997), *Jesus and the Logic of History*, Leicester: Apollos.

———— (1989), *Jesus and the Rise of Early Christianity*, Downers Grove: IVP.

Barr, J. (1961), *The Semantics of Biblical Language*, London: Oxford University Press.

Calvin, J. (Inst), *Institutes of the Christian Religion* (trans. F. L. Battles, 1960), Library of Christian Classics, vols. XX and XXI, Philadelphia: Westminster Press.

Childs, B. S. (1992), *Biblical Theology of the Old and New Testaments*, London: SCM Press.

de Senarclens, J. (1963), *Heirs of the Reformation*, London: SCM Press.

Eichrodt, W. (1961), *Theology of the Old Testament*, trans. J. A. Baker, London: SCM Press.

Goldsworthy, G. (1986), '"Thus says the Lord!" – The Dogmatic Basis of Biblical Theology', in P. T. O'Brien and D. G. Peterson (eds.), *God Who is Rich in Mercy: Essays Presented to D. B. Knox*, Homebush West: Lancer.

———— (1991), *According to Plan: The Unfolding Revelation of God in the Bible*, Leicester: IVP, 1991; Downers Grove: IVP, 2002.

———— (1992), 'The Pastoral Application of Biblical Theology', in D. Peterson and J. Pryor (eds.), *In the Fullness of Time: Biblical Studies in Honour of Archbishop Donald Robinson*, Homebush West: Lancer.

———— (1997), 'The Pastor as Biblical Theologian', in R. J. Gibson (ed.), *Interpreting God's Plan: Biblical Theology and the Pastor*, Explorations No. 11, Carlisle: Paternoster Press; Adelaide: Openbook.

———— (2000a), 'Regeneration', in Alexander & Rosner 2000.

———— (2000b), *Preaching the Whole Bible as Christian Scripture: The Application of Biblical Theology to Expository Preaching*, Grand Rapids: Eerdmans; Leicester: IVP.

Green, J. B. and M. Turner (eds.) (2000), *Between Two Horizons: Spanning New Testament Studies and Systematic Theology*, Grand Rapids: Eerdmans.

Heinisch, P. (1955), *Theology of the Old Testament*, ET Collegeville, MN: Liturgical Press (German original 1952).

Henry, C. F. H. (1990), *Toward a Recovery of Christian Belief*, Wheaton: Crossway.

Jacob, E. (1958), *Theology of the Old Testament*, ET London: Hodder & Stoughton (French original 1955).

Knierim, R. P. (1995), 'On Gabler', in *The Task of Old Testament Theology*, Grand Rapids: Eerdmans.

König, A. (1989), *The Eclipse of Christ in Eschatology: Toward a Christ-Centered Approach*, Grand Rapids: Eerdmans.

Payne, J. B. (1962), *The Theology of the Older Testament*, Grand Rapids: Zondervan.

Pelikan, J. (1959), *The Riddle of Catholicism*, New York: Abingdon.

Rad, G. von (1962), *Old Testament Theology*, trans. D. M. G. Stalker, Edinburgh: Oliver & Boyd.

Ramm, B. L. (1973), *The Evangelical Heritage*, Waco: Word Books.

Reventlow, H. G. (1986), *Problems of Biblical Theology in the Twentieth Century*, Philadelphia: Fortress Press.

Richardson, A. (1958), *An Introduction to the Theology of the New Testament*, London: SCM Press.

Robinson, D. W. B. (1997), 'Origins and Unresolved Tensions', in R. J. Gibson (ed.), *Interpreting God's Plan: Biblical Theology and the Pastor*, Carlisle: Paternoster Press; Adelaide: Openbook.

Rushdoony, R. J. (1978), *The One and the Many*, Fairfax, VA: Thoburn Press.

Sandys-Wunsch, J. and L. Eldredge (1980), 'J. P. Gabler and the Distinction between Biblical and Dogmatic Theology', *Scottish Journal of Theology* 33: 133–158.

Schaeffer, F. A. (1968), *Escape From Reason*, Downers Grove: IVP.

Scobie, C. H. H. (2002), *The Ways of Our God: An Approach to Biblical Theology*, Grand Rapids: Eerdmans.

Smart, J. D. (1961), *The Interpretation of Scripture*, Philadelphia: Westminster Press.

Stott, J. R. W. (1972), *Your Mind Matters*, Leicester: IVP.

Stuckenbruck, L. T. (1999), 'Johann Philipp Gabler and the Delineation of Biblical Theology', *Scottish Journal of Theology* 52.2: 139–157.

Van Til, C. (1948), Introduction to B. B. Warfield, *The Inspiration and Authority of the Bible*, Philadelphia: Presbyterian and Reformed.

_____ (1969), *A Christian Theory of Knowledge*, Phillipsburg, NJ: Presbyterian and Reformed.

VanGemeren, W. (1988), *The Progress of Redemption: The Story of Salvation from Creation to the New Jerusalem*, Grand Rapids: Academie.

Vos, G. (1948), *Biblical Theology: Old and New Testaments*, Grand Rapids: Eerdmans.

Recommended reading

Alexander, T. D. and B. S. Rosner (eds.), *New Dictionary of Biblical Theology*, Leicester: IVP, 2000.

Baker, D. L., *Two Testaments, One Bible*, revised and enlarged ed., Leicester: Apollos, 1991.

Dumbrell, W. J., *The Search for Order: Biblical Eschatology in Focus*, Grand Rapids: Baker, 1994.

Gibson, R. J. (ed.), *Interpreting God's Plan: Biblical Theology and the Pastor*, Carlisle: Paternoster Press, 1997.

Goldsworthy, G., *According to Plan*, Leicester: IVP, 1991.

_____, *Preaching the Whole Bible as Christian Scripture: The Application of Biblical Theology to Expository Preaching*, Grand Rapids: Eerdmans; Leicester: IVP, 2000.

Hafemann, S. (ed.), *Biblical Theology: Retrospect and Prospect*, Downers Grove: IVP; Leicester: Apollos, 2002.

Jensen, P. F., *At the Heart of the Universe*, Leicester: IVP, 1994.

Scobie, C. H. H., *The Ways of Our God: An Approach to Biblical Theology*, Grand Rapids: Eerdmans, 2002.

Watson, F., *Text and Truth: Redefining Biblical Theology*, Edinburgh: T. & T. Clark, 1997.

© Graeme Goldsworthy, 2003

제5장

선교의 미래적 동향

크리스토퍼 라이트

1. '춤추기 좋아하는 사람들'-아주 짧은 이야기

나이지리아 북부에 관다라-와라(Gwandara-wara)라고 알려진 한 부족이 있다. 20세기 초에 기독교 선교사들이 도착하여 두 번에 걸쳐 이 부족에게 복음을 전하기 위한 시도를 하였다. 그러나 두 번 모두 다 실패하고 말았다. 복음이 전달되지 못했다. 아무도 그리스도를 믿으려고 하지 않았다. 교회도 세워지지 못했다. 1980년대 중반에 세 번째 선교 단체가 와서 다시 시도했다. 이번에는 대단하게 성공하였다. 그 선교사들은 그 부족과 함께 지내며 경작할 땅도 허락받았다. 그 선교사들은 그 부족의 이름이 '춤추기 좋아하는 사람들'이라는 뜻을 가지고 있음을 알았다. 그 부족의 연장자들과 이야기꾼들-그 부족의 정체성과 역사의 수호자들-로부터 19세기 그 부족사람들을 이슬람으로 개종시키려는 데에 대한 저항으로 그들은 '춤추기를 좋아한다'고 주장함으로써 이슬람을 거부한 것에서 그 부족의 이름이 유래했다는 사실을 선교사들은 알게 되었다. 즉 그 부족은 음악과 춤을 금지하는 종교를 위해 자신들의 그러한 문화를 포기할 수 없었던 것이다.

이러한 새로운 정보를 잘 고려한 세 번째 선교단체의 선교사들은 복음 전도에 대한 새로운 전략을 가지고 왔다. 그들은 '춤추기 좋아하는 사람들'에게 복음을 춤으로 전하였다. 그래서 그들은 아프리카의 음악과 춤을 이용하여 예수님과 십자가의 사건을 담은 성경이야기를 알려줄 방법을 고안해냈다. 즉 의사소통의 연결다리가 만들어졌다. 이해의 돌파구가 생긴 것이다. 일부 사람들이 복음을 믿게 되었고, 현재 관다라-와라에는 그리스도 예수의 교회가 존재하고 있다.

다른 선교사들이 실패했던 곳에서 성공을 거둔 세 번째 그룹의 선교사들은 누구였는가? 그들은 백인도 아니고, 서구인도 아니며, 미국인이나 유럽인도 아니었다. 사실 그들은 아프리카인들로서 서부아프리카 복음주의 교회(Evangelical Church of West Africa, ECWA)의 복음주의 선교협회 회원들이었다. ECWA는 서부아프리카 전역과 나이지리아에서 가장 큰 교회 중 하나이다. 복음주의 선교협회는 서부아프리카 전역에 걸쳐 사역하는 1,000여명의 선교사들을 지닌 나이지리아의 완전한 토착적 선교 기관이다.[1]

이것은 세계 여러 나라에서 무수히 반복 될 수 있는 이야기이다. 이 이야기는 현재와 미래에 있어서 선교에 관한 최소한 세 가지 일들을 분명하게 보여주고 있다. 첫째, 하나님은 여전히 아브라함에게 하신 약속을 지키시고 계신다. 둘째, 교회나 선교도 다국적이고 다각적이어야 한다. 셋

---

1) Bill Taylor(1994)는 나이지리아 복음주의 선교협회의 책임자인 Panya Baba 박사에 의해서 보고된 이 이야기를 전해주고 있다.

째, 하나님은 선교에 대한 적응력, 창의력, 유연성 그리고 깊은 사고력을 요구하고 계신다.

2. 축복하시기를 좋아하시는 하나님-아주 긴 이야기

어떤 면에서 관다라-와라의 회심 사건은 20세기 기독교 선교의 거대한 이야기 안에 있는 아주 작은 각주에 불과하다. 그러나 또 다른 면에서 그 사건은 그리스도에게로 그리고 모든 족속을 제자로 삼으라는 그의 명령으로 되돌아가는 것뿐만 아니라, 바로 아브라함에게까지 아주 멀리 되돌아가는 이야기의 일부이다. 왜냐하면 하나님은 아브라함에게 '땅의 모든 족속이 너로 말미암아 복을 얻을 것이라'(창 12:3)고 약속하셨기 때문이다.

아브라함 이야기는 선교에 대한 매우 성경적인 동력의 토대가 된다. 즉 이것은 창세기 3-11장에 다채롭게 기록된 인간의 타락과 반역의 환경 가운데서 모든 인류에게 축복을 주시겠다는 하나님 자신의 선교인 것이다. 아브라함과의 약속은 매우 중요한 것으로써 바울은 실제로 그것을 '복음을 전하되'(갈 3:6-8)라고 칭했다. 참으로 그것은 좋은 소식이었기 때문이다.

하나님은 모든 민족을 축복하시고자 하신다. 이것이 하나님의 위대한 공약 선언이다. 이것 때문에 소돔과 고모라에 대하여 심판을 하시고자 할 때조차 거듭 되새기듯이 하나님은 먼저 아브라함을 부르셨던 것이었다(창 18:18-21). 이것은 하나님께서 이스라엘을 모든 민족에게 빛이 되도록 창조하신 이유였다. 이것이 바로 하나님께서 예수님을 자신의 종으로 보내어 이스라엘을 자신에게 돌아오게 할 뿐 아니라, 모든 민족에게 공의를 행하여 세상 끝까지 자신의 구원이 미치게 하신 이유였다(사 49:6). 또한 이것은 예수님께서 구약 해석에 있어서 제자들에게 마지막 가르침을 주실 때, '기록된바'라고 말씀하실 수 있었던 이유였다. 메시아가 나타나시고, 수난당하시고, 죽으시고, 다시 살아나신 것뿐만 아니라, 죄에 대한 회개와 용서가 모든 민족에게 그의 이름으로 선포될 것이라(눅 24:45-48)는 것이다. 다시 말하면 모든 민족에 대한 선교는 메시아의 성취만큼이나 구약성경에서도 매우 중요한 부분이다. 여기서 예수님의 말씀은 우리에게 메시아와 선교의 관점으로 '성경을 이해할 것'을 가르쳐주고 있다.

그런 것이 바로 사도 바울이 종의 사명을 추진하도록(행 13:46-47), 그리고 하나님을 모든 민족에게 그리고 모든 민족을 하나님에게 데려오도록 위임받은(롬 15:16; 출 19:4-6) '모든 민족에 대한 사도'로서 자신을 믿었던 이유였다.

그렇기 때문에 참으로 성경적인 복음만이 복음이다. 복음이 장벽을 무너뜨리고, 국경을 가로질러 건너고, 모든 민족을 그리스도를 통해서 구원을 받도록 하는 등 역동적으로 작동할 때, 하나님이 계획하신바대로 그 복음은 좋은 소식인 것이다. 에티오피아의 내시와 고넬료가 예수님 안에서 구원과 기쁨을 찾았을 때, 하나님은 아브라함에게 하신 자신의 약속을 지키셨다. 바울이 마케도니아 사람의 부름에 순종하여 유럽에 복음을 전했을 때, 하나님이 아브라함에게 하신 자신의 약속을 지키셨다.

유럽 선교사들이 세계의 여러 나라들에 복음을 전했을 때, 하나님은 아브라함에게 하신 자신의 약속을 지키셨다. 아프리카 선교사들이 언어와 문화와 종교의 장벽을 뛰어넘어 관다라-와라 사람들에게 복음의 의미를 깨닫게 했을 때, 하나님은 아브라함에게 하신 자신의 약속을 지키셨다. 언젠가 모든 민족이나 모든 족속, 모든 백성 그리고 모든 언어들이 어린 양을 찬양하는 노래를 부르며 하나님의 보좌 앞에 서게 될 때(계 7:9-10), 하나님은 아브라함에게 하신 자신의 약속을 지키실 것이다.

성경적 선교신학에 대한 강의의 간략한 요점은 바로 이런 것이다. 21세기의 선교 동향이 무엇이든지 간에, 선교 동향은 단지 자신의 세계를 향한, 자신의 백성을 통한, 자신의 목적-축복과 구속을 인류에게 그리고 실로 그의 모든 창조물에 가져다주는 목적-을 위한 하나님의 선교적 약속에 관한 아주 오래된 이야기의 연속이 될 것이다. 우리는 선교에 대한 우리의 관심과 선교 전략을 성경적이고 역사적인 관점에서 매우 광범위하게 알아볼 필요가 있는데, 그것은 과거의 세대보다 오히려 현재 우리 세대를 보다 현명하게 또는 보다 중요하게 간주하는 경향을 어느 정도 저지하기 위해서이며, 그리고 선교는 우리 자신의 계획이나 예측과 일치할 수도 있고 그렇지 않을 수도 있는 하나님의 계획이라는 것을 어느 정도 인정하기 위해서이다.

3. 아브라함에게 하신 하나님의 약속의 결실: 다국적 교회와 다각적 선교

관다라-와라의 이야기가 예시하는 두 번째 사항은 아브라함에게 하신 하나님의 약속이 풍성한 열매를 맺고 있는 세대 안에 살아가는 특권이 우리에게 여전히 있다는 것이다. 물론 교회 성장이 지구의 인구 증가율을 추월하지 못하고 있는 여전히 어려운 현실이지만(기독교인들은 1세기동안 숫자적으로 놀라운 교회성장을 보였음에도 불구하고 대략 세계인구의 31% 수준에 아직도 머무르고 있다), 현재 지구상에 있는 거의 모든 나라에 기독교인들이 존재하고 있는 것이 사실이다.

'죄 회개와 용서'는 거의 모든 족속에게 전파되고 있다. 서구의 선교사들이 전파하려다가 두 번씩이나 실패했었던 부족에게 뻗친 나이지리아

교회의 성장과 활력은 세계의 바로 한 부분에서 일어난 그와 같은 사실을 설명하고 있다.

1) 비서구 교회의 성장

수십 년 간 교회가 숫자적으로 줄어가고 있는 서구에 살고 있는 우리 같은 사람들에게 세계의 나머지 지역의 교회들이 성장하는 것은 때때로 놀라운 사실로 보여 진다. 그러나 그것은 20세기 기독교 역사에서 말할 나위 없는 가장 중요한 현상이다. '서양 종교'라고 생각하는 기독교에 대한 관념은 하나의 신화나 편견일 뿐, 통계적 사실은 분명히 아니다.[2]

기독교는 이제 진정으로 세계적인 신앙이 되었으며, 세계 기독교의 무게 중심은 지난 백 년 동안 남쪽과 동쪽으로 꾸준히 이동하였다. 1900년에 어떤 형태이든지 기독교인이라는 이름으로 불린 사람들의 약 90%가 북반부나 서구에(호주 및 뉴질랜드를 포함하여 주로 유럽과 북미에) 살았으나, 1980년에 단지 50%만 살고 있다. 오늘날 최소한 세계 그리스도인의 75%가 아프리카, 아시아 그리고 라틴 아메리카에 살고 있는 것으로 추산된다. 즉 다수가 서구 밖에 있으며, 서구는 점점 더 기독교 핵심지역의 주변국이 되어가고 있다.

이런 성장의 가장 큰 몫은 복음주의 교회들, 특별히 오순절과 은사주의 계열의 교회들과 그 운동들 가운데 있어 왔다. 독립교회들(주류 교단과 에큐메니칼 교단 밖에 있는)에 속한 교인들의 숫자는 1900년에 대략 3백 7십만

---

[2] 이 나머지 부분에 나오는 사실과 숫자는 다양한 자료들로부터 발췌했으나, 주로 『선교사 연구를 위한 국제 보고서』(*International Bulletin of Missionary Research*)(Barrett 2002)에 있는 David Barrett의 연례도표와 Johnstone & Mandryk 2001을 의존했다. 그 모든 통계가 다양한 수집방법들과 여러 가지 선택기준들을 반영하고 있기 때문에 조심스럽게 취급되어져한다는 것을 인지해야한다. 어쨌든 상당히 관대하게 오류의 여지를 허용한다 해도, 통계가 제시하는 추세는 틀림없으며 논쟁의 여지가 없다고 본다. 또한 Jenkins 2002를 보라.

명에서 2000년에 5억 명 이상으로 증가되었다. 독립적인 복음주의와 은사주의적 복음주의의 급속한 성장 모습이 비서구 대륙들에서 나타난다. 특히 라틴 아메리카에서의 성장은 스페인어가 곧 세계 복음주의의 언어로서 영어를 능가하게 될 것이라는 말이 나올 정도가 되고 있다.

영국, 유럽, 북미 그리고 호주 등을 포함한 모든 성공회 교회들보다 나이지리아 성공회 교회들의 주일 출석 교인들이 더 많다. 영국보다 콩고민주공화국(자이르)에 더 많은 침례교 교인들이 있다. 서유럽 전체보다 중국 본토에 있는 교회에 더 많은 사람들이 예배를 드린다. 하나님의 성회는 미국보다 라틴 아메리카에 열 배 이상의 많은 교인들을 가지고 있다.

물론 누군가 그와 같은 모든 성장이 건강한 성장은 아니라고 즉각적으로 말해야 할 것이다. 통계전문가들은 설립된 교회들의 숫자를 추적해서 파악하는 것은 잘하고 있으나, 다시 사라진 교회들과 제자의 삶에 이르지 못한 회심들에 대한 점검은 잘하지 못하고 있다. 안타깝게도, 성장의 많은 부분이 깊이와 가르침과 적절한 목회적 돌봄이 없는 성장이기 때문에 어린 교회들이 극단주의, 균형 부족, 교리적 오류 그리고 만성적인 분열(신약시대의 교회와 다르지 않은)에 취약하다. 또한 성장은 일시적 현상일수 있으며, 전체 수치가 상대적인 비율을 반드시 나타내는 것만은 아니다. 예를 들어, 1900년에 2개 밖에 없던 한국교회는 2000년-성장의 세기-에 7,000개의 교회로 성장했으며, 인구의 27%가 그리스도인이 되었다. 반면 어떤 북 아프리카 국가에서는 1998년에 30명의 자국민 신자가 2001년에 약 250명으로 성장했다. 하나님이 보시기에 어느 것이 더 큰 성장인가?

2) 비서구 선교의 성장

비서구 교회의 이러한 경이로운 성장 외에도, 비서구 선교의 성장에 대해서도 평가해야 한다. 선교는 더 이상(이전에 참으로 그러지 않았던) '서구에서 나머지 지역으로'가 아니다. 선교는 이제 모든 지역에서 모든 지역으로라고 할 수 있다. 즉 선교는 다국적이며 다각적이다. 한 때(슬프게도 종종 여전히) 서구 대륙에서 상황을 '받아들이는 선교'로 알려진 타문화권 선교단체들과 선교운동의 폭발적인 성장은 기독교 역사의 20세기 후반부에 나타난 또 다른 중요한 특징이 되었다. 관다라-와라의 이야기 역시 그런 선교를 예증한다. ECWA의 복음주의 선교협회는 대략 1,000명의 선교 동역자들을 후원하는 토착적인 나이지리아 선교기관으로 어떤 기준으로 보아도 큰 기관이다.

이런 통계는 고마워하는 '원주민들'에게 복음을 전해준 피스 헬멧을 쓴(pith-helmeted) 하얀 피부색의 서양인으로 풍자된 '선교사'의 모습을 여전히 아른아른 기억하는 사람들의 마음에 특히 매우 충격적일 것이다. 미국은 여전히 타문화권 선교를 위해 선교사들을 가장 많이 내보내는 국가다(대략 60,000명). 그러나 두 번째로 큰 국가는 인도로서 지금 44,000명의 선교사가 있다. 이들 중에 60%가 인도에서 사역 중에 있으며, 지리적, 언어적, 문화적, 종교적으로 타문화권 상황에 있는 것이라고 할 수 있다. 한국은 대략 영국(약 10,000명)과 같은 정도의 선교사들을 보내고 있다. 브라질은 5,000여명, 나이지리아는 4,000여명, 필리핀은 3,000여명, 우크라이나는 2,000여명 정도의 선교사를 파송하고 있다. 그 규모의 비율은 공개되어 있다. 북미는 세계에서 모든 개신교 선교사들의 약 35%를 감당하고 있으나, 지금은 아시아가 약 36%를 감당하고 있다. 아프리카와 라틴 아메리카가 함께 약 11%를 감당하고 있으며, 유럽이 같은 비율을 감당하고 있다. 그러므로 전체를 합치면, 현재 추산으로 서구와 북반부의 교회들이 보내는 선교사들 숫자만큼의 많은 선교사들을 남쪽과 동쪽의 교회들도 보내고 있다.

세계의 그리스도인들 중에 75%가 비서구인이다. 개신교 선교사들의 50%가 비서구인이다.

3) 서구 교회를 향한 과제

그 다음 우리가 그와 같은 사실과 경향에 반응함에 따라 그리고 그것들 안에서 하나님의 주권적 손길을 반드시 이해해야함에 따라, 무엇이 서구 교회를 향한 과제가 되는가? 최소한 두 가지가 있다.

첫째, 겸손과 회개가 필요하다. 겸손은 서구 교회들의 비극적인 쇠퇴를 (특히 유럽의 경우) 직시하도록 확실하게 도와준다. 겸손은 교회성장과 세계복음화에 관한 엄청난 양의 책, 프로그램 그리고 전략 등이 활발한 성장과는 거리가 먼 오히려 장기적인 생존여부를 염려해야 하는 그런 교회가 있는 세계로부터 나오고 있다는 아이러니에 대해 골똘히 숙고하게 만든다. 어째서 감소추세를 겪는 교회가 있는 일부의 세계가 나머지 세계에게 교회성장을 가르치겠다고 주장하는 것인가? 그 다음으로 전도에 관해 기꺼이 배우는 것보다 더 많은 것을 가르칠 수 있는 교회가 있는 곳에 우리는 기성복 같은 전략들을 뻔뻔스럽게 수출하고 있다.

또한 회개는 특히 물질적 부유와 오만의 우상, 자기 민족 중심적인 해로운 자만심, 그리고 '타고난 지도자'라는 우월감 등이 혼재되어 우리를 둘러싸고 있는 문화적인 우상들에 무관심하고, 무심하고 그리고 굴복적인 것에 대한 당연한 반응일 것이다. 당혹스러울 만큼 풍부한 재정적, 기술적, 문헌적, 제도적 자원들이 유용한 서양에서 우리는 다양한 형태의 연민과 온정주의를 지니고서 세계의 나머지 교회를 가난한 교회로 보려는 경향이 있다. 기가 막힐 정도로 일그러진 자신의 아들의 몸을 바라보시며 하나님은 무엇을 생각하실까? 하나님은 라오디게아교회에게 '네가 말하기를 "나는 부자라 부요하여 부족한 것이 없다" 하나 네 곤고한 것과 가련한 것과 가난한 것과 눈 먼 것과 벌거벗은 것을 알지 못하는도다'(계 3:17)라고 하셨던 말씀을 서양의 교회에게 하고 있지 않은가?

둘째, 진정한 동반자 정신이 필요하다. 불행히도, 비록 동반자 정신이란 단어가 선교 계층에서는 하나의 유행어이지만, 몇몇 서양 선교기관의 방식과 문화는 물질적 우위로부터 배여 나오는 우월주의와 일방주의 기풍에 여전히 젖어 있다. 서구가 나머지 세계에게 하는 것뿐만 아니라 서구가 가장 잘 알고 있는 것을 암시하는 19세기 그리고 20세기 초의 선교 비유와 이론적 체계를 우리는 여전히 사용하고 있다. 서구에서 출판되는 선교전략에 관한 책들은 여전히 '본거지'(the home base) 그리고 '선교지'(mission field)라는 용어를 사용하고 있다. 마치 예수님이 '선교지는 곧 세계다'라고 결코 말씀하지 않으셨던 것처럼 말이다. 실제로 유럽은 현재 지구상에서 가장 도전을 받고 있는 절실한 '선교지'임에도 불구하고, '선교지'를 여전히 '나라 밖의 멀리 떨어진 빈곤한 나라들'로 여기고 있다. 이전에 복음을 받았던 국가들이 지금은 자신들이 받았던 10배나 더 많은 선교사들을 타문화권 선교를 위해 보내고 있는(인도의 경우처럼) 상황에서 조차, 우리는 여전히 보내는 국가와 받는 국가라는 말을 하고 있다. 우리는 경영자 지배적인 그리고 소비자에 사로잡힌 문화의 언어를 계속 사용하고 있으며, 목표와 전략 그리고 경영 화법으로 선교 담론을 쏟아 붓고 있다. 그렇지 않으면, 우리는 전투, 공격목표, 요새점령 등 군사적인 비유를 계속 사용하고 있다.

우리는 주류 세계의 교회들과 저들의 선교기관들과 훨씬 더 세심한 대화를 나눠야 한다. 이것은 영적 동반자관계를 의미한다. 그런 관계 속에서 우리는 그리스도 안에서 동등하다는 것과 그리스도 아래서 서로에게 매우 책임감 있고 올바르게 부름 받은 것을 인식하여야 된다. 그리고 종종 우리의 관계를 색깔로 구별하려는 어떤 온정주의적 그리고 인종 차별주의적 태도보다 오히려 동반자적 태도 안에서 2/3세계에 속해있는 교회 지도자들에게 진정한 존경심과 경의를 표명해야 한다. 자원의 실질적 공유와 주고받는 상호의존을 보여주는 공동 계획과 헌신을 통하여 동반자적 관계가 행동으로 나타나며, 그 안에서 양 쪽은 축복과 변화를 얻게 된다(단지 '수혜자'나 '소비자'가 아닌).

4. 선교에 대한 적응력, 창의력, 유연성과 깊은 사고력

관다라-와라의 이야기가 보여주는 세 번째 사항은 향후 선교에 필요한 것은 놀라운 창의력이라는 것이다. 복음으로 춤추라(dance the gospel)? 이것이 첫 두 서구 선교사들 그룹에게 발생했던 의사소통의 장벽에 대한 반응이 아니라는 것은 사리에 맞는 추측이다. 선교사들이 이슬람에 대한 반응을 거울로 삼아, 춤과 복음을 합치기보다는 춤을 복음으로 대체하도록 노력했다고 보는 것도 가능성 높은 추측이다. 그러나 세 번째 나이지리아 선교사들은 이 춤을 그 부족에게 가장 중요한 것이 보존되고 소통되어지는 문화적 매개체로 이해-이 춤은 마음의 언어이며 가장 깊은 부족 정체성의 보고였다-하면서, 모든 인간에게 가장 중요한 것, 즉 하나님의 은혜의 복음을 그 부족의 '언어'로 전달할 수 있는 방법을 찾아냈던 것이다.

전도는 몇몇 전도 소책자나, 영화 화면에 예수님을 등장시키는 낯선 기술의 마법적인 능력이나, 대규모의 '십자군 운동'(왜 우리는 거대한 이슬람 공동체의 상황 속에서 그런 끔찍스런 단어를 여전히 사용해야 하는가?)이나, 또는 번역 및 독점 판매권을 가진 알파 코스 등과 같은 그런 문제가 아니었다. 관다라-와라를 위한 전도는 복음으로 춤추는 것이었다. 모든 선교의 현실과 큰 과제는 오직 하나의 복음(왜냐하면 그것은 본질적으로 나사렛 예수의 삶과 죽음 그리고 부활 안에서 단번에 일어났던 사건에 대한 좋은 소식을 선포하는 것이기 때문이다) 만이 있는 반면에, 그 복음이 살아남고, 전달되고, 반응할 수 있는 방법들은 사람들과 문화만큼이나 많고 다양하다는 것이다.

1) 방법의 다양성

또한 유연성은 점차적으로 다양한 선교 방법들을 필요로 한다. 예를 들어, 단기선교 형태가 증가하는 추세를 보이고 있다. 이러한 프로그램에는 몇 가지 이점들이 있다. 단기선교 프로그램에 참가한 사람들에게 교육적이고 동기부여적인 이점이 있다. 실천적인 필요를 즉시 충족시켜주는 이점이 있다. 비용이 절감되고 후원과 물류의 '기반시설'이 적게 드는 이점이 있다. 그러나 단기선교는 장기적인 타문화권 선교 헌신을 대체할 수 없다는 약점이 있다. 단기선교는 비구체적이며, 언어와 문화와 관련된 중요한 일을 진심으로 감안하지 않으며, 기대가 다소 이상주의적이고 낙관적주의적이 될 수 있으며, 그리고 심지어 나중에는 지역교회가 부담해야 할 문제나 피해를 일으키는 원인이 되기도 한다.

또한 좀 더 창의적인 전문인(tent-making) 유형의 선교를 지향하는 경향이 있는데, 그것은 그리스도인들이 선교지에 가서 타문화권 환경 가운데 전문적인 일에 종사하면서, '본국에 있는' 선교기관 그리고/또는 개인적인 친구들과의 접촉에 의존하기보다 오히려 자급자족하며 선교하는 유형을 말한다. 사도 바울과 같은 완벽한 성경적 선례 외에도, 그런 전문적인 직업은 그들이 머무는 지역 환경에서 사람들에게 더 많은 신뢰를 준다. '여기서 무슨 일을 하십니까?'라는 난처한 질문이 분명하게 문화적으로 이해할만한 일을 하는 사람에게 주어질 가능성은 거의 없다. 중동의

한 지역 법률 회사에 고용되어 일하고 있는 어떤 그리스도인 변호사는 자신의 직업이 전통적인 형태의 '선교사' 활동으로 인해 국외로 추방되는 것에 비해서 자신의 직업이 주는 세 가지 큰 이점을 말했다(선교사라는 단어를 사용하지 않아도 됨).

첫째, 그의 직업은 그 나라의 주류 사회에서 매일 어깨를 비비며 접촉하는 것 이상의 것을 주었다.

둘째, 그것은 책임감을 지닌 매우 가치 있는 일상의 직업을 수행할 수 있도록 특별한 의미의 훈련 그리고 그가 살고 있는 거리에 자신이 존재하고 있다는 중대한 이유를 주었다.

셋째, 그의 직업 자체와 그가 낸 세금은 체류국에 유익을 주기 때문에, 하나님께서 단지 복음전도의 기회뿐만 아니라, 그 나라를 축복하시고 그 나라의 번영을 위해서 그를 보내셨다는 소명감을 그가 느끼도록 해주었다. 많은 기독교 전문가들이 자신들의 존재가 그 지역 그리스도인들에게 큰 격려가 될 수 있는 나라에서 또는 공개적인 전도가 불가능한 환경 가운데 예수님의 사랑을 실천할 수 있는 나라 등에서 자신들의 재능으로 생계를 꾸려 나갈 수 있는 방법을 찾지 말아야 할 아무런 이유가 없다. 한 가지 중요한 사항은 그러한 직업은 정직성을 지녀야 한다는 것이다. 다시 말하면 전문인 선교는 일을 하는 체하는 '가리개'가 아니라, 오히려 자신의 모든 시간을 전도를 위해 보내는 것이다. 체류 국가들은 그런 사실을 매우 빨리 간파하기 때문에 그 결과가 자신뿐만 아니라 다른 사람들에게도 불행하게 할 수 있다. 어떤 사람이 말했듯이, 바울처럼 '만일 전문인 선교사(tent-maker)가 되고자 한다면, 실제로 몇 개의 천막을 만들어보아야 한다.'

그 다음으로 '노년층 사람들이' 타문화권 선교를 하러 가는 경향이 증가하고 있다. 이러한 선교는 주로 자녀들이 결혼을 해서 가정을 떠나고 재정적으로 안정되고 건강이 좋은 50대 또는 그 이상의 남녀들에게 적용될 수 있다. 그들은 세상의 직장에서 은퇴할 지위에 있으면서 다른 나라들에 있는 교회 또는 선교기관의 요청에 따라 폭넓고 다양한 사역들을 위해 자신들을 헌신한 사람들이다. 인생 경험의 성숙함과 지혜를 지닌 그런 사람들은 매우 귀중한 자원이 될 수 있다. 특히 열정을 지녔지만 항상 '아는바 대로'하지 않는 말끔한 외모의 젊은 선교 파트너보다 특정 연령대의 사람들에게 더 깊은 경의를 보내는 전통적인 사회에서는 더욱 그렇다.

2) 하부문화의 세계화

세계화의 확산은 선교에 대한 새로운 도전과 기회를 가져다주고 있다. 우리는 아주 새로운 유형의 '선교지'를 깨달을 필요가 있다. 과거에는 그 용어가 주로 영토적인 '장소'-어떤 국가나 대륙, 또는 어떤 언어나 종교나 지리적 응집에 의해 결합된 민족-를 의미했으나, 지금은 소위 비영토적이며 국제화되고 있는 하부문화(sub-cultures)라는 것이 날로 증가하고 있다. 예를 들어, 스포츠 문화의 세계화이다. 한편으로는 많은 나라의 남녀 운동선수들이 경기를 벌이는 '월드컵' 같은 행사들이 확산되고 있는데, 이 행사에 스포츠 의료진들이나 해설자들, 코치들, 기자들, 관중 등과 같은 여행단이 동행한다. 그와 같이 반복되는 프로그램을 둘러싸고 국제적인 문화가 형성되고 있다. 또 다른 한편으로는 폭발적인 축구의 인기를 둘러싸고, 거칠게 뛰는 거리의 아이들로부터 모든 종류의 아마추어 운동클럽들이 참여하는 스포츠 세계가 있다.

이 세계는 자신의 고유한 '언어', 관습, 영웅, 윤리, 목가적인 욕구, 긴장, 기쁨, 실망, 환희가 있는 '세계'이다. 그 세계 안에서, 그 세계를 통해서 교회의 생명력 있는 증거를 한 번도 접촉해 보지 못한 수많은 사람들이 복음을 거의 무제한적으로 접촉할 수 있다. 그러나 타문화권 선교의 다른 형태처럼, 스포츠 선교도 적절하고 효과적인 훈련 그리고 신중하고 세심한 전략과 문화적 인식이 필요하다. 이러한 인식은 스포츠 그리스도인들(Christians in Sports)과 스포츠 대사들(Ambassadors in Sports) 이라는 두 개의 스포츠 선교단체들이 스포츠 목회와 타문화권 학과에 자격을 부여하기 위하여 영국에 있는 만민기독교대학(All Nations Christian College)과 협력관계를 체결하도록 해주었다. 즉 스포츠를 새로운 종류의 '선교지'를 위한 '선교사 훈련'의 유용한 형식으로 간주하고 있는 셈이다.

21세기가 진행됨에 따라서 그리고 세계화가 가속되고 국제적인 문화들이 더 많이 생겨남에 따라서, 그런 문화들에 이를 수 있는 선교 전략의 새로운 적응력이 필요하다는 것을 알아야 한다. 이미 어떤 사람은 글로벌 사업, 글로벌 청년, 인터넷 그리고 NGO 구호단체 등과 같은 문화를 이미 선교 전략으로 포함시키고 있다. 새로운 형태의 지구촌 인류 '종족들'에게 '복음으로 춤추는 것'과 같은 것은 무엇일까?

유연성뿐만 아니라 민첩성도 21세기 선교에 필요할 것이다. 비록 상투적인 표현이지만, 우리는 빠르게 움직이는 변화의 세계에 살고 있다. 후현대주의는 그 추종자들에게 끊임없이 변화하는 문화를 즐기고, 그 순간을 만끽하고, 그리고 그냥 지나쳐 갈 것을 요청한다. 어떤 선교는 그렇게 할 필요가 있다. 다행히도 하나님은 문화적으로 후현대주의적인 사람들을 세우셨다. 그들은 각기 다른 장소에서 신속하고 민첩한 유형의 다양한 참여를 통해 그리스도께 그리고 그분의 소명에 장기간의 헌신을 기꺼이 나타내는 사람들이다. 새로운 기회가 있을 때, 그 안으로 들어가거나 필요할 경우 다시 나올 준비가 되어있도록 신속하게 대응할 수 있어야 한다. 하지만 이러한 민첩한 기회주의의 필요성과 함께, 역설적으로 참을성 있는 인내심도 여전히 요구된다.

일단 복음이 뿌리가 내릴지라도, 헌신이 구체화되는데 에는 수십 년이 걸리는 지역이 여전히 세상에 있다. 때때로 그와 같은 곳에서 일하는 기독교 선교 동역자들은 에스겔과 같은 심정, 공개적으로 말하거나 증거도 할 수 없는 벙어리와 결박된 자의 심정을 느낄지도 모른다. 그렇지만 가난하고 고통 받는 사람들 가운데서 주 예수 그리스도의 은혜를 구체화하고 있는 남녀로서 자신들이 수행하는 활동 그리고 자신들의 존재감은 결국 그곳에 복음의 빛을 환히 비추게 만들 것이다. 21세기는 땅에 떨어져 죽어서 마침내 풍성한 열매를 맺는 밀알처럼, 어쩌면 한 세대 이상의 기간 동안 어떤 나라와 문화에 자신들을 묻고자 준비된 역량 있는 사람들이 여전히 필요하다. 그와 같은 상황에서 단기주의(short-term-ism)는 대체안이 아니다.

따라서 선교는 적응력, 창의력, 유연성과 더불어 깊은 사고력을 필요로 한다. 깊은 사고력은 선교학의 과제이다. 이밖에도 21세기에 복음주의 선교학에 직면한 중요한 신학적 과제로 어떠한 것들이 있을 지를 곰곰이 생각해 보았다.[3] 그것들은 세 개의 독특한 복음주의적 관심사, 즉 성경, 기독론 그리고 변화된 삶의 실천적 윤리 등을 중심으로 삼고 있다.

3) 신학적 과제

첫째, 21세기 선교는 성경 권위 교리에 대한 새로운 표현방식이 요청된다. 복음주의자들이 하는 것처럼, 개념적 교리로서 성경의 권위를 확언하는 것도 한 가지 방법이다. 하지만 권위와 충돌하거나 모든 권위를 부정

---

3) Wright 2000. Taylor 2000은 1999년 10월 브라질 Foz d'Iguassu에서 개최된 주요 회담의 출판된 논문들과 이과수 선언문(Iguassu Affirmation)을 포함하고 있는 방대하고 중요한 책이다.

하는 후현대주의 세계에서 성경의 권위를 어떻게 이해하고 활용할 수 있는가? 이것은 해석학적인 과제로서, 다행히도 많은 성경학자들이 해석학의 선교학적 차원을 점점 더 인식하고 있다. 즉 우리는 우리 자신의 문화와 선교적 사명에 역동적 참여를 가능하게 하고, 일깨워주고, 제공하는 성경을 읽고 이해하는 방법을 반드시 가지고 있어야한다.

둘째, 신약성경의 시대를 포함한 이전 모든 세대에 있었던 것처럼, 21세기 선교는 종교 다원주의와 다른 대립적 주장 또는 부정이라는 환경 속에서 예수 그리스도의 유일성에 대한 새로운 선언이 필요하다. 이것은 우리들이 현대주의의 특성인 인식론적 다원주의와 충돌하면서 살고 있기 때문에 더욱 절실하다. 다시 말하면 오직 과학적으로 검증될 수 있는 것만을 '지식'으로 주장할 수 있다. 종교와 도덕성은 단지 신앙이나 견해의 분리적인 유형에서 나온 것이며, 따라서 어느 누구도 어떠한 종교적 선언에 대한 객관적인 진리를 주장할 수 없다는 것이다. 그래서 어느 현대주의적 다원론주의자가 말하기를, 우리는 특별한 또는 모든 종교들 안에 있는 진리의 가능성을 반드시 감안해야하며, 오직 하나의 종교만이 절대적인 진리를 주장할 수 없다고 한다. 그렇지 않으면, 점점 더 당연한 것처럼, 후현대주의의 존재론적 다원주의와 맞붙어 싸워야할지를 고려해야한다. 즉 과학적 진리를 포함한 어떠한 인간적 노력이나 선언 속에 최종적, 객관적 또는 절대적인 진리와 같은 것은 없다는 것이다. 그래서 어느 후현대주의적 다원주의자가 말하기를, 우리는 단지 상대적인 문화와 사상적 주장의 다양성만을 가지고 있다고 한다. 즉 많은 '이야기들'은 있으나 큰 규모의 거대담론(metanarrative)은 없다는 것이다.

선교학은 이 두 유형의 다원주의 상황 속에서 그리스도 통한 하나님의 사역과 사역의 유일성 그리고 보편성에 관한 성경적 주장을 제시하는 일에 계속적으로 씨름해야 할 것이다.

셋째, 21세기 선교는 윤리적 차원을 절대로 무시해서는 안 된다. 복음을 믿을 만한 것으로 그리고 선교를 변혁적인 것으로 만드는 것은 무엇일까? 오직 참되게 변화된 사람들과 공동체에 의해서 가능하다. 이것은 우리가 선교에 대한 통합적이고 총제적인 이해를 지속해야 한다는 것을 의미한다. 안타깝게도, 선교의 시계를 20세기 전반으로 되돌려 놓은 채, 복음주의의 역사적 뿌리와는 단절된 상태에서 전적으로 복음전도만을 선교관으로 확신하며 붙들고 있는 사람들을 여전히 만날 수 있다.

1974년의 획기적인 로잔협약과 1980년대 기간 연속된 일련의 회의들을 통해 복음전도와 사회적 활동을 분리할 수 없는 하나님의 백성의 전적인 사역으로 함께 묶어 놓은 것은 신학적 그리고 성경적으로 옳다고 생각한다.[4] 하나님의 구속하시는 목적은 인간 생활과 필요의 모든 영역을 포함한 전 피조물의 모든 부분에 이르기까지 온전하게 해주고 복 받게 하는 것이다. 그러므로 선교는 동시에 총체적이고 포괄적이어야 한다. 연민과 사회적 활동이 없으면 복음전도가 아니다. 반면 복음전도가 없으면 연민과 사회적 활동이 아니다. 그리고 돌보도록 위탁된 하나님의 피조물에 대한 환경적 관심이 없으면 복음전도도 사회적 활동도 아니다. 그 외에도, 복음주의자들은 한편으로는 극단적인 불균형으로 양극화되어가고, 또 다른 한편으로는 모든 세대에 쓸데없이 애쓰려는 유감스러운 성향을 가지고 있다.

향후 통전적 선교에 대한 이러한 지속적 관심의 역동성은 인간이란 무엇을 의미하는 지에 관한 새로운 비전이 될 것이다. 단지 서구의 개인주의나 소비자 중심주의 또는 과학적 환원주의 측면에서 아니라, 참된 성경적인 측면에서 통전적 선교를 표현하기 위해서 우리 복음주의자들은 반

---

4) 이 부분에 뒤따르는 다양한 문서들에 대한 해석과 논쟁에 대한 충분한 설명을 위해 Stott 1996을 참조하라.

드시 더 열심히 노력해야 할 것이다. 우리가 복음 그 자체의 표현에 따라 참된 인간적 방식 안에서 살아가며 관계를 맺어간다는 의미가 무엇인지에 대한 성경적 이해를 더욱 추구할 때, 서구에 있는 우리는 비서구 세계에 있는 기독교 공동체의 인간적 전통으로부터 보다 많은 것을 배우게 될 것이다. 그 외에도, 제2/3세계 안에 있는 복음주의의 영향력은 세계교회 선교에 중요한 자산이 될 것이다.

Bibliography

Barratt, David (2002), *International Bulletin of Missionary Research* 26.1 (January): 22–23.

Jenkins, Philip (2002), *The Next Christendom: The Coming of Global Christianity*, Oxford: Oxford University Press.

Johnstone, Patrick and Jason Mandryck (2001), *Operation World: 21st Century Edition*, Carlisle: Paternoster Press.

Stott, John (ed.) (1996), *Making Christ Known: Historic Mission Documents from the Lausanne Movement 1974–1989*, Carlisle: Paternoster Press.

Taylor, William D. (1994), in John D. Woodbridge (ed.), *Ambassadors for Christ*, 336–347, Chicago: Moody Press.

—— (ed.) (2000), *Global Missiology for the 21st Century: The Iguassu Dialogue*, Grand Rapids: Baker (WEF).

Wright, Chris (2000), 'Christ and the Mosaic of Pluralisms', in Taylor 2000: 71–99.

Recommended reading

Bosch, David J., *Transforming Mission: Paradigm Shifts in Theology of Mission*, Maryknoll: Orbis, 1991.
Goldsmith, Martin, *God on the Move: Growth and Change in the Church Worldwide*, Carlisle: OM Publishing, 1998.
Guthrie, Stan, *Missions in the Third Millennium: 21 Key Trends for the 21st Century*, Carlisle: Paternoster Press, 2000.
Jenkins, Philip, *The Next Christendom: The Coming of Global Christianity*, Oxford: Oxford University Press, 2002.
Moreau, A. Scott (ed.), *Evangelical Dictionary of World Missions*, Grand Rapids: Baker; Carlisle: Paternoster Press, 2000.
Taylor, William D. (ed.), *Global Missiology for the 21st Century: The Iguassu Dialogue*, Grand Rapids: Baker (WEF), 2000.
Winter, Ralph D. and Steven C. Hawthorne, *Perspectives on the World Christian Movement: A Reader*, Pasadena: William Carey Library; Carlisle: Paternoster Press, 3rd ed., 1999.

© Christopher Wright, 2003

제6장

복음주의와 윤리

로빈 패리

　복음주의 신학과 실천을 재고하는 것은 위험이 뒤따르는 일이다. 그렇다고 해서 그렇게 하지 않을 경우, 우리의 메시지는 점차 청중들(그리스도인과 비그리스도인)과 상관없는 것이 되고 말 것이다. 과거 복음주의자들이 노예제도를 지지하면서 성경을 통해 그러한 일을 기독교 윤리로 변호했었을 때와 마찬가지로, 우리 역시 그러한 도덕적 실수를 고착시키는 아주 현실적인 위험에 봉착하게 될지 모른다. 복음주의 윤리가 그대로 고착되어서 재평가의 여지가 전혀 없게 된다면, 우리 자신의 성경 해석을 우상화시키는 위험에 빠지게 되고 말 것이다.

　한편, 지난 시대의 지혜를 재고하고 거부하는 작업은 '적절성'이라는 미명하에 우리를 신성한 길로부터 떠나게 만들 수도 있다. 또한 기독교의 윤리적 자성에는 상황화라는 명분 속에서 세상이 높이 평가하는 가치들을 교회 안으로 끌어들여 그 가치들로부터 윤리적 단서를 얻으려는 매우 현실적인 위험이 도사리고 있다. 복음주의 윤리는 전통에 그리고 무엇보다도 성경에 진실해야 하는 반면에, 경험과 이성에 비추어 끊임없는 자성과 재고라는 칼날 위를 반드시 걸어야 한다. 우리는 스킬라(Scylla)의 화석화와 카리브디스(Charybdis)의 절충 이 두 가지 모두를 피해야 한다. 결국 복음주의 윤리는 새 시대의 이러한 면을 결코 충족시켜줄 수 없는 계속 진행 중인 공동 프로젝트인 것이다.

윤리적 외침 또는 행위가 복음주의적이라는 것은 복음주의자가 그것을 믿고 말하고 행동하고 있는지가 아니라, 그것이 복음, 즉 기쁜 소식의 메시지와 일치하고 있는가 그리고 보다 일반적인 의미에서 그것이 성경적인가에 관한 문제이다. 복음주의 윤리는 반드시 복음주의 신학에 근거해야 한다.

복음주의 윤리는 최근 수십 년간 큰 진전을 이루어 왔다. 아마 가장 중요한 시점은 1970년대 이후로써, 복음주의 안에 오랫동안 애매한 위치에 있었던 사회윤리가 복구되기 시작했다.[1] 건전하지 못한 개인주의 때문인지 또는 자유주의적 '사회복음'의 두려움 때문인지, 우리는 복음주의에 뿌리를 둔 사회윤리를 잃어버렸다.

1974년의 로잔대회(Lausanne Congress)는 복음주의적 사회윤리의 회복을 강조하였으며, 이제 대부분의 주류 복음주의는 그것을 중점사안으로 받아들이고 있다. 사회윤리학에서 진행되고 있는 복음주의적 이론과 실천은 격려와 좌절 모두의 원인이 되고 있다. 그렇지만 금번 장에서 나는 복음주의 윤리의 역사적 발달을 도표화하지 않을 것이다(내가 해야 할 입장에 있는 임무가 아니다). 오히려 복음주의 그리스도인들이, 초점이 개인적이든지 사회적이든지 간에, 윤리적 자성을 해야 한다는 점에서 내가 이해하고 있는 폭넓은 담론적-신학적 매개변수에 대한 개요를 설명하고자 한다.

---

1) 복음주의적 사회윤리의 손실과 현재 진행 중인 복구에 관하여 Smith 1998을 보라.

나의 자성은 서술적이기보다는 규범적인 의도에 있으나, 이러한 자성은 복음주의 윤리에 관한 최근 작품에 의지하고 있다. 이 과정에서 나는 몇 가지 격려할 만한, 즉 더 깊은 자성을 위해 윤리와 몇몇 다른 분야에서 진행되고 있는 현대 복음주의적 사고에 대한 개요를 서술할 것이다.

1. 복음주의 윤리와 성경적 거대담론

윤리적인 숙고는 단지 선호하는 성경의 특정 부분이 아니라, 성경 전체를 반드시 감안해야 한다는 것이 복음주의자들 사이의 전통이다. 매우 상이한 성경본문들이 신학적으로 어떻게 서로 연관되어 있는가에 관한 문제는 매우 중요한 사안이지만, 많은 복음주의 서적들이 그것을 충분하게 다루고 있지 못하고 있다. 일반적으로 복음주의자들은 미발달한 무오성 교리를 가지고 성경을 공부하려는 오류를 너무 자주 범하고 있다.[2] 이를테면 이들은 성경 문맥에 대한 큰 고려 없이 성경으로부터 도덕적 진리를 아무 문제없이 끄집어 낼 수 있는 이차원적 책으로서 성경을 공부한다는 것이다.

윤리학에 있어서 만일 성경본문의 임기응변적 활용을 피하고자 한다면, 본문 간의 신학적 상호관련성에 대한 중요 세부적 요소들을 반드시 이해해야 한다. 톰 라이트(Tom Wright)의 설득력 있는 주장대로, 그리스도인들은 창조로부터 새 창조에 이르는 거대담론(metanarrative) 안에서 성경본문과 자신들의 상황의 정확한 위치를 찾아냄으로써 본문과의 특별

---

2) 이와 같은 방식으로 무오성 교리가 틀림없이 남용되어지고 있다고 주장하는 바는 아니라는 점을 서둘러 밝혀 둔다.

한 관련성을 반드시 파악해야 한다.[3] 라이트는 아직 끝나지 않은(이야기가 어떻게 종결되어야 할지를 다룬 극작가의 묘사와 달리) 셰익스피어 연극의 최종 막(Act)과 유사한 것으로서 성경을 상상하라고 권한다. 연극을 직업으로 삼고 있는 어떤 배우들은 '공인된' 연극의 끝에서 두 번째 막의 대본을 작성하기보다는 오히려 작성되지 않은 채 그냥 남길 것을 마음에 둔다.

공연을 원하는 배우들이라면 지금까지의 줄거리, 등장인물들 그리고 종결 부분의 내용에 틀림없이 푹 빠져 있어야 한다. 그렇게 될 때, 그들은 대본 없이도 그 막을 즉석에서 틀림없이 해내게 된다. 그들의 즉흥연기가 단순히 초기의 막들을 재연해야 하는 것은 아니지만, 어떠한 것을 해도 좋다는 뜻도 아니다. 극중 인물의 성격묘사, 지금까지의 줄거리 그리고 결말에 대한 암시에 배우들이 얼마나 충실했느냐에 따라서 공연이 진실 될 수도 있고 거짓될 수도 있다.

이런 것이 바로 오늘날 우리가 성경을 어떻게 사용하는가에 관해서 반드시 숙고해야할 점이라고 라이트는 제안하고 있다. 성경은 이야기 끝에 암시를 덧붙인 1세기말까지의 인류를 다루신 하나님의 이야기이다. 우리는 지금까지의 줄거리와 서둘러 가고 있는 종결 장면에 충실한 방식 안에서 계속되는 이야기를 끝 마쳐야 한다. 마치 아무 일도 없는 것처럼, 이전의 막들을 꼭 재연할 필요는 없다.

한편, 성경 이야기는 기독교 생활에 충실한 실행을 요구하고 있다. 개인적이든지 사회적이든지 간에 이러한 생각을 복음주의적이고 신학적인 윤리의 핵심으로서 탐구하기를 원한다. 먼저 하나님과 도덕성의 관계를 간략하게 살펴보자.

---

3) Wright 1992: 139-144.

2. 하나님과 윤리

그리스도인에게 있어서 윤리에 관한 가장 근본적인 존재론적 질문은 하나님과 윤리와의 관계에 대한 것이다. 이 관계는 세 가지 기본 방향으로 이해되어져왔다. 윌리엄 오캄(William Ockham)의 신적인 명령윤리를 따르는 어떤 사람들은 하나님께서 사람에게 하라고 명령한 것은 무엇이든지 '옳은' 것이며, 하나님께서 하지 말라고 명령한 것은 무엇이든지 '잘못된' 것이라고 주장하고 있다. 하나님께서 살인을 금하셨기 때문에 그것은 잘못된 것이기도 하지만, 하나님은 살인을 우리의 도덕적 의무가 되도록 분명히 명령하였을 것이다. 신적인 명령이론에 대한 이러한 견해는 도덕적 의무 안에 하나님의 의지를 최우선으로 삼고 있다.

오캄의 이론과 유사한 복음주의적 윤리이론을 따르는 현대 복음주의자는 로이 클로저(Roy Clouser)이다.[4] 클로저는 하나님의 존재는 인간에게 완전히 신비로우셔서 알려질 수 없지만, 하나님은(무한대로) 지혜로우시고 선하신대로 자신의 속성을 창조하셨다고 주장한다. 그러나 하나님은 지혜로우시고 선하실 필요가 없으셨다-그분은 달리 자신의 속성을 창조하셨을지 모른다. 하나님은 인간처럼 어떠한 도덕법에 절대로 종속되지 않으신다-하나님께서 그 법을 만드시기 때문이다.

토마스 아퀴나스(Thomas Aquinas)는 신적인 명령 전통 안에 하나의 다른 입장을 제시하였다. 아퀴나스에게 있어서, 하나님의 속성은 선하심 그 자체이기 때문에, 그분은 선한 것만을 오직 명령하실 수 있다. 하나님이 명령하시는 것은 도덕적 의무가 된다. 그러나 하나님께서 명령하실 수 있는 것들은 그분의 완전한 속성에 의해서 '제한되어' 있다. 예를 들어, 하나님은 어떤 사람에게 놀이삼아 어린이를 고문하라고 명령하실 수 없다. 이

---
4) Clouser 1991: 167-195; 1999; 143-151.

이론은 하나님의 명령에 부합해야하는 '선'과 '악'의 기준을 하나님과 무관한 외적인 것에 두려고 생각하는 오류를 범하고 있다. 반면, 선하심은 하나님의 속성이기 때문에, 불가능한 일이지만, 하나님께서 존재하시지 않았었다면, 선과 악 어느 것도 존재하지 않았을 것이다. 하나님의 명령 윤리에 대한 이러한 견해는 하나님의 속성을 최우선시 한다. 이러한 견해를 변호하는 현대 정통주의 기독교 철학자들로는 윌리엄 래인 크레이그(William Lane Craig), 윌리엄 올스턴(William Alston), 캐서린 로저스(Katherine Rogers) 등이 있다.[5] 이러한 토마스주의적 모델은 하나님의 명령과 인간의 순종적인 행동보다는 하나님과 인간의 미덕을 강조하는 모델과 약간 차이가 있다. 가톨릭 철학자 린다 자브제브스키(Linda Zabzebski)는 하나님의 미덕에 윤리적 기반을 둔 모형을 주장하였다.[6] 그리고 인간의 미덕은 하나님의 미덕에 뿌리를 두고 있다.

세 번째 견해는 선하심과 공의 등을 하나님을 의존하지 않는 객관적인 기준(양식)으로 보는 플라톤주의적 노선이다. 하나님의 존재는 윤리의 내용과 상관이 없다. 하나님의 명령이 공의의 기준에 일치하는 경우, 하나님의 명령은 실제로 옳은 것이다. 이러한 견해는 정통적 그리스도인에게 질서가 어지러운 것처럼 보인다. 그러나 그것은 처음 보았을 때만큼 어색하지 않다. 이러한 윤리관을 옹호하는 현대 복음주의 철학자 웨슬리 모리스톤(Wesley Morriston)은 하나님이 완전하게 선하시기 때문에 그분의 명령은 항상 완전하게 선하시다고 주장하면서, 그리스도인이 더 이상 무엇을 주장할 필요가 있겠는가라고 되묻는다.[7] 정말로 전지하신 하나님은 도덕

---

5) Craig 1996; Alston 1989; ch. 12(엄격하게 말하면, Alston은 이와 같은 견해를 지지하지는 않는다. 다만 이 견해를 따르는 사람들을 위하여 유리한 정보를 제공할 뿐이다); Rogers 2000: ch. 9.
6) Zabzebski 1998.
7) Morriston n.d.

적인 진리와 우리의 유한성을 완벽하게 알고 계신다. 따라서 도덕적 문제들에 대한 그분의 의사 전달은 우리에게 있어서 중요한 길잡이가 되신다. 모리스톤은 자신의 윤리관은 중요한 신학적 주장이 뒷받침되고 있다고 논증한다.

분명하게 말하면, 복음주의 철학자들은 계속해서 이러한 이슈에 동의하지 않는다. 복음주의자들에게 있어서 성경본문 안에 의문의 여지가 없으며 타협할 수 없는 하나의 가설은 하나님의 명령이 우리의 의무라는 점이다-모든 사람이 그런 관점에 동의하고 있다. 나의 경우에 있어서, 기독교 윤리가 신적인 본성 특별히 하나님의 사랑의 속성에 뿌리를 두고 있다고 확신한다. 사도 요한이 '하나님은 사랑이시다'(요일 4:8, 16)라고 했을 때, 그는 하나님의 속성에 대해 주장하는 것으로 보인다-하나님은 본질적으로 사랑이시다. 달리 말하면, 하나님의 어떠한 행위도 사랑이 아닌 것으로 상상할 수 없다는 것이며, 이런 것은 하나님의 복수와 분노의 표현들을 포함하고 있다고 나는 생각한다.[8]

하나님의 거룩한 사랑은 기독교 윤리 전체의 초석이다. 실제로 정통적인 기독교 윤리는 자기희생적인 돌봄 가운데서 삼위일체의 위격 사이로 흐르는 것과 같은 이러한 사랑을 간파하는 것이다. 신적 존재 안에 있는 이러한 사랑 공동체는 도덕과 윤리의 근원이다. 왜냐하면 그 공동체는 창세기 1장에서 제시된 천지창조의 건설을 명령하신 거룩한 사랑의 존재로부터 나왔기 때문이다. 그러므로 하나님의 명령은 임의적이 아닌 거룩한 사랑에 의해 동기가 부여된 것으로 반드시 해석되어져야 한다. 그

---

8) 신학자들이 하나님의 사랑과 공의와의 관계를 종종 묘사하는 전통적인 이분법은 별로 도움이 되지 못한다. 공평한 보응에 대한 하나님의 행위와 그분의 사랑은 분리적(임시로 또는 영원히)이 될 수 없다는 점을 복음주의자들이 심도 있게 연구해야한다고 생각한다. 만약 하나님의 속성이 거룩한 사랑이라면, 모든 하나님의 행위는 거룩하시고, 공평하시고 그리고 다정하신 것이다.

러한 생각을 가지고, 이제 하나님의 선포에 의해서 창설된 창조의 질서를 살펴보자.

3. 1막: 창조

성경 이야기의 첫 번째 구성 요소는 창조이다. '창조'에 관해서 내가 말하고자 하는 것은 오래전의 한 사건을 단지 언급하려는 것이 아니라, 하나님께서 창조하신 모든 만물의 질서정연한 전체성을 언급하려는데 있다. 이러한 창조질서는 단지 자연과학에서 연구된 물질적 구조가 아니라, 인간이 반드시 행동해야하는 방식을 통제하는 규범적 질서를 내포하고 있다.

성경은 창조윤리에 중심이 되는 몇 가지를 가르치고 있으며, 그것들을 간략하게 언급하면 다음과 같다.

① 창조는 과거 및 현재의 존재적 측면에서 하나님을 의존한다.
② 창조는 하나님에 의해서 정리되고 체계화되어 진다. 인간에게 윤리적 질서를 가져다주는 것은 혼돈이 아니라 조화이다. 그러므로 창조윤리는 도덕성이 단지 인간의 창조물이라는 어떠한 주장도 받아들이지 않는다.
③ 창조는 선한 것이다. 이것은 창조된 물리적 존재를 악의 영역(그러므로 피해야 하는) 또는 도덕적으로 부적절한 영역('부도덕성'을 중요하게 여기지 않는)으로 떨어뜨리는 견해를 기독교가 '이론적으로' 거부하는 이유를 뒷받침해준다. 그와 같은 이원론적 윤리를 기독교는 '이론적으로' 거부해왔다. 왜냐하면 '물질적인' 것을 저급한 것으로 보고 '영적인' 것을 장려하는

이원론주의가 슬머시 들어와 심각한 영향을 미친 사실이 교회 역사 안에 매우 뚜렷이 나타나있기 때문이다. 예를 들어, 성(sexuality)을 바라보는 교부들의 태도 안에는 결혼의 미덕을 긍정하는 성경적인 열망과 그리고 가장 '영적인' 것을 최상으로 보면서 성적행위를 육체적(따라서 하위 등급인) 행위로 보는 비성경적인 견해 이 두 가지에 의해서 발생되는 긴장이 있었다는 것을 생각할 수 있다. 복음주의 교회 역시 이러한 이원론적 사고로부터 떨쳐 버려야할 악령을 여전히 가지고 있다. 따라서 복음주의 신학자들은 이러한 과제 속에서 계속적으로 우리에게 도움을 틀림없이 주어야 한다. 종교개혁 시대 이후, 소위 '세속' 직업의 윤리적이고 영적인 의미를 강조하는 고무적인 회복이 일어났다.[9] 이 시점에서 통합적인 기독교 생명윤리를 위한 노력이 더욱 요청되고 있다.

④ 인간은 '하나님의 형상'대로 창조되었다(창 1:26-28). 표현에 대한 정확한 의미가 결코 일치된바 없었지만, 이 성경의 가르침은 인간 생명의 중요성과 가치를 강조하는 기독교의 오랜 근거가 되어왔다(창 9:6). 일반적으로 대부분의 복음주의자들은 '하나님의 형상'을 '영혼'의 합리적이고 창조적인 측면을 설명하는 어구로 이해하고 있다. 그러나 최근의 몇몇 복음주의 사상가들은 형상을 좀 더 기능적인 용어로 보고 있다. 즉 인간은 피조물을 다스리는 하나님의 통치자로서의 역할을 하고 있으며, 이러한 면에서 인간은 하나님을 닮은 것이다. 이와 같은 해석은 창세기 1장의 주해를 통해서 더욱 명백하게 드러난다. 칼 바르트(Karl Barth)를 따르는 다른 부류의 사람들은 하나님의 형상에 대한 좀 더 관계적인 모형을 복구하는 쪽으로 선회하였다. 하나님의 형상을 지닌 존재란 고립된 개체적 존재라기보다 오히려 관계성

---

9) 예를 들어, Walsh & Middleton 1984; Stevens 1999.

속에서 함께하는 존재라는 것이다.[10] 바로 이러한 견해는 개인의 고립적인 입장을 지나치게 강조해 왔던 복음주의 신학 전통 안에 공동체적인 윤리를 회복시켜주고 있는 많은 방안들 중에 하나이다. 인간 본성은 윤리에 중대한 영향을 미치고 있다. 따라서 최근의 성경연구, 생물학, 신경학, 심리학, 철학 그리고 사회학에 비추어 인간 본성에 관한 개념을 다시금 탐구하는 창의적인 신학 작업이 이루어지고 있다.[11] 담론(narrative)의 역할은 한 '인간'의 정체성에 중요한 요소로서 매우 많은 주목을 받고 있다. 이러한 점은 그리스도인의 자아정체성을 생성하는데 있어서 성경 담론의 역할에 관해 생각할 수 있는 새로운 길을 열어주고 있다.[12] '인간'에 초점을 맞춘 이런 개념과 윤리적 영향은 앞으로 당분간 지속될 것이다. 비록 그와 같은 토론의 결과가 인간의 가치를 지지하는 '인간성' 역할극에 영향을 주지 못한다할 지라도, 배아연구와 낙태 등과 같은 이슈들에 아마 영향을 미칠 것이다. '하나님의 형상'에 대한 기능적이고 관계적인 개념의 경우, 적어도 배아와 태아가 하나님의 형상으로서 아직 충분하게 기능하지 않는다는 점을 고려해야하며, 그리고 이러한 점은 낙태시술을 전통적으로 반대하는 기독교의 중대한 성경적 기반을 어쩌면 약화시킬 수도 있다는 것을 유념해야 한다. 때문에 신의 형상에 대한 기능적인 견해를 지지하는 복음주의자들은 이 문제를 주의 깊게 검토해볼 필요가 있다. 배아는 신의 형상인가? 잠재적인 신의 형상인가? 후자의 경우라면, 이 잠재성이 고의적인

---

10) Tom Smail은 삼위일체적 용어 속에 있는 관계성과 하나님의 형상이라는 개념을 탐구하기 위한 책을 집필중이다. 우리가 관계성 안에서 성부와 성자와 성령으로서 하나님을 닮았다고 할 때, 신학자들은 그 하나님의 형상의 의미가 무엇인지를 연구해야 한다고 그는 주장한다(Paternoster Press에서 곧 출판예정임).
11) White 1996; Elliot 2001.
12) 인간성에 관한 담론적 개념을 옹호하는 철학자들은 Paul Ricoeur, Alasdair MacIntyre, Charles Taylor 그리고 Richard Kearney 등이다. 그들의 예를 따르는 신학자들로는 Stanley Hauerwas, Vernon White 그리고 George Stroup 등이 있다.

해악으로부터 배아의 도덕적 지위와 보호를 인정하는 것인가?[13]

또한 자연세계(자연을 돌보고 자연의 잠재력을 이끌어 내는 것)와 동물(동물의 유익을 위해 동물 위에 있는 권한)에 대한 인간의 관계는 창조질서에 근거를 두고 있다. 최근 몇 년 사이 그러한 주제들에 큰 힘을 실어주고 있는 복음주의적 생태 윤리학이 환영받고 있는 추세이다.[14] 동물복지 문제에 대한 윤리적 반성은 다소 미흡한 가운데 있으나, 여기에도 고무적인 변화의 징조가 있다.[15] 인류에게 '땅을 정복하라'고 하신 하나님의 명령은 최근에 많은 복음주의자들에 의해서 농업과 과학기술 그리고 음악 등을 발달시키는 '문화적 위임'으로 이해되고 있다.[16] 창조된 모든 인간 생명에 대한 개혁주의의 긍정적인 평가가 발전될 필요가 있다. 풍성한 신학적·윤리적 작업이 모든 표현, 예술, 음악, 직업, 정치 등에 기술적으로 수행될 수 있는 문은 지금 열려있다.[17]

20세기, 기독교 윤리 내에 지혜문헌(잠언, 욥기, 전도서)의 영향력이 회복되고 있으며, 이러한 현상은 창조윤리의 회복에 대한 역할을 하고 있다. 최근 지혜문헌 복음주의 학자들은 교회가 하나님께 영광 돌리는 삶의 모든 가치를 회복하기 위해서 지혜윤리가 중요하다는 것을 강조하고 있

---

13) 철학자 Don Marquis(1997)는 일반적으로 살인이 옳지 못하다는 것은 우리가 죽인 사람이 '우리의 것과 같은 미래'를 가지고 있는 재산을 빼앗긴 것과 같은 것이기 때문이라고 주장한다. 마치 태아가 아직 충분한 기능적인 인간 또는 심지어 전혀 인간이 아닌 것처럼 간주하여 낙태를 시행하는 것은 잘못된 것이라고 Marquis는 말한다. 이와 같은 조치는 기능주의자와 관계주의자에 의해서 수용되어질 수 있을 것이다.
14) 예를 들어, Schaeffer 1970; Osborn 1995; Berry 2000; Bouma-Pediger 2001.
15) Rodd 2001: ch. 16에 언급된 연구와 Linzey & Yamamoto 1998: 33-48, 49-60에 실린 '예수와 동물'(Jesus and Animals)에 관한 Richard Bauckham의 두 개의 논문을 보라. 또한 Cartledge & Mills 2001에 실린 동물과 맺은 하나님의 언약에 관한 S. R. L. Clark의 논문과 J. Goldingay의 논평을 참조하라.
16) Walsh & Middleton1984; Wolters 1996.
17) Steven 1999를 보라. 예술과 음악과 정치 등에 관한 현대 신학의 흐름을 볼 수 있다.

다.[18] 또한 비복음주의 구약학자들의 최근 작업은 복음주의적 적응성에 대한 전망을 제공하고 있다. 제임스 바(James Barr)와 존 바톤(John Barton)은 구약의 율법서와 선지서 안에서 '자연법' 윤리에 대한 흔적들을 찾아냈다.[19] 구약 율법이 비이스라엘 사람들의 고대근동 율법에 친숙한 유사점들을 많이 가지고 있다는 사실은 모세에게 주신 하나님의 계명이 시내산 사건 이전에 전혀 알려지지 않았던 것은 아니라는 점을 시사하고 있다. 십계명을 받기 전까지 살인은 괜찮다고 이스라엘 백성들이 생각하지는 않았을 것이다! 복음주의 신학자들은 그와 같은 윤리적 유사성에 관한 신학적 중요성을 좀 더 숙고할 필요가 있지만, 모세의 율법이 자연법과 연관되어 있었다는 주장을 단지 강화해줄 뿐이라고 나는 생각한다.[20]

기독교 윤리는 윤리적 반영에 있어서 오랫동안 창조질서를 따랐다. 초대교부들은 스토아 철학의 자연법 이론을 채용하였고, 아퀴나스는 아리스토텔레스의 이론을 수정하여 자신만의 기독교 자연법 이론을 세웠다.[21] 대중적 지지가 감소된 이후에도, 자연법 윤리에 대한 주목받을 만한 부흥이 기독교 윤리학자들 사이에서 이루어지고 있다.[22]

그럼에도 불구하고 복음주의자들을 지속적으로 갈라놓고 있는 한 가지 이슈가 있는데, 그것은 이 자연법을 인식하는 접근방식에 관한 것이다. 거듭나지 않은 사람이 신의 특별계시에 의지하지 않고도 이성만을 사용하여 자연법을 이해할 수 있을까? 아퀴나스는 오히려 이 질문에 대해서 긍정적이지만, 복음주의자들은 매우 신중한 편이다(실제로는 가끔씩 아주 강하게 거부하는). 죄의 결과로 인해 발생된 인식론적 손상을 심각하게 받

---

18) Bartholomew 2002; Van Leeuwen 1990.
19) Barton 1998.
20) 또한 관련성은 창조와 지혜문헌 그리고 토라를 연계했던 몇몇의 구약성경책들과 제2의 성전 유대문헌에 의해 이루어졌다.
21) Holmes 1997: chs. 4, 6을 보라.
22) 예를 들어, Porter 1999를 보라.

아들여야 할 필요가 있지만, 윤리적 질문들에 대한 타문화와 타종교 간에 합리적인 일치가 존재하고 있다는 사실을 또한 받아들여야 한다. 그리스도인에게 있어서 모든 인간은 신의 형상을 공유하고 있으며, 동일한 창조질서 속에 살고 있다. 따라서 특별계시와 상관없이 그 창조질서를 이해할 수 있는 얼마간의 진실을 예상해야 한다.

'창조윤리'가 모든 기독교인들에게 환영 받아온 것은 아니다. 자연의 질서에 근거한 '창조윤리'와 예수님의 급진적이고 전복적인 임무에 뿌리를 둔 '하나님 나라 윤리' 간에 나타나는 전통적인 이분법이 기독교 윤리 안에 존재하고 있다. 현재의 도덕적 상황에 신중하면서 절대 지지적인 창조윤리를 어떤 '하나님 나라 윤리학자들은' 일축하고 있다. 이러한 이분법은 가장 무익하며 시급히 초월해야 할 문제로 보인다.[23]

복음주의 윤리이론은 성경의 전체적인 줄거리에 주의를 기울여야하며, 그 줄거리를 통합하는 방법을 모색해야 한다. 창조윤리의 도덕적 중요성을 거부하기 위해서 창조를 예수님과 대립시키는 것은 예수님뿐만 아니라 창조에 대한 오해를 종식시키기에는 전혀 도움이 안 되는 조치이다. 그러므로 스탠리 하우어워스(Stanley Hauerwas)같은 하나님 나라 윤리학자들의 작품을, 비록 복음주의 윤리학에 크게 유익할지라도,[24] 무비판적으로 받아드릴 수 없는 이유는 하우어워스가 창조의 중요성을 대단치 않게

---

23) 창조-하나님 나라라는 이분법을 초월할 수 있는 방법에 대해 Oliver O'Donavan이 논하였다. 그의 책 『부활과 도덕적 질서』(*Resurrection and Moral Order*)는 아마 지난 50년 동안에 출현한 복음주의 윤리학에 관한 가장 중요한 작품들 중에 하나일 것이다. O'Donavan은 복음주의 윤리학은 반드시 복음 위에 특히 죽음에서 다시 사신 예수님의 부활 위에 근거를 두어야 한다고 주장한다. 부활은 '창조와 창조된 생명체에 대한 하나님의 옹호를 말해주고 있다'(1994: 13). 이러한 점은 O'Donavan이 도덕적 행위에 근거가 되는 창조질서에 대한 열띤 토론을 전개하도록 이끌어 준다. 복음주의적 창조윤리 연구에 있어서 다가올 몇 년 동안 그의 뛰어난 작품은 일차자료로 사용될 것이다.
24) Wells(1998)는 Hauerwas의 신학적 윤리학에 대한 남다른 복음주의적 분석을 제시하고 있다.

생각하기 때문이다.

특별계시를 제쳐놓고, 자연법을 우리가 어떻게 알 수 있는가에 대한 끊임없는 질문은 자연법 이론의 가장 큰 문제점들 중의 하나로 그리고 더 많은 주의를 필요로 하는 문제로 여전히 남아 있다. 무엇이 자연적이고 무엇이 문화적인지에 대해 사람들이 단지 일치하지 않는다는 것뿐만 아니라, 그리스도인들(복음주의자들을 포함하여) 또한 서로 간에 일치하지 않고 있다.

유전공학을 생각해보자. 동물과 식물의 유전구조를 변형하는 것은 '하나님을 조롱하고' 창조의 구조를 위배하는 것인가, 아니면 하나님께서 세상 속에 두신 잠재성을 이끌어 낸 것인가? 인류가 창조물을 언젠가 이와 같이 변형시키는 것이 하나님의 계획이었는가? 유전공학은 원칙적으로 잘못된 것인가, 아니면 악용되었기 때문에 단지 잘못된 것인가? 만일 후자라면, 무엇이 악용인지를 어떻게 결정해야 하는가? 그와 같은 질문에 대한 해답은 지금 당장 명확하지 않으며, 향후 몇 년 동안 그리스도인들 가운데 상당한 토론의 주제가 될 것이다.[25]

실제로 생물학적 기술은 불변의 속성을 지닌 다양한 종(species)들에 전통적으로 초점이 맞춰져있는 자연법의 고정된 개념에 몇 가지 아주 중대한 도전을 일으킬 것이다. 현재 그리고 차세대 복음주의 윤리학자에게 있어서 긴급한 과제는 유전자변형을 통해 인간이 그 자신의 속성을 다시 디자인할 수 있는가 없는가에 관한 것이다!

현재 관심 받고 있는 한 분야를 더 살펴보면, 어느 정도까지 남편과 아내 사이의 관계가 문화적인 구성체이며, 어느 정도까지 그러한 관계가 창조물 안에 '주어진' 것일까라는 점이다. 이전 세대에서 하나님의 창조질

---

[25] 유전자 변형에 관한 최근 복음주의 연맹(Evangelical Alliance)의 책은 몇 가지 민감한 영향을 야기했다(Bruce & Horrocks 2001). 복제에 관해서는 Jones 2001을 보라.

제6장 복음주의와 윤리   227

서는 아내가 남편의 권위 아래 놓여 있는 것으로 당연하게 여겨졌다. 이 문제는 서구 복음주의 안에서 지금 폭넓게 이의가 제기되고 있고, 종파 안에서도 중대한 윤리적 분열의 한 원인으로 작용하고 있다. 윤리를 창조질서에 근원을 두고 있는 것으로 이해하는 것은 자연 질서가 어떻게 알려졌는가에 관한 실제적인 설명 없이는 모든 윤리적 질문에 자동적으로 답해주지 못한다고 본다.

좀 전의 토의는 복음주의적 윤리 해석학 안에 있는 가장 분열적인 이슈들 중의 하나와 밀접하게 관련되어 있다. 즉 성경 가르침의 어느 부분이 문화 초월적인지를 어떻게 알 수 있는가에 관한 것이다. 분명히 성경본문은 해석학적으로 어떤 밀폐된 문화적 공백 속에서 작성되지 않았다. 지나간 수백 년 이상, 성경연구에 있어서 엄청나게 진보된 것들 중의 하나는 성경의 형태가 갖추어진 고대문화세계에 대한 지식이 방대하게 늘어났다는 점이다. 지금 우리는 성경본문의 문화적 배경과 다르게 성경을 읽었던 그 때보다 더 좋은 상황에 놓여 있으며, 해석학적 이익도 주목할 만한 상태에 이르렀다. 그렇지만 이런 방식으로 본문과 간격을 두는 것은 이전 세대보다 본문을 우리에게 더 이질적으로 보이게 만들고 있다.

학자이든 아니든 간에 대부분의 복음주의자들에게 아주 분명한 것은 성경본문의 많은 형태들이 그 시대의 문화를 반영하고 있으며, 규범적인 윤리적 가치를 허용하지 않는 문화라는 것이다. 예를 들어, 오늘날 대부분의 복음주의자들이 볼 때 이스라엘 가정의 사회구조는 규범적인 것이 아니라, 단지 문화적으로 제한된 일시적인 모델에 불과한 것이다. 그러나 성경의 어떤 부분이 문화적으로 제한되어 있다고 할 경우, 어떤 부분이 문화를 초월하고 있는지를 결정하는 방법이 다소 분명하지 않게 될 수 있다(주의: 어떤 의미에서 성경의 모든 부분이 '문화적'이기 때문에 나는 '반문화적'이라고 말하지 않는다). 사랑에 대한 명령은 문화를 초월하는 것으로 우리에게 분명하게 보이지만, 우리가 무슨 근거로 이러한 판단을 하겠는가? 여성의 역할 또는 동성애 관계에 관한 논쟁의 경우, 복음주의 공동체의 일부 집단에 의해서 받아들여지고 있는 문화적 상대주의 개념이 다른 집단에게는 점점 더 골치 아픈 일이 되고 있다. 문제는 이러한 방법에 의지하는 사람들이 종종 즉흥적인 방식으로 그렇게 한다는 것이다.

기준을 제공하는 사람들은 종종 너무 급진적인 기준들을 제공할 수 있다. 예를 들어, 찰스 크라프트(Charles Kraft)는 신약의 교훈이 문화적 규범에서 벗어났을 경우, 문화를 초월하는 가르침을 갖게 되지만, 반면 신약의 교훈이 그 시대의 문화를 따르게 될 경우, 그 교훈은 아마 문화적으로 제한되어 진다고 제안하고 있다.[26] 이러한 기준의 차이점은 너무 엄격하여서 기독교의 유대인적인 요소를 기독교의 참된 본질에 부수적인 것으로 만들 것이며, 그로 인해 신약과 구약 사이에 중대한 연결성을 잃게 될 것이다. 또한 그것은 기독교의 핵심으로부터 하나님에 대한 신앙과 그와 같은 다른 것들을 배제시키고 말 것이다!

더 좋은 접근방식을 리차드 롱네커(Richard Longenecker)가 그의 책 『오늘을 위한 신약의 사회적 윤리』(New Testament Social Ethics for Today)에서 도표화하였다.[27] 롱네커는 신약 서신서의 윤리는 로마세계의 사회제도에 복음의 씨앗을 심는 것을 의미한다고 주장했다. 복음의 씨는 그 제도를 특정 방향으로 변화시켜 주었는데, 그 이상의 발전을 갈라디아서 3:28을 통해 볼 수 있다. 따라서 초대교회는 노예제도를 폐지하지 않았으나(초대교회 교인들은 거의 그렇게 할 수 있는 위치에 있지도 못했다), 그들은 복음의 관점

---

26) Kraft 1990: ch. 9. Kraft는 그가 제안하고 있는 것을 준수하지 않는다. 왜냐하면 영적 세계에 관한 예수님의 견해를(예수님 당시에 전형적이었던) 현대 그리스도인들을 위한 표준적 규범으로 택하기를 그가 원하기 때문이다. Kraft 자신의 기준에 따라, 그 주제에 대한 예수님의 견해가 문화적으로 제한적이 될 경우, Kraft가 이것을 어떻게 처리할 수 있는지가 내게 분명하지 않다.

27) Longenecker 1984.

에서 그 제도를 수정하였다. 후세대의 그리스도인들은 더욱 이러한 변화의 궤도를 따르고 노예제도를 폐지하는데 있어서 자신들의 주장을 정당화시켰음에 틀림없다.

문화와 성경 윤리에 대한 이러한 '구속사적 운동'(Redemptive Movement)의 해석학적 접근방식이 가장 고무적으로 발전하게 된 것은 윌리엄 웹(William Webb)의 『노예, 여자 그리고 동성애자』(Slaves, Women and Homosexuals)에 의해서이다.[28] 내가 이해하고 있는바, 웹은 문화 초월적인 곡식(wheat)으로부터 문화적으로 상대적인 겉껍질을 분리하는데 있어서 가장 체계적이고 일관된 접근방식을 제공하고 있다. 그는 열여덟 개의 기준을 제시하고 있는데, 그것들은 성경의 높은 견해와 일치하며, 그것들로 말미암아 성경적 교훈에 무게를 실어 주고 있으며, 현대적 응용에 관한 현명한 판단을 가능하게 해주고 있다. 이것은 현대 기독교 윤리학 안에서 성경 사용에 대한 매우 긍정적 발전을 뜻하는 것이며, 내 생각으로는 웹이 사람들로 하여금 상이한 노선을 택할 수 있도록 잘 준비해 놓았다고 본다. 이러한 이슈는 앞으로의 연구를 통해 점차 분명하게 드러나게 될 것이고, 마땅히 그래야 할 것이다.

4. 2막: 타락

타락 기사는 하나님께 반역한 인류의 이야기이다. 이 기사는 기독교 윤리 속에 발견되는 현실성에 우리의 관심을 끌고 있다. 개혁주의적 복음주의 신학에 따르면, 죄는 하나님의 창조 질서의 모든 영역에 영향을 주었다. 창조세계의 체계가 손상을 받았다는 의미가 아니라(일반은총으로 하나

---

28) Webb 2001 (또한 Adeney 1995를 보라).

님은 그것들을 보존하신다), 그런 체계의 하나하나가 다른 목적을 이루기 위해 하나님으로부터 돌아섰다는 것을 의미한다. 따라서 죄는 우리의 감정, 욕망, 하나님과의 관계, 배우자, 아이들, 부모, 친구, 이웃, 환경, 그리고 하나님의 세계 안에 있는 다른 피조물들을 감염시켰다. 정치, 일, 종교, 예술, 사랑, 교육, 경제, 그리고 인간 생활의 모든 영역 등이 죄로 말미암아 일그러졌다.[29]

인간의 본질적 선에 대한 현대주의자들의 견해를 반영하고 있는 20세기 초의 기독교 자유주의는 두 차례의 세계대전이라는 바위에 부딪쳐 산산 조각 나버렸다. 그리고 텔레비전에서 가끔씩 방영되는 스타 트랙(Star Trek)[30]과 같은 드라마는 절망적인 희망, 즉 현재 진행 중인 세계 도처의 충돌 과정 속에 그리고 인간 각자의 마음속에 계속적으로 드러나고 있는 거짓에 불과하다는 것을 보여주고 있다. 기독교 윤리는 인간의 마음을 우리가 직면하는 윤리적 문제들의 근원으로 삼는다. '육체적인 것'을 극복하려는 인간의 모든 시도-고대의 고행주의나 현대의 심리요법 등과 같은-는 실패로 끝날 것이다.

기독교 윤리 안에 인간 죄악 된 본성에 관한 이 같은 견해는 인간의 율법이 선을 증진시키기보다는 오히려 일차적으로 죄를 억제시키는 것이라는 관점을 이끌어 내 준다. 예를 들면, 우리는 살인을 금하는 법을 갖고 있지만, 분노의 생각을 금지하는 법은 없다. 그러므로 율법은 종종 염원하는 이상이라기보다 오히려 아래로 넘어지는 것을 막아주는 문지방을 설치해주는 역할을 한다. 현시대의 국법을 생각하는 그리스도인들은 이러한 점을 마음에 되새기는 것이 좋을 것이다.[31] 라인홀드 니버(Reinhold

---

29) Wolters 1996; Spykman 1992.
30) 스타 트랙 퓨처(the Star Trek Future)는 인류가 범죄, 전쟁, 빈곤, 질병, 탐욕 등을 근절하기 위하여 이성과 과학기술을 사용한다는 드라마이다.
31) Mitchell 1987; Beaumont 2002.

Niebuhr, 1902-71)는 아마도 최근의 다른 어느 기독교 윤리학자들 이상으로 인간타락을 자신의 윤리체계의 핵심으로 삼았다. 그는 악을 억제함으로써 권력에 대한 의지를 반드시 막아야한다는 개념을 중심으로 자신의 모든 사회윤리를 세웠으며,[32] 그리고 예수님의 윤리를 인간 역사 안에 실현 불가능한 하나의 이상으로 이해하였다.

유감스럽게도 니버는 죄와의 투쟁을 영원한 것으로 보았으며, 따라서 그는 십자가의 능력과 성령 그리고 예수님의 윤리로 말미암은 새 창조의 완성을 과소평가하였다. 니버는 복음의 능력을 과소평가하였던 만큼이나 죄의 능력을 과대평가하지는 않았다. 그럼에도 불구하고 그는 죄악의 포로로 여전히 남아있는 중생하지 못한 세상 사람을 위해 설계된 윤리 안에서 이 시대의 기독교인들이 예상할 수 있는 것을 어쩌면 알려주고 있는지 모른다. 정확히 말하면, 그리스도의 부활을 통한 새 창조의 시작과 재림 시의 최종적 완성 사이에 우리가 놓여 있음에 따라, 우리의 현재 상황에서 죄의 불변적 능력을 강조하는 것은 복음주의자들 가운데서도 논쟁거리가 되고 있다.

5. 3막: 율법

하나님의 언약 백성으로서 이스라엘의 윤리적 핵심은 시내산에서 모세를 통해 받은 율법이었다. 복음주의자들은 구약 율법이 오늘날에도 여전히 적용될 수 있는가에 관해 의견 일치를 이루지 못하고 있다. 루터교 성향의 사람들은 율법과 복음을 반대하는 경향이 있고, 율법을 성령의 능력 안에서 지금 살고 있는 그리스도인에게 더 이상 적용할 수 없는 것으로

---

32) Niebuhr의 이러한 해석에 관해서 Lovatt 2001을 보라.

보고 있다.

  율법은 단지 하나님의 필요성을 인식하도록 하기 위해 사람에게 주어졌다고 본다. 좀 더 칼빈주의적 성향이 있는 사람들은 구약과 신약 간의 통일성에 주목하면서, 율법을 그리스도인과 계속적인 관련성이 있는 하나의 길잡이로 이해하고 있다. 이 두 부류의 차이가 보이는 것만큼 뚜렷하지 않다. 왜냐하면 비록 루터가 구약 율법을 순종해야 할 의무가 그리스도인에게 있다고 생각하지 않았을지라도, 실제 생활에서 그는 기독교회에 예상되는 윤리적 기준을 설명하기 위하여 구약 율법을 많이 사용하였기 때문이다. 율법에 관한 바울의 견해를 해석하는 일은 여기서 중요한 역할을 하며, 그 문제는 오늘날 바울신학 복음주의 학자들을 분열시키는 가장 난감한 문제들 중에 하나다. 그리고 그러한 분열은 중단기적으로 계속 이어질 전망이다.[33]

  현대 구약학자들 중에서 복음주의자들은 구약 율법의 윤리를 논의하는 과정에 중대하게 공헌하였다.[34] 특히 월터 카이저(Walter Kaiser),[35] 고든 웬함(Gordon Wenham) 그리고 크리스토퍼 라이트(Christopher Wright)의 작품을 주의 깊게 보아야한다. 구약윤리에 대한 라이트의 전형적인 모델은 구약 율법에 대한 기독교적 재적용에 있어서 가장 유익한 모델로 여전히 남아있다.[36] 라이트는 가나안 땅에서 토라(torah) 하에 살았던 이스라엘 민

---

33) 한편으로는 폭넓은 복음주의 집단 내에 James Dunn과 Tom Wright에 의해서 가장 잘 제시된 소위 바울과 율법에 관한 '새'(new) 관점이 있다. 다른 한편으로는 Peter Stuhlmacher, Donald Carson, Simon Gathercole, Seyoon Kim, Stephen Westerholm, Mark Seifrid 등으로 대표되는 좀 더 전통적인 입장을 수정한 견해가 있다. 이러한 논쟁과 더불어 기독교 윤리를 선도하는 율법의 역할에 관한 고전적 개혁주의 논쟁이 있다(역사적 그리고 성경 주석적 토의에 관하여 Bayes 2000을 보라).
34) 구약윤리에 관한 Cyril Rodd의 최근 작품(2001)은 복음주의적 저자들 사이에 종종 회자되고 있다. 이 책은 윤리학 분야에 있어서 구약윤리의 중요성을 증언해주고 있다.
35) Kaiser 1983. 그렇지만 Kaiser는 구약윤리 속에 있는 율법의 위치를 지나치게 강조하고 있다.
36) C. J. H. Wright 1983; 1995.

족의 생활을 땅 위에서 경건한 인간으로 살아간다는 의미의 전형적인 모범으로 간주하고 있다. 따라서 이스라엘의 율법은 전 인류를 향한 하나님의 기준을 반영하고 있다. 교회는 종말론적 이스라엘이다. 그리고 이 세상에서 하나님의 방식에 따라 살아간다는 것이 전 인류에게 무엇을 의미하는지에 대한 하나의 모델로 존재하고 있는 교회 안에서 율법은 예형론적으로 여전히 적용될 수 있다. 상호보완적 접근방식이 존 골딩게이(John Goldingay)[37]와 리차드 보우컴(Richard Bauckham)[38]에 의해서 사용되고 있다. 그러므로 구약 율법이 하나님의 기준을 나타내고 있다는 점에서 이 율법은 여전히 기독교 윤리를 위한 중요한 자원인 셈이다. 그러나 최근 복음주의 작품은 이러한 표현의 미묘한 차이에 도움을 주고 있다.

고든 웬함은 구약의 많은 율법이 도덕적 이상을 법으로 정하려는 것이 아니라, 타락한 인류의 이상과 현실 간의 절충을 상징하고 있다고 주장했다.[39] 구약 율법이 성경 저자들의 윤리관을 구현하고 있다고 생각하는 것은 잘못이라고 웬함은 계속하여 주장했다. 그러한 윤리적 이상에 좀 더 근접하기 위해서는 지혜문헌 그리고 특히 담론을 살펴볼 필요가 있다.

이스라엘 율법의 담론적 배경을 깊이 있게 인식하려는 조짐이 점점 늘어나고 있지만, 이러한 관계성을 연구하는 윤리적 작품은 거의 전무한 상태이다. 폴 리쾨르(Paul Ricoeur)는 담론의 배경 안에 이스라엘의 율법을 놓는 것은 담론 영역(율법에 비추어)과 율법 영역(담론에 비추어) 모두에게 영향을 줄 것이라고 생각한다.[40] 이러한 판단은 조속한 후속조치를 필요로 한다. 구약윤리 안에 있는 창조윤리, 율법윤리, 담론윤리, 예언윤리 그리고 지혜윤리 간에 정확하게 어떠한 신학적 상호관련성 있는가? 후속조

---

37) Goldingay 1990.
38) Bauckham 1989.
39) Wenham 2000: ch. 5.
40) Ricoeur 1998.

치 측면에서 다음과 같이 세 가지 연구 노선을 제안하고자 한다.

① 지혜윤리는 창조윤리에 근거하고 있다고 할 수 있다. 또한 율법/언약윤리는 이스라엘의 이야기를 덧붙인 창조윤리에 근거하고 있고, 예언윤리는 율법/언약윤리(그리고 결국에는 창조윤리)에 근거하고 있다고 할 수 있다. 덤브렐(Dumbrell)의 주장대로, 나는 구약의 모든 언약들을 상기의 모든 윤리들을 찾아낼 수 있는 유일한 창조언약의 부분집합으로 간주하고 싶다.[41] 물론 이 창조언약은 하나님의 사랑에 근거하고 있다. 이러한 사고방식을 추구하는 것이 구약윤리의 더 큰 신학적 통합을 도출할 것이고, 결과적으로 그 윤리에 대한 기독교적 적용을 더 잘 이끌어 내주지 않을까라고 생각한다.

② 구약(사무엘상의 경우)의 담론윤리와 구약 율법 간에 관계를 세부적으로 분석해야할 시점이 무르익고 있다. 몇 개의 작품을 분석 중에 있으나,[42] 아직은 충분하게 연구되지 못한 분야이다.

③ 나는 창세기 1-3장에 대한 연구가 우리의 의문에 어느 정도 충분한 해답을 주리라고 본다. 이 세 개의 장 안에서 우리는 구약윤리 문학에 중요한 모든 유형들, 즉 창조윤리, 지혜윤리, 예언윤리 그리고 율법윤리 등을 발견할 수 있다. 만일 우리가 성경의 서두인 창세기 1-3장에 놓여있는 그 모든 유형들이 서로 간에 어떻게 관련되어 있는지를 규명할 수 있다면, 우리는 구약성경 전체에 흐르는 저들의 관련성을 이해할 수 있는 하나의 모델을 갖게 될 것이며, 또한 이것은 구약윤리에 대한 기독교적 활용을 좀 더 잘 알려 줄 수 있을 것이다.

---

41) Dumbrell 1984.
42) E. G. Millar 1998.

6. 4막: 그리스도의 교훈과 사역

그리스도의 교훈과 모범은 항상 기독교 윤리의 핵심이 되어왔다. 복음주의 윤리의 주된 문제는 예수님의 교훈을 성경의 나머지 부분과 어떻게 연결하는가에 있다. 예수님의 교훈과 성경의 정황을 절대로 분리해서는 안 되기 때문이다. 하나님 나라에 대한 예수님의 교훈의 초점은 그분의 윤리가 하나님 나라의 윤리라는 사실을 깨닫게 해주는데 있다.[43] 즉 그분의 윤리는 새 창조의 윤리인 것이다. 예수님의 윤리는 종말론적이다. 그러나 그분의 윤리가 한 세대 안에 세계 종말을 기대했었던 사람들을 위한 급진적이고 비현실적인 윤리였었다고 이해해서는 안 된다.

예수님의 윤리는 '세상'의 한 복판에서 심지어 새 창조를 무너뜨리고 있는 현실 가운데 살아가는 하나님의 사람들을 위한 하나의 근본적 윤리이다. 예수님의 윤리가 초기 유대인 신자들에게 말하고 있는 만큼이나 오늘날의 교회에도 말하고 있기 때문에, 21세기 교회의 윤리는 1세기의 그것 만큼이나 종말론적인 것임에 틀림없다. 예수님의 윤리에 관한 어떤 복음주의적 설명은 그분의 윤리를 그리스도인들에게 변함없이 적용해야 하는 것으로 여기고 있다. 설사 하나의 기준을 세우지 않을지라도, 우리는 그분의 윤리에 부응하는 정치 정책이나 법률을 반드시 기대해야 한다.

예수님의 윤리와 구약 율법과의 관계는 하나의 복잡하고 논쟁적인 사안으로서,[44] 그것은 연속성과 불연속성이라는 면에서 설명되어야만 한다. 구원 역사의 이야기 속에 있는 사건들은 신약성경의 저자들이 율법의 몇 가지 중복된 면들(예를 들어, 음식 규례, 할례, 희생제사)과 연속적인 면들(소위 도덕법)을 이해하도록 만들었다. 예수님께서 율법과 의견이 다

---

43) N. T. Wright 1996을 보라.
44) Moo 1992를 보라.

를 경우, 율법의 도덕적 진행 경로를 따랐으며, 그것을 더욱 더 발전시켜 나아갔다. 그런 까닭에 이웃을 사랑하라는 레위기적 명령을(레 19:18) 확증하면서, 동시에 그것을 비유대인들에게까지 확대하여 적용시켰다(마 5:43-44). 그리고 출애굽기에서 눈에는 오직 눈으로 복수하라는 규제를(출 21:24) 과격하게 보복하지 말도록 심화시켰다(마 5:38-39). 나중에 바울(롬 13:8-9)과 야고보(2:8-9)가 그랬던 것처럼, 예수님은(막 12:28-34) 율법을 사랑의 계명 안에 집약된 것으로 보았다. 예수님이 사랑을 해석했던 방식에 따라, 우리는 율법의 존재 이유(raison d'être)가 사랑이었다는 이해에 기초하여 계속적으로 율법의 적용을 분별해야 한다.

따라서 그와 같은 사랑을 보여주지 못했던 율법의 활용은 잘못된 적용이었다. 1960년대 상황윤리의 실용적 사랑윤리가 나온 이후, 많은 복음주의자들은 사랑으로 귀결되어질 수 있었던 윤리와 거리를 두는 것이 필요하다고 느꼈다. 이것은 부끄러운 일이다. 왜냐하면 예수님과 신약의 저자들은 기독교 윤리가 사랑의 계명으로 집약되어 질 수 밖에 없었다는 점을 믿었다는 것이 아주 분명하기 때문이다. 하지만 '기독교 사랑'이 의미하는 바는 성경에 나오는 창조와 구속 이야기를 떼어놓고 이해될 수 없다. 사랑에 관한 어떤 보편적이고 일반적인 설명은 강력한 윤리로서는 너무 미흡할 수 있는데, 어쩌면 이것이 상황윤리의 약점을 말해주고 있는지도 모른다.

윤리적인 삶을 위하여 전통적인 형태의 사랑에 관한 설명이 필요하다. 마치 창조물에 대한 하나님의 사랑의 언약, 그의 은혜로운 구속과 율법 제공, 죽으시고 다시 살아나시도록 그분이 보내신 그리스도, 성령 안에서 능력으로 임재하심, 그리고 자신의 생명 안에서 용서받은 죄인들을 끊임없이 정결하게 하심 등의 이야기의 윤곽을 따라 그 전통적인 형태의 사랑이 펼쳐져 있는 것처럼, 그리스도인에게 있어서 '사랑'의 개념이 구체화되어 있다. 그렇게 이해된 '사랑'은 기독교 윤리의 핵심으로서 기여할 수 있으며, 그것은 여기에 제시된 방법에 따라 사랑에 다시 몰두하도록 복음주의자들을 격려하고 있다.[45] 예수님의 윤리는 권력의 이데올로기를 전복시키는 하나의 급진적 윤리이다. 그리고 그것은 현상 유지 쪽으로 아주 쉽게 빠져 들어갈 수 있는 교회에 하나의 끊임없는 과제로 남아있다. 그렇지만 어떤 사람들의 습관처럼, 창조윤리에 대항하여 하나님 나라의 윤리를 내세워서는 안 된다. 문제의 바로 그 '하나님 나라'는 자신의 창조에 대한 하나님의 통치이다. 즉 그것은 옛 선지자들이 예언했던 창조의 회복이다.[46] 예수님의 윤리는 하나님의 우주-신약이 '세상'으로 언급하고 있는 것-를 오용시킨 구조에 대하여 비판적 역할을 하지만, 그 구조 자체에 대하여 비판하는 것은 아니다.

예수님은 정치권력이 아니라 단지 그것의 남용을 반대하고 있으며, 종교가 아니라 위선과 율법주의를 반대하고 있으며, 그리고 결혼이나 부귀가 아니라 저들의 우상화 등을 반대하고 있다.

7. 5막: 십자가

창조윤리에 대한 비판들 중의 하나는 그것이 윤리적으로 보수적인 것이 될 수 있고 그리고 결국 노예제도와 같은 억압 또는 본래 하나님이 주신 질서의 일부로서 군주제와 같은 정치 제도를 정당화시킬 수 있다는 것

---

45) 예를 들어, Atwood 1998. Atwood는 창조언약, 도덕적 규범 그리고 사랑을 자신의 이야기의 중심으로 삼았으며, 그리고 한 때 사랑은 사랑윤리에 따른 많은 문제점들을 해결하는 도덕적 규범과 호환적인 것으로 보기도 했다. Grenz(1997)은 기독교 윤리의 내용을 '포괄적인 사랑'으로 비슷하게 요약한 바 있다.
46) Dumbrell 1984.

이다. 오도노반(O'Donovan)은 기독교 윤리 안에 있는 십자가의 중심적 역할을 경시여기고 있다는 점에서 비판을 받고 있다. 복음주의의 십자가중심주의(crucicentrism)를 제시하면서, 이러한 비판을 매우 신중하게 처리할 필요가 있다고 나는 생각한다. 신약성경에서 십자가는 세 가지 다른 방식으로 윤리와 관련되어 있어 보인다.

① 십자가는 인간의 죄를 해결하신 하나님의 승리이며, 그리스도인들이 죄의 권세로부터 해방 받고, 하나님께 순종하도록 자유하게 된 기반이다(롬 6:1—14; 골 2:8—23).
② 십자가는 악한 현시대에서 그리스도인의 생활의 전형적인 양식이다. 그리스도처럼, 우리 그리스도인들은 세상으로부터 거절당할 것이며 하나님께 순종함으로서 고통을 겪게 될 것이다. 하지만 우리는 새로운 시대를 기다리고 있기 때문에 그러한 수치를 반드시 참아내야 한다(벧후).
③ 십자가는 교회 안의 권력관계에 대한 모형이 된다. 이러한 주제를 발전시킨 가장 고무적인 최근의 복음주의 작품들 가운데 하나가 그러햄 톰린(Graham Tomlin)의 『십자가의 능력』(The Power of the Cross)이다. 톰린은 바울의 고린도전서에서 그리고 루터와 파스칼의 작품에서 십자가 모티브의 실제적인 적용을 연구하였다. 그는 그러한 신학자들에게 있어서 예수님의 십자가 처형은 하나님이 인류를 다루시는 방식 안에 있는 기묘한 사건이 아니라, 역사 전체를 통해 하나님이 활동하신 방법에 대한 계시라고 결론을 내렸다. '하나님은 강력하고 합리적인 것을 통하기보다 오히려 극히 평범한 이해심, 즉 나약하고 무력하고 분명히 비논리적인 것을 통하여 여전히 일하고

제6장 복음주의와 윤리 **239**

계신다.'⁴⁷⁾ 진정한 권력은 '세상'의 타락된 사회 권력 구조 안에서가 아니라, 다른 사람을 위해서 한 사람의 권력과 권리와 특권을 기꺼이 포기하도록 만드시는 하나님 앞에서 자기 자신의 무력함을 인식하는 가운데 시작된다. 따라서 십자가는 권력을 남용하는 이데올로기의 정체를 드러내고, 저항하는 수단이 되고 있다. 권력에 잘못이 있다는 것이 아니라—푸코(Foucault)의 주장을 따라, 그는 권력을 사회적 관계 속에서 불가피한 것으로 보고 있다—권력이 남용되기 쉽다는 것이다. 그리고 십자가는 공동체 내에서 권력이 가동되는 방식에 대해서 비판을 제기한다.

> 이 이야기가 말하는 권력이란 지배하거나 통제하는 권력이 아니라, 사랑하고, 가능하게 해주고, 그리고 해방시켜 주는 권력을 말한다. 그것은 다른 사람들 위에 군림하는 권력이라기보다는 다른 사람들을 위해서 자신을 내어주는 권력이다. 그것이 선포하는 진리는 다스리기 위한 의지라기보다는 사랑하기 위한 의지이다. 그것은 지배에 의해서 결정된 관계 위에 세워진 공동체의 비전을 보여주는 것이 아니다. 반면 그것은 분열과 억압을 위한 것이라기보다 오히려 다른 사람들을 섬기기 위한 권력과 특권이라는 관계 위에 세워진 공동체의 비전을 보여준다.⁴⁸⁾

십자가의 능력은 공동체를 건설하는 능력이며 그리고 '십자가 신학은 오직 공동체 안에서, 즉 교회의 회원들, 지도자들, 설교자들 그리고 사람들 사이에 있는 사회구성원의 권력 관계 속에서 실현될 수 있는 것이다.'⁴⁹⁾ 십자가 신학이란 '자신들의 십자가를 지도록' 격려함

---

47) Tomlin 1999: 279.
48) Ibid.: 299.
49) Ibid.: 307.

으로서 약자들을 자신들의 상황에 묶어두기 위해 힘 있는 자들에 의해서 세워진 신학이라는 마르크스주의적 우려를 몇몇 신학자들이 하고 있다. 그러나 신약성경은 기독교 공동체 전체를 위한 모델로서 십자가를 항상 언급하고 있다. 리차드 헤이스(Richard Hays)가 지적한 것처럼, 실제로 약자들을 위해 자신들의 '권리'를 포기하도록 요청받는 사람들은 권력을 가진 사람들이지 그 반대가 아니다(막 10:42-45; 롬 15:1-3; 고전 8:1-11:1; 엡 5:21ff.).[50] 교회가 지니고 있는 십자가의 윤리적 과제는 공동체 안에 있는 권력 관계를 재검토하는 일이다. 우리의 지도자들이 권력을 자신들의 방향으로 이끌어내어 다른 사람들 위에 군림하고 있는 것인가, 아니면 자기 자신들의 필요에 앞서 다른 사람들의 필요를 돌보기 위해 사랑의 능력을 실천하고 있는 것인가?

또한 십자가는 그리스도인들이 악에 대항하는 방법의 기본이 된다. 루터의 경우, 통치자들에 의한 정치적 권력의 남용에 저항하는 것은 옳았으나, 그러한 저항은 십자가의 본을 따라 반드시 비폭력적이어야 했다. 기독교인들에게 있어서 '검을 쓰는 것'은 그들이 섬기라고 외치는 십자가에 달리신 주님을 버리는 일이 된다.[51] 복음의 사회윤리는 혁명에 의해서가 아니라 변화에 의해서 작용되는 것이다.

8. 6막, 7막, 8막: 부활, 성령, 새 창조

복음주의적 신학 윤리에 있어서 부활은 무엇을 의미하는가? 모든 것이

---

50) Hays 1997: 197.
51) Tomlin 1999: 300.

창조와 구속의 관계에 달려있다. 우리는 신학의 역사 속에서 이 관계에 대한 최소한 네 가지의 다른 견해들이 있음을 알 수 있다.

- 자연과 반대되는 은혜(자연은 나쁘고 구속은 좋은 것이다)
- 자연을 대신하는 은혜(즉 구속의 질서가 창조의 질서를 대신한다)
- 자연을 완성시키는 은혜(즉 자연은 선하지만 구속이 없이는 불완전한 것이다)
- 자연을 구속하는 은혜(즉 구속은 '창조를 되찾는' 것이다)

이러한 견해들 중에서 첫 번째는 항상 정통 기독교인들에 의해서 거부되어 왔다. 반면 다른 세 가지 견해 모두는 복음주의자들에 의해서 수용되고 있는데, 답변여하에 따라 많이 좌우된다. 계속되는 진행 방식을 나태내기 위해서, 우리는 신약성경에 그리스도의 부활이 새 시대의 전조라는 점을 주목할 필요가 지금 있다.

실제적으로 그리스도의 부활과 함께 새 시대는 벌써 시작되었다. 따라서 창조와 구속 사이의 관계를 명확하게 하기 위해서, 우리는 창조와 새 창조 사이의 관계를 규명할 필요가 있다. 그 이야기 안에 들어있는 두 운동 간의 연속성과 불연속성이란 무엇인가? 그 대답은 토마스주의(견해 3)와 종교개혁주의(견해 4) 견해 간의 어딘가에 있는 것으로 보인다.

새 창조는 현재의 갱신된 창조이다(신약성경은 파멸로 정해진 현재의 창조를 대신하는 교체 창조라는 주장을 전혀 지지하지 않는다). 따라서 새 창조는 현재 창조된 질서의 구속이다. 그러나 새 창조가 단순히 에덴으로 돌아가는 것은 아니다.

본래의 창조질서는 그 질서의 잠재성이 발휘되는 것이 필요했던 씨앗과 같은 것이었으며, 창조된 질서의 많은 적법한 발전이 인류 역사 속에서 일어났었다. 인류의 역사와 문화 속에 가치를 지닌 모든 것은 새로운 질서 속으로 들어오게 될 것이다(아마도 계 21:22-26에 나타난 생각). 그러나 불연속성은 현재의 창조보다 더 심오한 것이다. 바울은 우리가 갖게 될 육체는 인류가 본래 창조 때에 입었던 육체와 같지 않다는 것(고전 15:35-50)을 매우 강조하였으며, 예수님은 결혼이라는 중대한 창조 의식이 천국에서는 더 이상 필요하지 않다는 것을 명백히 하셨다(마 22:29-30; 아마도 기독교회에 실현된 종말론적 생활에 비추어 독신에 대한 긍정적인 평가를 설명해 주고 있다). 이것은 새 창조가 단순히 창조로의 회귀뿐만 아니라 창조의 변형인 것을 보여준다.

나 자신의 경우, 창조질서의 개념 안에 있는 불연속성을 수용하고 싶다. 따라서 나는 결혼을 하나님께서 작정하신 바대로 인류 발전과정의 어느 정해진 시점에서 반드시 끝나야할 일시적인 제도로 생각해야한다고 시험 삼아 제안해 본다. 이와 비슷하게, 아담의 죽을 운명의 육신은 생명나무를 취함으로서 불멸의 몸으로 변형되어야 했던 것이 변함없는 하나님의 작정이었다고 나는 생각한다.[52] 그래서 새 창조는 창조 질서의 회복이지만, 그 창조 질서의 발전 가운데 가장 나중 단계에 있는 것이다.

부활로 되돌아가서, 우리는 부활이 그의 창조물에 대한 하나님의 '승락' (Yes)이라는 점을 알 수 있다. 부활은 창조물의 구속(따라서 육체적 부활이 중요하다)이지, 창조물로부터의 구속이 아니다(유감스럽게도 많은 복음주의자들은 그렇게 알고 있는 것 같이). 올리버 오도너반은 그의 저서 『부활과 도덕 질서』(*Resurrection and Moral Order*)에서 이 점을 명쾌하게 밝혀 주었다. 복음윤리는 부활윤리이며, 이것은 갱신된 창조윤리이다.

---

52) 인간은 죽을 운명으로 창조되었고, 단지 그들이 생명나무의 실과를 먹을 때 오직 불멸에 참여할 수 있다는 점에 따라서 창세기 2-3장을 해석할 필요가 있다. 어쩌면 모든 사람이 그와 같은 견해를 편하게 느끼지 않을지도 모른다.

또한 성령은 여기에서 중요하다. 하나님의 사람에게 성령을 보내신 것은 하나님 나라의 임재에 대한 표징이다(욜 2:28-32). 예를 들어, 오순절 사건은 새로운 시대가 부활과 함께 시작했다는 긍정적인 증거이다(행 2:14-21). 에스겔서에서 하나님께서 약속하신 성령은 하나님의 율법을 내면화하여 율법에 순종하도록 했으며(겔 36:25-27), 그리고 이러한 순종의 능력을 부어주는 역할을 바울은 신자의 도덕적 삶 속에서 일하시는 바로 성령의 역할로 보았다.[53]

믿는 자와 공동체 속에 있는 거룩한 영은 공동체를 세우는 덕을 창출한다(갈 5:22-23). 이것이 실현된 종말론이다. 기독교 공동체에 있어서 새로운 시대는 시작되었고, 그리고 그 공동체는 미래 세계에 대한 선지자적 증인으로서 다가오는 시대의 가치관을 가지고 현시대를 살아가도록 부름 받은 것이다.

그러나 모든 것이 그렇게 간단하지 않다. 신약성경의 모든 내용들을 보면, 교회는 신시대와 구시대 사이에 대립 되는 긴장 속에 존재하고 있는 것으로 제시되고 있다. 새 창조는 여기에 있지만, 여전히 다가오고 있다. 실현된 종말론과 미래적 종말론 사이에 있는 신약성경 안의 이 같은 긴장은 문제를 복잡하게 하는 윤리적 고뇌를 일으킨다. 그리스도인의 삶이 죄악에 대한 즉각적이고 손쉬운 승리로 표현되지 않으며, 우리 안에 역사하시는 성령의 사역은 이 현시대의 육체적 소욕에 의해서 거부당하고 있다(갈 5장).[54] 고린도전서 내용을 훑어보기만 해도, 오늘날의 교회가 당면하는 것처럼, 신약시대의 교회가 교회의 윤리적 소명에 미치지 못했었다는 것을 알 수 있다. 윤리적으로 지나치게 현실화된 종말론은 기독교 공동체

---

53) Dunn 2001을 보라.
54) 성화에 대한 나의 개혁주의적 접근방식은 근본적으로 모든 복음주의적 전통이 받아들일 수 있는 것은 아니다.

를 지배하는 인간의 죄악으로 말미암아 드리워진 그림자를 과소평가하는 위험성이 있다는 것이다.

　비록 성령의 감동으로 쉽게 좋은 습관이 형성된 육신이라 할지라도, 육체적 소욕에 저항하는 일은 평생의 투쟁이다. 한편, 일부 사람들 중에는 죄의 권세를 과대평가하고, 그 죄에 저항하게 하시는 십자가와 성령의 능력을 과소평가하는 경향이 있다. 죄에 대한 승리는 현시대의 그리스도인에게 진정으로 가능한 일이다. 바울은 거룩함을 단지 미래적인 것으로 간주하는 신학과 그리고 동시에 우리가 우리 자신을 도울 수 없다는 사실을 받아들이는 신학을 결코 지지하지 않았다.[55]

　죄는 그만큼 저항하기 힘들지 모르나, 그것에 맞설 수 있는 자원은 그리스도인들에게 지금도 여전히 유효하다. 그렇지만 신약성경은 또한 장기적으로 신자의 도덕적 변형을 본다는 면에서 현실적이다(요일 1:8-10). 복음주의 신학의 과제는 지금과 아직도(now and not-yet) 사이의 어딘가에 균형을 두어야하는지를 판단하는 것이며, 그리고 죄악 된 행동에 관한 신약성경의 통찰력과 그리고 인간의 행동과 중독에 관한 심리학적이고 사회생물학적 통찰력 이 두 가지를 조심스럽게 통합하는 것이다.

　신약성경에서 하나님 나라에 대한 소망은 십자가 형상의 삶을 살아가는 교회에 감화력을 제공하는 역할을 한다. 십자가 형상의 삶은 하나님을 거부하는 세상 가운데서 주님의 길을 따라 걷는 모든 사람들의 운명인 것이다. 어떤 면에서 우리는 부활된 삶을 살고 있으나, 또 다른 면에서 우리는 더 나은 부활을 기다리는 십자가에 못 박힌 사람들이다. 그러므로 십자가는 교회가 윤리를 통해 지나쳐 넘어 갈 수 있는 부분이 아니라, 계속

---

55) 내 견해로는 그와 같은 신학은 자신들의 경험으로부터 시작되는 경향이 있으며, 그 다음 그러한 경험에 비추어 로마서 7장을 잘못 해석하곤 한다. 그러나 로마서 7장을 6장과 8장의 정황 속에서 읽게 될 경우, 그와 같은 신학을 지지한다는 것은 힘든 일이다.

진행 중인 현실이다.[56)]

결론적으로, 복음주의 윤리의 이론과 실천은 창조, 타락, 구원 그리고 새 창조 등의 담론에 대한 계속적인 숙고로부터 흘러나온다. 때문에 우리는 올바른 관점에서 이야기의 모든 요소들을 윤리적으로 생각하는 목표를 반드시 설정해야 한다. 다가오는 몇 십 내에 복음주의 윤리학자들이 역사신학자들과 성경학자들과의 대화를 통하여 신학적 상호관련성을 계속하여 향상시켜주기를 바란다. 만일 이 글에서 제시된 주장들이 충분하게 뒷받침되는 것들이라면, 특별히 창조윤리와 하나님 나라의 윤리 간의 관련성에 대한 세부적이고 구체적인 해석이 필요하다. 또한 기독교 윤리 안에 구약 율법의 위치에 대한 논쟁은 사라지지 않을 것이다.

크리스 라이트와 다른 복음주의 구약학자들의 최근 작업은 앞으로 가야할 길을 지시해주는 면에서 매우 도움이 되고 있으나, 목표에 도달하기 위해서는 좀 더 엄밀한 신약성경 해석적 작업을 통해 구약 율법이 성경전체의 윤리 안에 아주 충분하게 통합될 필요가 있다. 간단히 말해서, 거대 담론의 부분들 사이에 있는 상호 관련성을 명백히 규명하는 일에 아주 열심히 수고하는 기독교 윤리학자들과 성경학자들을 보기를 나는 원한다.

복음주의 윤리는 율법에서 담론에 이르는 그리고 잠언에서 예언서에

---

56) 미덕윤리에 관해서 언급해보자. 1980년대 초반 이후, 철학 내에 미덕윤리에 대한 중대한 부흥이 있어왔으며, 그리고 이 윤리는 기독교 윤리 안으로 번져들어 왔다(Hauerwas & Pinches 1997). 미덕윤리는 다양한 계보의 견해들을 가지고 있으나, 공통적으로 공유하는 것은 행동과 그 행동의 결과에 대립되는 것으로써 인격에 우선적인 초점을 두고 있다. 미덕윤리가 무비판적으로 수용될 수는 없으나(Bunting 20000), 그것을 지혜롭게 추구하는 높은 식견의 사람들이 있다. 복음주의 공동체 안에 가장 고무적인 미덕 윤리학자들 중에 한 사람이 Robert C. Roberts이다. 그는 신약에 나오는 미덕과 악에 관한 주안점 그리고 심리학과 철학을 통합하였다. Roberts의 작품은 복음주의 윤리학 내에 감정, 이야기, 심리학 그리고 영성 등 이들의 위치를 회복시켜 주었을 뿐만 아니라, 미덕에 관한 분명한 기독교적 가치를 자세하게 설명해 주었다(Roberts 1991; 1992; 1995a; 1995b; 1999). 장래의 복음주의 윤리학자들은 미덕이론으로부터 얻은 통찰력을 통합하려는 노력이 필요하다. 이러한 논평을 각주로 처리한다는 사실은 그와 같은 통합을 내가 아직 완수하지 못했음을 암시하는 것이다.

이르는 성경적 윤리의 자료를 감안해야할 것이다. 성경의 장르를 인식하는 중요한 발전이 복음주의 계열에서 일어나고 있으나, 현대의 윤리학적 활용에 대한 결과는 좀 더 심사숙고해볼 필요가 있다.

또한 미덕윤리, 자연법 윤리 그리고 하나님의 명령윤리 등으로부터 성경적이고 통합적인 통찰력 있는 어떤 방안을 깨달을 수 있기를 나는 간절히 바라고 있다. 이러한 놀라운 솜씨를 보여줄 수 있고, 그리고 그렇게 함으로써 성경적인 창조윤리와 율법윤리 그리고 인격윤리 등과 같은 것을 공평하게 다루는 방법을 제시할 수 있다고 생각하는 어떤 철학적 설명이 아직도 남아 있는지 의심스럽다.

지속적인 작업이 필요한 가장 중요한 분야들 중 하나가 성경본문과 우리 자신의 상황 사이에 있는 문화적이고 역사적인 차이를 고려하는 것이다. 윤리적 용도로 성경을 사용하는데 있어서 가장 곤란한 몇 가지 이슈들이 여기에 있다. 이 글에서 개략적으로 언급된 신학적 관련성이 적절한 시대적 용도 안에서 현대의 성경 독자를 이끌어 가기에는 가야할 길이 아직도 멀다. 그리고 내 생각에는, 웹과 다른 학자들의 최근 작업이 발전적이고 건설적인 방법을 제시하고 있으나, 많은 노력과 논의가 앞으로도 더 필요하다. 스킬라의 화석화와 카리브디스의 절충을 계속 협의하는 가운데 성령 하나님께서 우리에게 사랑과 지혜를 허락해 주시기를 바란다.

빈곤, 국제관계, 경제, 정치, 폭력, 민족, 의학, 기술, 성, 정신의학, 법률, 사업 등에 관련된 윤리 연구가 최근 복음주의 계통에서 매우 고무적으로 일어나고 있으며, 계속되어야 한다. 성경적인 윤리가 전 생애에 이르는 윤리가 될 수 있다는 주장은 막상 경험해보지 않으면 모르는 일이다.

복음주의 윤리는 성경과의 신학적인 관련성을 더욱 깊이 이해함으로써 발전할 것이며, 우리의 시대적 상황과 더불어 상호 간에 창의적으로 영향을 주고받을 것이다. 복음주의 윤리는 도덕적 규범과 인격의 중요성 두 가지 모두에 핵심적인 역할을 제공하는 윤리가 될 것이다. 가장 중요한 것은 복음주의 윤리는 하나님과 그분의 사랑이라는 언약 안에 뿌리를 내리고 기반을 둔 윤리가 될 것이라는 점이다.

Bibliography

Adeney, B. T. (1995), *Strange Virtues: Ethics in a Multi-Cultural World*, Leicester: Apollos.

Alston, W. (1989), 'Some Suggestions for Divine Command Theorists', in W. P. Alston, *Divine Nature and Human Language: Essays in Philosophical Theology*, 253–273, Ithaca: Cornell University Press.

Atwood, D. (1998), *Changing Values: How to Find Moral Truth in Modern Times*, Carlisle: Paternoster Press.

Bartholomew, C. (2002), 'A God is For Life and Not Just for Christmas: The Relevance of God in the Old Testament Wisdom Literature', in P. Helm and C. Trueman (eds.), *The Trustworthiness of God*, 39–57, Grand Rapids: Eerdmans; Leicester: IVP.

Barton, J. (1988), *Ethics and the Old Testament*, London: SCM Press.

Bauckham, R. (1989), *The Bible in Politics: How to Read the Bible Politically*, London: SPCK.

Bayes, J. F. (2000), *The Weakness of the Law: God's Law and the Christian in New Testament Perspective*, Carlisle: Paternoster Press.

Beaumont, P. (ed.) (2002), *Christian Perspectives on the Limits of Law*, Carlisle: Paternoster Press.

Berry, R. J. (ed.) (2000), *The Care of Creation: Focusing Concern and Action*, Leicester: IVP.

Bouma-Prediger, S. (2001), *For the Beauty of the Earth: A Christian Vision for Creation Care*, Grand Rapids: Baker.

Bruce, D. and D. Horrocks (eds.) (2001), *Modifying Creation? GM Crops and Foods: A Christian Perspective*, Carlisle: Paternoster Press.

Bunting, H. (2000), 'Ethics and the Perfect Moral Law', *Tyndale Bulletin* 51.2: 235–260.

Cartledge, M. and D. Mills (eds.) (2001), *Covenant Theology: Contemporary Approaches*, Carlisle: Paternoster Press.

Clouser, R. (1991), *The Myth of Religious Neutrality: An Essay on the Hidden Roles of Religious Belief in Theories*, Indiana: Notre Dame University Press.

—— (1999), *Knowing With the Heart: Religious Experience and Belief in God*, Downers Grove: IVP.

Craig, W. L. (1996), 'The Indispensability of Theological Meta-ethical Foundations for Morality', at http://home.apu.edu/~CTRF/papers/1996_papers/craig.html

Dumbrell, W. J. (1984), *Covenant and Creation: An Old Testament Covenantal Theology*, Exeter: Paternoster Press.

Dunn, J. D. G. (2001), 'Judaism and Christianity: One Covenant or Two?', in Cartledge & Mills 2001: 33–55.

Elliot, M. (2001) (ed.), *The Dynamics of Human Life*, Carlisle: Paternoster Press.

Goldingay, J. (1990), *Approaches to Old Testament Interpretation*, 2nd ed., Leicester: IVP.

Grenz, S. (1997), *The Moral Quest: Foundations of Christian Ethics*, Leicester: Apollos.

Hauerwas, S. and C. Pinches (1997), *Christians among the Virtues: Theological Conversations with Ancient and Modern Ethics*, Indiana: University of Notre Dame Press.

Hays, R. B. (1997), *The Moral Vision of the New Testament: A Contemporary Introduction to New Testament Ethics*, Edinburgh: T. & T. Clark.

Holmes, A. F. (1997), *Fact, Value and God*, Leicester: Apollos.

Jones, G. (2001), *Clones: The Clowns of Technology?* Carlisle: Paternoster Press.

Kaiser, W. (1983), *Toward Old Testament Ethics*, Grand Rapids: Zondervan.

Kraft, C. (1990), *Christianity With Power: Experiencing the Supernatural*, London: Marshall Pickering.

Linzey, A. and D. Yamamoto (1998), *Animals on the Agenda*, London: SCM Press.

Longenecker, R. N. (1984), *New Testament Social Ethics for Today*, Grand Rapids: Eerdmans.

Lovatt, M. F. W. (2001), *Confronting the Will to Power: A Reconsideration of the Theology of Reinhold Niebuhr*, Carlisle: Paternoster Press.
Marquis, D. (1997), 'An Argument that Abortion is Wrong', in H. LaFolette (ed.), *Ethics in Practice: An Anthology*, 91–102, Oxford: Blackwell.
Millar, G. (1998), *Now Choose Life: Theology and Ethics in Deuteronomy*, Leicester: Apollos.
Mitchell, B. (1987), 'Should the Law be Christian?' *The Month* (March): 95–99.
Moo, D. J. (1992), 'Law', in J. B. Green, S. McKnight and I. H. Marshall (eds.), *Dictionary of Jesus and the Gospels*, 450–461, Leicester: IVP.
Morriston, W. (n.d.), 'Must There Be a Standard of Moral Goodness Apart From God?' *Philosophia Christi* 2.3: 475–486, at http://stripe.colorado.edu/~morristo/goodness.html
O'Donovan, O. (1994), *Resurrection and Moral Order: An Outline for Evangelical Ethics*, 2nd ed., Leicester: Apollos.
Osborn, L. (1995), *Guardians of Creation: Nature and Theology in the Christian Life*, Leicester: Apollos.
Porter, J. (1999), *Natural and Divine Law: Reclaiming the Tradition for Christian Ethics*, Grand Rapids: Eerdmans.
Ricoeur, P. (1998), 'Biblical Time', in P. Ricoeur, *Figuring the Sacred: Religion, Narrative and Imagination*, 167–180, Minneapolis: Fortress Press.
Roberts, R. C. (1991), 'Virtues and Rules', *Philosophy and Phenomenological Research* 51.2: 325–343.
—— (1992), 'Emotions Among the Virtues of the Christian Life', *Journal of Religious Ethics* 20.1: 37–68.
—— (1995a), 'Kierkegaard, Wittgenstein and a Method of "Virtue Ethics"', in M. Matustik and M. Westphal (eds.), *Kierkegaard in Post/Modernity*, 142–166, Indiana: Indiana Press.
—— (1995b), 'Character', in D. J. Atkinson and D. H. Field (eds.), *New Dictionary of Christian Ethics and Pastoral Theology*, 65–71, Leicester: IVP.
—— (1999), 'Narrative Ethics', in P. L. Quinn and C. Taliaferro (eds.), *A Companion to the Philosophy of Religion*, 473–480, Oxford: Blackwell.
Rodd, C. (2001), *Glimpses of a Strange Land: Studies in Old Testament Ethics*, Edinburgh: T. & T. Clark.
Rogers, K. A. (2000), *Perfect Being Theology*, Edinburgh: Edinburgh University Press.
Schaeffer, F. (1970), *Pollution and the Death of Man*, Wheaton: Tyndale.

Smith, D. (1998), *Transforming the World? The Social Impact of British Evangelicalism*, Carlisle: Paternoster Press.

Spykman, G. J. (1992), *Reformational Theology: A New Paradigm for Doing Dogmatics*, Grand Rapids: Eerdmans.

Stevens, R. P. (1999), *The Abolition of the Laity: Vocation, Work and Ministry in a Biblical Perspective*, Carlisle: Paternoster Press.

Tomlin, G. (1999), *The Power of the Cross: Theology and the Death of Christ in Paul, Luther and Pascal*, Carlisle: Paternoster Press.

Van Leeuwen, R. (1990), 'Liminality and Worldview in Proverbs 1–9', *Semeia* 50: 111–144.

Walsh, B. and R. Middleton (1984), *The Transforming Vision: Shaping a Christian Worldview*, Downers Grove: IVP.

Webb, W. J. (2001), *Slaves, Women and Homosexuals: Exploring the Hermeneutics of Cultural Analysis*, Downers Grove: IVP.

Wells, S. (1998), *Transforming Fate Into Destiny: The Theological Ethics of Stanley Hauerwas*, Carlisle: Paternoster Press.

Wenham, G. J. (2000), *Story as Torah: Reading the Old Testament Ethically*, Edinburgh: T. & T. Clark.

White, V. (1996), *Paying Attention to People: an Essay on Individualism and Christian Belief*, London: SPCK.

Wolters, A. (1996), *Creation Regained*, Carlisle: Paternoster Press.

Wright, C. J. H. (1983), *Living as the People of God: The Relevance of Old Testament Ethics*, Leicester: IVP.

—— (1995), *Walking in the Ways of the Lord: The Ethical Authority of the Old Testament*, Leicester: Apollos.

Wright, N. T. (1992), *The New Testament and the People of God*, London: SPCK.

—— (1996), *Jesus and the Victory of God*, London: SPCK.

Zabzebski, L. (1998), 'The Virtues of God and the Foundations of Ethics', *Faith and Philosophy* 15.4: 438–453.

© Robin Parry, 2003

제7장

기독교 세계관과 복음주의의 미래

크레이그 G. 바돌로뮤

1. 서론

해리 블래미어(Harry Blamires)는 잘 알려진 1963년도 그의 작품 『기독교 지성』(*The Christian Mind*)의 후기에서 다음과 같은 중요한 질문을 제기했다.

> 향후 50년 간 그리스도인들은 강력해진 세속주의에 대면하여 개인적인 도덕성과 영성에 대한 은자적 수련을 통해 자신들의 종교적 헌신을 심화시키고 분명하게 드러낼 것인가…아니면 향후 50년 간 그리스도인들은 개인적인 도덕성과 영성에 대한 세속주의의 도전뿐만 아니라, 인생의 의미와 사회질서의 목적을 절단하고 왜곡시킨 세속주의적 시각을 직시하고 대응하면서, 지성적이고 사회적인 수준에서 자신들의 종교적 헌신을 심화시키고 분명하게

드러낼 것인가?[1]

블레미어가 이와 같은 방식으로 문제를 제기한 이유는 그가 살았던 시대의 교회상을 둘러보면서 기독교 지성의 참으로 비통스러운 결여를 인식하였기 때문이다. 내가 기독교 세계관이라는 제목을 붙인 것도 그 때문이다. 블래미어는 다음과 같은 고무적인 언어로 그의 책을 시작했다.

> 기독교 지성은 더 이상 존재하지 않는다. 물론 기독교 윤리, 기독교 실천, 기독교 영성은 여전히 존재한다…그러나 생각하는 존재로서 현대 그리스도인은 세속주의에 굴복 당했다. 현대 그리스도인은 신앙을 받아들인다…그러나 신앙적인 인생관, 즉 영원이라는 맥락 안에 세상적인 모든 문제들을 내려놓는 관점, 인간적인 모든 문제들-사회적, 정치적, 문화적-을 기독교 신앙의 교리적 토대와 관련시키는 관점, 모든 만물이 하나님의 통치 아래에 있다는 관점, 그리고 천국과 지옥이라는 측면에서 세상의 무상함 등을 거부하고 있다.[2]

블래미어가 언급했던 향후 50년이라는 기간이 끝나려면 아직 몇 년이 더 남아 있다. 그럼에도 불구하고 그의 예견은 복음주의가 기독교 지성이나 기독교 세계관이라는 측면에서 어떻게 발전했는지를 돌아보고 물을 수 있는 유용한 발판을 제공하고 있다.[3] 우리가 그 일을 하기 전에, '기독

---

1) Blamires 1963: 189.
2) Ibid: 3, 4.
3) 영국에서 Blamires가 위와 같은 문제를 제기하기 얼마 전에, 미국에서 Henry(1947)가 복음주의자들에게 유사한 문제를 제기했었다. Henry는 구 근본주의가 세계를 일주하며 벌이는 패턴을 비판하면서, 복음주의자들에게 '초등학교로부터 대학교에 이르는 모든 단계별로 모든 학문 분야 안에 기독교적 관점뿐만 아니라 비기독교적 관점을 따라 각 주제의 영향력을 충분하게 보여주는 유능한 문학작품을 개발하도록' 격려하였고, '복음주의는 세속적인 교육의 여러 지성 가운데서 기독교 지성을 공정하게 들을 수 있도록 반드시 싸워야

교 세계관 또는 기독교 지성이란 무엇이며, 그리고 그것의 소유 또는 결여가 왜 중요한 것인가?'라고 잠시 멈추어 묻는 것이 적절하다.

2. (기독교) 세계관이란 무엇인가?

'세계관'이란 말은 독일 철학자 칸트가 만들어 낸 단어로서 독일어의 '벨트안샤웅'(*Weltanschauung*)의 영어 번역이다.[4] '세계관'은 인간의 모든 생각과 행동의 기초가 되고 그 틀을 만들어 주는 신념을 나타내는 방식으로서 20세기에 들어 하나의 평범한 영어 단어가 되었다. 세계관은 우리가 세상에서 생각하고 살아가는 방법에 관한 것이다. 세계관은 우리에게 세상이 어떤 것인지에 관한 관점-세계관의 기술적인 기능-을 줄 뿐만 아니라, 세상이 어떻게 되어야 하는지 그리고 우리가 세상에서 어떻게 살아야 하는지-세계관의 규범적인 기능-에 대한 안내자로서 역할을 한다. 기독교 세계관은 기독교적 관점에 따라 하나님 아버지의 세상에서 우리가 생각하고 살아가는 방법에 관한 것이다.

복음주의 진영 안에서, 프란시스 쉐이퍼(Francis Schaeffer)는 아마 어느 누구보다도 많이 세계관에 관한 신앙을 복음주의자들에게 일깨워 주었다.[5] 인종차별의 한 복판에서 남아프리카 공화국의 젊은 청년으로 살던 나는 특별히 그의 작품을 통하여 기독교 신앙이 매우 포괄적이라는 사실을 깨닫게 되었다. 쉐이퍼 이후로, 복음주의자들은 여러 방면에서 기독교와 세계관에 대한 논의를 발전시켜왔다. 기독교 세계관과 그 밖의 다

한다'고 했다. Henry 1947: 70.
4) Naugle 2002; Wolters 1983을 보라.
5) Schaeffer의 유산에 대한 최근 평가에 관해서는 Hamilton 1997을 보라. Schaeffer와 세계관에 관해서는 Naugle 2002: 29-31을 보라.

른 주요 세계관들을 쉽게 접할 수 있는 탁월한 입문서로는 제임스 사이어(James Sire)의 『기독교 세계관과 현대사상』(*The Universe Next Door*)이 있다. 사이어는 세계관을 '세상의 기본적인 구조에 관해서 우리가 붙잡고 있는 (의식적이든지 무의식적이든지, 일관되든지 일관되지 않든지) 일련의 전제(진리일 수 있고, 부분적으로 진리이거나 아니면 전체적으로 거짓일수 있다는 가정)'라고 정의한다.[6] 사이어가 말하고자 하는 요점은 우리의 다원적 사회 안에는 아주 다양한 세계관들이 있기 때문에, 이를테면 우리의 이웃들이 다른 세상에 살고 있을지도 모른다는 것이다!

복음주의 집단들 가운데, 네덜란드의 신-칼빈주의자 또는 카이퍼 전통(Kuyperian tradition)은 신앙을 세계관으로 생각한 점에서 특별히 창의력이 풍부하였다.[7] 이러한 전통에서 나온 가장 중요한 책은 알 월터스(Al Wolters)가 쓴 『성경적 세계관』(*Creation Regained*)이다. 월터스는 세계관을 '사물(things)에 관한 인간의 기본적 신념(beliefs)의 종합적인 틀(framework)'이라고 정의한다.[8] '사물'은 우리가 붙잡고 있는 고통, 성(gender), 가정생활 그리고 하나님 등에 관한 신념의 모든 것을 포함하기에는 지나치게 막연하다. '신념'은 세계관이란 세상에 관해 알고자 하는 권리, 즉 깊은 확신(기본적, 즉 궁극적 확신)이라는 권리 그리고 상기의 이슈들로 압박을 받을 경우 논쟁을 벌이고 방어할 수 있는 권리를 포함한다는 점을 시사한다. '틀'은 세계관의 통합적이고 포괄적인 속성을 우리에게 일러준다.

이러한 접근방식이 함축하는 바는 인간적이라는 것의 일부 의미가 하나님이 우리를 만드셨기에 우리가 특별한 방법으로 세상을 바라보고 이

---

6) Sire 1997: 16. (Sire의 이 책은 『기독교 세계관과 현대사상』이라는 한국어 책명으로 번역 출판되어 있다-역주).
7) Helsam 1998.
8) Wolters 1985: 2. (Wolter의 이 책은 『성경적 세계관』이라는 한국어 책명으로 번역 출판되어 있다-역주).

해하며 그리고 이러한 관점에 따라 살아간다는 세계관을 갖는다는 것이다. 하지만 세계관을 의식하지 않을 수도 있다. 세계관은 안경과 같다. 그것을 통해서 우리는 세상을 볼 수는 있으나, 안경 자체를 직접적으로 보려고 거의 하지 않는다. 따라서 세상에 관한 우리의 시각이 세계관을 통하여 항상 영향 받는다는 것을 의식하기 전까지는, 중간 매체를 통하지 않고 사람이 세상을 본다고 생각하기 쉽다. 실제로 그리스도인들이 해줄 수 있는 서비스는 사람들이 자신들의 세계관을 의식하도록 돕는 것이라고 제임스 사이어는 분명하게 주장한다. 사이어는 자신의 저술을 통하여 일개인이나 한 공동체의 세계관이 전면에 드러나도록 도울 수 있는 일련의 진단 질문서를 개발하였다. 다음과 같은 질문들이다.

- 근본적인 실재란 무엇인가?
- 우리를 둘러싸고 있는 세계의 본질이란 무엇인가?
- 인간적이라는 것은 무엇을 의미하는가?
- 죽을 때 무슨 일이 일어나는가?
- 무엇이든지 안다는 것은 왜 가능한 것인가?
- 시시비비를 어떻게 말하는가?
- 역사란 무엇인가?[9]

최근 몇 년 간, 그와 같은 접근방식이 다양한 방법으로 개발되었고, 교육이나, 의학, 예술, 철학, 심리학, 경제학 및 사회학 등과 같은 학문 분야와 생활 영역에서 복음주의적인 탐구에 의해 입증되었다. 복음주의자들에 의해서 세계관에 대한 분석이 높은 이론적 그리고 실용적 수준에서 이루어지고 있다. 예를 들어, 영국에서 닉 폴라드(Nick Pollard)가 고등학교 학생들 가운데 효과가 큰 사전전도 접근법(pre-evangelistic approach)을 전개

---

9) Sire 1997: 17, 18.

하기 위하여 세계관 분석으로부터 얻은 통찰력을 사용하였다.[10] 그는 한 학생이 자기가 미식가적 쾌락주의자라는 것을 깨닫고 크게 기뻐하며 그 사실을 자신의 부모에게 말하기 위하여 집으로 돌아갔다는 홍미로운 이야기를 전해주었다.

위에서 개괄적으로 설명한 접근방식은 세계관이 기독교에 핵심적이라는 점을 제시한다. 반드시 모든 복음주의자들이 동의하는 것은 아니다. 그러나 세계관이라는 개념이 기독교의 핵심적 이슈라고 나는 생각한다. 복음은 전적으로 포괄적이며 삶 전체를 포용한다. 이러한 점은 성경 전체의 다양한 각도에서 특히 창조 교리에서 논의될 수 있을 것이다. 어쨌든 철저하게 기독교적인, 그리스도 중심적인 사람을 먼저 간략하게 살펴보자.

고린도전서 12:1-3에서 바울은 매우 분쟁적인 것으로 알려진 영적 은사 문제에 관하여 고린도교인들에게 가르치기 시작한다.[11] 이 분야에서 자신들이 전문가라고 생각하는 그리스도인들에게 바울은 그들이 알지 못하기를 원하지 아니한다고 말한다. 이런 점에서 12:1의 역설은 고린도 교회의 독자들을 당혹스럽게 하는 것 같다.[12] 영적 은사에 관한 자신들의 의견 때문에, 성령의 증거가 은사의 실천이 아니라 '예수님은 주(Lord)시라'고 고백하는 것이라는 근본적인 요점을 저들은 놓치고 말았다.[13] 이러한 점은 모든 그리스도인들에게 주신 성령의 근본적인 선물이며, 기독교적 연합의 기초이다.

---

10) 그의 전도 철학에 관해서는 Pollard 1997을 보라.
11) 고린도전서 12:1-3의 다양한 이해에 대한 구체적인 평가에 관해서는 Thiselton 2000을 보라.
12) Witherington 1995: 256.
13) Cf. 롬 10:9. '예수님은 주님이다'는 고백은 아마 일반적으로 세례 때와 예배 때에 사용된, 아주 이른 시기부터 세워진 고백적 공식이었다고 학자들은 지적하고 있다. Cf. Cranfield 1979: 527.

제7장 기독교 세계관과 복음주의의 미래   257

구약성경의 초기 헬라어 번역본을 잘 숙고해보면,[14] 창조주와 구속주로서의 여호와의 이미지가 떠오르게 될 것이다. 주님(헬라어로는 큐리오스 [kyrios])은 야훼(Yahweh)로[15] 약 6,000회 정도 70인경(Septuagint)에 번역되어 있다.[16] 출애굽기 3장과 6장에서 보는바와 같이, 야훼는 자신의 백성을 노예상태에서 구원하여 데리고 나오신 분으로서 본질적으로 이스라엘의 하나님 이름이다.[17] 로마 제국 시민들에게 있어서 이러한 고백은 또 다른 논쟁적인 혹평이 될 수도 있었을 것이다. 로마제국 내에 궁극적으로 오직 시저(Caesar) 한 명만이 큐리오스로 불릴 뿐이었다. 로마제국의 어떠한 시민도 제국의 일부라 할 수 있는 시저 법규의 동의 없이는 사업을 먼저 착수하거나 학교를 건립할 수 없었다.

어쨌든, 성령의 증거란 어떤 사람이 이 세상의 시저보다 위에 있는 유일한 길, 참된 큐리오스가 존재한다는 것을 깨닫도록 하는 것이다.[18] 어느 쪽이든지 간에 이러한 고백에는 만물, 즉 창조의 모든 영역의 주권자로서 예수님에 대한 큰 시각이 담겨 있다. 이러한 통찰력을 가지고 아브라함 카이퍼(Abraham Kuyper)는 '그리스도께서 당연하게 저것은 내 것이라고 말씀하지 않으실 만한 것은 모든 피조물 중에 단 1제곱인치도 없다'는 유명한 말을 남겼다. 바울에 의하면 성령의 증거는 예수님이 큐리오스라는 이와 같은 고백을 삶의 중심에 두도록 열린 삶을 갖게 하신다.

---

14) 70인경은 초대교회의 구약성경이었다.
15) 히브리어에서 야훼를 나타내는 4자음 문자(Tetragrammaton)는 오늘날 일반적으로 '주님'으로 번역된다.
16) 70인경은 이러한 정황에서 큐리오스에 대한 바울의 용법을 알려주는 주된 배경이라는 논증에 관해서는 Cranfield 1979: 529를 보라.
17) 출 19:3-6.
18) Cranfield(1979: 527-528)는 로마 황제의 호칭으로 큐리오스를 사용한 것과의 차이는 이러한 고백에 특별한 의미를 부여해 주었을 것이지만, 반면 그러한 차이는 '시저가 주시라'는 고백에 대한 응답으로서 비롯되지는 않았을 것이라고 언급한다. 시저와의 차이는 분명하며 매우 대중적인 상징성을 가지고 있다. 바울이 얼마나 정치적인가에 관한 최근의 재발견에 대해서는 Wright 2002를 참조하라.

이러한 접근방식은 기독교 세계관에 관한 세 가지 중요한 측면을 일깨워준다.

- 첫째, 그것은 그리스도 중심적이며
- 둘째, 그것은 철저하게 포괄적이며, 삶 전체와 관련되어있고 기독론을 보여주기에 전혀 부족함이 없다.
- 셋째, 그것은 공동체적이며, 그 이유는 성령을 소유하고 그리고 이 같은 경탄할만한 고백을 한다는 것은 그리스도의 몸의 지체가 되는 것이기 때문이다(cf. 고전 12:13).

이러한 세계관에 따르면, 우리의 삶 속에서 성령의 역사는 중심에 그리스도가 함께 하는 세상에 대하여 분명하게 이해하도록 해준다. 이것은 기독교와 인생 전체 간의 관계를 탐구하는 것이 정상적이고 성경적인 기독교라는 것을 의미하는 것이지, 소수의 유별난 사람들이 참견하는 어떤 일시적인 유행을 뜻하지 않는다.

진심으로 기독교 세계관은 만물의 주재이신 하나님을 섬기는 것과, 그분의 종으로서 우리는 마치 그의 뜻이 하늘에서 이루어진 것처럼 땅에서도 그의 뜻을 촉진하고 행하도록 힘써야 한다는 것을 보여준다. 하나님의 본질-그리스도 안에 계시된-을 잠시 숙고해 볼 경우, 이러한 점은 분명해진다. 하우어워스(Hauerwas)와 윌리몬(Willimon)은 그 이치를 재미있게 잘 표현하였다. '유대인 친구들 중에 한명이 "너의 항아리와 냄비와 생식기로 무엇을 해야 하는지를 말해주지 않으실 하나님은 예배 받으실 가치가 없다"고 말했다.'[19]

---

19) Hauerwas & Willimon 1999: 20.

3. 기독교 세계관의 소유 또는 결여는 왜 중요한 것인가?

기독교 세계관은 정말로 중요한 것인가? 기독교 세계관이 이차적이거나 사소한 이슈라고 강조한다할지라도, 이런 문제에 열정적 관심을 지닌 복음주의자들을 만나게 된다. 교회가 다음과 같은 문제들에 대하여 충분하게 우려하고 있지 않다는 말인가? 주류 교회 출석교인의 감소와 전도를 절대적인 우선순위로 삼아야 하는 필요성, '적은 그리스도인들을' 양육하고자 '짧은 설교'를 하는 시절에 강해설교의 회복, 그리스도인들이 자신들의 성경책을 읽고 세속적인 문화 안에서 자신들의 신앙을 증거 하는 제자화 훈련 그리고 그 밖의 것 등에 관해서 말이다. 전도, 설교 및 제자양육은 모두 필수 불가결하다. 그러나 기독교 세계관에 맞서기 위해 이러한 것들에 흠집을 낼 경우, 우리는 무심결에 형태가 일그러진 또는 이원론적인 세계관을 드러내게 될 것이다.

만약 복음이 만물에 대한 하나님의 통치와 그리고 새 하늘과 새 땅 안에 역사의 최종 완성에 관한 천국 메시지가 아니라면, 전도 시에 우리는 어떠한 복음을 선포할 것인가? 만약 우리가 에덴에서 새 예루살렘으로, 동산에서 도시로, 창조에서 타락을 거쳐 구속과 최후 완성으로 나아가는 이야기로 충분하게 설교하지 않는다면, 무슨 말씀을 설교할 것인가? 만약 의학, 가정, 정치, 경제 또는 교회 등에서 섬기는 상황에서 차이만 있을 뿐, 그리스도인들을 그리스도의 온전한 종으로서 진지하게 세우지 못한다면, 과연 어떤 종류의 제자양육을 한다는 말인가?

전도, 설교 및 제자양육이 중요한 활동이지만, 이러한 활동들에 대한 우리의 이해 자체가 우리의 세계관에 의해서 형성되어질 것이다. 세계관은 하나의 근본적인 틀이며, 그것은 전도와 제자화 같은 교회의 핵심적인 활동을 이해하는데 영향을 준다. 실제로 그것은 심지어 우리가 성경을 읽는 방법에도 영향을 준다.[20] 따라서 성경적, 기독교 세계관을 적용하는 일은 복음주의자들에게 매우 중대한 사안이다. 그리스도인들에게 있어서 기독교 세계관을 적용하고 구현하는 일이 얼마나 중요한 문제인지를 상세하게 살펴보자.

첫째, 창조 세계 안에서 하나님의 영광보다 중대한 것은 없다! 주기도문에서 우리는 '이름이 거룩히 여김을 받으시오며, 나라이 임하옵시며, 뜻이 하늘에서 이룬 것같이 땅에서도 이루어지이다'라고 기도한다. 거룩히 여김을 받으라는 것은 특별하게 대우한다는 것이다. 주기도문의 핵심은 하나님의 이름, 즉 하나님의 품성이 그의 모든 피조물들에 의해서 합당하게 대우를 받으시게 해야 한다는 이와 같은 간구이다. 영원히 생존하시며, 이런 면에서 창조세계와 피조물로부터 완전하게 구별되시는 무한하신 창조주 '하나님의 영광'은 자신의 이름과 자신의 유일성 그리고 자신의 품성 등의 내용을 말해주고 있다. 하나님의 이름이 거룩히 여김을 받으신다는 것은 무엇을 의미하는 것일까?

이러한 간구는 하나님 나라가 임하시라는 그 다음의 기도에 구체적으로 표현되어 있다. 하나님 나라/천국은 하나님의 통치 또는 다스리심을 뜻한다.[21] 이것이 의미하는 것은 이어지는 언어들 안에 분명하게 나타난다. 즉 그것은 하나님의 뜻이 천국에서 이루어진 것같이 땅에서도 이루어질 것을 의미한다. 우리는 천국이 하나님의 뜻이 온전히 이루어지는 장소로 알고 있다. 그리고 이곳에서 우리는 완전함을 보여주는 세계, 하나님이 창조하신 모든 인생의 영역에서 그 분을 인정하는 세계에 대한 비전을 얻는다.

창세기를 통해 아는바와 같이, 이것은 하나님께서 변함없이 계획하셨

---

20) 이에 관한 좋은 실례로서 Wolters 1984를 보라.
21) 가장 최근의 연구로서 Wright 1992를 보라.

던 것이다. 그래서 주기도문을 통하여 그리스도인들은 이러한 포괄적인 정황, 즉 창조의 폭넓은 관점에서 기도하며 살도록 헌신하는 것이다.

그리스도인들이 주기도문을 어떻게 진지하게 받아드리면서, 기독교 세계관과 그 중요성을 어떻게 소홀히 여길 수 있는가를 이해한다는 것은 힘든 일이다. 게다가 마치 그리스도에 대한 봉사가 단지 교회에서만 행해지고 전도가 제한적으로 이해되어지는 것처럼 우리가 일한다면, 우리는 하나님께서 만드신 광범위한 삶의 영역으로부터 그리스도인의 관여를 사실상 후퇴시키는 것이다. 그로 인해 하나님은 광범위한 창조의 영역에서 거룩히 여김을 받지 못할 것이 확실하다.

물러섬의 신학(a theology of withdrawal)에 관한 한 가지 사례를 든다면 그것은 복음주의 안에서 상당하게 행해지고 있는 직업적인 피라미드식 체제이다. 노골적으로 말하면, 만일 어떤 사람이 그리스도께 참으로 헌신했을 경우, 그는 선교사나 목사가 되어야 한다는 것이 이러한 관점에서 보는 주장이다. 그래서 다소 헌신도가 떨어질 경우에는 의학계에 입문한다. 사업은 피라미드식 체제보다 훨씬 더 아래에 있다. 피라미드식 체제의 주된 목적은 교회를 위해 돈을 모으는 것이며, 영혼을 위해 고기를 잡는 것이다. 예술과 조각은 교회 활동에 아주 조금 기여하기 때문에, 그들은 피라미드식 체제의 밑바닥 아래에 놓이게 된다. 이러한 신학은 예술, 정치학, 경제학 그리고 심리학 등과 같은 것을 그리스도 주님을 풀타임으로 섬기는 합법적인 분야로 이해하고자 하는 그리스도인들의 의욕을 꺾어 버리는 참담한 결과를 낳고 있다.

둘째, 창조물의 행복은 중대사이다! 창조물은 하나님이 주신 계획을 실현 할 때 비로소 번창하게 된다. 따라서 선하지만 타락된 하나님의 세상에서, 창조물의 행복은 하나님을 반역하기보다는 그분께 순종하도록 되어있는 창조세계의 체계에 상당히 의존한다.[22] 복지시설과 수준 높은 삶의 질을 추구하는 현대 서구 민주주의 나라들에서 악한 정치와 열악한 경제로 인한 인간의 희생을 너무나 쉽게 간과하고 있다.

인종 차별정책을 하는 남아프리카 공화국에서 강압적인 인종차별주의로 인한 인간의 희생은 잘못된 방향으로 가고 있는 사회에서 발생할 수는 하나의 좋은 실례이다. 특히 세계 제2차 대전이후, 남아프리카 사회 전체가 인종차별주의로 점점 더 형성되어져 갔고, 소수의 백인들을 위해 가장 좋은 직업과 부 그리고 교육이 보장되었다. 이러한 접근방식의 참담한 결과가 잘 기록되어있는데, 특히 문학 작품에 잘 나타나있다.[23] 남아프리카의 인종차별정책에 있어서 특이한 사실은 인구의 약 77%가 자신들을 그리스도인이라 칭하고 있다는 점이다. 교회는 신자들로 가득 찼으며, 전도와 선교가 상당하게 진행되고 있었다. 그러나 국가적으로 심각한 문제를 안고 있었다.

- 사회의 모든 분야는 피부 색깔로 구성되었다.
- 끔찍한 차별과 억압이 그리스도의 이름으로 '유색인들'을 향해 자행되었다.
- 복음주의자들은 성경을 공부하러 교회에 다녔다. 그들은 헌신적이고 열성적인 그리스도인이었으나, 전반적으로-마이클 캐시디(Michael Cassidy)와 같은 몇 명의 중요한 예외적인 사람들을 빼고는-인종차별정책이 기독교 관점에서 문제가 있다는 것을 깨닫지 못했다. 정부는 하나님에 의해서 세워졌으며(롬 13장),

---

22) 내가 여기서 언급한 체계-방향의 구분에 관한 유용한 토론으로는 Wolters 1985: ch. 5를 보라.
23) 문학작품이 남아프리카인의 경험으로부터 풍성하게 쏟아져 나왔다. 예를 들어, 남아프리카의 인종차별정책에 관해서는 Paton 1948을, 그리고 그 정책의 폐지 이후 남아프리카 닥친 어려운 상황에 대해서는 Coetzee 2000을 읽으라.

그리고 우리의 정부도 기독교적이며 훌륭히 반공주의적이다.

진실과 화해 위원회(The Truth and Reconciliation Commission)는 남아프리카의 인종차별정책으로 인한 암살행위, 고문, 끝없는 고통 그리고 암흑상태와 같은 희생을 표면화시켰다. 그리고 과거 인종차별 때문에 신뢰를 잃어버린 기독교 국가에 이제 재건이라는 과제가 남아 있다. 만일 복음주의자들 만이라도 기독교는 하나의 세계관이며, 이웃에 대한 사랑이 기독교의 진정한 핵심이라는 사실을 일깨워주었더라면, 그들의 고난과 고통을 방지할 수 있었을는지 누가 알겠는가?

이것은 복음주의자들이 하나님의 창조물을 바르게 놓을 수 있는 바로 그 열쇠라는 점을 잠시 잠깐 제안하는 것은 아니다. 남아프리카 교회에 대한 이야기에서 기독교와 인종차별정책 사이의 모순을 실제로 알게 된 사람들은 주로 다른 전통의 기독교인들이었다는 사실이 뚜렷하게 증명되었다. 어쨌든 만약 복음주의가 성경적 기독교에 가장 가까운 현대적인 표현이라고 믿는다면, 나 역시 믿고 있듯이, 그리고 만약 복음주의의 수적인 성장을 고려한다면, 복음주의자들이 삶의 모든 문제와 관련된 신앙을 구현하고 있는지의 여부가 실제로 매우 중요하다.

4. 21세기의 회복

이 글의 서두에서 언급된 블래미어의 비평은 특별히 복음주의자들 만을 겨냥한 것은 아니다. 그러나 복음주의는 사회적이고 지적인 사람들을 영적이지 못하다고 무시하거나 심지어 간주해 버리는 반면에, 개인의 도덕성과 개인주의적 영성을 도야하려는 이 같은 질병에 깊이 감염되었다는 것은 의심의 여지가 없다. 어떤 면에서 복음주의는 사회참여에 대한 위대한 역사를 가지고 있다. 우리는 당연히 조나단 에드워즈(Jonathan Edwards), 섀프츠베리(Shaftesbury)-그에 관해서 플로렌스 나이팅게일(Florence Nightingale)이 말하기를, 만일 그가 정신병동을 개혁하지 않았다면 그도 그 안에 있었을 것이라고 했다!-와 윌버포스(Wilberforce), 부스(Booth) 그리고 스펄전(Spurgeon) 등과 같은 사람들을 떠올릴 것이다. 19세기 복음주의는 이런 점에서 중요한 연구 분야이다. 이러한 놀라운 실례들 때문만이 아니라, 이 기간 동안 기독교 사상에 계몽운동의 영향이 실질적으로 뿌리를 내리기 시작하여 복음주의가 지적인 면과 사회적인 면에서 큰 도전을 받았기 때문이다.

제임스 데니(James Denney)와 제임스 오르(James Orr)[24]-이들의 작품은 아직도 읽을 가치가 있을 만큼 탁월하다-같은 신학자들의 진지한 노력에도 불구하고, 복음주의는 이러한 도전에 부응하지 못했다. 그리고 20세기 초, 복음주의는 그 당시의 큰 사회적이고 지적인 운동으로부터 멀리 떨어진 개인적인 영성과 전도라는 경건주의로 물러섰다. 데이빗 스미스(David Smith)는 이러한 후퇴현상이 얼마나 심각하게 되어갔는지를 적절하게 지적하고 있다.

> 이 스코틀랜드 신학자들이 현대인들에게 이해하기 쉬운 말로 설교할 필요성을 촉구하고 있을 즈음, 케임브리지 대학교 기독교 연합(Christian Union)은 감정적 감상주의 특성을 지닌 한 명의 미국인 부흥사의 전도에 의존하고 있었다. 한 명의 가수가 '거기에 내가 있을 거라고 어머니께 말해줘요'라는 말로 노래를 불렀을 때, 찰스 알렉산더(Charles Alexander)는 대학생들에게 천국에서 자신들의 어머니를 만나고 싶은지를 물었다…기독교 연합은 세속적인

---

24) Orr는 기독교 세계관 발전에 크게 기여하였다. Naugle 2002: 6-13을 보라.

사상으로 가득 찬 대학교 내에 하나님의 말씀을 진지하게 전하려는 일체의 시도를 확실히 포기했다. 그리고 솔직히 그와 같은 주관적인 기법에 호소하는 전도는 기독교 신앙이 비이성적이고 불가능하다고 믿는 지식인들의 신념을 확인해주고 말았다.[25]

실질적으로 20세기 후반에 와서야 겨우 복음주의가 기독교 지성을 회복하기 시작했다. 칼 헨리(Carl Henry, 미국), 프란시스 쉐이퍼(Francis Schaeffer, L'Abri, 스위스), 존 스타트(John Stott, 영국) 그리고 1974년의 세계복음화 로잔대회(Lausanne Congress) 등과 같은 복음주의자들의 수고와 그 이후 발전된 다양한 일들을 통해서 그러한 회복이 일어났던 것이다. 로잔대회는 아래와 같은 점에서 전 세계 복음주의에 특별히 중요하였다.

틀림없이 로잔대회는 전도와 사회적 관심과의 관련성을 이해하는 복음주의 주류 안에 대중적 변화를 예고했다. 이러한 변화에 있어서, 그것은 독창적인 것은 아니었다. 즉 30년 전 칼 헨리의 작품 『현대 근본주의의 불안한 양심』(the Uneasy Conscience of Modern Fundamentalism)에서 '완전한 인간 또는 지구촌 인간을 필요로 하는 것에 무관심하지 않은 복음은…없다'고 확고히 선언한 말이 나온 이후부터 이러한 주제에 대한 생각이 점점 더 증가하게 되었다. 그러나 로잔대회는 '전환점', '결정적 단계', '분수령' 그리고 '촉매제'가 되었는데, 이와 같은 견해들은 극 보수주의 집단 내에서 '사회복음적 자유주의'의 기미가 보이는 것을 멈추게 했고, 복음주의 주류가 이해하는 '전도'의 일부가 되었다.[26]

물론 로잔언약은 '세계관'이라는 용어를 사용하지 않았다. 그렇지만 로

---

[25] Smith 1998: 74.
[26] Dudley-Smith 2001: 218.

잔언약은 전도와 사회-정치적 활동 간의 관련성에 대한 언어를 사용하면서, 같은 문제들을 붙잡고 있었다.[27] 내 생각에 이러한 두 가지 범주가 이 문제에 접근하기에 가장 좋은 방법 일지 아닐지에 관해서는 논쟁의 여지가 남아있다고 본다.[28] 그러나 우리는 로잔대회가 복음주의를 위해 보여준 삶의 전 영역에 대한 비전의 중대한 회복을 과소평가해서는 안 된다. 실제로 로잔의 후속 모임에서 분명할 정도로 변화가 있었는데, 존 스토트는 '전도'에 대한 보다 협의적인 견해에 초점을 맞추었던 빌리 그래함(Billy Graham)과 그 밖의 사람들에 대항하여 광의적인 견해를 주장하였다.[29]

다행스럽게도 광의적인 견해가 승리를 했다. 그 견해는 현대사회에서 스토트의 탁월한 저서『현 세상에서의 기독교 선교』(Christian Mission in the Modern World)에 잘 예시되어 있다. 그는『현대 사회문제와 기독교적 답변』(Issues Facing Christians Today, CLC 譯刊)과 현대기독교 런던연구소(London Institute for Contemporary Christianity) 설립을 통해 이와 같은 광의적인 이해를 진지하게 갖도록 하기 위해 우리가 붙잡을 필요가 있는 문제들의 모형을 만들었다.[30]

5. 21세기 초입에서 우리는 어떻게 해야 하는가?

1963년 블래미어가 글을 쓴지 40여 년의 세월이 흘렀다. 따라서 현재 복음주의는 어떠한가? 이것은 대답하기 쉬운 질문이 아니다. 앨리스터

---

27) 전도와 사회참여 간의 관련성에 대한 로잔언약과 1982년 그랜드 래피즈 보고서(Grand Rapids Report)에 관해서는 Stott 1996: chs. 1 and 7을 참조하라.
28) 사회적 관심과 전도라는 두 가지 범주를 통해 이와 같은 이슈를 붙잡는 것은 토의 시작부터 양분될 수 있는 위험성이 있다는 것이 나의 생각이다.
29) Dudley-Smith 2001: 220-224에 나오는 흥미로운 설명을 보라.
30) Stott 1975; 또한 Dudley-Smith 2001: ch. 9.

맥그래스(Alister McGrath)는 복음주의의 미래에 대해 매우 긍정적으로 글을 쓴다.[31] 데이비드 웰스(David Wells)와 마크 놀(Mark Noll)은 다소 덜 낙관적인 것으로 나타난다. 웰스는 그의 책 『신학 실종』(*No place for Truth*)에서 복음주의자들은 자신들의 신앙고백의 핵심을 잃어버리고 '삶'을 지지해주는 교리를 저버렸다고 주장한다.[32] 놀의 『복음주의 지성의 스캔들』(*Scandal of the Evangelical Mind*)은 그러한 지성에 대한 증거가 거의 없다고 한다![33] 어쨌든 이 세 명의 저자들 간의 차이점은 처음 등장했을 때만큼 크지 않은 것 같다.

온갖 종류의 방면으로 엄청난 발전이 기독교 세계관이라는 측면에서 복음주의자들에 의해서 이루어지고 있다는 데에 의심의 여지가 없다고 나는 생각한다. 즉 예술이나, 정치학, 문학, 경제학, 가정생활, 상담 또는 심리학이든 아니든 간에 몇 가지 진지한 복음주의적 글이 들어가지 않은 연구 또는 문화적 삶의 분야는 거의 없다.[34] 복음주의는 특히 세계관과 문화적 참여라는 측면에서 20세기 후반에 큰 부흥을 체험했다. 올리버 바클레이(Oliver Barclay)는 이러한 부흥을 특별히 네 가지 영역과 관련짓고 있다.

- 강해설교에 전념함으로 나타난 성경 교리에 대한 사랑.
- 성경공부를 통해 나타난 성경 전체의 전망-'창조에서 영원에 이르는 성경의 위대한 계획의 비전이 새로운 방식에 의해서 복음주의 공동체를 사로잡았고, 설교와 전도 모두를 심도 있게 만들었다'[35]-을 알아보려는 헌신.
- 온 마음으로 하나님을 사랑하고 삶의 모든 영역과 관련된 기독교

---

31) 예를 들어 McGrath 1996을 보라.
32) Wells 1993: 128, 131. Wells의 책을 서평 한 MaGrath 2000을 보라.
33) Noll 1994.
34) 몇 가지의 실례로서 Jeffrey 1996; Harris 1993; Starkey 1995 등이 있다.
35) Barclay 1997: 136.

지성을 개발하려는 필요성에 대한 새로운 인식: '구시대적 변명은 사라졌다. 그들은 기독교 접근방식이 학문적 신학으로부터 예술, 과학, 교육, 의학, 사회에까지 모든 영역에 적용되어져야 한다고 믿었다. 전도와 변증학은 크게 발전되었다. 많은 사람들이 하나님의 특별한 은총으로 회심하고 잘 가르침 받고 있다.'[36]

- 창조나 섭리와 같은 성경적 주제들의 회복은 그리스도인들에게 현대의 문화와 사회를 다룰 수 있는 관점을 제공했다. '"하나님께서 지으신 모든 것이 선하매"(딤전 4:4)라는 믿음은 그리스도인들이 물질세계에 가치를 부여할 수 있었고, 환경과 사회에 접근할 수 있도록 해주었다. 그들은 사회를 더 좋게 변화시키는 책임을 회복하였다. 이것은 19세기 초 복음주의자들이 가졌던 매우 뚜렷한 특징이었다. 요컨대 그리스도인들은 성경적으로 균형 잡힌 위치에 가깝게 접근했던 것이다.'[37]

그러나 20세기 말 바클레이는 복음주의 계열 내에 만사가 좋은 것만 같지 않음을 느끼고 있다. 복음주의는 더욱 더 인정을 받았으며, 분명히 문화적 인식과 참여라는 측면에서 주류를 이루었다. 그러나 어떤 유형의 복음주의는 성경과 근본적인 교리에 관해서 느슨해 져있다고 바클레이는 우려한다. 그는 복음주의자들에게 기독교 교리의 핵심에 분명하게 헌신할 것을 그리고 이것을 기독교 지성의 기반으로 삼을 것을 요청하고 있다. 이러한 점에서 바클레이는 웰스의 우려를 반복하고 있다.

블래미어의 상황과 우리의 상황 간의 차이는 아마도 한 단어로 정리 될 수 있다. 그것은 후현대주의이다. 이 용어는 21세기 초기에 우리의 문화적 기풍을 또렷하게 표현하기위해 사용된 단어이다. 만일 당신이 누군가에게 우리의 문화에 따라 몇 시인지를 물어볼 경우, 답변을 들을 수 있는

---

36) Ibid.: 136.
37) Ibid.: 136, 137.

가능성이 높다. 이와 같은 분석은 대규모로 그림을 그리는 숨 가쁜 일이지만, 반면 그것은 적어도, 예를 들어, 쉐이퍼의 상황과는 다른 상황 속에서 몇 가지 다른 난제들을 가지고 우리가 활동해야 한다는 사실을 깨닫게 해준다.[38]

데이비드 하비(David Harvey)가 묘사한 후현대주의의 특징은 복잡한 논쟁을 일으키기 쉽다. 현대성(modernity)은 이성이 우리를 새로운 진리와 확실성으로 이끌어 주리라 기대하면서 현대가 제공하였던 전통과 안전을 거부하였던 반면에, 후현대성(postmodernity)은 더 이상 이성이 우리를 진리로 이끌어 줄 것을 희망하지 않는다고 그는 지적한다. 따라서 후현대주의는 옛 것에 대한 확신을 무너뜨리면서 급진적인 다원주의와 변화를 받아드리는 특성이 있다.

후현대주의에 널리 퍼진 '유쾌한 허무주의'의 정신은 '계몽주의는 죽었고, 마르크스주의도 죽었고, 노동자 계급 운동도 죽었다…그리고 필자도 별로 좋지 않다!'[39]는 닐 스미스(Neil Smith)의 진술에 의해 포착되어진다. 그 결과, 다음과 같은 유형의 견해들이 일반적으로 흐르게 되었다.

- 쉐이퍼가 '참된 진리'라고 부르는 객관적인 진리는 성취하기 어렵다.
- 유쾌한 허무주의-참된 진리를 추구하려는 노력을 하지 말고 즐겁고 유쾌하게 살아야 한다는 견해-는 취해야할 올바른 태도다.
- 만약 삶에 대한 어떠한 접근방식이 당신에게 맞을 경우, 그것은 좋은 일이다. 그러나 어떤 궁극적인 의미로 그것이 진리라고 주장하지 말고, 그것을 나에게 강요하지도 말라.

---

38) 후현대성에 관해서 Bartholomew 1997를 보라.
39) Smith 1984. 재인용, Harvey 1989.

■ 모든 사람은 자신의 관점으로 사물을 보게 된다. 즉 모든 사람은 자신의 세계관을 가지고 있으나, 반면 한사람의 세계관이 다른 사람의 세계관보다 더 낫다고 말할 수는 없다.

현대 복음주의에 대해서 올리버 바클레이가 느끼고 있는 불안감을 설명하는데 도움을 주는 한 가지 요소는 후현대주의에 대한 복음주의의 다양한 반응이다. 이러한 반응은 카슨(Carson)과 웰스(Wells)의 개혁주의적 비평으로부터 후복음주의까지 그리고 다른 많은 사람들 가운데 왈시(Walsh)와 미들톤(Middleton)의 저서 『예전보다 더 낯선 진리』(*Truth is Stranger than it Used to Be*)에 나타난 접근 유형에 이를 정도로 폭 넓다.[40] 후현대주의를 대하는 이러한 반응으로 인해 복음주의자들이 분열되고 조각나 버린 것이 아주 분명하다.

성경의 권위와 교리적 진리를 희생시키면서까지 놀랄만한 방식으로 후현대주의와 소비자중심주의에 굴복하고 있는 몇 가지 염려스러운 징후들이 복음주의자들에게 있다는 점에서 나는 바클레이와 웰스에 동의한다.[41] 현대성을[42] 충분하게 비평하는데 실패한 점은 복음주의가 후현대주의 거센 바람에 취약하도록 만들어 주었다고 할 수 있다. 다시 말하면 복음주의자들이 합리적인 명제주의(propositionalism) 쪽 아니면 불합리한 주관주의 쪽을 향하는 극단적인 태도를 취했다고 할 수 있다. 20세기 말, 염려스럽게도 복음주의는 문화적 관심의 회복을 위해 문화를 형성하기보다는 문화에 맞춰 따라가는 경향을 보이고 있다고 생각한다.[43]

이것은 후현대주의적인 모든 것이 나쁘다는 말은 아니다. 오히려 후현

---

40) Walsh & Middleton 1988. 또한 Lyon 1994; Grenz 1996; Erickson 2001 등을 보라.
41) 소비자중심주의에 관해서 Bartholomew & Moritz 2000.
42) Wells 1993은 특히 복음주의와 현대성에 초점을 두었다.
43) Wells 1993; 1994 and 1998은 복음주의가 현대 문화의 몇몇 아주 나쁜 추세에 굴복하려는 위험스러운 경향이 있음을 보여주는 유용한 작품들이다.

대주의가 기독교 지성을 형성하여 구체화하는 일에 빠른 진전을 보이도록 대단한 기회를 복음주의에 제공하고 있다고 나는 믿는다. 만일 복음주의가 문화에 대한 관심을 진심으로 고수하고 중대시키는 것이라면, 무엇이 복음주의의 우선순위가 되어야 하는가?

1) 기독교 세계관의 우선순위

현대 복음주의에 대한 평가가 서로 다름에도 불구하고, 맥그래스, 놀 그리고 웰스는 오늘날 복음주의자들의 우선순위가 기독교 지성 또는 기독교 세계관의 발전이라는데 모두 동의하고 있다. 강력한 복음주의를 위해서 맥그래스와 놀이 서로 동의하고 있는 것은 복음주의가 복음주의적 지성을 발전시킬 필요가 있으며, 그렇게 하기위해서 충분한 신학적 비전이 필요하다는 점이다.[44]

웰스는 '세계관이 없는 복음주의란 성공에 대한 욕망 외에 어떠한 목적도 없고, 그리고 단순 노동자의 숫자를 늘리는 것 외에 결과를 판정 할 수 있는 어떠한 기준도 없는 마케팅에 불과하다'고 주장한다.[45] 교회는 자신의 정체성을 회복할 필요가 있다. 그럼으로 인하여 인식을 달리하는 사람들이 '중심부로 돌아와서, 자신의 성경적 세계관을 새롭게 확신하고, 세상과 인간의 삶을 새롭게 이해하며, 믿음을 새롭게 발전시키고, 그리고 하나님의 사람들과 새롭게 관계를 맺을 수 있다.'[46]

선교학은 오늘날 신학연구에서 가장 흥미로운 분야들 중의 하나다. 레슬리 뉴비긴(Lesslie Newbigin)과 데이비드 보쉬(David Bosch)같은 선교신학

---

44) McGrath 1996: 9.
45) Wells 1994: 221.
46) Ibid.: 226.

자들은 오늘날 하나님의 백성으로 살아간다는 것이 어떤 의미인지를 그리스도인들이 이해하도록 많은 도움을 주고 있다. 보쉬에 의하면 우리시대의 과제란 바로 이런 것이다.

> 반 종교화 되어가는 문화 속에서 하나님에 관하여 말하는 방법이 아니라, 다가오는 하나님의 통치를 윤리적으로 표현하는 방법, 당면 상황의 문제에 대처하도록 사람들을 도와주는 방법, 종교는 오직 사적인 영역에서 행하는 것이라는 패러다임을 깨뜨려 버리는 방법 등이다…이것은 지상 위에 하나님 나라를 세울 것을 제안하는 것이 아니다. 하나님 나라는 우리가 개시할 수 있는 것이 아니다. 단지 우리는 하나님 나라가 좀 더 분명하게 드러나고, 좀 더 구체화 되도록 도울 수 있을 뿐이다. 즉 우리는 다가오는 하나님의 통치에 가까이 접근할 수 있다.[47]

보쉬는 하나님 나라를 예수님 사역의 핵심적 주제로 뽑았다(막 1:14, 15). 보쉬가 말한 대로, 만일 선교에 있어서 교회 역할이 하나님의 통치와 나라를 증거하고 구체화하는 것이라면, 현재의 시기와 위치에서 우리가 해결해야 할 특별한 과제는 무엇인가? 데이비드 보쉬는 '서양의 "포스트-기독교" 대중들에게 우리는 무엇을 전달해야 하는가? 나는 우리가 그 역할을 보여주어야 한다고 생각한다. 즉 타당한 조직체계 아니면 오히려 세계관으로서의 역할을 사람들의 삶 안에서 감당해야 한다'고 스스로 자문자답하고 있다.[48]

따라서 우리 시대에 시급히 필요한 것은 기독교 지성을 분명하게 이해하고, 삶의 모든 영역에서 그와 같은 기독교적 관점을 세상에 구현하기위해 함께 기도하며 사역하는 활기찬 기독교 공동체라는 점을 폭넓게 인식

---

47) Bosch 1995: 35.
48) Ibid.: 48.

2) 다양한 기독교 세계관?

이러한 이슈를 통해서 모든 기독교인들이 동의하는 하나의 기독교 세계관은 존재하지 않는다는 것을 깨닫는 것이 중요하다. 역사적으로 볼 때, 세계에 대한 기독교적인 관점은 다양하게 발전하여왔다. 만일 인류사회가 인간의 삶을 규정하는 방식을 '문화'라고 한다면, 세계관의 본질을 알아내는 또 다른 방식은 그리스도는 문화와 어떻게 관련되어 있는가를 묻는 것이다. 이것은 리차드 니이버(H. Richard Niebuhr)의 고전 『그리스도와 문화』(Christ and Culture)에 나오는 접근방식이다.[49] 니이버는 기독교인들이 그리스도와 문화의 관련성을 이해하는데 다섯 가지 기본적인 방식이 있다고 주장하고 있다.

- 문화를 거부하는 그리스도-이와 같은 접근법은 문화가 얼마나 타락했는지를 깊이 인식하고 있으며, 그리스도인들은 세속문화로부터 물러나서 양자택일의 집단인 세상을 향해 복음을 증거 할 필요가 있다고 주장한다. 많은 반문화주의적 복음주의가 이런 종류에 속한다.
- 문화의 그리스도-위의 모델과 반대로, 이 접근법은 우리시대의 문화에 대해서 매우 좋은 인상을 갖고 있어서 복음이 우리 문화의 좋은 모든 것과 잘 조화되고 발전할 수 있다고 생각한다. 이 접근법은 복음과 인간의 문화 사이의 충돌에는 별 관심이 없으며, 우리의 문화에 그리스도를 쉽게 수용한다.
- 교회중심주의-니이버는 오늘날의 그리스도인들은 상기의

---

49) Niebuhr 1951.

두 가지 극단적인 견해의 어느 것도 주장하지 않는다고 본다. 대부분의 그리스도인들은 교회와 문화의 관계를 좀 더 통합적인 방식으로 이해하려고 노력한다. 니이버는 이러한 그리스도인들을 '교회중심주의'라고 부른다. 그는 그리스도와 문화의 관계에 대해 다음과 같은 세 가지 접근방식으로 분석하고 있다.

- 문화 위에 있는 그리스도-이 접근법은 자연이 은총을 통해 보충되고 채워진다고 생각한다. 아퀴나스와 전통적인 가톨릭 교인들이 이런 견해를 제시한다.
- 역설적인 그리스도와 문화-이 견해에 따르면, 그리스도와 문화는 둘 다 권위를 가지고 있지만 서로 대립되는 관계로서 이중적이다. 루터가 이런 접근방식의 예가 된다.
- 문화 변혁자 그리스도-이 견해는 죄의 결과 때문에 하나님의 선하신 창조물이 그릇된 쪽으로 부패해졌으며, 구원은 문화를 치료하고 바른 방향으로 이끌어준다고 주장한다.

만일 복음주의자들이 기독교 세계관을 발달시키고자 한다면, 기독교 세계관의 형성을 위해 열심히 노력해야 할 것이다. 예를 들어, 우리는 기독교와 문화의 관련성을 어떻게 이해해야 하는가? 니이버의 분류는 적절한 것인가? 그리고 그 밖의 것들에 대해서 말이다. 기독교와 현대 서구 문화 사이에서 재세례파의 대립적인 강한 의식에 깊이 매료된 요더(Yoder), 하우어워스, 헤이스(Hays) 그리고 클랩(Clapp) 등이 옹호하는 일종의 재세례파적 세계관을 현재 많은 복음주의자들이 연구 중에 있다. 그런 논쟁을 더 깊이 있게 탐구할 시간이 지금은 없지만, 내 생각으로는 니버의 변혁적 패러다임이 가장 성경적이라고 말하는 것으로 충분하다고 본다.

물론 누군가 성경을 하나의 일관된 세계관을 제시하는 것으로 또는 세계관의 기준이 되는 것으로 기대하리라고 추측해본다. 이것은 많은 성경

변혁적 기독교 세계관을 가장 성경적인 것으로서 이해하는 주된 이유는 공의가 기독교의 종합적인 본질이기 때문이다. 이 세계관의 독특성은 창조, 타락, 구속 그리고 최종 완성을 포괄적으로 이해하는 것이다. 월터스는 다음과 같이 말하고 있다.

학자들이 의문을 던지는 추측이기도 하다.[50]

> 이런 차이를 볼 수 있는 한 가지 방법은 헤르만 바빙크(Herman Bavinck)가 제시한 기독교 신앙의 기본적 정의를 활용하는 것이다. '하나님 아버지께서 창조하셨지만, 자신의 아들의 죽음을 통하여 타락한 세상과 화해하시고, 자신의 성령을 통하여 세상을 하나님 나라가 되도록 새롭게 하신다.' 종교개혁적인 세계관은 우주적이고 포괄적인 의미에서 이러한 연합적이고 삼위일체론적인 고백의 중요한 모든 용어를 가지고 있다. '화해', '창조', '타락', '세계', '새롭게 하심' 그리고 '하나님 나라'와 같은 용어들은 규모에 있어서 우주적으로 사용되고 있는 것이다. 원칙적으로 하나님을 떠난 그 어느 것도 이러한 성경적 신앙의 기본적 실체 범위 밖을 벗어나지 못한다. 반면, 다른 모든 기독교 세계관은 어떻게든 이러한 용어들의 각각의 범위를 제한하고 있다.[51]

---

50) 역사비평학자들은 성경에 모순된 전승이 가득 차있다고 오래도록 주장해왔다. 예를 들어, 구약성경의 지혜에 대해서 Clements(1992: 142)가 말하기를, 그것은 '지혜를 통해 품게 된 어떤 하나의 일관된 세계관이 이스라엘 안에서나, 메소포타미아 사람 또는 이집트 사람의 생활 영역 내에 존재했었다는 결론을' 이끌어 내지 못한다고 했다. 이 시점에서 추측하는 바는 성경이 사물 또는 소위 세계관에 대해 일관된 견해를 표현하고 있다는 점과 그리고 Wolters(1991: 37)의 다음과 같은 주장이 올바르다는 점이다. 그는 '사실 성경적 신앙은 적어도 함축적이고 원칙적인 면에서 세계관을 포함하고 있다. 창조(사물에 주어진 질서), 타락(주어진 질서의 모든 타락의 뿌리가 되는 인간의 모반) 그리고 구속(그리스도 안에서 질서의 불로 소득인 회복)의 핵심 개념은 함축적으로 우주적이고 변혁적이다. 다른 기본적 요소들과 더불어…이와 같은 핵심적 아이디어는…완벽한 반이교적 벨트안샤웅, 즉 역사, 사회, 문화, 정치 그리고 인간의 경험에 접해있는 모든 것들을 위해 해석적 틀을 제공하는 세계관의 근본적 개요를 믿는 자들에게 주고 있다'고 말했다.
51) Wolters 1985: 10.

3) 성경의 권위

오늘날 일차적 권위로서의 성경과 이차적 권위로서의 신앙고백서들이 강력하게 회복될 필요가 있다는 바클레이와 웰스의 견해에 동의한다. 그러나 어떤 복음주의자들이 성경과 신앙고백서들을 소중히 여기고는 있으나, 교회와 신학에 대한 편협적인 집중으로 인해 그 밖의 것에는 기여를 거의 하지 못하는 경우를 우리는 너무 자주 목격한다. 그리고 다른 복음주의자들은 매우 아방가르드(avant garde, 전위적)적이지만, 성경 주변만을 빙빙 표류하는 것 같은 경우도 우리는 종종 본다.

사실 인생의 모든 것을 성경에 연계하지 않으면서 성경의 권위를 고백하는 것은 전혀 도움이 되지 못한다. 그것은 하나님의 말씀의 권위에 따라 살지 않으면서 현대 문화에 빠져 사는 삶이 마치 매우 위험스러운 것과 똑같은 것이다.

지역교회의 입장에서 볼 경우, 기독교 지성이 회복되도록 설교자들과 교회 신자들을 도와주는 일은 아직도 갈 길이 멀다. 많은 설교가 하나님의 피조물 전체에 이르는 그리고 교회 신자들의 삶의 모든 형태를 포용하는 포괄적인 천국 소식을 표명하는데 실패하고 있다.[52] 이것은 설교자가 삶의 모든 영역에서 반드시 전문가가 되어야 한다고 잠시 잠깐 제안하는 것은 절대 아니다. 오히려 바르게 선포된 말씀은 그리스도인들이 자신들의 모든 삶을 그리스도의 주권 아래 맡기도록 요청한다는 것을 주장하는 것이다. 그리스도 통해 이루신 하나님의 일에 합당하게 응답하는 성경적 의미에서, 예배는(cf. 롬 12:1, 2) 우리가 교회 문을 나서는 순간 시작되거나 혹은 적어도 계속되는 것이다.

---

52) 모든 신자들을 풀타임으로 섬기는 것에 대하여 놀랍게도 때맞춰 표현해준 Peterson(1988: 75-77)의 책을 모든 목회자들은 반복해서 반드시 읽어야 한다.

우리가 알고 있는 그 이상으로 훨씬 더 예배에 관해 반드시 알아야 한다. 교회는 창조에서 재창조까지 그리고 에덴동산에서 도시까지 가는 통로를 말해주는 이야기인 성경을 시급히 회복해야만 한다. 그리고 바로 그 이야기는 각각의 본문에 대한 우리의 이해를 말로 표현해줄 필요가 있다. 왜냐하면 본문 말씀이 선포될 때 회중들이 하나님 나라의 소명을 들을 수 있기 때문이다.[53]

실천적이고 이론적인 수준에서 현대 문화 속으로 폭 넓고 깊이 있게 우리를 이끌 수 있는 기독교 세계관이 긴급히 요청된다. 그러나 그 세계관은 전적으로 성경적이어야 하며 신앙고백적인 면에서 정통적이어야 한다. 이것은 복음주의자들이 다음과 같은 질문들을 진지하게 집중해야할 사안으로 삼을 필요가 있다는 것을 의미한다.

(1) 어떻게 우리는 성경 전체를 읽어야 하며, 어떻게 생애 전체에 걸쳐 성경을 읽어야 하는가?

성경이 명시하고 있는 것 그리고 그렇지 않은 것을 재발견할 필요가 있다. 복음주의자들은 종종 성경으로부터 너무 많은 것을 기대하거나 기대를 너무 안 하는 것처럼 보인다. 예를 들어, 성폭행 피해자들에 대한 상담 방법과 같은 성경이 언급하고 있지 않은 문제에 대해서 답변을 제공하고자 성경말씀을 기대한다든지, 또는 한번 언급되어진 것과 같은 질문에 제시할 만한 의견이 아무것도 없다고 생각할 때, 성경말씀을 거의 기대하지 않는 경우가 있다. 효과적인 상담은 성경이 제공하는 것보다 훨씬 더 많이 알아야 할 필요가 있다. 즉 성폭행과 그 영향 그리고 이 분야에 종사하

---

53) 곧 출간예정인 『성경속의 편안함』(*At Home in the Scriptures*)(Baker)에서 M. Goheen과 C. Bartholomew는 대학교 일학년 학생들을 위해서 성경 이야기의 양상을 분명하게 표현해 주려고 애쓰고 있다.

는 다른 상담자들의 경험 등에 관한 가능한 모든 자료들이 필요할 것이다. 그러나 물론 이러한 것은 세상, 죄 및 인간에 대한 기독교적이고 성경적인 이해를 통하여 반드시 해석되어져야 한다.

(2) 어떻게 성경은 세계관을 우리에게 제공하거나 승인하고 있는가?

나는 여기서 광범위하게 불규칙적으로 펼쳐있는 이야기인 성경으로부터 좀 더 추상적인 윤곽을 지닌 세계관으로의 변화를 생각하고 있다. 이러한 움직임에 따라, 신학이나 철학 같은 요소들도 함께 작동하기 시작할까, 그리고 그러한 요소들은 어디에서 얻게 되는 것일까?

(3) 어떻게 우리는 세계관을 통해서 성경으로부터 예술, 교육 및 정치 같은 이슈들로 옮겨갈 수 있는가?

만일 우리가 기독교 세계관을 진지하게 대하고 있다면, 가장 높은 수준에서 모든 훈련들이 행해져야 할 필요가 있으며, 그리고 기독교적 관점이 실제로 엄격하게 구현되어져야 한다. 실제적으로 그리고 이론적으로 성경을 넘나드는 여정은 우리가 심리학이나 비즈니스, 교육, 정치, 가사 또는 다른 분야에서 기독교 세계관을 실천하고 있는지 또는 그렇지 않은지에 대하여 현재 유행되는 방식에 따라 틀림없이 이루어져야 할 것이다. 그리고 성경과의 이러한 관련성은 정직하게 이루어져야 할 것이다.

정말로 우리가 진지한 방식으로 성경을 문화와 지성적 삶에 연관시키려 한다면, 우리는 그와 같은 연결을 용이하게 하기 위해서는 개념적인 틀이 필요할 것이다.[54] 복음주의자들은 그와 같은 작업에 적합한 개념적

---

54) O'Donovan(1996)은 성경과 정치를 관련시키기 위하여 성경을 이야기 이상으로 이해해야 하며, 또한 정치신학 안에 이론적 역할을 해야 하는 성경 이야기로부터 기인하는 개념이 우리에게 필요하다고 주장한다. 신약성경 연구의 경우, 세계관이 수련을 새롭게 하는데 있어서 긍정적 역할을 할 수 있다는 면에서 Wright(1992)의 글은 하나의 뛰어난 본보기가

인 틀의 개발에 훨씬 더 열심히 노력해야 한다.

4) 여정을 위한 충분한 영성

유진 피터슨(Eugene Peterson), 달라스 윌라드(Dallas Willard), 조이스 허기트(Joyce Huggett) 그리고 그 밖의 많은 사람들은 복음주의자들이 강력한 영성을 회복하도록 돕고 있다. 이런 점에서 영성은 기독교 세계관에 매우 중추적이라는 것을 기억하는 것이 중요하다. 토마스 머튼(Thomas Merton)보다 더 강력하게 살아있는 믿음에 근거하여 스콜라적 세계관의 위험성을 엄격하게 지적한 사람은 아무도 없다.

> 명상이란 우주의 질서를 탐색하고 그 질서 속에 자신을 놓으려는 것으로 충분하지 않다. 명상은 벨트안샤웅(우주와 생명에 대한 철학적인 견해)의 질서를 얻는 그 이상의 것이다…그와 같은 명상은 기독교의 깊은 진리와의 접촉 밖에서 이루어질지도 모른다. 그것은 몇 가지 합리적인 공식과 설명을 배우는 것에 달려 있다…우리는 설명이나 이론도 없이 그래서 하나님의 주권적인 보살핌을 온전하게 의지해야 하는 무(nothingness)의 상태에서, 그리고 그분의 은혜의 선물과 자비 그리고 신앙의 빛을 절박하게 필요로 하면서, 하나님 앞에 홀로 서있다는 바로 그 두려움의 한 중앙 가운데에서 우리 자신의 모든 것이 노출되고 무방비 상태가 되어져야 하는 것이다.[55]

머튼은 생명력 없이 스콜라적이 되어가는 세계관의 위험성에 관해 정확하게 경고하고 있다. 복음주의자들이 기독교 신앙의 포괄적인 범주를

된다.
55) Merton 1969: 85.

의식하게 됨에 따라, 중심에 살아있는 신앙이 없는 세계관은 제대로 기능을 발휘하지 않는다는 것을 기억하는 것이 그들에게 중요하다. 유진 피터슨은 목회자를 위한 영성에 가장 도움이 될 만한 것을 집필했다. 이와 같은 종류의 작업은 모든 직업을 위해서도 개발될 필요가 있다.

피터슨이 직접 기록한 것 같이, '어떤 다른 직업과 마찬가지로 목회자의 직업을 택하는 일은 어려운 것이 아니다. 가사일, 과학, 농업, 교육, 그리고 사업 등과 같은 직업들이 성경적으로 알려진 헌신으로 받아들여질 때, 목회자와 같은 헌신을 요구하며 동등한 영성을 필요로 한다. 그러나 그 각각의 직업은 그 자체적인 특별한 주의를 필요로 한다.'[56]

다양한 직업에 종사하는 그리스도인들이 자신들의 인생의 특별한 여정을 위해 충분하게 영성을 개발할 수 있도록 도움을 주는 글을 거의 집필하지 않고 있다. 이러한 점에서 많은 작업이 계속 더 이루어져야 한다.

6. 결론

바클레이는 다음과 같이 올바르게 지적했다.

> 기독교 지성을 갖는다는 것은 학식 있는 사람들을 위한 선택적인 부속품이 아니다. 그것은 성경 계시에 의해서 변화된 견해를 갖는 것이며, 그리고 그것의 대부분은 교리적이다…반지성주의와 반교리적 태도는 성경이 우리에게 요구하는 것이 단연코 아니다. 그리고 느낌에 의해서 옳게 여기는 것을 의존했던 지난 과거의 역사에서 그랬던 것처럼, 그러한 태도의 위험성은 오늘날에도

---

56) Peterson 1992: 4.

명백하게 존재한다.[57]

복음주의는 20세기가 시작된 이후 먼 길을 걸어왔으나, 복음주의의 미래는 아직도 확실하지 않다. 기독교 세계관의 더 많은 개발과 실천이 반드시 우선되어져야 한다. 이런 측면에서 볼 때, 오르, 카이퍼, 쉐이퍼, 헨리, 스토트 그리고 그 밖의 사람들이 우리에게 풍부한 유산을 남겨주었다. 우리는 감사함으로 이것을 받아들이고 이것을 바탕으로 복음주의를 반드시 구축해나가야 한다.

Bibliography

Barclay, O. R. (1997), *Evangelicalism in Britain 1935–1995: A Personal Sketch*, Leicester, IVP.

Bartholomew, C. G. (1997), 'Post/Late? Modernity as the Context for Christian Scholarship Today', *Themelios* 22.2: 25–38. (Also published in abbreviated form in *Catalyst* 24.3 (1998): 4–6.)

Bartholomew, C. G. and T. Moritz (2000), *Christ and Consumerism*, Carlisle: Paternoster Press.

Blamires, H. (1963), *The Christian Mind*, London: SPCK.

Bosch, D. (1995), *Believing in the Future: Towards a Missiology of Western Culture*, Philadelphia: Trinity Press International; London: Gracewing.

Clements, R. E. (1992), *Wisdom in Theology*, Grand Rapids: Eerdmans; Carlisle: Paternoster Press.

Coetzee, J. M. (2000), *Disgrace*, Maryland: Penguin.

Cranfield, C. E. B. (1979), *A Critical and Exegetical Commentary on the Epistle to the Romans, Volume II*, Edinburgh: T. & T. Clark.

Dudley-Smith, T. (2001), *John Stott: A Global Ministry*, Leicester: IVP.

Erickson, M. J. (2000), *Truth or Consequences: The Promise and Perils of Postmodernity*, Downers Grove: IVP.

Grenz, S. (1996), *A Primer on Postmodernism*, Grand Rapids: Eerdmans.

---

57) Barclay 1997: 126.

Hamilton, M. S. (1997), 'The Dissatisfaction of Francis Schaeffer', *Christianity Today* 3: 22–30.
Harris, P. (1993), *Under the Bright Wings*, Vancouver: Regent College Publishing.
Harvey, D. (1989), *The Condition of Postmodernity*, Oxford: Blackwell.
Hauerwas, S. and W. H. Willimon (1999), *The Truth about God: The Ten Commandments in Christian Life*, Nashville: Abingdon.
Henry, C. F. (1947), *The Uneasy Conscience of Modern Fundamentalism*, Grand Rapids: Eerdmans.
Heslam, P. S. (1998), *Creating a Christian Worldview: Abraham Kuyper's Lectures on Calvinism*, Grand Rapids: Eerdmans; Carlisle: Paternoster Press.
Jeffrey, D L. (1996), *People of the Book: Christian Identity and Literary Culture*, Grand Rapids: Eerdmans.
Lyon, D. (1994), *Postmodernity*, Concepts in the Social Sciences, Buckingham: Open University Press.
McGrath, A. (1996), *A Passion for the Truth: The Intellectual Coherence of Evangelicalism*, Leicester: Apollos.
—— (2000), 'Evangelical Theological Method: The State of the Art', in J. G. Stackhouse (ed.), *Evangelical Futures: A Conversation on Theological Method*, 15–37, Grand Rapids: Baker; Leicester: Apollos.
Merton, T. (1969), *Contemplative Prayer*, London: Darton, Longman & Todd.
Naugle, D. K. (2002), *Worldview: The History of a Concept*, Grand Rapids: Eerdmans.
Niebuhr, H. Richard (1951), *Christ and Culture*, New York: Harper & Row.
Noll, M. A. (1994), *The Scandal of the Evangelical Mind*, Grand Rapids: Eerdmans.
O'Donovan, O. (1996), *The Desire of the Nations: Rediscovering the Roots of Political Theology*, Cambridge: Cambridge University Press.
Paton, A. (1948), *Cry the Beloved Country*, London: Cape.
Peterson, E. (1992), *Under the Unpredictable Plant: An Exploration in Vocational Holiness*, Grand Rapids: Eerdmans.
—— (1998), *The Wisdom of Each Other: A Conversation Between Spiritual Friends*, Grand Rapids: Zondervan.
Pollard, N. (1997), *Evangelism Made Slightly Less Difficult: How to Interest People Who Aren't Interested*, Leicester: IVP.
Sire, J. (1997), *The Universe Next Door: A Basic Worldview Catalog*, 3rd ed., Downers Grove and Leicester: IVP.

Smith, D. W. (1998), *Transforming the World: The Social Impact of British Evangelicalism*, Carlisle: Paternoster Press.

Smith, N. (1984), *Uneven Development: Nature, Capital and the Production of Space*, New York: Blackwell.

Stott, J. R. W. (1975), *Christian Mission in the Modern World*, repr. Eastbourne: Kingsway, 1986.

—— (1990), *Issues Facing Christians Today*, 2nd ed., London: Marshalls.

Stott, J. R. W. (ed.) (1996), *Making Christ Known: Historic Mission Documents from the Lausanne Movement 1974–1989*, Carlisle: Paternoster Press.

Thiselton, A. C. (2000), *The First Epistle to the Corinthians: A Commentary on the Greek Text*, Grand Rapids: Eerdmans; Carlisle: Paternoster Press.

Walsh, B. J. and J. R. Middleton (1988), *The Transforming Vision: Shaping a Christian Worldview*, Downers Grove: IVP.

Wells, D. F. (1993), *No Place for Truth, or, Whatever Happened to Evangelical Theology?* Grand Rapids: Eerdmans; Leicester: IVP.

—— (1994), *God in the Wasteland: The Reality of Truth in a World of Fading Dreams*, Grand Rapids: Eerdmans; Leicester: IVP.

—— (1998), *Losing Our Virtue: Why the Church Must Recover its Moral Vision*, Grand Rapids: Eerdmans; Leicester: IVP.

Witherington III, B. (1995), *Conflict and Community in Corinth: A Socio-Rhetorical Commentary on 1 and 2 Corinthians*, Grand Rapids: Eerdmans; Carlisle: Paternoster Press.

Wolters, A. (1984), 'Nature and Grace in the Interpretation of Proverbs 31:10–31', *Calvin Theological Journal* 19: 153–166, reprinted in Wolters, 2001.

—— (2001), *The Song of the Valiant Woman: Studies in the Interpretation of Proverbs 31:10–31*, Carlisle: Paternoster Press.

—— (1985), *Creation Regained: Biblical Basics for a Reformational Worldview*, Grand Rapids: Eerdmans; Leicester: IVP.

—— (1991), 'Gustavo Gutierrez', in S. Klapwijk et al. (eds.), *Bringing Into Captivity Every Thought*, 229–240, Lanham, MD: University Press of America.

Wright, N. T. (1992), *The New Testament and the People of God*, Minneapolis: Fortress.

—— (2002), 'Paul and Caesar: A New Reading of Romans', in C. Bartholomew, J. Chaplin, R. Song and A. Wolters (eds.), *A Royal Priesthood? The Use of the Bible Ethically and Politically: A Dialogue with Oliver O'Donovan*, Grand Rapids: Zondervan; Carlisle: Paternoster Press.

Recommended reading (+ = best introductory works)

+ Colson, C. and N. Pearcey, *How Now Shall we Live?*, Wheaton: Tyndale, 1999.
+ Harris, P., *Under the Bright Wings*, Vancouver: Regent College Publishing, 1993.

Heslam, P. S., *Creating a Christian Worldview: Abraham Kuyper's Lectures on Calvinism*, Grand Rapids: Eerdmans; Carlisle: Paternoster Press, 1998.

Holmes, A., *Contours of a World View*, Grand Rapids: Eerdmans, 1983.

Naugle, D. K., *Worldview: The History of a Concept*, Grand Rapids: Eerdmans, 2002.

Noll, M. A., *The Scandal of the Evangelical Mind*, Grand Rapids: Eerdmans, 1994.

+ Schaeffer, E., *The Tapestry: The Life and Times of Francis and Edith Schaeffer*, Texas: Word, 1981.
+ Sire, J., *The Universe Next Door: A Basic Worldview Catalog*, 3rd ed., Downers Grove and Leicester: IVP, 1997.

Walsh, B. J. and J. R. Middleton, *The Transforming Vision: Shaping a Christian Worldview*, Downers Grove: IVP, 1988.

+ Wolters, A., *Creation Regained: Biblical Basics for a Reformational Worldview*, Grand Rapids: Eerdmans; Leicester: IVP, 1985.

© Craig G. Bartholomew, 2003

복음주의 영성

유진 H. 피터슨

'영성'은 현대 문화의 바다 속에 던져진 하나의 그물로서, 사도 요한이 기록한 153마리의 '큰 물고기'를[1] 잡은 부활 사건에 버금가는 엄청난 양의 영적 물고기를 끌어당기고 있다(요한 21:11). 현시대에 '영성'은 기업가들에게는 중요한 사업이 되었고, 지루한 사람들에게는 오락 스포츠가 되었다. 그리고 영성은 또 다른 사람들에게는, 많든지 적든지 간에 말하기가 쉽지 않으나, 하나님과의 관계 속에서 깊이 있고 온전하게 살아가기 위한 하나의 진지하고 절제된 헌신이 되었다.

한 때 그 단어가 전통적인 종교 상황 속에서 독점적으로 사용되었으나, 지금은 여러 환경 속에 있는 모든 유형의 사람들에 의해서 각종 의미를 지닌 채 무분별하게 사용되고 있다. 독점적으로 그리스도인들을 위해 또는 다른 신앙적 용도만을 위해 그 단어를 재주장하려는 시도는 대개 용어

---

1) 영어성경은 NRSV를, 한글성경은 개역 개정판을 따랐음-역주.

의 정의로 시작된다. 그러나 '영성'을 정의하려는 시도가 많이 있음에도 불구하고, 소득은 별로 없다. 그 용어는 사전적 영역을 벗어나 있기 때문이다.

이러한 정황 속에서 복음주의 영성은 특별한 종류의 영성이 아니다. 오히려 그것은 어디에서든지 눈에 띌 만큼 이미 들끓고 있는 영적 에너지를 활용하고 이끌어가기 위한 하나의 충동 또는 관심사다. 복음주의 영성은 그 영적 에너지를 성경을 통해 활용하고, 예수님을 따르는 일에 그 에너지를 이끌어가야 한다. 형용사 '복음주의적'은 다른 모든 것들과 동떨어진 특이한 유형의 영성을 분명히 뜻하지 않는다. 그것은 성경의 명료성을 제공하고 복음에 집중하는 것을 추구한다. 영성이 엘리트주의적 태도를 함양시키거나, 영성의 기본 교재인 성경을 읽는 것을 그만두거나, 문화를 영성의 의제로 삼게 한다거나, 또는 신학적으로 기억상실 중세가 보일 때, 대부분의 교파들과 운동들 안에 활발한 복음주의적인 충동은 우리를 불러 세워놓고서, 그리스도인의 생활이란 그리스도 안에 계시되고 성령에 의해 창조된 하나님의 말씀에 따라 반드시 살아가야 하는 것이라고 설명해 준다.

복음주의적인 충동이 현대 그리스도인들의 영성을 위해 어떠한 역할을 하고 있는지 보여주기 위하여 다음의 네 가지 중대한 영역, 즉 두 개의 이야기, 세 개의 본문, 두 개의 단어, 그리고 한 가지 춤 등을 사용하고자 한다. 두 개의 이야기는 겸손하게 살아가기 위하여(엘리트주의에 대응하면서) 우리의 걸음을 공통 입장으로 되돌리는 것이며, 세 개의 본문은 순종적으로 살아가기 위하여 성경적 근거(자립주의에 대응하면서)를 규정하는 것이며, 두 개의 단어는 올바른 삶을 위하여(문화적인 흐릿함에 대응하면서) 복음에 집중하는 것이며, 그리고 한 가지 춤은 큰 삶을 위하여(세속적인 지평선에 대응하면서) 신학을 두드러지게 행동으로 옮기는 것이다.

1. 두 개의 이야기

우리의 문화 속에서 보통 이해되고 실천되고 있는 방식인 영성은 엘리트주의적 태도-수준 높은 그리스도인들이 행하는 삶의 양식-을 종종 드러낸다. 그것은 전혀 사실이 아니다. 우리는 이러한 문제에 모두 초보자이며 초보자에서 벗어날 수 없다.

이야기란 우리의 존재 의미를 확대해주고 심화시켜주는 그리고 그 이야기의 참여자로 우리를 포함시켜주는 가장 자연스러운 방식이다. 이야기는 있었는지 조차 우리가 몰랐던, 또는 너무 친숙해서 신경 쓰는 것조차 그만 두었던, 아니면 우리의 경계 밖에 있는 것으로 가정했던 삶의 영역 혹은 관점에 열려 있는 문이다. 그 다음에 우리를 그 안으로 기꺼이 맞이한다. 이야기는 언어적인 환대 행위이다. 사도 요한은 자신의 복음서 초반에서 그리스도인의 삶 안으로 모든 사람을 분명하게 환영하는 두 개의 이야기를 하고 있다.

첫 번째는 유대 랍비 니고데모에 관한 이야기이다(요 3장). 예수님의 명성에 신경 쓰던 니고데모는 야음을 타서 예수님과 대화를 나누기 위해 찾아왔다. 만약 그가 평판 나쁜 떠돌이 선생이며, 보잘 것 없고 하찮은 갈릴리 나사렛 출신으로서 기관포처럼 예언하는 이 사람과 상담하였다는 사실이 알려질 경우, 그는 자신의 동료 랍비들로부터 신용을 잃을 수도 있다. 그래서 그는 밤에 예수님을 찾아 왔다. '랍비여 우리가 당신은 하나님께로부터 오신 선생인 줄 아나이다 하나님이 함께 하시지 아니하시면 당신이 행하시는 이 표적을 아무도 할 수 없음이니이다'(요 3:2)라고 예수님을 칭찬하며 대화의 문을 여는 것을 보아, 그는 단순히 친분을 맺기 위해 온 것 같다.

그러나 예수님은 의제, 즉 아직 언급하지 않은 문제의 핵심을 파악하고 있었다. 니고데모는 분명히 뭔가를 노리고 있었다. 따라서 예수님은 서론적인 대화를 일축하고, 본론으로 들어갔다. 즉 예수님은 니고데모의 마음을 읽으시고, 그에게 다음과 같은 말을 꺼냈다. '진실로 진실로 네게 이르노니 사람이 거듭나지 아니하면 하나님의 나라를 볼 수 없느니라' (요 3:3). 니고데모가 거기에 있었던 이유는 하나님의 나라에 들어가기, 하나님의 통치 아래 살아가기, 그리고 하나님의 현존에 참여하기 등과 같은 것을 묻기 위한 것이다. 그것은 이상한 일이다.

이상한 이유는 니고데모가 그런 류의 것들에 대해 소위 전문가였기 때문이다. 예수님과 은밀히 대화를 나누면서 그는 왜 맴돌고 있는 것인가? 겸손의 행동이었는가? 그럴 가능성이 있다. 끊임없이 존경받고, 능숙하게 답변을 제공하고, 자신들이 말 한 대로 모든 사람들이 살아가리라고 생각하는 지도자들은 언행 불일치라는 통절한 경험을 종종 가지고 있다. '내가 누구인가 그리고 사람들은 나를 어떻게 생각하는가 하는 문제는 결코 동일한 문제가 아니다. 랍비로서 더 좋은 것을 얻으며 명성이 더 많이 올라 갈수록, 나는 사기꾼 같은 느낌을 더 많이 받는다. 나는 살고 있는 그 이상으로 많은 것을 알고 있다. 내가 오래 살면 살수록, 내가 지식을 많이 습득하면 할수록, 안다는 것과 산다는 것과의 간격은 더욱 넓어진다. 나는 날이 갈수록 점점 더 나빠지고 있다…'

그날 밤 니고데모가 예수님을 찾아온 이유는 참된 겸손에 근거한 그런 깊은 불안감 때문이었을 것이다. 그는 신학적인 지식이 아니라 하나님 나라에 들어가는 방법을 찾고 있는 중이었으며, 하나님 나라에 관한 더 많은 어떠한 것이 아니라 자신에게 문을 보여주면서 그 안으로 인도해줄 개인적인 안내자 또는 친구를 찾고 있는 중이었다. '내가 어떻게 들어갈 수 있는지…?'

그렇지 않으면, 단지 호기심 때문에 그가 거기에 찾아 갔을까? 이것 또한 가능하다. 만약 지도자들이 자신들의 영향력을 유지하려면, 그들은 경쟁의 선두에 있어야 하며, 그러한 추세를 계속 유지해야 하고, 최근의 시장에서 무엇을 최고로 팔아야할지를 알아야 한다. 예수님은 그 당시 엄청나게 관심을 끌고 있던 중이었다. 따라서 그분의 시각은 무엇인가? 그분의 신비는 무엇인가? 그분은 어떤 면에서 신비로운가? 니고데모는 자신의 일에 문제가 없었으나, 자신의 명예에 그냥 안주할 수 없다는 점을 알고 있었다. 세상은 빠르게 변화하고 있었다. 이스라엘은 문화의 소용돌이 속에 있었다. 헬라어 학문과 로마 정부 그리고 유대적 도덕 전통 등은 영지주의 분파나, 신비주의 종파, 폭력집단, 그리고 각종 메시야 모험주의자들과 광신자들로 뒤섞여 있었다. 그 혼합은 매주 마다 변했다.

만일 니고데모가 남들보다 앞서서 그리고 예상 방향을 예측하고 자신의 지도력을 유지하려고 한다면, 변화의 조짐에 정신을 바짝 차려야 한다. 예수님은 가장 최근의 명사였다. 따라서 니고데모는 어떤 도움이 될 만한 전략이나 구전지식을 알아내기 위해 그 밤에 거기에 있었다. 이것 또한 가능한 일이다.

그러나 니고데모가 예수님을 찾아온 동기를 알아내려고 애쓰는 우리의 관심을 정작 이야기의 저자인 사도 요한에게서 찾아볼 수 없다. 저자에게는 동기에 대한 어떠한 관심도 없어 보인다. 이것은 예수님에 관한 이야기이지, 니고데모에 관한 것이 아니기 때문이다. 예수님은 니고데모에게 동기를 묻지 않았고, 사도 요한 역시 그것을 설명조차 하려고 하지 않았다. 간략한 모두 발언 이후, 예수님은 하나의 놀랄만한 그리고 주의를 요할 만한 비유, 즉 '다시 태어남' 또는 '위로부터 태어남' 등을 소개함으로써 대화의 주도권을 잡으셨다. '…진실로 진실로 네게 이르노니 사람이 거듭나지 아니하면 하나님의 나라를 볼 수 없느니라'(요 3:3). 그 다음 니고데모가 충분히 숨을 고르기도 전에, 예수님은 처음보다 더 이상한 또 다른 비유를 추가 하였다. '…네게 이르노니 사람이 물과 성령으로 나지 아니하면 하나님의 나라에 들어갈 수 없느니라'(요 3:5). 바람, 호흡 그리고 성령은 예수님이 아마 말씀했던 아람어로나 또는 사도 요한이 기록했던 헬라어로나 모두 동일한 단어이다. 폐 수축으로 인해 일어나는 공기 운동, 기압 변화로 인해 발생하는 공기 운동, 그리고 우리 안에 살아계신 하나님의 생명주시는 운동 등을 위해 동일한 용어를 사용하고 있는 그와 같은 언어들의 필연성은 그 단어가 사용되어질 때 마다 상상력 훈련을 필요로 하였다. 즉 호흡, 날씨, 또는 하나님 중에서, 과연 여기서는 무엇을 말하고 있는가를 상상해야 한다.

우리가 그런 질문을 묻자마자 사도 요한은 문자적인 그리고 비유적인 의미를 나란하게 둠으로서 문제를 분명하게 밝혀주었다.

> 바람(프뉴마[pneuma])이 임의로 불매 네가 그 소리는 들어도 어디서 와서 어디로 가는지 알지 못하나니, 성령(프뉴마)으로 난 사람도 다 그러하니라(요 3:8).

니고데모는 자신의 머리를 갸웃거렸다. 그것을 이해하지 못했던 것이다.

두 번째는 사마리아 여인에 관한 것이다. 이 이야기는 니고데모에서처럼 밤이 아닌, 환한 대낮에 사마리아 지방 야곱의 우물가에서 발생했다. 그 여인이 물을 길러 왔을 때 예수님은 홀로 앉아 있었다. 예수님이 마실 물을 달라는 요청으로 대화는 시작됐다. 그 여인은 이 유대 남자의 요청에 놀랄 수밖에 없었다. 왜냐하면 두 종족 간에는 종교적인 증오가 수 세기 동안 있어 왔기 때문이다.

그 여인은 놀란 반면에, 경계하고 있었는가? '당신은 유대인으로서 어찌하여 사마리아 여자인 나에게 물을 달라 하나이까'(요 4:9)라는 답변에서 그 여인의 날카로운 목소리을 감지할 수 있는가? 우물가에 앉아 있는 이 남자를 그 여인은 불신하고 있는 것인가? 그녀가 그렇게 하는데 에는 타당한 이유가 있는 것같이 보인다. 그녀는 힘든 삶에 익숙한 여인이다. 그 여인은 다섯 번 결혼하였으며, 결혼의 수혜도 없이 지금 여섯 번째 남자하고 살고 있다는 것을 이야기 후반에서 알 수 있다. 계속되는 거절, 수많은 실패, 매년 마음과 몸에 쌓인 아픔과 상처 등 그 같은 시나리오를 상기하는 것은 어려운 일이 아니다. 그 여인에게 있어서 여자가 된다는 것은 희생자가 된다는 것이다. 남자 가까이에 있다는 것은 위험에 가까이 있는 것이다. 이 낯선 남자는 다음에 무엇을 하려고 하는지 다음에는 또 무엇을 말하려고 하는 것인지? 그 여인은 경계 태세를 취하고 있다.

아니면, 정반대일 수 있는가? 어쩌면 그 여인의 질문에서 우리가 감지할 수 있는 것은 불신이 아니라 졸라대는 경박함일지도 모른다. 그 여인은 무언가 찾아 헤매는 중일 것이다. 그녀는 다섯 남편을 차례대로 다 이용하였고, 자신의 매혹적인 방식으로 지금의 여섯 번째 남편과 살고 있는지 모른다. 그녀는 남자를 권력 또는 출세로 접근하는 통로 또는 성적희열을 위한 기회로 보고 있는지 모른다. 그리고 남자들이 그녀의 자존심이나 야망이나 욕망을 더 이상 채워주지 않을 때, 그들을 차버렸는지도 모른다. 예수를 본 그 순간부터 그 여인은 유혹의 전략을 세우기 시작했다는 것이 완전히 가능하다. '음, 이거 좋은 소식인데! 이 사람으로부터 내가 무엇을 얻을 수 있을지 어디보자.'

다음과 같은 유치한 게임 놀이를 좋아하지 않나요? 빈칸 채우기, 겉모양 뒤에 있는 실재를 추측하기, 사람들의 생활에 대한 최신정보를 얻어내기 등등. 그러나 니고데모 이야기에 있었던 것같이, 또 다시 예수님은 그 게임 놀이에 전혀 관심을 드러내지 않았고, 사도 요한도 동기를 탐구하는 데 전혀 관심을 갖지 않았다. 예수님은 그 여인을 본바 그대로 그녀를 대했으며, 어떠한 질문도 하지 않았다. 이전의 니고데모의 경우처럼, 이것은 그 여인에 관한 이야기가 아니라 예수님에 관한 이야기이다.

우물가에서 첫 몇 마디의 대화를 나눈 후에, 예수님은 수수께끼 같은 말을 건넸다. '네가 만일 하나님의 선물과 또 네게 "물 좀 달라"하는 이가 누구인 줄 알았더라면 네가 그에게 구하였을 것이요 그가 생수를 네게 주었으리라'(요 4:10). 마치 예수님이 니고데모에게 비유로 '바람'을 사용했던 것처럼, 사마리아 여인에게도 비유로 '물'이라는 단어를 사용하고 있는 것이 분명하다. 양동이로 퍼 올리는 우물물을 가리키는 것으로 시작된 단어 '물'은 아주 다른 무엇, 내면의 무언가를 가리키는 것으로 지금 사용되고 있다. '그 속에서 영생하도록 솟아나는 샘물'(요 4:14). 그 다음으로 이전의 니고데모 이야기와 같은 유형의 비유가 추가 되었다. '하나님은 영이시니 예배하는 자가 영과 진리로 예배 할지니라'(요 4:24). 또 다시 단어 '영'은 호흡과 바람이라는 우리의 감각적 경험을 하나님의 본질과 활동에 연결시켜주고 있다.

마치 대화가 예배 장소에 관한 언쟁이 되어버린 것같이, 예수님의 말씀은 하나님이 중심이 되시는 새로운 현실을 갑자기 만들었다. 그 여인은 그것을 이해하였다. 메시야에 관해 그녀 자신이 알고 있는 것과 예수님이 자기에게 말씀하신 것, 즉 예수님이 자신에게 어떠한 존재라는 것 간의 연관성을 파악하였다. 그 시점에서 그 여인은 회심한 것이다.

사도 요한에 의해 평행하게 주어진 이 두 이야기에서 눈에 띌만한 것은 하나님의 영이 행동의 중심에 있다는 점이다. 즉 하나님의 살아계심, 창조주 하나님의 임재, 마치 아담에게 생기를 불어 넣어 주신 것처럼 우리의 생명 속에 불어 넣어진 생기, 그리고 생물학이 통제할 수도 설명할 수도 없는 방식으로 우리에게 생명을 공급하는 호흡 등이라 할 수 있다.

여기에 하나의 상응하는 특징이 있다. 다시 말하면 함께 주어진 이 두 이야기는 공동의 접근방식을 고집하고 있다. '영적인'이란 단어의 현대적 용도-엘리트주의적 기운-에 종종 동반되는 유감스러운 암시, 즉 오직 선별된 또는 어떤 일에 정통한 소수만이 할 수 있다는 암시 등은 없어져야 한다. 이 두 개의 이야기는 그런 암시조차 일축하고 있다. 하나님께서 생기를 불어 넣어주신 생명이란 보편적인 것이며, 인간사의 전 영역에 걸쳐 이해될 만한 것이다. 우리는 생명으로 환영을 받은 것이다. 어떠한 전제 조건은 없다.

이러한 관대한 환영을 실감할 수 있는 것은 무엇보다도 선택된 어휘에 의해서 이루어지고 있다. 각각의 이야기 속에 있는 서론적인 비유들은 완전하게 이해될만한 것으로, 모든 사람들이 사전을 사용하지 않고도 아는 단어들이다. 왜냐하면 그 단어들은 일상생활로부터 나온 것이기 때문이다. 니고데모에게 그것은 '출생'이고, 사마리아 여인에게 그것은 '물'이다. 우리 모두는 추가적인 가르침 없이도 앞으로 진행될 대화를 아는데 충분할 만큼 그 두 단어들에 대해 매우 익숙하다. 두 이야기의 공통된 비유, 바람과 호흡의 비유 역시 평범한 것이다. 우리는 출생이 무엇인지를 알고 있다. 지금 우리가 존재하고 있는 것 자체가 태어났다는 증거이다. 우리는 물이 무엇인지를 안다. 하루에도 몇 번식 물을 마시고 물로 씻는다. 우리는 바람과 호흡이 무엇인지를 안다. 손을 호호 불어보라, 숨을 깊이 들이 마셔보라, 그리고 미풍에 흔들리는 잎사귀를 바라보라.

그 다음으로 이러한 특징들이 있다.

첫 번째 이야기는 남자에 관한 것이고, 두 번째 이야기는 여자에 관한 것이다. 그리스도인의 생활에 선호하는 성별은 없다.

첫 번째 이야기는 교양과 학문과 유행의 중심지인 도시에서 일어났고, 두 번째 이야기는 작은 시골 마을에서 일어났다. 지형은 인식이나 적성과 아무런 관계가 없다.

니고데모는 엄격한 정통적 바리새인들 중에서 존경받는 회원인 반면에, 사마리아 여인은 경멸받는 이교적인 사마리아인들 중에서도 평판이 나쁜 사람이다. 인종적 배경, 종교적 정체성 그리고 도덕적 결과는 영성에 관한 문제에 있어서 그다지 중요하지 않다.

그 남자는 유명한 반면에, 그 여인은 무명하다. 공동체 안에서의 명성과 위치는 아무 쓸모 없는 것 같다.

또한 이러한 점이 있다. 니고데모는 '랍비여 우리가 당신은 하나님께로부터 오신 선생인 줄 아나이다'(요 3:2)라는 신앙적인 표현으로 예수님과 대화를 시작했다. 그러나 예수님은 그 여인에게 전혀 신앙적인 것 같지 않은 질문으로, 다시 말하면 마실 물을 달하는 요청으로 대화를 시작했다. 누가 먼저 시작해야 하는가, 예수님 혹은 우리, 또는 중심주제가 무엇인가, 천국의 혹은 이 땅의, 등의 문제는 그리스도인의 생활에서 별 차이가 없는 것 같다.

그리고 이 두 이야기 안에는 위험에 처해있는 명성을 언급하고 있다. 니고데모는 예수님을 만남으로서 자신의 명성을 위태롭게 하고 있으며, 반면 예수님은 사마리아 여인을 봄으로써 자신의 명성을 위태롭게 하고 있다. 여기 양측 간에 경계선을 가로지르기, 양측에 오해가 될 만한 자발적 행동 등과 같은 대담한 요소가 있다. 어떤 일의 중심에 가까이 다가서게 될 경우, 우리는 확실한 결과나 관례적인 행동을 대수롭게 여기지 않는다.

요약컨대, 남자와 여자, 도시와 시골, 외부인과 내부인, 전문인과 일반인, 존경받는 사람과 평판이 나쁜 사람, 정통주의자와 이교, 주도권을 쥔 사람과 주도권을 빼앗긴 사람, 유명인과 무명인, 위험에 처한 인간의 명성과 위험에 처한 신의 명성 등으로 정리된다.

또한 이러한 점도 있다. 두 대화에 중심이 되는 단어는 '영'이다. '영'은 두 이야기 속에 차이와 대비를 연결해 주며, 그것들을 한 이야기의 양상으로 만들어 준다. 두 대화 속에서 '영'은 근본적으로 하나님을 가리키며, 단지 파생적으로 그 남자와 그 여자를 가리킨다. 첫 번째 대화에서 영은 생명을 준다('성령으로 난 사람도 다 그러하니라,' 요 3:8). 영은 동인이며, 근원이며, 그리고 '볼 수'있고 '들어갈 수'있게 만드는 (두 동사 모두 대화에서 사용되고 있다) 출생의 원인이다. 반면, 두 번째 대화에서 하나님은 영이시다. 결론적으로 우리는 하나님을 신령과 진정으로, 우리가 원하는 그의 모습으로서가 아니라 하나님의 모습 그대로를 따라 예배해야 하는 것이다. 우리가 무엇을 하고 안하고에 관하여 말할 것이 아무것도 없는 것은 하나님은 영이시기 때문이다.

끝으로 이러한 점을 생각해보자. 예수님은 이 두 이야기의 중심적인 인물이다. 비록 니고데모와 사마리아 여인이 그 상황을 제공하고 있지만, 그 내용을 채우는 분은 예수님이시다. 삶과 관련된 모든 것 안에서, 즉 우리가 행동하고 말하는 모든 것이 일어나는 큰 정황 안에서 예수님은 중심에서 일하고 계신다. 예수님은 그 누구보다도 더 활동적이시며, 일을 성취하시는 분이시다.

우리는 이런 일에 익숙하지 않다. 우리에게 있어서 성령 하나님의 행위로부터 형성된 형용사 '영적인'이라는 것은 우리의 감성이나 특성이나 갈망 또는 기량 등을 설명하는데 주로 사용되곤 한다. 그 단어가 안쓰럽게도 혼란스러워 지고 있다는 것은 불행스러운 결과이다. 그 두 개의 이야기는 그런 혼란으로부터 우리를 구해 준다. 예수 그리스도를 통하여 우리 가운데 있는 하나님의 방식들과 그 방식들 안에서 우리가 환영받는 방법들을 연구함에 따라, 우리 자신의 경험이나 감정이나 결과나 또는 우리 친구들의 그와 같은 것들을 우리는 더 이상 찾지 않을 것이다. 이제 우리는 이 이야기들로 시작해야 할 것이며, 우리의 입장을 분명히 해야 할 것이다. 우선 다음의 사항들을 주시함으로서 몇 가지 번잡스러운 것들을 거두어 내 보았다.

- 영성은 은밀한 구전 지식이 아니다.
- 영성은 적성이나 기질과 아무런 관계가 없다.
- 영성은 기본적으로 여러분이나 나에 관한 것이 아니다. 그것은 개인적인 권력이나 이득에 관한 것도 아니다. 영성은 하나님에 관한 것이다.

성경적으로 교육받은 기독교회는 기성 종교와 문화적 수용성에 의해 권리를 박탈당한 사람들을 향해 또는 교육이나 경건이나 사회적 덕망 면에서 부족한 사람들을 향해 열린 문, 즉 '잃어버린 자'를 환영하는 입장을 항상 유지하고 있다. 그러나 종종 특히 교회가 문화를 수용하여 숫자적으로 성공을 거두게 될 때, 교회는 이러한 책무에서 벗어나기도 하고, 반면 사회의 소외된 자들 또한 교회로부터 등한시 여김을 받기도 한다. 그러한 때에 복음주의자는 초기의 환영 정신을 복구하고 떠난 자들을 다시 포용하는 역할을 종종 해왔다.

'영성'의 기운이 감도는 오늘날, 이 구 엘리트주의적 목소리는 새로운 태도를 거듭 주장하고 있다. 영성에 관한 문제에 있어서 기초적인 복음은 모든 사람을 위한 것인 반면에, 천국에 관한 '고등한' 문제는 다른 사람들보다 일부 사람들에게 더 잘 어울리며, 그 '일부 사람들은' 항상 사회적으로나 문화적으로 중산 또는 상위 사회계층인 것 같다는 미묘한 암시를 사람들이 종종 끄집어낸다. 가난한 사람들과 교육이 미천한 사람들은 이러한 영성 문제에 있어서 많은 관심을 결코 받지 못하는 것 같다. 그러나 '복음주의자'는 내부 인에게 하듯이 소외된 사람들에게도 동일하게 정력을 쏟으며 그들을 받아들이고 있다. 상점 앞에 딸린 선교시설이나 대초원의 외딴 건물은 종종 기독교 영성을 깊이 있게 발전시켜 주었다. 비록 그곳에서 사용되는 언어들이 산악 수련센터들과 많은 직원들이 있는 전원교회들에서 들려지는 그것들과 쉽사리 어울리지 않을지 몰라도 말이다.

2. 세 개의 본문

두 개의 이야기는 주님과의 친밀감을 향상시켜주는 삶으로 모든 사람들을 초대하면서, '영'이라는 단어를 가장 중요한 위치에 두었다. 이 단어의 복잡성과 포괄성 안에서 단어의 뜻을 밝혀주는 교재는 성경이다. 이 성경본문 속에 실려 있는 계시를 떠나서는 영성을 결코 이해할 수 없다. 복음주의적인 충동은 영성에 관한 모든 생각이 가장 권위 있는 이 성경본문으로 다시 돌아가게끔 해준다.

하나님의 영 또는 성령을 지칭하는 단어인 '영'은 우리 가운데 일하시는 하나님의 살아계신 임재를 나타내면서, 성경과 전통 전체를 통하여 중요한 위치를 점하고 있다. 창세기 1:1-3, 마가복음 1:9-11 그리고 사도행전 2:1-4 등 이 세 개의 대표적인 성경본문은 우리 자신의 모습을 찾고자 하는 이 세상에서 성령의 발전적인 사역의 폭을 특징지어 주고 있다. 각각의 본문은 하나의 시작을 표시하고 있으며, 각 본문에서 시작을 개시하는 것은 바로 영이시다.

체스터턴(G. K. Chesterton)은 세상에는 두 종류의 사람들이 있다고 말한 바 있다. 나무가 바람에 거칠게 흔들릴 때, 한편의 사람들은 나무를 움직이는 것은 바람이라고 생각하는 반면에, 다른 편의 사람들은 나무의 움직임이 바람을 만든다고 생각한다. 인류 세기의 대부분을 통하여 대부분의 사람들은 전자를, 즉 바람이 나무를 움직이게 한다고 믿어 왔다. 그러나 최근 새로운 유형의 사람들이 나타났다. 그들은 바람을 창조하는 것은 나무의 움직임이라고 주장하고 있다. 무형의 것이 뒤에 가려져 있으며, 유형의 것에 에너지를 제공한다는 일치된 의견이 항상 있어 왔었다. 사람과 사건을 면밀히 관찰하고 논평하고 있는 저널리스트 체스터턴은 자신의 글을 통하여 널리 일치되어 왔던 그러한 견해가 무너졌으며, 지금 다수의 현대인들은 자신들이 보고 듣고 만진 것만이 근본적인 실체라고 순박하게 생각하고 있다고 전했다. 사람들이 무엇을 제시하든지 간에 그것을 야기하는 것은 감각으로 입증될 수 없다는 것이다. 다시 말하면, 보이는 것만이 보이지 않은 것을 설명한다고 저들이 믿고 있다는 것이다.

'영'에 대한 비유적인 근원을 상실한 채, 우리는 심각한 어휘력 결핍 상태에서 적어도 영어로 일상의 대화를 하고 있다. 우리의 언어에서 '영'이라는 단어를 삭제해버리고, 단지 '바람'과 '호흡' 만을 사용했던 우리의 인식이 얼마나 바뀌었는지를 상상해보라. 영은 우리 선조를 위한 '영적'인 것이 아니었다. 그것은 감각적인 것이었다. 영은 유형적인 효과를 가지고 있는 무형적인 것이었다. 그것은 무형적이지만 실체가 없는 것은 아니었다. 공기는 화강암 산만큼이나 많은 물질을 가지고 있다. 그것은 느낄 수 있는 것이며, 들을 수 있는 것이며, 측정할 수 있는 것이다. 그것은 사람과 동물, 깨어 있든지 잠자고 있든지 간에, 모든 생명체의 일부인 바로 그 조용한 호흡을 위하여 분자를 공급한다. 말하기 위해 호흡하는 공기, 피부를 스쳐가는 부드러운 산들바람, 선박의 항해를 만족시켜주는 상쾌한 바람, 헛간의 지붕을 날려 버리고 나무를 뿌리 채 뽑아 버리는 강력한 허리케인 등이 바로 그런 것이다.

만약 잠시 동안 언어 비축물로부터 '영'과 '영적인' 단어들을 끄집어낼 수 있다면, 사물은 매우 명확해 질 것이다.

그러나 다음의 세 본문들은 흐릿한 흙먼지 속에서 우리 자신을 발견할 수 있는 하나의 이정표가 될 수 있다. 세 본문들은 세 가지 시작, 즉 창조의 시작, 구원의 시작 그리고 교회의 시작 등으로 특징지어 진다. 거룩한 창조, 거룩한 구원 그리고 거룩한 공동체를 뜻한다.

1) 창세기 1:1-3

> 태초에 하나님이 천지를 창조하시니라 땅이 혼돈하고 공허하며
> 흑암이 깊음 위에 있고 하나님의 영은 수면 위에 운행하시니라
> 하나님이 이르시되 빛이 있으라 하시니…

하나님이 시작하신다. 창조로서 시작하신 것이다. 이와 같은 창조행위는 보이는 것과 보이지 않는 것, '천지'에 있는 모든 것을 해명해 준다. 창조는 무창조(non-creation) 또는 반창조(anti-creation), 즉 '혼돈하고 공허하며' 그리고 빛이 없는('흑암이 깊음 위에 있고') 것을 취한다. 그리고 창조는 그것에 무언가를 만들며, 모양과 내용을 공급하고 그리고 빛으로 가득 넘치게 한다. 무창조 또는 창조 이전은 흑암이 깊은 해양수로 묘사된다. 즉 형체도 없고, 무질서하고, 거칠고, 예측할 수 없고 그리고 죽음을 초래할 수 있는 상태이다.

그러한 해양수면 위로 하나님은 호흡하시거나 입김을 불으신다. 호흡은 생명이며 생명을 만든다. 우리는 어둡고 파괴적인 무질서한 해양수 위로 움직이는 바람, 즉 생명이 전혀 없는 곳에 생명을 불어 넣으시는 하나님을 본다.

그 다음 이 하나님의 호흡은 더 이상 알아들을 수 없는 소리가 아니라, 언어를 만드는데 사용된다. 바람을 생산하는 바로 그 호흡/영은 지금 언

어를 만들고 있다. 우리는 먼저 수면 위에 있는 하나님의 호흡의 결과를 보고 있으며, 그 다음에 '하나님이 이르시되…'라는 언어로 표현된 하나님의 호흡을 듣고 있다. 창조 기사에서 하나님은 여덟 번 말씀하신다. 여덟 문장은 창조의 범위가 총제적인 모든 것임을 해명해준다. '창조하다'는 천지에 있는 모든 것의 이유가 된다.

이것뿐만이 아니다. '태초에' 수면 위에 운행하셨던 하나님의 영은 여전히 운행하시며, 여전히 창조하신다. 창세기의 창조 기사는 세상이 어떻게 존재하게 되었는지를 설명하는 것에만 국한되지 않으며, 또한 그것은 지금도 창조사역을 하시는 하나님의 영을 증거하고 있다. 성경에 나오는 동사 '창조하다'는 그 동사의 주어가 되시는 하나님에 의해 독점적으로 사용되고 있다. 남녀 인류와 천사는 창조하지 않는다. 오직 하나님만이 창조하신다. 그 동사를 아주 빈번하게 사용한 것은 천지 창조의 기사에서가 아니라, 오히려 주전 6세기경 바벨론에 포로로 끌려간 하나님의 백성 가운데 일어났던 예언적/목회적 사역에서다.

히브리 백성들은 자신들의 정치적 정체성, 예배장소 그리고 집과 농장 등 실제적으로 모든 것을 잃어 버렸다. 그들은 낯선 땅에서 유랑민의 목숨을 겨우 이어나가기 위하여 600마일의 사막을 가로질러 강제로 행군해야만 했었다. 그들에게 남은 것은 아무것도 없었다. 자신들의 모든 소유뿐만 아니라 하나님의 백성이라는 자신들의 정체성마저 박탈당했다. 뿌리째 뽑혀진 그들은 우상숭배가 가득한 도시에 털썩 주저앉게 되고 말았다. 바로 거기서 그리고 그와 같은 상황에서 그들은 새롭고 전혀 예기치 못한 방식으로 창세기의 동사 '창조하다'를 듣기 시작했다. '창조하다'(그리고 창조주)라는 단어는 성경의 다른 어느 곳에서보다도 바벨론 포로기의 이사야 설교에서 더욱 많이 나타난다. 그 동사가 창세기의 위대한 창조 기사 안에 여섯 번 나온 것에 비하여 이사야에서는 열일곱 번이나 나온다. 마치 '흑암이 깊음 위에' 있을 때 하나님의 영이 혼돈하고 공허함 속에서 창조하셨던 것처럼, 그분은 주전 6세기경 바벨론 땅에서 무로부터 생명을 창조하셨다. 이사야 본문을 통하여 창조자 영은 살아 갈 수 있는 하나의 체제와 그 안에서 살기에 적절한 생활 이 두 가지를 창조하신 것으로 보여 진다.

'창조하다'는 지난날 성령이 하셨던 것에만 국한되지 않는다. 즉 그것은 현재 성령이 하시고 계신 일이다. 창조는 비인격적인 환경이 아니라, 인격적인 가정이며 우리가 살고 있는 장소이다. 바벨론 포로기에 이사야의 뛰어난 업적은 태초에 관한 세부적인 모든 사항을 매우 비창조적이고, 성장이 더디고 그리고 부적합하다고 우리가 느끼며 살고 있는 현시대 안으로 이끌어낸 것이었다. 창조에 대한 성령의 사역은 '언제 이런 일이 발생했는가? 어떻게 일어났는가?'라는 질문 등으로 더 이상 얽매이지 않는다. 지금 우리가 묻고 있는 것은 '어떻게 내가 이 창조사역에 동참할 수 있는가? 그 안에서 나의 역할은 무엇인가?' 등이다. '내 안에 창조하시고…'(시편 51:10)라며 기도하면서 말이다.

2) 마가복음 1:9-11

> 그 때에 예수께서 갈릴리 나사렛으로부터 와서 요단강에서 요한에게 세례를 받으시고 곧 물에서 올라오실 새 하늘이 갈라짐과 성령이 비둘기 같이 자기에게 내려오심을 보시더니 하늘로부터 소리가 나기를 너는 내 사랑하는 아들이라 내가 너를 기뻐하노라 하시니라.

하나님은 다시 시작하고 계신다. 두 번째의 시작이다. 그것은 예수님이 세례를 받으시고 하나님의 '사랑하는 아들'로 규명된 사건이다.

창조는 우주적인 것으로서, 하나님에 의해서 형태와 충만함과 빛으로 생기가 불어 넣어진 희미한 혼돈을 보여주고 있다. 무기질 생명체와 유기질 생명체 둘 다 비생명체에서 나온다. 마가복음은 예수님이 세례를 받으셨던 그 지역의 유명한 강을 제시한다. 그분은 먼저 그 강 속에 들어가신 다음에 다시 그 강에서 나오셨다. 세례는 창조의 재현이다. 예수님이 물 위로 올라오실 때, 하나님은 그에게 생명을 불어넣어 주셨다. 하나님의 호흡이 이번에는 하늘로부터 내려오는 비둘기처럼 보이는 형상의 수단을 통해 가시성을 띠었다.

창세기에서와 마찬가지로, 처음에 가시성을 보인 하나님의 호흡은 그 다음에 말씀으로 들려졌다. '이는 내 사랑하는 아들이라….'

예수님 위에 내려앉은 비둘기는 창세기 1장과 시각적인 관련성을 갖는다. '수면 위에 운행하시는(메라헤페트, měrahepet) 하나님의 영'에 사용된 동사는 '공중을 배회함'으로도 번역될 수 있다. 그 단어는 양육하고 보호하기 위해 어린 새끼가 있는 둥지 위를 배회하는 독수리를 언급한 신명기 (32:11)에서 사용되었다.

새들, 즉 창세기의 배회하는 독수리와 마가복음의 내려앉는 비둘기는 하나님의 영의 형상을 상상하도록 만들어 준다.[2]

그리고 하나님의 호흡이 처음에는 가시성을 갖게 되고, 그 다음 즉각적으로 말씀으로 들려졌던('…있으라') 창세기처럼, 마가복음도 마찬가지로 그러했다. '너는 내 사랑하는 아들이라 내가 너를 기뻐하노라'(막 1:11).

창세기와 예수님 사이에는 많은 일들이 있었다. 하나님의 생기에 의해 존재하게 된 창조물은 심하게 파손되었다. 죽음이 중요한 요인이었다.

---

2) 여기의 새와 같이 배회한다는 제안을 모든 사람이 동의하지 않는다. 어떤 학자들은 '무서운 폭풍' 또는 '하나님의 폭풍' 등과 같은 문구로 번역하기를 선호하기도 한다(von Rad 1961: 47).

죽음은 창조사역을 반한다. 죽음은 생명을 부정하는 것이며, 생명을 제거하는 것이며, 그리고 생명의 적대자이다. 죽음에는 어떠한 에너지도 없으며, 어떠한 운동도 없고, 그리고 어떠한 언어도 없다. 그러나 죽음은 결코 승리하지 못했다. 언제나 하나님의 생기가 불어 넣어진 생명, 하나님께서 분명하게 표명한 생명만이 생존했으며, 때때로 번창하였다. 죽음이 창조 세계 안에서 자신의 방식대로 작동했듯이, 죽음이라는 단어의 폭넓은 어휘는 '죄', '반역', '불법' 그리고 '무법' 등과 같은 다양한 형태와 단어들과 동일시되는 쪽으로 전개되었다.

성경에 따르면, 죽음으로 인해 처참히 공략당한 인생에 관해 폭넓게 묘사된 이야기가 있는 반면에, 이 죽음에 전염된 창조물 즉 죽음에 의해 심하게 파손된 인생에게 새 방식과 옛 방식 안에서 끊임없이 생명을 불어넣어 주시는 하나님과 더불어 항상 죽음을 극복하는 이야기도 있다. 우리가 이와 같은 이야기를 읽는 가운데 복잡한 줄거리가 등장하기도 한다. 즉 이 혼돈과 고통으로부터 삶의 방식을 창조하시는 하나님, 죽음을 논박하시는 하나님, 창조와 창조물에 생명을 불어 넣어 주시는 하나님, 그리고 재삼재사 언어로 들려지는 생기 등을 볼 수 있다. 생명이라는 단어의 어휘는 죽음이라는 단어에 대응하고 그것을 능가한다. '사랑', '희망', '순종', '믿음', '구원', '은혜' 그리고 '찬양' 등과 같은 단어들을 꼽을 수 있다. 할렐루야와 아멘과 같은 단어들도 마찬가지다.

'천지', 물고기와 새, 별과 나무, 식물과 동물, 남자와 여자 등 모든 것을 창조하신다는 단어로 매우 아낌없이 표현된 하나님의 그 동일하신 영이 죽음으로 인해 강탈당하고 죄로 인해 훼손된 세상에서 구원의 실현을 선포하실 예수님 위에 지금 임하고 있다.

하나님의 생기를 받은 예수라는 생명, 하나님의 축복을 받은 그분은 지금 이 순간 죽음에 맞서 구원의 완성을 이루어 나가기 시작하신다.

3) 사도행전 2:1-4

오순절 날이 이미 이르매 그들이 다 같이 한 곳에 모였더니 홀연히 하늘로부터 급하고 강한 바람 같은 소리가 있어 그들이 앉은 온 집에 가득하며 마치 불의 혀처럼 갈라지는 것들이 그들에게 보여 각 사람 위에 하나씩 임하여 있더니 그들이 다 성령의 충만함을 받고 성령이 말하게 하심을 따라 다른 언어들로 말하기를 시작하니라.

하나님은 또 다시 시작하신다. 세 번째의 시작이시다. 그것은 하나님이 예수님의 120명의 제자 무리에 생기를 불어 넣어주시고 그리고 신령한 공동체, 교회를 창조하신 일이다.

하늘로 승천하시던 날, 예수님은 사도들에게 하나님이 그들에게 하나님의 생명을 불어넣어 주실 거라고 말씀하셨다. 마치 하나님이 창조 때에 하늘과 땅에 생기를 불어넣어 주셨던 것같이, 그리고 마치 예수님 안에 구원의 완성을 확증하고 권한을 부여하면서 그의 세례 시에 하나님이 그에게 축복의 생기를 불어넣어 주셨던 것처럼 말이다. 하나님에 의해 생명에 생기가 불어 넣어졌던 것같이, '성령으로 세례를 받으리라'는 것은 그가 세우신 새로운 방식이었으며(행 1:5), 사도들은 하나님이 생기를 불어넣어주신 천지의 창조와 하나님이 생기를 불어넣어주신 예수님의 구원을 계속이어 가도록 힘과 능력을 갖게 되었다. '내 증인'은 사도들의 새로운 신분을 지칭하기 위해 예수님이 사용하셨던 용어였다.

사도들은 그 약속을 믿었다. 다른 예수님의 제자들에게도 전했다. 곧 120명은 그 약속이 일어나기를 기다렸다. 그들은 하나님의 생기가 자신들 안에 불어넣어지도록 창세기의 창조와 예수님의 세례 시에 불어넣어진 하나님의 생기를 갈망하고 있었다. 그들은 10일간 기다렸다.

그 일이 발생했을 때, 아주 확실히 그랬었던 것처럼, 놀라운 현상이 일어났다. 창세기의 창조와 예수님의 세례 사건 속에 있었던 하나님의 생명주시는 호흡의 연속성이 아주 분명하게 있었고, 오히려 증가되었다. 그 거룩한 호흡은 거룩한 바람, '급하고 강한 바람'(행 2:2)이 되어 집에 가득 찼다. 온 집에 가득 찼던 바람(행 2:2)은 곧 그들에게도 가득 찼다(행 2:4). 마치 그것으로 충분하지 않았던 것처럼, 또 다른 상징, 불의 상징이 추가되었다. 그 날 집 안에 모였던 사람들은 불, 흔히 제단 불은 하나님의 임재와 관련이 있다는 전통의 일부를 경험하였다. 그러나 여기에 추가적인 현상은 이 불이 분배되어졌다는 점이다.

각 사람은 개인적으로 불의 혀로서 표증 되었고, 각 사람은 하나님의 임재의 상징이 되었다. 창세기의 창조와 예수님의 세례 시의 호흡이 바람으로 팽창했던 것처럼, 옛 제단의 불은 기다리는 남녀 각자 위에 타오르는 의인화된 불로 크게 배가되었고, 지금 그들 각자는 살아 계신 하나님, 임재하시는 하나님의 상징이 되었다.

그 다음에 창세기와 예수님의 양식, 호흡과 바람의 양식을 반복하면서, 그들 각자에게 충만했던 살아계신 하나님의 임재는 그들에 의해서 구술적인 언어가 되었다. 불의 혀가 방언으로 분명하게 나타났다. 언어로 변형된 하나님의 호흡은 그날 예루살렘에 대표로 참석한 남녀들의 입을 통하여 모든 언어들로(16개의 이름이 열거되어있다) 표현되어 나왔다. 그리고 모든 언어들은 본질적으로 동일한 사실, '하나님의 큰 일'(행 2:11)을 선포하였다.

물론 모든 사람들은 당연하게 놀랐다. 언어의 기적은 처음 그들의 이목을 붙잡았던 것으로서 하나님이 그 기원이 되시고 하나님을 증거 하는 이야기이었다. 이 이야기는 평범한 남녀들에('갈릴리 사람'-즉 이들은 겨우 하나 또는 두 개의 언어들을 아는 정도의 지방 사람들이다) 의해서 16개의(적어도) 다른 언어들로 선포되었다. 바벨탑 사건에 있었던 언어의 혼잡이(창 11) 완전하게 뒤바뀌었다. 놀라움으로 계속 이어지는 연속적인 기적이란 천지를 창조하셨던 하나님, 예수님을 아들로 인정하셨고 축복하셨던 바로 그 동일하신 하나님의 호흡(생명)이 지금 평범한 일반 남녀에게 생기를 불어넣어주고 계시다는 것이다. 그리고 하나님의 창세기-창조와 예수-구원을 계속 증거 하기 위하여 언어의 형태로 변형되어지고 있다는 것이다.

세 개의 본문들은 살아계신(호흡하시는) 하나님 안에서 생명의 모든 측면-창조, 구원 그리고 공동체-에 근거를 두고 있는 삼각대 같은 기능을 하고 있다. 하나님은 생명을 살리시는 살아계신 분이시며, 영을 부여하시는 성령이시다. 하나님의 영은 주된 행동에 주변적인 것이 아니라, 주된 행동 그 자체이다. 성령은 포괄적인 것이다. 또한 세 개의 본문들은 언어가 생명을 창조하고 구원하고 계속 이어나가는 일에 항상 관여되어있다 사실을 아주 분명하게 밝혀주고 있다.

기독교 전통에서 영과 말씀은 유기적 관계에 있다. 이들은 단순하게 관련되어 있거나 상호보완적인 것이 아니라, 동일한 양상이다. 침묵을 목표로 삼고서 무언의 영성을 수행하고자 하는 시도들이 가끔씩 있다. 대부분의 종교와 영성 안에 너무 많은 말이 있는 것도 사실이다. 그러나 성경 본문은 권위적인 것으로서 우뚝 서있다. 조만간 영성에 관한 무슨 의견이 있을지 모르지만, 그 실제는 성경을 통해 나타난다.

3. 두 개의 단어

두 개의 단어는 기독교 영성의 핵심적 특성을 흐릿하게 만드는 문화적 침식에 맞서도록 방어벽을 구축하고 있다는 것이 그 단어들에 대한 올바른 이해일 것이다. 악령은 그 단어들을 파괴하는 일-그 단어들을 상투적인 문구로 바꾸거나, 단어들의 의미를 축적하고 있는 이야기로부터 그 단어들을 제외시키거나, 그리고 단지 험담과 수다의 용도로 그 단어들을 사용하라고 유혹하는 일-에 최선의 노력을 기울이고 있다. 그렇기 때문에 언어는 중요한 복음주의적 관심이다.

'태초에 하나님이 말씀하셨다' 또는 '말씀이 육신이 되었다'는 등의 말을 의미 없는 것으로 사용하는 세속적 문화와 그로 인한 축소와 왜곡에 맞서서 우리는 언어의 보고를 지켜야 한다. 하나님에 관한 문법책이 우리의 언어에 구문론을 더 이상 제공하지 않을 경우, 영성은 악화되어 여러모로 자극적이고 우스꽝스러운 것이 되고 말 것이다. 만일 언어들이 더 이상 거룩하지 않을 경우, 대개 그 언어들은 거짓말을 하는데 사용될 것이다. 영성에 있어서 정확한 담론을 유지하기 위해 필수적인 두 개의 단어는 '예수님'과 '영혼'이다.

1) 예수님

무정형의 유연성을 지닌 현시대의 영성에 맞서는 복음주의의 대응책은 예수님이시다. '예수님'을 통해 영성은 골격이나, 힘줄, 선명도, 형체 그리고 에너지를 얻는다. 예수님은 추정할 수 있는 시기에 실제로 존재하는 땅에 살았던 한 인간의 인격적인 이름이다. 지금도 여전히 등반할 수 있는 산야, 사진을 찍을 수 있는 야생화, 대추와 석류들을 여전히 살 수 있는 도시, 그리고 여전히 마실 수 있고 세례도 받을 수 있는 물 등이 있는 실제로 현존하고 있는 땅이다. 따라서 예수라는 이름은 '영성'에 수반되는 막연함이나 추상적 개념에 맞서고 있다.

예수님은 영적 생활에 중심적인 인물이다. 정확하게 말하면, 그분의 삶은 계시 그 자체이다. 그분은 수백만 년 동안 우리 스스로 결코 이해할 수 없었고 전혀 추측할 수 없었던 것을 공개적으로 드러내셨다. 예수님은 우리 가운데 계신 하나님이시다. 말씀하시고, 활동하시고, 치유하시고, 도우시는 하나님이시다. 구원은 이 모든 언어들에 어울리는 큰 단어이다. 예수라는 이름은 '하나님이 구원하신다'는 의미를 지닌다. 즉 예수님은 우리의 언어와 우리의 역사 안에 임재하시며 일하시는 하나님이다.

  이스라엘의 예언자들과 시인들에 의해서 제공된 종합적인 맥락에서 네 명의 복음서 저자들은 예수님에 관하여 알아야 할 모든 것을 말하고 있다. 복음서를 읽고, 생각하고, 연구하고, 믿고 그리고 기도하는 가운데, 우리는 육신을 입으신 말씀, 나사렛 예수의 초청적인 현존 안에서 성경 전체와 영성생활 전체 둘 모두가 이해하기 쉽고 또렷한 것이라 점을 깨달을 수 있다.

  그러나 복음서 저자들이 우리가 살고 있는 도시나 시골과 많이 다르지 않은 현실적인 환경 속에서, 그리고 우리가 식사를 하거나 물건을 살 때 사용하는 언어와 유사한 어휘와 구문 속에서 예수님을 보여주고 있기 때문에, 저들은 우리의 호기심을 채워주지 못하고 있다. 그들이 우리에게 말해주지 않은 것들이 아주 많이 있다. 우리가 알고 싶은 것 또한 아주 많이 있다. 우리의 상상력은 상세하게 알고 싶어 근질 근질거린다. 예수님은 어떻게 생기셨을까? 그는 어떻게 성장했을까? 어린 시절의 친구들은 그를 어떻게 놀렸을까? 성장기 내내 목공 가게에서 그는 무엇을 하셨을까?

  알고 있는 바처럼, 우리의 호기심을 채워주기 위하여, 즉 예수님이 참으로 어떠한 분이신지를 말해 주기 위해 잘 준비한 저자들이 전면에 등장한 것은 그리 오래 걸리지 않았다. 그들은 계속하여 보여주었다. 그러나 예수님의 '일상들'-어린 시절의 영향, 감정적인 말투, 주변사람들과의 한

담, 그리고 사회적·문화적·정치적 역학관계 등이 얽혀있는 예수님의 생활에 대한 상상의 구조물들-이 만족스럽지 못한 것이 주지의 사실이다. 우리가 가지고 있음직한 것은 하나님을 계시하시는 예수님이 아니라, 저자의 어떤 이상을 발전시키거나 어떤 이유를 정당화시켜주는 예수님이시다. 그러한 책이 끝마무리 되었을 때, 예수님에 관한 내용이 미흡하다는 것, 즉 많지 않다는 것을 우리는 깨닫게 된다.

성경 복음서 저자들이 전하려고 택했던 것보다 예수님에 관하여 더 많이 알고자 하는 이러한 호기심은 2세기 초반부터 시작됐다고 볼 수 있다. 그 이야기의 빈 공간을 채웠던 첫 사람들은 놀라운 상상력을 가지고 있었으나 정확성이 다소 부족했다. 흥미롭고 구체적인 추가적인 내용들이 자신들의 상상력의 결과물이었다는 사실을 그들은 생략했다. 어떤 이들은 자신들의 창작물에 권위를 부여하기 위하여 사도들의 가명으로 기록했다. 또 다른 이들은 자신들의 이야기를 위해 성령의 실재적인 영감을 주장하기도 했다. 교회는 예수님에 대한 공상적인 임시변통과 창의적인 확대로 다소간 부양되는 듯 했으나, 머지않아 그러한 일들을 그만 중단할 것을 요청했다. 그리고 교회 지도자들은 마태복음, 마가복음, 누가복음 그리고 요한복음만이 예수님에 관한 최종적 복음서라는 결정을 발표했다. 그 문제에 관하여 언급되어질 것은 더 이상 아무것도 없다.

우리가 복음서 저자들의 과묵함을 존중해야하는 것은 매우 중요하다. 영성은 공상에 의해서 함양되는 것이 아니다. 영성은 경건한 꿈을 채워주는 그런 분야도 아니다.

예수님은 모든 생각, 모든 행동 그리고 모든 열망을 개인적인 관계, 첫째로는 자신과 하나님과의 관계, 그 다음으로는 주변의 모든 '이웃들'과의 관계 안으로 끌어넣으신다. 예수님은 간단명료한 인생관을 갖고 있으시며, 호의에 조심하시며, 그 시대의 문화 안에서 '성공하기'에 냉담하시고,

반면 평판이 안 좋은 남녀 무리와 섞여서 매우 즐거워하신 것 같으시다. 오늘날 소위 영성이라는 문화적 고정관념에 그분이 어울리지 않는다는 것을 금방 인식할 수 있다. 질문하는 자들에게 예수님이 답변하신 영성이란 어렵고, 순종적이고 그리고 자아 희생적인 것이다. 이 형용사들은 사람들이 자신들의 삶을 어떻게 영위해 나갈지를 결정하는데 있어서 매주마다 시행하는 투표에서 승리하기 위해 사용해야하는 그리 선호하는 단어들이 분명 아니다.

우리가 목도하고 있는 문서로 종종 입증된 현실은 영성이 하나의, 어쩌면 유일한, 일차적인 죄악의 온상지라는 점이다. 어쨌든 바로 그 이유 때문에 예수님이 일정하게 거리를 두고 있는 것은 아니다. 이곳은 예수님이 자신의 구원 사역을 이루시는 장소이다.

2) 영혼

만약 '예수'의 이름이 우리의 영성 속에 유일무이한 인격적 하나님, 즉 역사적이고, 임재하시고 그리고 활동하시는 하나님에 대한 의식을 유지해 준다면, '영혼'은 그에 상응하는 우리 자신에 대한 의식을 동일하게 보존해준다. 우리는 우리 자신들과 함께 일하는 남녀 동료들에 대한 성경적 계시를 인간관계로서 제공받는다. 우리 각자는 '하나님의 형상'으로 창조된 한 종류의 피조물이며 하나의 인간관계이다.

'영혼'이란 이런 관계에 대한 단어이다. 그것은 우리가 누구인지에 대해 말해주는 가장 인격적인 용어이다. '영혼'이라는 용어는 전체에 대한 주장, 즉 인간존재가 무엇을 뜻하는 지에 대한 전체를 설명한다. '영혼'은 축소, 즉 인간의 삶이 생물학과 생식기, 문화와 실용성, 인종과 민족으로 격하되었다는 점에 대항하는 하나의 방어막이다. 그것은 외면성 전체에 스며있는 내면성을 암시하며, 유형성 어느 곳이든지에 머무는 무형성을 암시한다.

'영혼'은 하나님이 창조하셨고, 보존하셨고 그리고 축복하셨다는 여운을 전달한다. '영혼'이란 남녀의 핵심적 존재를 의미하는 가장 종합적인 용어이다. 히브리 언어로 '영혼'은 네페쉬(*nefesh*)로서 목을 뜻하는 비유적 단어이다. 목은 머리 즉 모든 것이 들어있는 지능 장소를 연결하는 인체학적 구조의 좁은 부분이다. 최소한 일어서 있을 때, 신체적으로 머리는 몸통보다 더 높이 위치해 있다. 그래서 때때로 우리는 머리를 소화시키고, 배설하고, 땀 흘리고 그리고 성교하는 보다 낮은 기능들과 대조하여, 생각하고, 보고, 듣고 그리고 맛보는 보다 높은 기능들로 간주한다. 그러나 만약 인간의 생명 속에 보다 높거나 보다 낮은 측면이 있다면(매우 의심스럽지만), 그것은 마치 그들이 서로 간에 독립적으로 존재할 수 있다는 것을 뜻하지 않는다. 그들을 연결해주는 것이 목이다. 목은 좁은 통로를 가지고 있다. 그것을 통하여 공기는 입에서 폐로 지나가며 다시 언어가 되어 되돌아 나온다-호흡, 영 그리고 하나님이 생기를 불어 넣어 주심 등. 목은 뇌로부터 줄기와 가지를 뻗고 있는 신경조직 전체를 위한 전선관이다. 대목정맥의 경우, 혈액 공급을 위한 극히 상처받기 쉬운 3-4인치의 그 정맥은 피부 표면 가까이 위험스럽게 놓여 있다. 영혼 네페쉬는 그 모든 것을 함께 유지하게 한다. 영혼이 없다면, 우리는 단절된 부분들, 즉 비활성 원형질 덩어리들의 뒤범벅 상태로 되고 만다. 무엇이 우리를 움직이게 하는지를 찾고자 노력하는 일에 분석하고 조사하는 현대의 열정은 성경적인 열정이 아니다.

히브리 사람은 비유의 천재들이며, 이 비유는 저들의 가장 우수한 것들 중에 하나이다. 심장, 콩팥 그리고 허리와 같은 동의어들은 내면성과 심오함의 의미를 제공하는 비유들을 축적하기 위해 계속 늘어나고 있다. 그렇다 할지라도 영혼은 그 중심에 위치한다.

'영혼'이라는 용어는 마치 우리 삶의 모든 부분들을 단일성, 전체성으로 끌어당기는 자석처럼 작동한다. 인간은 하나의 거대한 전체이다. '영혼'은 그와 같이 인간을 명명한다. 창세기 2장에서 제시하고 있는 성경이야기는 목/영을 통하여 흐르는 호흡이 하나님의 호흡이라는 것을 분명하게 말하고 있다. 그리고 만일 하나님의 호흡이 사라질 경우, 인간도 사라진다. 하나님을 떠날 경우, 우리에게 남는 것은 아무것도 없다.

그러나 현대 문화에서, '영혼'은 우리가 누구이며 어떤 존재인가를 표기하는 용어인 '자아'(self)로 대체되고 말았다. '자아'는 하나님이 없는 영혼이다. '자아'는 모든 초월성과 친밀성을 몰아내 버린 영혼의 잔존에 불과하다. 즉 하나님(초월성) 또는 다른 사람들(친밀성)에 대한 언급이 거의 없는 자아를 말한다.

'자아'는 진부한 단어이며 허수아비 단어이다.

'영혼'은 관계, 즉 하나님과의 관계, 사람과의 관계 그리고 세상과의 관계 등을 불러일으키는 단어이다.

평범한 연설과 과학적 담화 둘 모두에 있어서 '자아'는 대개 하나의 고립적 단어로서 각 개인을 뜻한다.

'영혼'은 단편적이고 표면적인 모양과 경험아래서 얻어지며, 손길 가까운 곳에 있는 어떤 사람들과 어떤 물건들과도 안락함과 친밀함을 느끼게 해준다.

'영혼'과 '자아'가 일상 대화에서 형용사로 바꿔질 때, 그 대조는 더욱 분명하다. '영적인'(soulish)은 심오함에 빠져들게 하고, 동기와 의미의 근본적 출처를 헤아리는데 있어서 (우리는 영의 음식, 영의 음악, 넋이 담기 애완견의 눈 등에 관하여 말한다) 내재적이고 관계적인 의미를 준다. 반면 '이기적인'(selfish)은 자아 도취된, 무정한 그리고 무관계적인 인생의 모든 외면과 형상을 가리킨다.

　두 개의 단어를 나란히 놓는다는 것은 우리 정체성의 근본적인 형태가 공격당하고 있다는 현실을 일깨워 준다. '영혼'을 '자아'로 교체하려고 안간힘을 쓰는 문화 속에 우리는 살고 있다. 이러한 축소는 사람을 골칫거리 인물이나 소비자로 돌아서게끔 한다. 우리가 그러한 교체를 마지못해 따를 경우, 우리는 점차적으로 아주 분명하게 우리의 정체성을 퇴행시키고 말 것이다. 결국 우리 자신만을 생각하고 시장 통 언어로 다른 사람들을 대하는 처지에 놓일 수 있기 때문이다. 우리가 만나는 사람은 누구나 우리 계획에 합류하게 될 잠재적 신입회원이거나 또는 우리가 판매 중에 있는 물건에 대한 잠재적인 소비자이다. 또는 우리 자신들이 잠재적 신입회원들이며 소비자들이다. 단지 우리 또는 우리의 친구들이 어떻게 사용되어 질 수 있을까라는 면에서 우리와 그들은 우리와 같은 어떠한 위엄도 갖지 못하고 있다.

　현재의 문화 속에서 우리 모두가 학습 받고, 거명되고, 기능과 사물로서 대우받고 있다는 것을 발견한다. '소비자'는 우리가 무엇이 될 것인가를 대한 두루뭉술한 용어이다. 어려서 부터 우리는 구입할 수 있거나, 성취할 수 있거나, 또는 사용할 수 있는 각 개인들로 간주되어 왔다. 광고주들은 우리가 아침용 시리얼을 선택할 수 있는 그 때부터 그러한 용어들로 우리를 겨냥하기 시작한 것이다.

　불행히도 오늘날 기독교 지도자들 사이에 평신도를 소비자로 간주하는 경향이 널리 퍼져 있다. 하나님과 신앙의 문제에 있어서 사람들이 무엇을 구입할 것인가라는 측면에서 저들을 대하는 그리고 저들이 신앙생활을 어떻게 유지할 것인가라는 측면에서 저들을 이용하는 영적 소비자중심주의가 기독교 영성의 혈액을 빨아 먹으며 기생하고 있다. 그 모든 시장 통 성향의 영성에 대한 복음주의적 답변은 '아니오'이며 그렇게 단호하게 표명해야 한다.

한 영혼이 소비자로 감퇴된다는 것은 내가 누구인지, 나를 나 되게 만드는 것이 무엇인지에 대한 대부분의 것들을 소홀히 여긴다는 것이다. 소비자로 취급된다는 것은 다른 소비자에 의해 사용되어 지는 것으로 감퇴된다는 것이거나, 어떤 다른 사람들의 소비를 위해 하나의 생산물로 축소된다는 것이다. 그렇게 사용되는 원인이 관대한 것인지 아니면 이기적인지에 대해 명확하게 구분되지 않으나, 그런 것이 소위 감퇴이다. 널리 보급된 소비자중심주의는 대규모의 비인격화 결과를 초래한다. 그리고 항상 비인격화는 인생에 누수 현상을 가져다준다.

여기에는 다음과 같은 점이 있다. 즉 이 비인격화적인 소비자중심주의로부터 전통과 권위를 통하여 최상으로 보호를 받게 되는 우리 문화의 한 장소가 바로 기독교 회중이다. '은혜는 어디에나 있다', 아무것도 팔지 않으며, 그 누구도 사용하지 않는다. 삶의 업무를 이행하기 위해서 공격적으로 비인격화하려는 당위성으로부터 삶의 본질을 통해 최상으로 구제받을 수 있는 유일한 생활 방식은 주님을 통해 종으로 간주된 그리스도인의 삶의 방식이다. 종(servant)이란 사용될 수는 있으나, '사용'할 수는 없는 것이다.

복음주의자는 사용하거나 사용되는 모든 것들을 삽시간에 휩쓸어 가는 소비자중심주의적 급류에 맞서기 위해서 우리 문화 내에 핵심적 위치를 점하고 있다. 회중의 정체성에 중요한 요소-영혼으로서-는 존엄과 경의와 존경을 보여주도록 모든 사람들을 다루는 일이다. 지도자들은 그 정체성을 분명하게 표현하고 강조해야할 책임을 가지고 있다.

교회에서 눈에 띄는 사람들의 대부분은 자신들의 생활을 거의 보여주지 않는다. 어떠한 방법으로도 그들은 잘 식별되지 않는다. 그들 중의 대다수는 안전한 소비자 생활에 만족하고 있는 평범한 재능을 지닌 남녀들이다. 그들은 유명인사로서 존경받는 것으로 구별되지 않으며, 또한 피해자로서 업신여김 받는 것으로도 구분되지 않는다. 우리의 문화는 이러한 사람들을 사용되거나 사용하기 위한 먹이 감 용도의 소비자들로 거의 여기고 있다.

그렇지만 기독교회는 저들을 통해 얻어 질수 있는 것을 위해 또는 심지어 저들을 통해 하나님이 얻을 수 있는 것을 위해 저들을 있는 그대로 진지하게 대우할 수 있는 공간과 전례와 권위를 가지고 있다. 하나님의 형상이라는 것과 삼위일체의 이름으로 세례를 받았다는 것을 통해 사람들이 가지고 있는 존엄으로서 저들을 대우하는 위치에 우리가 서있는 것이다. 그 밖에 어떠한 사람이 그들을 그러한 방식으로 대우하겠는가? 하지만 우리는 할 수 있다.

4. 한 가지 춤

춤은 페리코레시스(perichoresis)로서 삼위일체를 나타내기 위하여 우리 헬라 선조들에 의해서 사용된 춤사위 비유이다. 세 명의 동료들이 각기 조를 이루어 원형을 만들며 춤을 추는 민속춤을 상상해보라. 음악이 연주되고, 동료들이 손을 잡고 둥글게 움직이기 시작한다. 지시자의 신호에 따라 그들은 손을 놓고, 짝을 바꾸며, 안과 밖으로 지그재그 움직이고, 차례대로 앞뒤로 움직인다. 음악속도가 빨라지자, 동료들은 서로 섞이어 더욱 빠르게 앞뒤로 움직이고, 빙글빙글 돌기도 하고, 껴안았다가 풀어 놓기도 하고, 잡았다가 놓기도 한다. 혼잡스럽지 않으며, 모든 동작은 정확한 음률에 따라 깔끔하게 잘 어울려진다.

그러나 각 사람은 자신의 위치를 유지한다. 구경꾼들에게는 그 동작이 너무 빨라서 누가 누구인지를 식별하는 것이 가끔은 불가능하고, 걸음걸

이가 너무 뒤얽혀 있어서 실제적 외형을 기대하기란 불가능하다. 페리코레시스는 두 단어 페리(둥글게)와 코레시스(춤)의 합성어이다. 어쩌면 기독교 신학의 중심이며 때로는 모든 교리들에서 가장 신비하고 심오한 것으로 간주되는 삼위일체의 본질이 미국인 이웃들 간의 전통적인 시골풍의 춤 또는 아일랜드의 사교적인 춤 안에서 누구나 관찰할 수 있는 그림으로 표현되어 있다.

삼위일체 교리는 그리스도인의 생활에 대한 이해와 동참을 위해서 우리가 가지고 있는 가장 종합적이고 통합적인 틀이다. 역사 초기에 우리의 교사들과 목사들은 그리스도 통하여 하나님의 계시 안에 있는 특징들이 무엇인지를 표현하기 위하여 교리를 체계화했다. 우리가 영성을 폭넓게 종합적으로 이해하는 것을 방지하기 위하여 이 삼위일체 신학은 하나의 광대한 지평선을 제공하고 있다. 정확한 신학이 없으면, 영성은 저널리스트들에 의해 전해 듣는 갑갑한 세상, 과학자들에 의해서 연구되는 따분한 세상, 또는 우리의 감성에 의해서 즉흥적으로 만들어진 가엾은 세상으로 축소되고 말 것이다. 우리가 살아가는 방식, 즉 우리의 영성을 위해 즉각적이고 순간적인 영향력을 지닌 성부와 성자와 성령의 이름으로 창조하시고 구원하시고 축복하시는 하나님의 광대한 세상을 삼위일체는 계시하고 있다.

삼위일체는 교회의 모든 영역과 관계 속에서 하나님 자신에 대한 계시를 이해하려는 교회의 시도이다. 그것은 가장 유용한 작업이 되어왔다. 가장 실천적인 수준에서, 그것은 우리가 아침에 일어나서 밤에 잠들 때까지 사람으로서 그리고 교회로서 그리고 공동체로서 우리가 직면하는 일상의 모든 문제에 개입하시는 하나님을 이해하고 하나님께 응답하는 방식을 제공한다. 그것은 그리스도인의 삶을 살아가는데 있어서 매우 신앙적이면서도, 영혼을 파괴하는 방식에 끼어들지 않도록 우리를 지켜준다.

삼위일체는 하나님을 세 위격 성부와 성자와 성령으로 이해한다. 그것은 공동체 안에 있는 하나님이며, 다른 위격과 활발한 교감을 나누는 각각의 '인격'이다. 특히 인격적이며 동시에 상호인격적인 하나님으로 우리는 이해하고 있다. 만약 인격적이 아니라면, 하나님은 아무것도 아니다. 하나님이 인격으로 계시될 경우, 하나님을 알 수 있는 유일한 방법은 인격적인 응답이다. 이러한 점을 반드시 깨달아야 있다. 복음을 정보로서 다루기 위하여 일종의 추상적인 진실 또는 원리로서 단어들을 사용하는 것은 세상에서 가장 쉬운 일이다. 삼위일체는 이런 행동으로부터 우리를 보호해준다. 보다 쉽고, 보다 단순하고 그리고 보다 편리하게 하려고 복음 또는 진리를 비인격화하려는 시도를 우리는 결코 잘해 낼 수 없다.

삼위일체 신학은 비인격적인 추상을 통하여 하나님을 알거나, 계획적인 기획을 통하여 하나님을 알거나, 고독한 고립 상태에서 하나님을 아는 것을 불가능하게 만든다. 왜냐하면 하나님은 개념이나 힘이나 또는 개인적 경험이 아니라, 인격적이며 인격적인 응답과 약속 통하여 오직 알 수 있는 분이라고 삼위일체는 가르치고 있기 때문이다.

또한 삼위일체 교리는 어느 때든지 한 번에 우리가 이해할 수 있는 그리고 필요로 할 수 있는 것으로 하나님을 축소시키려는 시도로부터 우리를 지켜준다. 우리가 이해할 수 있는 훨씬 그 이상으로 많은 일들이 우리 안에 그리고 세상 안에 일어난다. 우리는 신비 속에서, 즉 우리가 알지 못하거나, 우리가 통제할 수 없거나 또는 우리의 언어로 다룰 수 없는 것 속에서 하나님을 논하고 있다. 이러한 사실을 반드시 깨달을 필요가 있는 것은 우리가 지나치게 실용적인 것을 중요시하는 세상에서 살고 있기 때문이다. 우리는 우리의 생활양식에 '상응하는' 하나님을 원한다.

우리가 말하는 것처럼, 우리가 '관리할 수 있는 것'을 원한다. 즉각적인 필요와 기대에 들어맞도록 하나님을 축소하려는 동료들의 압력이 상당하게 실제 한다. 그러나 하나님은 결코 일용품이 아니다. 기능화된 세상에서, 즉 무엇이든 할 수 있는 사람들로 자신들을 이해하도록 훈련받고 있는 세상에서 우리는 우리 뜻대로 되지 않는 현실에 봉착한다. 따라서 우리는 경외심을 함양하는 법을 배워야 한다. 우리는 우리의 앞뒤 모든 곳에 계신 분의 임재 안에 있다. 순종하며 기다려야 한다. 추정-우리의 개념으로 주문형 하나님-은 단지 어리석은 것으로 밝혀지고 만다. 우리의 감정과 생각의 수준으로 하나님을 끌어내려 정의하고, 그 다음 하나님이 우리의 의도에 따라 일하도록 주문하는 그러한 방식은 예배와 기도와 순종의 생활-우리가 하고 있는 일에 하나님이 관여하도록 전략을 꾸미기보다 오히려 하나님이 하시는 일에 열려있고 잘 반응하는 생활양식-을 위하여 한쪽으로 집어 치워져야 한다. 삼위일체 하나님은 우리 스스로 상상할 수 있는 것보다 아주 더 큰 세상으로 우리를 여전히 이끄시고 계신다.

 그리고 삼위일체 신학은 하나님의 열정적이고 활동적인 생명 속-다시 춤의 표상-에 참여하도록 하기 위한 확고한 부르심이요 초청이다. 우리는 하나님께 대해 관람객이 아니다. 거룩한 창조와 거룩한 구원 및 거룩한 공동체라는 삼위일체적 행동 안으로 우리를 이끄시기 위해 널리 뻗으신 하나의 손이 항상 존재한다. 하나님은 그가 하시는 일에 비참여자가 결코 아니듯이, 우리도 결코 그렇지 않다. 이러한 사실 역시 반드시 알아야 한다. 집이든지 또는 직장이든지 간에, 일정한 거리를 두고서 인도하거나, 동기를 부여하고, 계획하고 그리고 관리하는 것은 보다 매우 쉬운 일이다. 우리는 근접거리를 유지하기 위하여, 즉 위탁 방법을 찾기 위하여 배우고 있다. 그러나 삼위일체 실존은 그러한 것을 허용하지 않으신다. 만약 하나님을 알고자 한다면, 하나님과의 관계에 반드시 동참해야 한다.

우리는 하나님의 생명 안에서 특별한 참여자로서의-우리 모두는 한 가지 유형이다-우리 자신을 깨닫는다. 그리스도인의 삶이란 미리 예정된 것이 아니다. 그것은 자유로운 놓임이다. 삼위일체는 하나님의 생명에 참여함으로서 발생하는 자유로움에 기민하게 호응하도록 우리를 보호하신다. 모든 참여적 행동은 특별한 것이다.

영성 그 자체에 남아 있는 영성에 대한 모든 표현은 나에 관해서는 더 많고 하나님에 관해서는 다소 적은 경향이 있다. 복음주의는 가능한 크고 종합적인 용어와 형상 안에 계시는 살아계신 하나님을 증거 해야 하는 책임을 가지고 있다. 삼위일체는 하나님의 존재와 행위에 대한 가장 크고, 가장 종합적이고, 가장 복합적인 이해를 통하여 우리 자신의 기독교 정체성을 유지할 수 있도록 신학적 언어를 제공해 주고 있다.

Ten books to nurture the evangelical impulse and responsibility

1. John Bunyan, *Pilgrim's Progress* (1678), many eds., inc. introduced Monica Furlong, London: Vega, 2002.
2. C. S. Lewis, *Till We Have Faces: A Myth Retold* (1956), repr. London, Fount 1998.
3. Augustine, *The Confessions* (400), many eds., inc. trans. R. S. Pine-Coffin, Harmondsworth: Penguin 1961.
4. George Herbert, *The Temple* (1633), repr. in John N. Will (ed.), *George Herbert: The Country Parson, The Temple*, Classics of Western Spirituality, London: SPCK, 1981.
5. Hans Urs von Balthasar, *Prayer*, San Francisco: Ignatius Press, 1986.
6. Karl Barth, *The Christian Life*, Church Dogmatics IV/4, Lecture Fragments, Grand Rapids: Eerdmans; Edinburgh: T. & T. Clark, 1981.

7. James Houston, *Prayer: The Transforming Friendship*, Oxford: Lion, 1989.
8. James M. Gordon, *Evangelical Spirituality*, London: SPCK, 1991.
9. P. T. Forsyth, *The Work of Christ* (1910), repr. London: Collins, 1965.
10. Simon Chan, *Spiritual Theology*, Downers Grove: IVP, 1998.

Bibliography

von Rad, Gerhard (1961), *Genesis*, London: SCM Press.

© Eugene Peterson, 2003

제9장

복음주의와 철학

그레고리 J. 라우리

1. 서론

 몇 년 전 어느 날 많은 사람들의 뒤를 따라 스위스 휴모즈(Huémoz)의 작은 알프스 산간 마을에 위치한 다소 큰 샬레(스위스 산간 지방의 지붕이 뾰족한 목조 주택-역주)에 도착했을 때의 그날을 기억하고 있다. 이 작은 농장 마을은 라브리(L'Abri) 공동체의 본부가 있는 곳이다. 구불구불한 길을 따라 길고 험난한 언덕을 오른 이후 우편물 버스에서 내렸을 때, 한 명의 직원이 나를 맞이하였으며, 공부하는 기간 동안 내내 머물 라브리 샬레들 중의 한 곳에 입소하는 환영을 받았다. 1980년, 그 당시 그 공동체에 대하여 거의 아는 바가 없었으나, 바로 그날이 나의 인생의 항로를 바꾸는 날이 되었다.

 그 다음 몇 날 몇 주 동안, 나는 라브리가 전 세계로부터 온 사람들로 구성된 공동체임을 알게 되었다. 각각의 학생들은 정원 돌보기나, 식사 준비하기, 공부하기, 기도 모임, 강의 그리고 토론회 등에 참여하였다. 공동체 생활의 열정적인 상호협력으로 결합된 이런 모든 활동은 하나님의 존재를 증명하고자 하는 어떠한 목적을 가지고 있었다.

당시 복음주의적 관점과 비교하여 볼 때, 그리스도 중심, 기독교 세계관, 영성 그리고 그 밖의 것들 외에 라브리에서 강조되고 있는 핵심 사안들 중에 하나가 하나님, 우리 자신, 다른 사람들, 그리고 우리가 살고 있는 세상과 문화를 이해하기 위한 철학적 이념과의 연관성이었다. 그의 아내 에디스(Edith)와 함께 라브리를 시작한 프란시스 쉐이퍼(Francis Schaeffer)는 '그리스도인은 철학적 개념을 경시하는 경향이 있다. 이것은 복음주의적, 정통주의적 기독교의 취약점들 중에 하나가 되어왔다. 우리는 철학을 무시하고 지성인을 경시하는 것을 대단히 자랑스럽게 여겨왔다'고 평했다.[1]

철학과 지성인들과의 이 같은 분리는 복음주의 공동체와 그 밖의 교회들의 신뢰성에 해로운 영향을 주고 있을 뿐만 아니라,[2] 최근 현대주의 사람, 특히 젊은 세대의 사람들과 상호 교류하는 방식적인 면에 있어서 복음주의자들을 곤경에 빠뜨리고 있다. 쉐이퍼에 의하면, 다원주의적 문화와 세계관에 대한 중대한 철학적 질문들이 대체로 무시 되어 왔었다. 불행히도 이런 관점은 철학을 소홀하게 취급하는 경향이 있는 많은 복음주의적 신학교들에 널리 퍼져 있었다. 쉐이퍼는 다음과 같이 기록했다.

> 우리의 신학교는 신학과 철학을, 특히 현대 철학과 거의 연계시키지 않는다. 따라서 학생들은 기독교와 주위의 세계관과 어떠한

---

1) Schaeffer 1982: I: 297.
2) Noll 1994. 이 통찰력 있는 작품에서 Noll은 비슷한 이유로 그리스도인을 비판한다.

연관성이 있는지 알지 못한 채 신학교를 졸업한다. 그들은 답을 모르는 것이 아니다. 내가 관찰한 바로는 신학교를 졸업한 대부분의 학생들이 그 질문 자체를 모르고 있다.[3]

복음주의자와 복음주의적 신학교가 근시안적이라고 확신하고 있는 쉐이퍼는 시각을 넓히는 일에 모든 노력을 기울였다. 기독교란 예술, 음악, 문학 그리고 철학을 포함한 인생 전체를 취급하는 것이라고 그는 주장하였다.[4] 그는 현시대에 영향을 미치는 철학적 개념을 이해하는 것이 중요하다는 점을 절박하고 일관되게 강조하였다. 그리고 그의 사상에 있어서 철학은 중심적 역할을 하였다. 로널드 내쉬(Ronald Nash)는 그 점에 대하여 다음과 같이 논평하고 있다.

> 철학은 프랜시스 쉐이퍼의 활동 속에 중심적인 역할을 하고 있다. 철학의 중대한 발전은 현대인을 현재의 곤경 속에 빠지도록 부추겼다고 쉐이퍼는 인식하였다…서양 철학과 문화의 전반적인 흐름을 보는 것과 이러한 문제점을 아주 선명하게 비판하는 주요 사상가에 초점을 맞추는 것이 쉐이퍼의 방안이었다.[5]

쉐이퍼는 전문적인 철학자가 아니었지만, 그러한 직업을 가지려는 많은 사람들을 위하여 길을 준비하는데 공헌하였다. 니체(Nietzsche), 푸코(Foucault), 비트겐슈타인(Wittgenstein), 헤겔(Hegel), 키에르케고르(Kierkegaard), 사르트르(Sartre) 그리고 다른 영향력 있는 사상가들의 작품

---

[3] Schaeffer 1982: I: 297 그리고 152를 보라.
[4] Schaeffer는 철학이나 예술, 생태학, 영성, 교회학, 변증학 그리고 윤리학에 관한 책을 출판하였다. Erickson(1998: 63-80)은 Schaeffer와 후현대주의에 관한 토론을 다루었으며, Naugle(2002: 29-31)은 Schaeffer의 긍정적 공헌을 평가하였다.
[5] Nash 1986: 53.

을 논하면서, 그리스도인들은 그와 같은 철학자들과 이들이 제기하는 이슈들에 대해 소통할 필요성이 있다고 그는 주장했다.[6] 복음주의자들의 등록상표와 같은 철학적 빈곤은 너무 자주 기독교 진리에 대한 신뢰성을 약화시켰다. 여러 사람 중에서,[7] 쉐이퍼는 철학에 대한 기독교적 관심을 새롭게 하기 위한 씨앗을 뿌렸으며,[8] 지금은 극적인 형태로 발전에 발전을 거듭하고 있다.

현재 나는 프랑스 철학자 폴 리쾨르(Paul Ricoeur)에 관한 출판된 박사학위 논문을 가지고 있는 라브리 3세대 직원이다. 만약 복음주의자들이 자신들의 전통을 의미 있게 평가하고 그리스도를 위하여 자신들의 문화에 도전하고자 한다면, 그들은 역사적이고 현대적인 철학적 사상에 대해 분명한 이해가 필요하다는 것을 나는 이전보다 더욱 더 강하게 믿고 있다.

이글은 세 가지 목적을 가지고 있다. 첫째, 북미에서 복음주의 철학에 대한 그리스도인의 참여의식이 현저하게 부활하고 있는 것을 개괄적으로 제시하는 것이며, 둘째, 복음주의 신앙과 철학의 현재와 미래를 위해 핵심 사안이 되는 세 가지 중요 이슈들을 밝혀내는 것이다.

- 하나님을 믿는 이성과 증거의 적절한 역할에 대한 문제
- 두 명의 철학자 알빈 플란팅가(Alvin Plantinga)와 메롤드 웨스트팔(Merold Westphal) 간의 토론에 집중하면서 실재론(realism)과 반실재론(anti-realism)에 관한 논쟁
- 폴 리쾨르와 알빈 플란팅가를 중심으로 한 신학과 철학 간의 관계의 문제. 이것은 그런 문제를 명확하게 하기 위하여 창조적으로 노력하고 있는 철학적 지성을 지닌 두 명의 신학자

---

6) Schaeffer 1982: I-V.
7) Clark 1952; Holmes 1977을 보라.
8) Walls 1994: 107.

케빈 벤후저(Kevin Vanhoozer)와 크레이그 바돌로뮤(Craig Bartholomew)와의 대화를 통하여 전개될 것이다.

셋째, 철학적 탐구의 미래를 위해서 여러 가지 예상 궤도의 윤곽을 그려보는 것이다.

2. 기독교 철학의 부활

철학에 대한 기독교적 관심의 특별한 부흥이 일어나고 있으며, 복음주의자들이 이러한 발전에 참여하고 있는 중이다. 알빈 플란팅가는 그리스도인들은 몇 가지 중대한 의제들을 토의하였으며, 철학적 논의에 주목할 만한 기여를 하였다고 지적한다.[9] 그는 기독교 철학 안에 탁월한 관점은 철학적 신학이라고 주장한다. 플란팅가는 '현재, 이러한 시도는 오히려 더 잘 진행 되고 있으며, 어쩌면 융성하게 될 것이다. 지난 몇 년 간 기독교 철학자들을 통하여 철학적 신학에 놀랄 만한 활발한 활동이 계속하여 있어왔다'고 기록한다.[10]

철학과 철학적 신학에 관한 기독교적 통찰력은 하나님의 속성, 세상에서 하나님의 영원성과 활동, 악에 대한 논쟁 등과 같은 연구를 위하여 그 자체만으로도 아주 큰 영향을 가지고 있다. 그러나 동시에 그 통찰력은 역사와 문학 및 성경해석과 같은 다른 학문분야를 위하여 새로운 기회를 열어주고 있다. 분석적이면서 대륙적인 전통들로부터 기원하고 있는 이러한 증거는 씨슬톤(A. C. Thiselton)과 케빈 벤후저의 풍부한 작품 안에 뚜

---

9) Plantinga 1995: 29-53; Sennett 1998: 328-352. 또한 Noll 1994: 233-239를 보라.
10) Plantinga 1998b: 340.

렷하게 발견된다.[11] 플란팅가는 철학적 신학, 긍정과 부정의 변증학, 그리고 기독교 철학비평 안에 해야 할 많은 일들이 있는 반면에,[12] 철학에 대한 기독교적 관심의 최근 부활은 대단히 긍정적이라고 인식하고 있다.

이러한 주된 변화를 위한 강력한 자극은 기독교철학협회(the Society of Christian Philosophy)의 윌리엄 알스톤(William Alston), 로버트와 메릴린 아담스(Robert and Marilyn Adams), 알빈 플란팅가, 아더 홈스(Arthur Holmes) 그리고 조지 마브로데스(George Mavrodes) 등에 의해서 조성되어왔다. 주목할 만한 것은, 이 협회는 미국철학협의회(the American Philosophical Association) 안에 가장 큰 단일 관심 집단이라는 점이다.[13] 또한 기독교철학협회 외에, 복음주의철학협회(the Evangelical Philosophical Society)와 그 협회의 학술논문집 「필로소피아 크리스티」(*Philosophia Christi*), 새로워진 학문적 정교함, 논리 정연한 출판물, 철학계에 있는 그리스도인들의 대학 내 높아진 위상 그리고 그 밖의 것 등을 또한 주목해야 한다. 기독교적 관점에서 그리스도인들에 의해 수행되고 있는 철학이 북미에서 활력을 되찾고 있는 중이라는 중대한 징조들이 있다.[14]

니콜라스 월터스토프(Nicholas Wolterstorff), 알빈 플란팅가, 메롤드 웨스트팔, 윌리엄 알스톤, 그리고 다른 많은 사람들이 비교적 짧은 시기 안에 지금의 광범위한 현상으로 방향을 이끌어 왔다. 그리스도인들은 자신들의 철학적 견해에 대해 존경을 얻고 있으며, 저들의 설득력 있는 활동은 많은 철학적 토론에서 관심을 불러일으키고 있다.

이 놀라운 부활은 다양한 요인들에 의해서 야기되었으나, 분석 철학자 알빈 플란팅가는 부활을 일으킨 중요 인물들 중의 일인으로 알려져 있

---

11) Thiselton 1922와 Vanhoozer 1998. 이들의 영향력은 Gadamer와 Ricoeur를 포함하고 있다.
12) Plantinga 1998b.
13) Clark 1990: 9.
14) 유감스럽게도 현재 영국이나 유럽 대륙에는 그와 유사한 움직임은 없다.

다.[15] 1983년 노틀담 대학교(University of Notre Dame) 교수 취임연설에서, 플란팅가는 철학 전공의 그리스도인들에게 공격적인 자세를 취하고 그리고 보다 정직함을 보여주어야 한다는 도전 의식을 불어넣어 주었다. 무엇보다도 이러한 도전은 세속 철학의 의제로부터 벗어나 더 큰 자유를 품는 것을 뜻했던 것이며, 기독교적 틀 안으로부터 철학적 질문을 추구하는 권리를 선포하는 독립적인 발전을 의미하였던 것이다.[16]

플란팅가는 하나님에 대한 신앙은 합리적이고 변호할 수 있는 것이라는 점을 확립시키면서 무신론적 철학의 조류를 저지하는데 부단히 노력하였다.[17] 또한 악의 존재를 기반으로 하여 전적으로 선하신 하나님을 부정하기에 애썼던 악에 대한 논쟁이 점차적으로 붕괴되는데 그는 상당하게 공헌하였다.

기독교는 철학 안에서 뿐만 아니라 다양한 지적 분야에서도 활동적이어야 한다고 플란팅가는 외친다. 복음주의자들은 그와 같은 발전을 반드시 주목해야 한다. 그리고 만일 복음주의가 인류에 큰 영향을 미칠 수 있기를 바란다면, 하나님을 신뢰하는 가운데, 그들은 복음주의에 절대적으로 필요한 원기와 매력을 강화하도록 모든 노력을 기울여야한다.

3. 세 가지 핵심 이슈

복음주의자들을 위하여 세 가지 핵심적인 철학적 이슈들에 초점을 맞추고자 한다. 이 이슈들은 현대주의와 후현대주의 간에 논쟁의 핵심이며, 더욱이 이것들은 신앙과 이성 관계에 대한 보다 폭넓은 문제와 관련

---

15) Sennett 1998: xiv.
16) Plantinga 1984: 253-271; 또한 Sennett 1998: 296-315.
17) Plantinga 1993; 2000.

되어 있다.[18]

1) 하나님에 대한 신앙에 있어서 이성과 증거의 역할

철학자들에게 있어서, 특히 20세기와 21세기 종교 철학자들에게 있어서, 하나님의 존재에 관한 질문들은 하나의 '타오르는 열정'[19]으로 계속 이어지고 있다. 이러한 질문들에 응하는 이성과 증거의 역할은 복음주의자들에게 있어서 아주 중대한 인식론적 사안이다. 하나님의 죽음에 관한 프리드리히 니체(Friedrich Nietzsche)의 대담한 선포 이후에, 과연 하나님에 대한 신앙은 합리적이라 할 수 있을까?

하나님에 대한 신앙을 반대하는 몇 가지 이유들이 있다. '하나님이 존재한다'는 것은 말도 안 된다는 진술, 하나님은 인격적 존재라는 논리상의 내적 일관성 부족, 악에 관한 논쟁, 그리고 그와 같은 신앙이 합리적이라는 충분한 증거가 없다는 점 등이다.[20] 이 부분에 있어서 나의 주된 관심은 후자에 대한 논쟁에 있다. 즉 합리성과 증거에 대한 논쟁이다.

하나님에 대한 신앙을 반대하는 증거주의자(evidentialist)는 충분한 이유들과 증거 없이 어떠한 것을 믿는 것은 항상 잘못될 수 있다고 주장한다. 어떤 복음주의자들은 하나님에 대한 신앙이 합리적인 논거와 이유와 증거 증명을 필요로 한다는데 동의하며 따른다.[21] 그러나 다른 복음주의자들은 상이하게 반응한다. 개혁주의 인식론주의자들은 하나님에

---

18) Helm 1997; Evans 1998; Davis 1997. 이 책들은 다양한 방식으로 이러한 보다 큰 문제를 다루고 있다.
19) Davis 1997: X.
20) Plantinga 1998a.
21) Sproul, Gerstner & Lindsley 1984; Geisler 1976. 대조적으로, Mercer(1995)는 복음주의의 합리주의적-현대주의적 구상을 포기하고, '후복음주의자'(post-evangelical)가 될 것을 복음주의에 요구하고 있다. 이 주제에 대한 토론으로 Hilborn(1997: 56-73)을 보라.

대한 신앙을 위해 요구되는 논거와 사유와 증거증명 등이 합리적이어야 한다는 점에 반대하고 있다.[22] 켈리 클락(Kelly Clark)이 지적하듯이, 복음주의적 증거주의자들은 증거주의자의 요구를 충족시킴으로써 증거주의자의 반대에 대응하려는 시도를 하고 있는 반면에, 개혁주의 인식론은 그러한 요구의 진실성에 의문을 던진다.[23]

하나님에 대한 신앙은 합리적인 증명을 요구한다는 증거주의자의 반대에 대한 대응으로, 스프라울(R. C. Sproul), 요한 거스너(John Gerstner) 그리고 아더 린즈리(Arthur Lindsley)등은 유신론적 '증명들'이 반드시 존중할 만한 것은 아니지만, 만일 그 증명들이 믿을만한 가치가 있는 것일 경우, 그것들은 하나님이 존재한다는 것을 틀림없이 입증하는 것이라고 주장한다. '그러나 만약 그 증명들이 입증되지 않는다면, 증명들을 논거로서 믿는 것은 비합리적이다. 그렇게 하는 것은 마음으로는 증명들이 입증되지 않으나, 의지로는 그것들이 입증된다고 말하는 것이다. 이것은 합리성이라기보다는 소위 신앙주의이다.'[24]

만일 하나님의 존재에 대한 신앙이 필요한 증명 기준에 미치지 못할 경우, 하나님을 믿는 것은 비합리적이라는 주장을 상기의 저자들은 반박한다. 그들은 증거의 확실성에 근거하여 증거주의자의 반대에 맞서서 증명 자료를 제시하고자 노력하고 있으며, 그리고 비합리적이거나 증명할 수 없는 것이라고 외치는 사람들 못지않게 하나님을 믿는 신앙은 합리적이고 증명할 수 있는 것이라고 단언하고 있다.[25] 이러한 경우, 반대자들은 '하나님이 존재한다는 신앙에 대한 증거가 충분하지 못함에도 불구하고, 만일 당신이 믿는다면, 당신은 합리적이지 못하다'고 주장한다. 이에 대

---

22) Plantinga & Wolterstorff 1983.
23) Clark 1990: 46-54.
24) Sproul, Gerstner & Lindsley 1984: 122-123.
25) Ibid.: 100.

하여 다음과 같은 답변으로 대응한다. '물론 하나님이 존재한다는 것을 믿기에는 많은 증거들과 증명들이 있다. 그러므로 만일 내가 믿을 경우, 나는 합리적이다.'

이러한 입장들이 기초주의(foundationalism) 형태를 대표한다는 점을 깨닫는 것은 중요하다. 서구 세계에서 적어도 중세시대 이래, 기초주의는 신앙이 믿음의 체계 안에서 어떻게 배열되어 있는지에 관한 중심적 이론이 되어왔다.

기초주의자들은 우리가 일련의 기본적 신앙과 일련의 비기본적 신앙을 가지고 있다고 주장한다. 만일 비기본적 신앙이 합리적으로 받아들여질 경우 이와 같은 신앙에는 증거가 필요하며, 반면 기본적 신앙이 다른 신앙에 의존적이 아닐 경우 그와 같은 신앙은 지식의 보고(house)를 위한 기초로서 역할을 한다. 그러나 어느 신앙이 기본적이라는 것을 어떻게 확신할 수 있는가? 다양한 형태의 기초주의가 있다는 점에서(그리고 그들 안에 불일치가 있다는 점에서), 지식의 보고가 견고한 기초위에 근거하고 있다는 보다 큰 확신을 갖는 것이 중요하다. 이러한 입장은 강경한 기초주의로 종종 불려진다.[26]

제이 우드(Jay Wood)의 다음과 같은 진술을 살펴보자.

> 강경한 기초주의자들은 기본적 신앙, 이 기본적 신앙이 우리가 견지하는 다른 신앙에 건네주는 여하한 종류의 지원, 그리고 이 지원이 비기본적 신앙에 전달되는 방식 등으로 간주할 수 있는 것들을 엄격하게 금지하고 있다. 인간 지식의 기초는 반드시 확고부동해야 하며, 이러한 확신이 비기본적 신앙으로 옮겨지는 유일한 길은 연역법과 귀납법의 일반적인 논리적 관계에 의해서

---

26) 강경한 기초주의에 대한 설명으로 Wood(1998: 77-104)를 참조하라. 또한 기초주의의 문제점들에 대한 명쾌한 토론으로 Wolterstorff(1984)를 보라.

이뤄진다고 그들은 강조하고 있다.[27]

강경한 기초주의자들은 하나님에 대한 신앙의 기초가 의심할 여지가 없어야 한다는 것을 요구한다. 기본적 신앙이란 자명한 것으로 생각되는 것들을 말한다. 예를 들어, '나는 살아 있다', 또는 '나는 고통 중에 있다', 그렇지만 '나는 하나님이 존재한다고 믿는 것'은 아니다 라는 것같이 감각적으로 자명하고 명백해야 한다. 여기서 하나님에 대한 신앙이 감각적으로 자명하거나 명백하지 않기 때문에, 그와 같은 신앙은 엄밀히 기본적인 것으로 간주될 수 없다. 따라서 하나님에 대한 신앙이 지식의 보고의 일부가 된다는 주장을 정당화하려면 합리적인 입증 자료들이 필요한 것이다. 만일 하나님에 대한 신앙이 그런 입증 자료들을 제시하지 못할 경우, 그 신앙은 비합리적인 것으로 추정된다.

증거주의 또는 합리성에 대한 계몽주의적 개념은 클리포드(W. K. Clifford), 버트란트 러셀(Bertrand Russell) 그리고 앤토니 플루(Anthony Flew) 등과 같은 증거주의적 반대자들이 요구하는 하나님을 믿는 신앙에 대한 기준을 충족시키려는 몇몇 복음주의자들에 의해서 포용되어 오고 있다.[28] 하나님이 존재한다는 것을 입증하기 위한 노력 안에 엄청난 중압이 이성과 자연 세계 위에 놓여 있다. 피터 힉스(Peter Hicks)에 따르면, '복음주의 역사 전체를 걸쳐서, 계몽주의의 요구에 항복하려고 생각하는 그리고 이성을 사용하여 자신들의 신앙을 정당화하고자 하는 경향이 복음주의자들 사이에 항상 있어 왔었다'고 한다.[29] 하나님의 존재에 대한 수많은 복잡한 논증들 또는 유신론적 증명들이 난무하였다. 예들 들어, 존재론적 증명, 목적론적 증명, 우주론적 증명 그리고 도덕적 논증들과 더불어 종

---
27) Wood 1998: 85.
28) Clifford 1879; Russell 1957; Flew 1976.
29) Hicks 1998: 102.

교 경험적 논증 등을 꼽을 수 있다. 그러나 각각의 그러한 증명들 또는 논증들은 결국 관련된 그러면서도 상이한 논증들의 한 계보였기 때문에, 그와 같은 유신론적 증명의 과잉현상은 대단할 정도의 복잡성을 띠었다.[30]

이러한 상황을 염두에 두고서, 우주론적 논증에 대한 사변신학적(Kalaam) 해석을 간략하게 살펴보자.[31] 윌리엄 래인 크레이그(William Lane Craig)는 그것을 다음과 같이 설명하고 있다.

> 논증이란 기본적으로 이런 것이다. 철학적 추론과 과학적 증명 둘 다 우주가 존재하기 시작했었다는 것을 보여준다. 존재하기 시작한 어떤 것은 생명체를 가져오는 원인이 된다. 따라서 우주는 틀림없이 원인을 가지고 있다. 철학적 분석은 그러한 원인이 여러 가지 중요한 유신론적 속성들을 틀림없이 가지고 있다는 것을 보여주고 있다.[32]

이러한 주된 신학적 특징들 중에 하나는 다음과 같은 방식으로 공식화 되어 있다. 만일 어떠한 것이 존재하기 시작한다면, 그것은 원인을 가지고 있다. 하나님이 우주를 창조했다는 면에서 우주는 원인을 가지고 있다. 우주가 원인이 없이, 즉 아무것도 없는 상태에서 존재하게 되었다는 것을 믿기 보다는 원인을 가지고 있다고 믿는 것이 더욱 설득력 있다. 이것은 하나의 단순화된 견해이지만, 이 견해는 우주론적 논증의 한 유형을 정당하게 설명하고 있다.[33] 어떤 복음주의자들의 지성에, 만일 이와 같은 또는 다른 유형의 유신론적 논증이 하나님의 존재를 입증하지 못할 경우,

---

30) 복잡성에 대한 논쟁으로는 Davis(1997)와 Geisler(1974)를 보라.
31) 우주론적 논증에 대한 보다 자세한 설명은 Davis(1997: 60-77); Clark(1990: 17-26); 그리고 Evans(1982: 50-59) 등의 글에 실려 있다.
32) Craig 1994: 77-125를 보라. 특히 보다 세부적인 것을 위해서는 이 책의 92쪽을 참조하라.
33) Geisler(1974: 190-226; 1976: 238-239). 그는 강조 형식으로 이러한 논증을 제시하고 있다.

하나님이 존재한다는 것을 믿는 것은 비이성적일 것이다.[34]

계몽주의적 증거주의에 대한 두 번째 반응은 개혁주의 인식론이다. 플란팅가, 월터스토프[35] 그리고 또 다른 학자들은 하나님의 존재를 믿는 신앙을 위한 입증 자료들의 필요성이 합리적이어야 한다는 것에 이의를 제기하고 있다. 그들은 다른 관점의 합리성을 제안하고 있다. 예를 들어, 니콜라스 월터스토프는 다음과 같이 논하고 있다.

> 만약 누군가 하나의 확실한 명제를 믿는 것을 중단할 만한 적절한 이유를 가지고 있지 않을 경우, 그 사람은 자신이 믿고 있는 그 명제에 대한 믿음을 합리적으로 정당하게 증명해야 한다. 만약 우리가 포기하려는 이유를 가지고 있지 않다면, 우리의 신앙은 합리적인 것이며, 만약 우리가 믿고 있는 것에 대한 이유를 가지고 있지 않다면, 우리의 신앙은 비합리적인 것이 아니다. 우리의 신앙은 유죄로 입증될 때까지 무죄하다. 즉 무죄로 입증될 때까지 유죄하지 않다.[36]

개혁주의 인식론에 있어서, 이성으로의 복귀는 계몽주의적 기준이 하나님에 대한 신앙이 합리적이어야 한다는 요청을 결정하도록 하게하는 것을 거부한다는 것을 의미한다.[37] 이러한 입장은 증거주의의 기준을 충족시키려는 시도를 하지 않는 반면에, 반대로 그러한 요구의 적법성에 이의를 제기한다. 하나님에 대한 신앙은 입증자료가 합리적이어야 한다는 것을 필요로 하지 않는다. 월터스토프의 논평을 살펴보자.

---

34) Sproul, Gerstner & Lindsley 1984; 또한 Geisler 1976을 보라.
35) Plantinga(2000: 247-251; 1998b) 그리고 Wolterstorff(2001) 등은 자신들의 주장의 근거를 Kuyper와 Dooyeweerd로부터 Reid와 Calvin에 이르기까지 거슬러 올라가 찾아냈다.
36) Wolterstorff & Plantinga 1983: 163 .
37) Clark 1990: 123ff, Wolterstorff 1984를 보라.

하나님이 존재하신다는 어떤 한 개인의 신앙은 정당하게 입증된 신앙이라는 것이 개혁주의 전통에 깊이 배여 있는 확신이다. 비록 그 사람이 신앙에 대한 좋은 증거를 제공하는 다른 사람의 신앙으로부터 그 신앙을 추론하지 않는다할지라도 말이다…우리는 어딘가에서 시작해야만 한다! 개혁주의 전통은 하나님이 존재한다는 신앙, 하나님은 창조주라는 등의 신앙이 우리의 신앙체계의 기초 안에서 정당하게 발견되어진다고 강조한다…신앙에 관해 먼저 논리 있게 생각하지 않아도 우리는 하나님에 대한 우리 자신의 신앙으로부터 논리적으로 생각하는 권리를 가지고 있다.[38]

합리성 견해와 달리, 개혁주의 인식론은 근본적으로 어떠한 신앙이 기본적 신앙으로 엄밀하게 간주되고 있는지를 평가하는 것이다. 개혁주의 인식론은 신앙 체계에 있어서 자명한, 즉 감각적으로 자명하고 명백한 기본적 신앙을 포함하는 것이 합리적이라는 것을 인정한다는 점에서 기초주의와 일치하고 있으나, 기본적 신앙에 한정되어야 한다는 점에 대해서는 반대한다. 예를 들어, 플란팅가는 회상 신앙과 간증 신앙 및 하나님에 대한 신앙 등을 포함시킨다. 이런 종류의 신앙은 이성, 증거 또는 다른 신념에 의존하지 않는다는 점에서 기본적 신앙이라고 그는 주장한다.[39]

스테반 에반스(C. Stephen Evans), 켈리 클락(Kelly James Clark) 그리고 스테반 데이비스(Stephen Davis) 등과 더불어 플란팅가와 월터스토프는 이 부분에서 발생되는 복잡한 문제들에 관한 통찰력 있고 구체적인 작업을 도출해냈다.[40] 합리성과 다른 입장 그리고 기본적 신앙의 개념에 대한 재해석을 지닌 개혁주의 인식론은 오늘날 인식론적 토론을 계속해서 벌이고 있다. 이러한 개혁주의 인식론에 따르면, 하나님의 존재를 믿는 신앙을

---

[38] Wolterstorff 1992: 149.
[39] Plantinga 1998a.
[40] Plantinga 2000; Wolterstorff 1984; Evans 1982 그리고 1998; Clark 1990; Davis 1997.

위해 근거 또는 증거를 제시하려는 시도가 잘못된 것은 아니지만, 하나님에 대한 신앙이 합리적으로 간주되어지기 위해 그것들이 반드시 필요한 것은 아니라는 것이다. 이성 또는 증거에 기초하여 하나님의 존재를 증명하려는 시도에 대하여 어떠한 흥미도 갖고 있지 않다. 뿐만 아니라 이러한 개혁주의 인식론을 따르는 사람들은 하나님이 존재하고 있다는 것과 하나님에 대한 신앙이 합리적이라는 것을 강력하게 지지하고 있다.

하나님을 믿는 신앙에 대한 의문 그리고 그와 같은 신앙에 대한 이성과 증거의 역할은 현시대에 철학적 탐구를 위한 중대한 문제로 여전히 남아 있다. 계몽주의에 취하게 하는 우물물을 복음주의자들이 너무 자주 마시고 있었는가? 만약 계몽주의적 기준과 가정이 지금 희미해지거나 실패할 경우, 정말로 복음주의자들에게 있어서 자신들의 인식론을 재평가할 수 있는 계기가 될 것이다. 복음주의적 유산의 특성을 종종 밝혀주는 일련의 방어벽과 비교하여, 재평가의 목적은 기독교 신앙을 위해 충분한 결론에 도달하는 희망을 지닌 진지한 대화가 되어야 한다.

2) 실재론 대 반실재론

플란팅가가 지적했던 바처럼, 이 문제는 철학을 하는 그리스도인들에게 아주 중대한 이슈이다.[41] 실재론과 반실재론은 어떤 사람의 세계관에 대한 이해와 형성에 직접적으로 관계된 철학적 입장이다. 세계에 관하여 설명하고자 할 때, 우리 밖에 있는 진정한 세계에 관하여 우리가 말을 하고 있거나, 그렇지 않으면 인간 상호관계에 의존하는 하나의 세계를 건설하기 위하여 우리가 언어를 단지 사용하고 있는 것인가?[42] 이러한 논쟁은

---

41) Plantinga 1998b.
42) Kirk & Vanhoozer(1998: 18-34)는 실재론/반실재론 논쟁에 관한 뛰어난 논의를 보여주고

형이상학과 인식론 그리고 언어 등과 같은 다른 연구 영역에 연계되어 있는 것이 분명하지만, 이 글의 목적은 세상과 우리의 관계라는 문제의 정황 속에서 이런 철학적 이슈를 나타내려는데 있다.

현대의 위대한 철학자 임마누엘 칸트(Immanuel Kant)는 여전히 이러한 논쟁에 가장 영향력 있고 생각을 일깨우는 인물들 중에 한 사람이다.[43] 칸트의 철학이 매우 복잡한 것은 사실이지만, 이러한 이슈와 관련된 몇 가지 기본적인 결론을 내리는 것은 가능한 일이라고 나는 확신한다. 어떤 사람들은 칸트가 두 세계의 최상을, 아니면 상황에 따라 최악이 될 수도 있는, 갖고자 시도한 것으로 본다. 다시 말하면 칸트의 시대에 대비드 흄(David Hume)의 경험론이 합리주의자의 접근방식에 중대한 도전을 가져다주었으며, 이러한 흄의 진행 경로를 통하여 칸트는 마음에 품고 있었던 것을 철학의 새로운 가능성으로 깨달았다.[44] 칸트는 이러한 갑작스런 충격을 코페르니쿠스적 혁명으로 불렀다. 코페르니쿠스적 혁명이란 무엇인가? 기본적으로, 지식은 지성에 의해서 형성된 개념과 관계가 있다는 합리주의자들의 견해에 칸트가 동의했지만, 동시에 그는 지식은 감각으로부터 나오는 것이라고 주장했다.

이러한 것은 세상에 관한 질문 그리고 세상에 대한 우리의 접근과 무슨 관계가 있는 것인가? 어떤 이들이 제안하는 것처럼, 칸트는 세계를 두 개로 나누었다. 즉 분류적인 면에서, 그는 사물들 스스로의 영역인 실재의 세계와 우리가 경험하는 세상인 현상의 세계로 구분하였다. 후자의 세계는 어떠한 지식을 갖는데 있어서 제한되어 있는 세상이다. 앤드류 컬크(J. Andrew Kirk)는 그것을 이런 방식으로 설명한다.

있다.
43) Kant 1929.
44) Kant에 관한 도움이 될 만한 입문서로는 Scruton(1982)이 있다.

일관성 있는 자연적인 원인은 밀집 대형의 우주를 필요로 했다는 가정을 요하는 지적 정직성을 일반적으로 문화가 수용하였을 때(흄과 칸트의 논증을 따르면서), 딜레마는 시작되었다. 딜레마는 심각한 것이다. 어떠한 것이 존재한다는 것, 또는 관찰자(주체)와 관찰된 사물(객체) 사이에 적절한 상호관계가 있다는 것을 확실하게 믿을 수 있는 충분한 근거는 더 이상 없다…[45]

수많은 후현대주의자들에 의해서 강조된 근본적인 후칸트주의적 질문은 있는 그대로의 세상에 접근할 수 있는가라는 것이다. 컬크가 위에서 지적한 바처럼, 객체와 주체 간의 접점과 관련하여 딜레마가 존재한다. 기독교 철학자들은 이러한 칸트주의적 또는 실재론적 유형의 질문들을 가지고 씨름을 계속하고 있다. 칸트를 향한 두 가지 반응을 간략하게 살펴보자. 분석 철학자 알빈 플란팅가는 첫 번째 『비평』(Critique)에 있는 칸트의 창의적인 반실재론적 개념이 '기독교와 양립할 수 없는 것'이라고 논박했다.[46]

실재론자의 관점은 세상에 대한 우리의 접근방식이 객체에 반드시 순응해야하고 주체에는 그 반대여야 한다고 가정한다. 플란팅가는 '그러나 칸트가 자칭하는 코페르니쿠스적 혁명의 근본적 요지는 세상 안에 있는 사물들이 자신들의 기본적 체제와 존재를 마음의 지적 활동 탓으로 여긴다'고 지적하고 있다.[47] 플란팅가는 칸트의 창의적인 반실재론 개념으로부터 오는 어떠한 유익에 대해 매우 의심스러워하고 있다. 그는 우리가 있는 그대로의 세상을 인지하든지, 아니면 보이는 그대로의 세상을 창조하라고 주장하는 것 같다. 만약 후자의 경우라면, 실재와 현상 세계 간에

---

45) Kirk 1999: 70.
46) Plantinga 1998b: 331.
47) Plantinga 2001: 129.

아무런 관계가 없다. 세상을 창조하라는 이 두 번째 시나리오에 따르는 결론은 세상 안에 있는 사물들이 주체 덕분에 존재한다는 것이다. 객체와 주체에 대한 플란팅가의 접점은 오직 하나의 세계, 즉 주체가 이해하는 있는 그대로의 세계만이 있다는 점을 제안하고 있다.

다른 한편, 유럽대륙 풍 유형의 철학자 메롤드 웨스트팔(Merold Westphal)은 창의적인 반실재론은 옹호되어져야 하며, 기독교 철학자들은 칸트의 관념론에 우호적인 태도를 가져야 한다고 주장한다.[48] 웨스트팔은 '네 가지 유형의 칸트주의'가 있는데,[49] 그 중에 하나가 기독교 관점에 대해 경멸적인 부정적 인본주의적 성향을 담고 있다고 주장하면서, 플란팅가가 아마 칸트를 저평가하고 있는지 모른다고 제의한다.

칸트를 논하는데 있어서, 웨스트팔은 흑백 텔레비전을 시청하는 것과 텔레비전 스튜디오에서 실제 칼라 연출물을 보는 것 간에 차이를 하나의 실례로 사용한다. 칸트가 마음을 실체들이 특별한 방식으로, 이 방식이든지 아니든지 간에, 나타나도록 해주는 하나의 '자연스러운' '수신 기구'로 보고 있다는 점을 웨스트팔은 강조하고 있다. 이것은 두 개의 세계로 이해되어져는 안 되며, 오히려 동일 객체를 바라보는 주체의 두 가지 양식으로 이해되어져야 한다는 것이 웨스트팔의 견해이다. 만일 이럴 경우, 비록 수신 기구가 객체를 수정할지라도 객체는 여전히 있는 그대로 남게 되며, 그리고 칸트의 입장은 더욱 밀접하게 이런 유형의 실재론으로 표시된다고 웨스트팔은 주장한다.[50]

칸트에 대한 이 두 가지 기독교적 반응들을 어떻게 이해할 것인가? 인간은 무슨 유형의 사람이며 우리가 살고 있는 세상은 무슨 유형의 세계인

---

48) Westphal 1993b: 162.
49) Ibid.: 163. 이곳에 구체적인 논쟁이 실려 있다.
50) Ibid.: 166.

가? 이러한 질문들은 기독교 신앙에 핵심적인 것이다. 플란팅가는 아주 동일하게 세상과 세상에 대한 우리의 접근 방식 간의 관련성을 만들고 있으며, 반면 웨스트팔은 그 구분성을 변호하고자 노력한다. 즉 웨스트팔은 세상에 실제로 있는 사물들을 똑 같은 방식으로 수신하지 못하는 '수신 기구'에 더 관심을 가지고 있다.

기독교적 관점에서 보면, 이 곤란한 질문에 대한 그와 같은 두 입장들은 타당한 요점을 지니고 있는 것 같이 보인다. 따라서 나는 객체와 주체와의 접점에 대한 관련성과 구분성 이 두 가지를 고려하는 적절한 배열 형태를 제안하고자 한다. 관련성이냐 또는 구분성이냐, 어느 한쪽을 택하는 것으로 해결될 수 없는 복잡함이 실제로 존재한다. 더욱이 철학을 하는 복음주의자들에게 있어서, 어쨌든 간에 객관성을 제거하거나 부정하고자 하는 주관적 유형들에 굴복하지 않고, 객체/주체의 관련성과 구분성에 대하여 인간의 주관성을 위한 입장을 상당히 인정할 만한 시기적절한 때인 것 같다.

철학을 하는 복음주의자들은 칸트를 간과할 수 없으며, 그의 작품 특히 『순수이성비판』(Critique of Pure Reason)과 좀 더 소통할 수 있는 책임을 가지고 있다고 생각한다. 이것은 지나치게 칸트만을 생각해야 한다는 뜻이 아니다. 만약 우리가 충분하고 분명한 결론에 점차적으로 도달하고자 한다면, 이 중대한 논쟁은 더 깊은 해명을 필요로 한다는 점을 주장하고자 하는 것이다. 실재 또는 지식 둘 중에 어느 것에 관해서 말하고 있는지에 대한 좀 더 명확한 이해와 그리고 '실재론'과 '창의적인 반실재론'이라는 용어들을 사용할 때에 우리가 뜻하는 바가 하나님과 우리 자신 그리고 세상에 대한 기독교적 이해를 위해 매우 유용할 것이라고 나는 확신한다.

3) 철학 대 신학

철학과 신학의 관계는 오랜 기간 논쟁적인 이슈가 되어왔다. 이러한 관계를 어떻게 배열할 수 있을까? 이런 질문은 이곳에서 공평하게 다루기에는 불가능한 광대하고 복잡한 문제이다. 그러나 몇 가지 대응적 요소들을 끄집어내는 것은 중요하다. 두 명의 현대 철학자 폴 리쾨르[51]와 알빈 플란팅가[52]의 견해를 먼저 살펴보자. 리쾨르와 플란팅가는 후현대주의적이다. 즉 자신들의 방법을 통해 둘 다 전통적으로 강경한 근본주의의 위험을 인지하고 있다는 면에서 그렇다. 복음주의자 플란팅가와 비복음주의자 리쾨르, 이 두 사람은 면밀하게 탐독할 가치가 있는 철학자들이다.[53] 복음주의 철학자들이나 또는 복음주의 신학자들은 저들로부터 배워야 할 것이 많이 있다. 왜냐하면 현대주의의 쇠퇴기 즈음에[54] 이 두 학자는 참된 후현대주의적 철학을 향해 나아갈 길을 제시하고 있기 때문이다.

플란팅가와 리쾨르는 데카르트의 자중적 자아의 개념에 반대하면서 후현대주의의 현대주의적 형태를 피해가고 있다. 리쾨르는 자신의 철학 작품 그리고 자신의 신학적 신념과 이해가 서로 꼭 맞는 것에 대해 지나치게 민감하다. 비록 그가 전자에 대한 후자의 어떤 효과들을 기꺼이 인정한다 할 지라도 말이다.[55] 플란팅가는 이 부분에 대해 훨씬 덜 조심스러워 하고 있으며, 그리고 기독교적 전제(presuppositions)가 그의 철학 작업을

---

51) 현대주의와 후현대주의의 정황에서 성경해석학에 대한 Ricoeur의 작품을 자세하게 설명하고 있는 Laughery(2002)를 보라.
52) Noll(1994: 235)은 북미에서 철학에 대한 복음주의적 관심이 급격하게 부흥한 것은 주로 네덜란드 개혁주의 유산을 가지고 있는 자들의 풍부한 영향 때문이라고 지적했다. 이러한 부흥에 뛰어나게 공헌한 인물들은 A. Plantinga와 N. Wolterstroff이다.
53) Plantinga의 최근 작품으로는 1993; 2000이 있으며, Ricoeur의 작품으로는 1984-7; 1991; 1992a; Ricoeur & LaCoque 1998 등이 있다.
54) Green 2000: 25.
55) Ricoeur 1992a: 24.

분류하고 좌우하는 것으로 신중하게 인정하고 있다. 종교 철학자로서 플란팅가는 신학을 철학에 연계시키려고 노력하고 있으며, 기독교 철학을 거리낌 없이 분명하게 표명하고 있다. 반면 철학자로서 리쾨르는 두 개를 구분하려고 노력하고 있으며, 기독교 철학 개념을 마지못해 포용하고 있다. 그에게 있어서 기독교 철학은 존재하지 않는 것과 같다.[56]

플란팅가는 기독교 철학자들이 비신앙적 철학에 호의적일 필요가 없다는 것과 그리고 신학자들과 성경학자들은 비신앙인들의 생각과 계획에 빚을 졌다고 볼 필요가 없다는 것을 기독교 철학자에게 알려주는 열정이 부족하다. 플란팅가의 작품은 특히 북미에서 철학자들과 종교 철학에 엄청난 영향력을 분명히 가지고 있다. 복음주의적 그리고 보다 폭넓은 기독교 공동체 안에서 철학적 탐구의 부흥은 박수 받을 만하며, 플란팅가는 이런 철학적 모험을 믿을만하고 설득력 있게 만드는데 기여한 그의 뛰어난 공헌에 대하여 응분의 칭찬을 받아야 마땅하다.[57]

리쾨르는 20세기의 가장 중요하고 다재다능한 철학자들 중에 한사람으로 알려져 있다. 그는 그의 철학적 작품을 비밀리에 신학화하고 있다는[58] 비난을 피하고자 노력하고 있으나, 그의 해석학적 중심의 철학은 신학적으로 세심한 부분이 있다. 리쾨르의 철학 개념은 기본적으로 인류학이다. 제기된 문제를 해결하는 것과 요구에 응답하는 것 사이에 차이가 있다는 것이 그의 관점이다.[59] 비록 리쾨르의 시각에서, 예를 들어, 사랑이나 죄 고백 둘 다 철학적 탐구의 한계를 벗어나 있기 때문에 이 둘 중의 어느 것도 철학적 화법이 아닐지라도, 어느 누군가가 철학적으로 법, 양심, 죄 그리고 그 밖의 것 등에 관해서 말할 수 있다고 보는 것이다.

---

56) Ricoeur 1992b: 39-40.
57) 이 글 앞부분의 '기독교 철학의 부흥' 쪽을 참조하라.
58) Ricoeur 1992a: 24.
59) Ibid.: 23-25, 39.

이 두 철학자의 견해를 어떻게 평가할 수 있을까? 리쾨르는 철학으로 시작하여, 철학의 한계성을 인식한 후, 그리고 다음에 신학으로 돌아오는 것 같다. 그는 철학과 신학을 너무 멀리 따로 떨어뜨려 두고 있는 것인가? 한편, 플란팅가는 신학으로 시작하고, 그것으로부터 그의 철학을 전개하는 것 같다.[60] 그는 너무 빠르게 그 두 가지를 통합하고 있는 것인가? 리쾨르의 간격 그리고 플란팅가의 병합에 관한 질문들은 수사적이기보다는 탐구적인 경향이 있다.

이러한 질문을 마음에 두고, 철학의 중요성에 잘 적응한 두 명의 신학자 케빈 밴후저와 크레이그 바돌로뮤의 견해를 살펴보자. 최근에 이 주제를 다루는데 있어서 바돌로뮤는 신학적 해석학에 대한 최근의 체계적인 정리가 철학을 충분하게 고려하고 있는지에 대해 관심을 가지고 있다.[61] 그는 신학적 성향에 대한 새로운 체계화를 확신하는 반면에, 철학과 신학 간의 관련성에 대한 긴급한 의문이 그에게 여전히 남아 있다. 나는 바돌로뮤의 확신과 그의 의문에 동의한다.

이러한 이슈의 복잡성 역시 케빈 밴후저에 의해서 연구되어 오고 있다.[62] 칼케돈식(Chalcedonian) 관계성을 내세우면서, 밴후저는 개인적인 정직, 상대적인 자율 그리고 철학과 신학의 상호 책임을 주장한다. 밴후저와의 대화에서 바돌로뮤는 이 문제점의 정확성이 힘들다는 것을 인정하고 있으나, 그리스도(신학)와 개념(철학)에 관한 밴후저의 체계에 대해서는 여전히 신중한 편이다. 비록 밴후저가 철학과 신학과의 관계에 대해 조심하고 있지만, 바돌로뮤는 밴후저의 입장 '전체를 통하여 얼마간 끊임없이 현존하는' 철학과 신학 간에 현대주의적 구분의 잔여물이 있는 듯이

---

60) Plantinga(Sennet 1998: 146-147)는 개혁주의 사상가들을 따를 것과 하나님과 더불어 시작할 것을 제안하고 있다.
61) Bartholomew(2000)는 이러한 관심을 집약적이면서 풍성한 방식으로 설명하고 있다.
62) Vanhoozer 1991.

보이는 것에 대하여 우려하고 있다.[63]

바돌로뮤는 철학과 신학과의 관계를 설명하기 위하여 흥미 있고 가치 있는 수정 모형론(modified typology)을 제안한다. 신학적 해석학에 대한 어떤 체계적인 정리를 지닌 그의 질문은 둘을 각기 따로 떼어 놓으려는 부지중의, 아니면 고의적인 강조인 것 같다. 바돌로뮤가 일시적이라고 기꺼이 인정하고 있는 그의 훌륭한 모형론은 철학과 신학에 단서가 되시는 그리스도께 호소함으로써 둘을 병합하는 것을 목표로 하고 있다. 기독교 해석학은 연구의 양 측면에서 이해를 추구하는 믿음으로 간주되는 것이라고 그는 주장하고 있다.[64]

이 제안은 도움이 되는 동향을 알려주고 있으나, 정말로 신학과 철학을 별개의 것으로 계속하여 간주하려는 여지를 거의 남겨놓고 있지 않은 그와 같은 방식을 통해 둘을 관련짓고 있는 것인지 그렇지 않은 것인지 염려스럽다.[65] 만약 그리스도가 철학에 단서라면, 어떻게 철학은 신학과 별개의 것으로 남을 수 있을 것인가?[66] 철학과 신학을 지나치게 구분하려는 면에서 밴후저가 현대주의적이라고 말하는 제안은 둘을 더욱 명확하게 관련지으려는 바돌로뮤에 의해서 반박되고 있다. 철학과 신학을 지나치게 관련된 것으로 이해함으로써 긴장을 해소하는데 매우 가깝게 근접

---

63) Bartholomew 2000, 특히 31. Vanhoozer의 제안을 꼼꼼히 읽어보면, 그는 신학과 철학의 '구분성'과 '관계성' 두 가지를 말하고자 조심스럽게 노력하고 있다.
64) 이해를 추구하는 믿음에 관하여 흥미롭고도 중대한 토론을 다룰만한 여지가 이 지면에 충분히 있지 못하다. 어디에서 우리는 참으로 시작해야 하는가? 뒤따르는 '미래를 위한 궤도' 부분을 참조하라.
65) Bartholmew는 Milbank 1999: 23-24를 언급하고 있다. Milbank 1999: 32와 각주, 49를 보라. 이곳에서 Milbank는 또 다른 논증을 제시하고 있다. Bartholomew는 철학은 철학 스스로 인간에 대한 설명을 줄 수 없다고 지적한다. '신학은 철학을 평가할 수 있다.' 이것이 사실이지만, 반면 적어도 어떤 상황에서는 틀림없이 그 반대적 역할이 있을 것이라고 나는 생각한다. 즉 철학 역시 신학을 평가할 수 있다.
66) Newbigin을 따라서, Bartholomew(2000: 33-34)는 그리스도가 모든 창조물에 단서라고 했다. 신학적으로 삼위일체 하나님, 즉 성부, 성자, 성령 하나님이 단서라고 나는 생각한다.

하고 있다는 점에서 이 제안 역시 현대주의적 형태를 초래하고 있다는 말인가? 만일 그렇다면, 바돌로뮤의 견해는 반드시 수용되어야하며 그대로 유지되어야하는 관련성과 구분성의 긴장을 어쩌면 해소할는지 모른다.

바돌로뮤와 밴후저 간의 중대한 차이점은 다음과 같이 요약될 수 있다. 철학과 신학에 관련된 바돌로뮤의 신학적 성향은 신학에 미치는 철학의 부정적 영향을 평가할 목적으로 철학과의 상호작용을 고취하는 것 같다. 그는 신학이 반기독교적 철학을 좀 더 잘 비판할 수 있기를 분명히 원하고 있으나, 반면 그렇게 함으로써 신학이 그러한 견해에 의해서 어떻게 경멸적으로 영향을 받을 수 있는 지에 대하여 더욱더 의식해야만 한다. 한편, 철학과 신학에 대한 밴후저의 관련성과 구분성은 잠재하고 있는 부정적 영향을 기꺼이 평가하는 것뿐만 아니라, 철학이 긍정적 공헌을 할 수 있고 신학에 대한 비평을 제공할 수 있다는 가능성을 흔쾌히 단언하고 있는 것 같다.[67]

나의 주된 관심은 다음과 같다. 만약 이 두 분야가 매우 밀접하게 관련되어있다면, 한 쪽이 다른 한쪽에게 공헌 또는 비평을 제공하는 것이 정말로 가능한 것인가? 조금도 제한받지 않은 연합을 통해 매우 신속하게 철학과 신학을 관련짓는 것은 긴장 속에서 나누는 절제된 현대주의적 대화를 암시하는 것일까? 신학에 대한 긍정 또는 비평을 제공하기 위하여 상대적인 자율성을 주장하는 철학을 위해 하나의 장소를 보존하고, 동시에 철학에 대한 그와 동일한 것을 제공하는 신학적 책무를 똑같이 계속 유지하는 것이 우리의 목표가 되어야 하는가?

결론적으로, 우리가 미래를 향해 나가고 있기 때문에, 복음주의자들은

---

[67] 이것은 바돌로뮤(2000: 33-34)의 '이중적 진리' 개념에 가까운 듯하다. 그 개념은 항상 대립적이지 않으나 다른 관점으로써, '불안한 긴장 속에 있다'는 것을 의미한다고 말하고 싶다.

자신들이 원하지 않은 불필요한 양극화 현상(실재론과 반실재론, 철학과 신학)을 피하는 것을 반드시 목표로 삼아야 한다. 일반적으로 이것은 하나의 통합 형태를 제안하려는 것이 아니며, 어떤 주요 이슈들이 반대적 입장에서 여전히 남아있을 것이라는 점을 도외시하려는 것도 아니다. 오히려 에반스(Evans)가 언급했듯이,[68] 긴장이 가득한 제휴를 인정하면서, 어떤 이슈들에 대한 하나의 관련성과 구분성 관점을 찾아내는 것이 우리를 기독교 진리에 좀 더 가깝게 이르도록 해준다는 점을 단지 제안하려는 것이다.

4. 미래를 위한 궤도

미래를 위한 윤곽을 그리려는 시도가 어려울 수 있으나, 기독교 철학자들은 관심을 기울여야 할 몇 가지 주제들에 대해서 반드시 알 필요가 있다. 이미 언급한 내용들 외에 몇 가지 다른 이슈들에 대해서도 연구해야 할 가치가 있다.

플란팅가는 기독교 철학의 미래적 관심과 최근 상황에 대한 뛰어난 개요를 우리에게 주었다.[69] 그는 기독교 철학자들이 많은 분야에서 상당히 잘 해왔으나, 해야 할 더 많은 일들이 있다고 평가했다. 플란팅가의 견해에 따르면, 다원주의는 반드시 언급되어져야할 중대한 문제임에 틀림없다. 또한 그는 기독교 입장에서 반드시 계발되어져야하는 긍정적인 논증이 다양하게 있으며, 유신론적 논증은 절대적으로 더 많은 계발되어져야 한다고 단언했다. 중요한 기독교 교리들이 기독교 공동체를 위하여 검토

---

68) Evans 1982: 23.
69) Plantinga 1995b: 29-53; 또한 Sennett 1998: 328-352를 보라.

되고 보다 좋게 이해되어져야할 경우, 활기찬 문화 비평과 깊이 있는 철학적 신학도 또 다른 관심 사항이 될 것이다.

또한 플란팅가는 영구적인 자연주의와 창의적인 반실재론은 논리적 긍정주의의 종말 이후 발생한 '히드라 머리'(hydra heads)라고 선언했다. 그는 위 두 사상이 각기 자신의 방식을 통해 널리 만연해 있다고 논하면서, 이 두 사상이 기독교 사상을 부정적 방식 안으로 어떻게 스며들게 하는지에 관하여 세심한 주의를 기울이는 것이 기독교 철학자들에게 절대적으로 필요하다고 주장했다.[70]

플란팅가가 언급한 이슈들 외에, 또한 다른 이슈들도 실제적으로 중요하며, 더 깊이 숙고할 가치가 있다. 언어 철학은 여전히 중요한 주제로 남아 있다.[71] 몇몇 연구물들이 있지만 아직 충분하지 못하다. 월터스토프,[72] 씨슬톤[73] 그리고 그 밖의 다른 학자들이[74] 화행이론(speech act theory)의 잠재성을 연구했으며 뛰어나게 기여를 했다. 긍정주의의 잔여물이 희미해지고 후현대주의적 질문이 급증함에 따라, 그리스도인들은 언어 이론에 합류하고 기여해야하는 새로운 기회를 맞이하게 된 것이다.[75]

현대주의의 기초가 붕괴되고 있다는 면에서 복음을 전달하는 역할은 더욱 중요하게 될 것이다. 후현대주의 세계에서 기독교적 전달 방식이란 무엇일까? 보다 추상적인 것으로부터 기독교 세계관의 진리를 전달할 수 있는 통찰력 있고 실제적인 방식으로 우리가 나아가도록 철학자들은 어떻게 도와줄 수 있을까? 생각뿐만 아니라 생활에 관계된 실천적 철학이

---

70) Sennett 1998: 328-333.
71) Laughery 2001: 171-194.
72) Wolterstorff 1995.
73) Thiselton 1992.
74) Bartholomew, Greene & Möller 2001은 몇 가지 풍부한 공헌을 이루었다. 또한 Vanhoozer 1998을 보라.
75) Bartholomew, Greene & Möller 2001.

절대적으로 필요하다.

상기에서 언급한 세 가지 핵심 이슈와 밀접하게 연관된 적절한 질문은 신앙과 이해 간의 관계이다. 이해를 추구하는 신앙인가 아니면 신앙을 추구하는 이해인가? 철학자 폴 헬름(Paul Helm)은 최근에 이러한 관계를 연구하였고, 좀 더 진척되도록 훌륭하게 공헌하였다.[76] 어디서, 언제 그리고 어떻게 시작해야 하는가? 내 견해로는, 이 이슈는 더욱 더 심사숙고할 가치가 있는 중요한 사안이다. 항상 많은 집중과 명확성을 지닌 것은 아니지만, '이해를 추구하는 신앙'이라는 진술은 기독교 정황에서 흔하게 인용되고 있는 것 같다.

또 다른 문제도 더욱 깊이 있게 연구할 가치가 있다. 적어도 어거스틴 시대이래, 하나님과 시간에 관한 이슈는 다양한 질문들을 양산해 냈다. 어떻게 하나님과 시간을 생각해야 하는가? 하나님을 시간 밖에 있는 것으로, 시간 안에 있는 것으로, 또는 동시에 두 곳 모두에 있는 것으로 생각해야 하는가? 시간이란 무엇인가? 시간과 연계된 하나님은 누구인가? 이런 종류의 질문들은 더욱 폭넓은 관심을 끌어내기 시작했다. 리쾨르는 일시성(temporality)과 담화에 관한 흥미롭고도 통찰력 있는 연구를 산출해 냈다.[77] 또한 만일 우리가 시간과 하나님에 관한 어떠한 것을 이해하려고 할 경우, 성경본문을 담화와 다른 유형들 안에서 검토하는 것이 필수적이라고 그는 주장했다.[78] 복음주의자들은 리쾨르의 연구로부터 분명히 유익을 얻을 수 있다. 최근의 다른 작품이 그러한 점을 틀림없이 권장하고 있으나,[79] 그러한 질문들을 다루기 위해서는 해야 할 것들이 많이 있다.

---

76) Helm 1997.
77) Ricoeur 1984-7.
78) Ricoeur 1995a: 또한 Ricoeur 1995b: 167-180을 보라.
79) Ganssle 2001; Helm, Padgett, Craig, Wolterstorff. 도움이 될 만한 참고문헌 목록이 이 책 24-27에 들어 있다.

다른 이슈들과 더불어 여기서 언급된 철학적 이슈는 열심히 그리고 신중하게 생각할 만한 가치가 있는 것들이다. 철학을 하는 복음주의자들이 진실을 향한 길을 계속적으로 가고자 할 경우, 앞으로 많은 도전에 직면해야하는 중대한 책임이 있다.

삶 전체를 어루만져 주시는 살아계신 하나님과 생명력 있는 영성에 대한 갈망을 새롭게 하는 소망에 동참하기 위하여, 기독교 철학자들은 문화를 뒤쫓아 가는 것뿐만 아니라, 그것을 반드시 밝혀내야 한다. 이것은 개인과 문화에 끼치는 철학적 개념의 영향을 알아야 하는 것과 더불어 문화 참여를 통하여 기독교적 흔적을 남겨야 하는 것이 반드시 필요하다는 것을 뜻한다. 하나님과 기독교 공동체에 헌신된 그와 같은 노력이 성경의 하나님은 존재하며 기독교는 진리라는 점을 깨닫도록 다른 사람들에게 도전을 줄 것이라고 기대하고 있다.

Bibliography

Bartholomew, C. G. (2000), 'Uncharted Waters: Philosophy, Theology and the Crisis in Biblical Interpretation', 1–39, in C. G. Bartholomew, C. Greene and K. Möller (eds.), *Renewing Biblical Interpretation*, Grand Rapids: Zondervan; Carlisle: Paternoster Press.

Bartholomew, C. G., C. Greene and K. Möller (eds.) (2001), *After Pentecost: Language and Biblical Interpretation*, Grand Rapids: Zondervan; Carlisle: Paternoster Press.

Clark, G. H. (1952), *A Christian View of Men and Things: An Introduction to Philosophy*, 1–39, Grand Rapids: Eerdmans.
Clark, K. J. (1990), *Return to Reason*, Grand Rapids: Eerdmans.
Clifford, W. K. (1879), *Lectures and Essays*, London: Macmillan.
Craig, W. L. (1994), *Reasonable Faith: Christian Truth and Apologetics*, Wheaton: Crossway.
Davis, S. T. (1997), *God, Reason, and Theistic Proofs*, Edinburgh: Edinburgh University Press.
Erickson, M. J. (1998), *Postmodernizing the Faith: Evangelical Responses to the Challenge of Postmodernism*, Grand Rapids: Baker.
Evans, C. S. (1982), *The Philosophy of Religion: Thinking about Faith*, Leicester: IVP.
―――― (1998), *Faith Beyond Reason*, Edinburgh: Edinburgh University Press.
Flew, A. G. N. (1976), *The Presumption of Atheism*, London: Pemberton.
Ganssle, G. E. (ed.) (2001), *God and Time*, Downers Grove: IVP.
Geisler, N. L. (1974), *The Philosophy of Religion*, Grand Rapids: Zondervan.
―――― (1976), *Christian Apologetics*, Grand Rapids: Baker.
Green, G. (2000), *Theology, Hermeneutics and Imagination: The Crisis of Interpretation at the End of Modernity*, Cambridge: Cambridge University Press.
Helm, P. (1997), *Faith and Understanding*, Edinburgh: Edinburgh University Press.
Hicks, P. (1998), *Evangelicals and Truth: A Creative Proposal for a Postmodern Age*, Leicester: IVP.
Hilborn, D. (1997), *Picking up the Pieces: Can Evangelicals Adapt to Contemporary Culture?*, London: Hodder & Stoughton.
Holmes, A. F. (1977), *All Truth is God's Truth*, Downers Grove: IVP.
Kant, I. (1929), *Critique of Pure Reason*, trans. N. K. Smith, New York: St Martin's Press.
Kirk, J. A. (1999), 'Christian Mission and the Epistemological Crisis of the West', in Kirk & Vanhoozer 1999: 157–171.
Kirk J. A. and K. J. Vanhoozer (eds.) (1999), *To Stake a Claim: Mission and the Western Crisis of Knowledge*, New York: Orbis.
Laughery, G. J. (2001), 'Language at the Frontiers of Language', in Bartholomew, Greene & Möller 2001: 171–194.
―――― (2002), *Living Hermeneutics in Motion: An Analysis and Evaluation of Paul Ricoeur's Contribution to Biblical Hermeneutics*, Lanham, MD: University Press of America.

Mercer. N. (1995), 'Postmodernity and Rationality: the Final Credits or just a Commercial Break?', in A. Billington, T. Lane and M. Turner (eds.), *Mission and Meaning*, 319–338, Carlisle: Paternoster Press.

Milbank, J. (1999), 'Knowledge', in J. Milbank, C. Pickstock and Graham Ward (eds.), *Radical Orthodoxy: A New Theology*, 21–37, London: Routledge.

Nash, R. H. (1986), 'The Life of the Mind and the Way of Life', in L. T. Dennis (ed.), *Francis A. Schaeffer: Portraits of the Man and His Work*, Westchester: Crossway.

Naugle, D. K. (2002), *Worldview: The History of A Concept*, Grand Rapids: Eerdmans.

Noll, M. A. (1994), *The Scandal of the Evangelical Mind*, Leicester: IVP.

Plantinga, A. and N. Wolterstorff (eds.) (1983), *Faith and Rationality*, Notre Dame: University of Notre Dame Press.

Plantinga, A. (1984), 'Advice to Christian Philosophers', *Faith and Philosophy* 1: 253–271.

—— (1993), *Warrant: The Current Debate*, Oxford: Oxford University Press.

—— (1995), *Warrant and Proper Function*, Oxford: Oxford University Press.

—— (1998a), 'Reason and Belief in God', in Sennett 1998: 102–161.

—— (1998b), 'Christian Philosophy at the End of the 20th Century', in Sennett 1998: 328–352.

—— (2000), *Warranted Christian Belief*, Oxford: Oxford University Press, 2000.

—— (2001), 'The Twin Pillars of Christian Scholarship', in *Seeking Understanding: The Stob Lectures 1986–1998*, Grand Rapids: Eerdmans.

Ricoeur, P. (1984–7), *Time and Narrative*, 3 vols, trans. K. McLaughlin and D. Pellauer, (vols. 1 & 2), K. Blamey and D. Pellauer (vol. 3), Chicago: University of Chicago Press (French original *Temps et récit*, Paris: Seuil, 1983–5).

—— (1991), 'Philosophical Hermeneutics and Biblical Hermeneutics', in *From Text to Action, Essays in Hermeneutics II*, 89–101, trans. K. Blamey and J. B. Thompson, Evanston: Northwestern University Press.

—— (1992a), *Oneself as Another*, trans. K. Blamey, Chicago: University of Chicago Press (French original *Soi-même comme un autre*, Paris: Seuil, 1990).

—— (1992b), *Talking Liberties*, 36–40, London: Channel 4 Television.

—— (1995a), 'Biblical Time', trans. D. Pellauer in 1995b: 167–180 (French original 'Temps biblique', in *Archivio Filosofia* 53 (1985): 29–35).

—— (1995b), *Figuring the Sacred: Religion, Narrative, and Imagination*, ed. M. I. Wallace, Minneapolis: Fortress Press.

Ricoeur, P. and A. LaCocque (1998), *Thinking Biblically, Exegetical and*

Hermeneutical Studies, trans. D. Pellauer, Chicago: University of Chicago Press (French original *Penser la bible*, Paris: Seuil, 1998).

Russell, B. (1957), *Why I Am Not A Christian*, New York: Simon & Schuster.

Schaeffer, F. A. (1982), *The Complete Works*, vols. I–V, Westchester: Crossway.

Scruton, R. (1982), *Kant*, Oxford: Oxford University Press, 1982; 1996.

Sennett, J. F. (ed.) (1998), *The Analytic Theist: An Alvin Plantinga Reader*, Grand Rapids: Eerdmans.

Sproul, R. C., J. Gerstner and A. Lindsley (1984), *Classical Apologetics*, Grand Rapids: Academie Books.

Thiselton, A. C. (1992), *New Horizons in Hermeneutics: The Theory and Practice of Transforming Biblical Reading*, Grand Rapids: Zondervan.

Vanhoozer, K. J. (1991), 'Christ and Concept: Doing Theology and The "Ministry" of Philosophy', in T. E. McComiskey and J. D. Woodbridge (eds.), *Doing Theology in Today's World*, 99–145, Grand Rapids: Zondervan.

—— (1998), *Is There a Meaning in This Text? The Bible, The Reader, and the Morality of Literary Knowledge*, Grand Rapids: Zondervan.

Walls, J. L. (1994), 'On Keeping the Faith', in T. V. Morris (ed.), *God and the Philosophers: The Reconciliation of Faith and Reason*, 102–112, Oxford: Oxford University Press.

Westphal, M. (1993a), *Suspicion and Faith: The Religious Uses of Modern Atheism*, Grand Rapids: Eerdmans.

—— (1993b), 'Christian Philosophers and the Copernican Revolution', in C. S. Evans and M. Westphal (eds.), *Christian Perspectives on Religious Knowledge*, 161–179, Grand Rapids: Eerdmans.

Wolterstorff, N. (1984), *Reason within the Bounds of Religion*, 2nd ed., Grand Rapids: Eerdmans.

—— (1992), 'Is Reason Enough?' in R. D. Geivett and B. Sweetman (eds.), *Contemporary Perspectives on Religious Epistemology*, 142–149, Oxford: Oxford University Press.

—— (1995), *Divine Discourse: Philosophical Reflections on the Claim that God Speaks*, Cambridge: Cambridge University Press.

—— (2001), *Thomas Reid and the Story of Epistemology*, Cambridge: Cambridge University Press.

Wolterstorff, N. and A. Plantanga (eds.) (1983) *Faith and Rationality*, Notre Dame: University of Notre Dame Press.

Wood, W. J. (1998), *Epistemology: Becoming Intellectually Virtuous*, Leicester: IVP.

© Gregory J. Laughery, 2003

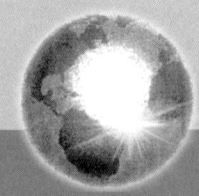
The Futures of Evangelicalism

제10장

A. 복음주의와 은사주의 운동(영국)

나이젤 스코트랜드

영국에서 가장 큰 두 개의 교회들로 알려진 킹스웨이 인터내셔널 크리스찬 센터(Kingsway International Christian Centre)와 켄싱톤 템플(Kensington Temple)은 둘 다 은사주의 교회이다. 성령을 강조하면서 기독교 기본 교리에 맞춰있는 알파 코스(Alpha Course)는 세계 모든 대륙에 영향을 끼치고 있다. 이 알파 코스의 고향이 브롬톤(Brompton)에 있는 홀리 트리니티(Holy Trinity) 교회로서 영국 내 가장 큰 은사주의 성공회 교회이다.

지난 40년 동안 은사주의 체험은 영국 복음주의 내에서 가장 중요한 영향력을 가지고 있었으며, 지금도 계속되고 있다. 은사주의의 영향력은 특별히 성공회 교인들과 침례교회 교인들 가운데 가장 눈에 띄게 나타나고 있다.

또한 지금 '새 교회'(New Churches)라고 불리는 몇 가지 중요한 부류들의 태동에도 영향을 주었는데, 이 교회의 추종자는 현재 수십만 명에 달하고 있다. 1960년대 작은 소수 집단에서 출발한 은사주의적 복음주의자들은 모든 주요 교파의 생활과 예배에 엄청나게 영향을 주는 시점에 이를 정도로 확장되었다. 은사주의 체험은 신앙과 즉흥기도를 심화시켜주었고, 성경을 생활화하도록 했으며, 전도에 동기를 부여하였고, 치유목회를 고취하였으며, 그리고 가난한 자와 어려움에 처한 자들에 대한 관심을 일깨워주었다.

1. 초기의 시작

'은사주의'라는 단어는 헬라어 카리스마타(charismata)에서 유래하며, 성령의 은사를 의미한다. 피터 호큰(Peter Hocken)은 해롤드 브래데스든(Harold Bredesden, b. 1918)과 진 스톤(Jean Stone, b. 1924)이 오래된 주류 교파 교회 안에 나타난 새로운 성령운동을 표시하기 위하여 '은사주의'라는 신조어를 만들어 눈에 띄게 했다고 말한다. '은사주의의 귀환'(Return of the Charismata)이라는 제목의 논문 끝머리에서 해롤드와 진은 '우리는 이 운동을 "은사주의 부흥"이라고 칭한다'고 기록했다.[1]

성령의 세계적인 현상인 은사주의 기독교는 오순절 체험에 뿌리를 두고 있다. 방언, 예언 및 치유 등과 같은 은사들을 강조하고 있을 뿐만 아니라, 신약성경 내에 언급된 다른 은사들의 중요성도 인지하고 있다. 그러므로 은사주의 그리스도인들은 내주하시는 카리스마(charisma, 은사) 또는 성령의 은혜로운 은사의 중요성을 강조하고,[2] 하나님이 자신들에게

---

[1] Hocken 1997: 185. Jean Stone은 미국 항공사의 이사와 결혼했다. 그 뒤 그녀는 이혼을 하고 다시 결혼을 했다. 그녀는 지금 Jean Stone Willans이다.
[2] Max Turner 교수는 카리스마는 '은사'(gift) 그 이상을 의미한다고 제안했다. Turner 1996: 252-255를 보라.

은혜롭게 위탁하신 성령의 특별한 은사(카리스마타)를 사용하기를 애쓰는 자들이다. 은사주의적 복음주의는 예배의 자유로운 '표현방식'으로 인해 분명하게 눈에 띈다. 이러한 표현방식은 자발적인 찬양, 즉흥적인 기도, 즉흥적인 격려의 말씀 또는 위로, 그리고 전 회중의 참여의 형태로 이뤄진다. 그것은 예배적인 그리고 비예배적인 형태 이 두 가지의 맥락에 기여하고 있다고 볼 수 있다.

은사주의 기독교는 신약 교회 시대에 그리고 분리되지 않았던 초대 교회 내에 뿌리를 분명히 가지고 있다. 초창기 눈에 띄는 많은 옹호자들 가운데에는 주후 157년 프리지아(Phrygia, 현대의 터키)에서 시작된 몬타누스주의자들이 있다. 몬타누스(Montanus)와 두 명의 여선지자 맥시밀라(Maximilla)와 프리실라(Priscilla) 등에 의해서 주도되었는데, 이들은 성령의 새로운 기름 부으심을 선포하였다. 그들은 방언과 예언을 하였고, 임박한 재림을 설교하였다. 소아시아 지역의 많은 감독들은 몬타누스주의자들이 여자들에게 지도권을 주고, 극단적인 금욕주의를 따르고, 주후 177년 페푸자(Pepuza)에서 일어날 것이라고 주장한 예수님의 재림에 관한 예언이 실패한 것 등을 이유로 저들을 이단으로 정죄하였다.[3]

그렇지만 그 당시 교회의 대표적인 신학자들 중의 한사람이었던 터툴리안(Tertullian, 160-220)이 저들의 운동에 합류함으로써, 이 운동은 신용을 얻으며 더욱 확장되었다. 얼마 후 고울(Gaul) 지방의 리용(Lyons) 감독 이레니우스(Irenaeus, 130-202)는 2세기 말엽 '성령을 통하여 모든 유형의 방언을 말하고, 일반적인 혜택을 위해 사람에게 감춰진 것들을 드러내주고, 하나님의 신비를 선포하는' 자들이라고 기록했다.[4] 터툴리안과 동시대 인물인 저스틴 마터(Justin Martyr, 100-165)는 '하나님의 영을 소유한 남녀

---

3) 예를 들면, Hippolytus, 『이단 반박』(*Refutation of All Heresies*)(C. AD 222), 11-12장.
4) Irenaeus, 『이단에 대항하여』(*Against Heresies*), 8장.

를 우리 가운데서 보는 것이 지금 가능하다'고 선언했다.[5] 한참을 지나서 어거스틴(Augustine, 354-430)은 성령의 은사는 사도시대의 종식과 함께 멈추었다는 은사 중지주의자적 입장(cessationist view)을 초기에 지지했다. 예를 들어, 신자 개개인을 위한 방언의 표적은 기독교적 사랑으로 대체되었다고 가르쳤다.[6] 그러나 몇 년이 지난 뒤, 어떤 사건들이 그의 마음을 바꾸게 만들어서 자신의 교구에서 병 고침의 기적이 발생했던 것을 기록하기 시작했다.

'이곳 히포(Hippo)에서 기록을 남기기 시작한 것은 불과 2년 전이다. 기록하고 있는 현재 우리는 이미 일곱 개 이상의 입증된 기적을 목격하고 있다'는 글을 남겼다.[7]

어거스틴 시대 이후, 특히 장구한 중세기(800-1500)를 거처가면서 이전보다 더욱 확장된 교회는 대개 성령의 은사와의 접촉을 잃어버린 듯이 보인다. 패트릭(Patrick, 385-461)[8]과 커스버트(Cuthbert, c. 636-87)[9]의 공적 안에 그리고 존 위클리프(John Wycliffe, 1328-84)에 의해서 일어난 운동 안에 가끔씩 몇 줄기의 서광이 있었다. 18세기 미국 신대륙에서 조나단 에드워즈(Jonathan Edwards, 1703-58)와 조지 휫필드(George Whitefield, 1714-70)가, 영국에서는 존 웨슬리(John Wesley, 1703-91)가 주도했던 대 부흥이 있었다.

비록 에드워즈가 자신을 '중지주의자'라고 선포했고,[10] 휫필드도 에드워즈의 견해를 공유하는 것으로 보이지만, 두 사람 모두 '성령의 현시'에는 개방적이었다. 존 웨슬리는 사도시대가 지나갔음으로 성령의 은사는

---

5) Justin, 『트라이포와의 대화』(Dialogue with Trypho), 88장.
6) Christie-Murray 1978: 47.
7) 초대교회 시대에 나타난 예언이나 지식, 축귀, 병 고침에 관한 심화된 고찰을 위해서는 Scotland 2001a: 161을 보라.
8) Patrick에 대해서는 Hood 1979를 보라.
9) 예를 들어, Cuthbert에 대해서는 Bede 1990, 4권, 28장을 보라.
10) Edwards 1741: 140.

종식되었다는 것을 받아들이지 않았다. 오히려 '자신이 하나님의 자녀임을 성령이 증거 하고 있음을 아는 것은' 모든 그리스도인의 출생권리라고 가르쳤다. 웨슬리의 탁월한 협력자들 중의 한 사람인 토마스 월시(Thomas Walsh)는 방언을 하였다.[11] 따라서 에드워즈, 휫필드 그리고 웨슬리 모두는 19세기 영국과 미국에 나타났던 성령에 마음을 활짝 열어 놓는 기틀을 마련하였다. 또한 19세기의 영국은 성령의 기름 부으심 사건을 수많이 경험하게 되었는데, 가장 잘 알려진 것은 1822년 런던에 위치한 크로스 스트리트 장로교회(Cross Street Presbyterian Chapel)의 에드워드 어빙(Edward Irving, 1792-1834)의 목회 사역을 통해 그리고 빅토리아 여왕 시기에 영국에 건너와서 활동했던 미국 부흥사들의 성공적인 집회를 통해 나타났던 것들이다.

그 부흥사들 중에 탁월한 인물들로는 천막집회에서 원시 감리교 신자들(Primitive Methodists)에게 영향을 끼친 로렌조 도우(Lorenzo Dow, 1777-1834),[12] 제임스 코히(James Caughey, c. 1810-91),[13] 그리고 '성결 부흥'을 선포했던 월터(Walter)와 피비(Phoebe, 1807-74) 및 팔머(Palmer)[14] 등이 있다.

2. 영국 교파 교회들과의 접촉

20세기 오순절 성령의 역사가 대서양 양안으로부터 목격되었다. 영국 제도 내에 1904년 웰쉬(Welsh) 부흥과 1907년 교구사제 알렉산더 보디(Alexander Boddy, 1854-1930)의 지도하에 선더랜드(Sunderland)의 올 세인

---

11) T. Walsh, Diary, 재인용 Chistie-Murray 1978: 51.
12) Sellers 1928을 보라.
13) Caughey 1855를 보라.
14) Palmer 1845를 보라.

츠(All Saints)에서 일어난 성령의 특별한 조짐은 현대 오순절 교회의 근간을 함께 이루는 엘림(Elim) 교회와 하나님의 성회 선교회(Assemblies of God Missions)의 태동에 도움을 주었다.

영국 은사주의 기독교는 1960년대 초반에 시작됐다. 시작 초기에 은사주의 운동에 접촉한 첫 인물은 마이클 하퍼(Michael Harper, b. 1931)로서 그는 런던 랭햄 플레이스(Langham Place)의 올 소울스(All Souls)교회에서 존 스타트(John Stott) 사역을 돕던 부목사였다. 그 자신의 표현대로, 그는 판햄(Farnham)에서 열렸던 한 집회에서 '성령 세례를' 받았고, 후에 '내게 하나님의 충만하심이 가득 찼고 하나님께 멈춰달라고 기도했다-내가 그것을 감당할 수 없었다'고 회상했다.[15]

하퍼는 6년간의 사역을 마치고 1963년 올 소울스교회를 떠나 같은 해 파운틴 트러스트(Fountain Trust)라는 단체의 사무국장이 되었다. 신앙잡지 「갱신」(*Renewal*)을 발행하는 이 단체는 지역 교회 내에 소위 '성령세례'를 촉진하는데 중요한 역할을 감당했다. 또한 이 단체는 성직자들과 교회 지도자들을 위한 집회와 녹음테이프의 보급을 통하여 많은 사역을 하였다.

이 단체의 영향력은 미국으로부터 몇몇 사람의 방문을 통해 더욱 강화되었다. 그들 중에는 미국 성공회 목사 데니스 베네트(Dennis Bennet)와 자신 교구에 속한 두 명의 교인 진 스톤과 그녀의 남편 돈(Don)이 있었고, 곧이어 휴스톤(Houston) 리디머 교회(Church of Redeemer)의 그래함 풀킹햄(Graham Pulkingham)과 다리엔(Darien) 성 폴 성공회(St Paul's Episcopal Church)의 교구목사 테리 풀럼(Terry Fullam)이 뒤따라 방문하였다.

영국교회 내 은사주의적 복음주의의 뚜렷한 초기 중심지는 존 콜린스(John Collins)가 목회하는 길링햄(Gillingham)의 성 마가(St Mark's) 교회, 말콤 위덜콤(Malcolm Widdercombe)이 목회하는 브리스톨(Bristol)의 성 필

---

15) Hocken 1997: 86.

립과 제이콥 교회(St Philip & St Jacob) 교회, 그리고 조지 포레스터(George Forester)가 목양하는 베켄햄(Beckenham)의 성 폴(St Paul's) 교회 등이었다. 그 이후, 성공회 은사주의적 복음주의의 가장 유명한 중심지는 데이비드 왓슨(David Watson)이 교구목사로 일하던 요크(York)의 성 마이클 레 벨프레이(St Michael-le-Belfrey) 교회와 데이비드 핏치스(David Pytches)가 섬기던 콜리우드(Chorleywood)의 성 안드레(St Andrew's) 교회, 그리고 샌디 밀라(Sandy Millar)가 목회하던 브롬톤(Brompton)의 홀리 트리니티(Holy Trinity) 교회 등이었다. 몇몇의 성공회 신학대학교 총장들이 은사주의를 따르는 신학생들에게 성직 서품을 주는 것이 타당한지에 대해 의문시 여겼던 1960년대 중반, 당시의 시작은 매우 미약했는데 불과 30년 만에 상황이 완전히 바뀌었다.

1990년대 주교, 부주교 및 신학대학교 총장 등이 열성적인 은사주의자들이 되었다.[16] 영국교회 주교들 가운데 코벤트리(Coventry)의 전 주교 사이먼 배링톤-워드(Simon Barrington-Ward)와 폰트프랙트(Pontefract)의 전 주교 리차드 헤어(Richard Hare)는 공공연한 은사주의자들이었다. 영국교회가 은사주의 운동을 받아들이려고 애썼던 방식의 내용은 교회의 공식 보고서 출판을 통해 분명하게 밝혀지고 있다.

파운틴 트러스트가 설립된 지 16년이 되던 해에 『영국교회의 은사주의 운동』(The Charismatic Movement in the Church of England)[17]라는 책이 출간되었다. 1986년에 은사주의와 꾸르실로(Cursillo) 운동에 관한 조셉핀 백

---

16) 은사주의 운동에 참여하는 자들로 알려진 현 주교들 가운데에는 John Perry(b. 1935); 칼라일(Carlisle)의 주교 Graham Dow(b. 1942); 버밍햄(Birmingham)의 주교 John Sentamu(b. 1947); 볼턴(Bolton)의 주교 David Gillet(b. 1945); 돈캐스터(Doncaster)의 주교 Cyril Ashton(b. 1942); 윌레스덴(Willesden)의 주교 Peter Broadbent(b. 1952) 그리고 메이드스톤(Maidstone)의 주교 Graham Cray(b. 1947) 등을 꼽을 수 있다.
17) *Church Information Office* 1981.

스(Josephine Bax)의 총회 보고서[18]와 1991년에 『우리는 성령을 믿는다』(We Believe in the Holy Spirit)[19] 그리고 토론토 체험(Toronto Experience)에 관한 선교위원회 앤 리차드(Anne Richards)의 비정기적 문서 등이 뒤따라 출판되었다.[20]

은사주의를 따르는 영국 성공회 복음주의자들을 두 개의 중요한 부류, 즉 앵글리칸 갱신(Anglican Renewal) 은사주의자들과 뉴 와인 네트워크(New Wine Network) 은사주의자들로 구분할 수 있다. 전자는 2002년 7월에 문을 닫은 앵글리칸 갱신 사역(Anglican Renewal Ministries, ARM)으로 축약된다.[21] ARM은 이미 합법하게 지정된 성공회 예배를 통하여 자신들의 은사주의 체험을 표명하는 것을 주된 관심으로 여기는 사람들을 여전히 대변하고 있다. 전 조직원이었던 존 리치(John Leach) 목사의 말에 따르면, 성공회에 대한 저들의 애착은 은사주의에 대한 확신보다 더 중요했다고 한다.

저들 중에 많은 사람들이 성찬과 예복과 성호(symbol) 등에 더욱 초점을 두었으며, 예배와 신학의 갱신에 관심을 갖고 있었다. 또한 몇몇은 켈트적인(Celtic) 영성에 의지하고 있었다. 반면 뉴 와인 네트워크는 형식과 가치 면에서 빈야드(Vineyard)적이었으며, 더욱이 전통적인 성공회주의를 애틋하게 애착하지 않았다. 예배에 대한 저들의 태도는 종종 최소주의적이었다. ARM식의 은사주의자들은 영국교회의 구조를 새롭게 하기를 원하는 반면에, 뉴 와인 사람들은 자신들의 뉴 와인을 위해서 새 술 부대가 필요하다고 믿는다! 그렇지만 새로운 구조로 새롭게 바꾸거나 만드는 것에 관심을 가졌던 만큼 실제적으로 둘 중의 어느 것도 중대한 무언가를

---

18) Bax 1986.
19) *Church of England Doctrine Commission* 1991.
20) Richards 1997.
21) 무명(Anon.) 2002를 보라.

성취하지 못했다.

감리교회에도 찰스 클락(Charles Clarke, 1903-84)에 의해서 일찍이 은사주의가 소개되었다. 그는 스태포드셔(Staffordshire) 순회감독 목사로서 1963년 성령세례를 받았으며, 영국 감리교인들 사이에 그 체험을 증진시키기 위하여 「추구」(Quest)라는 잡지를 편집하였다. 1970년 클락은 다른 사람들과 더불어 두나미스 리뉴얼 그룹(Dunamis Renewal Group)을 설립했다. 이 단체의 목적은 감리교 순회교구 안에 은사주의를 촉진시키기 위한 것이었고, 이 단체의 잡지 「두나미스 갱신」(Dunamis Renewal)이 1972년에 처음으로 출판되었다.

1993년 오백 명의 감리교 목사들이 우편 발송 목록에 올라 있었다. 이 운동의 대표적인 정신적 지도자는 1994년까지 클리프(Cliff) 대학교 총장을 지낸 빌 데이비스(Bill Davis) 목사였다. 그의 후계자 하워드 멜러(Howard Mellor) 목사는 은사주의 갱신운동을 계속하여 장려하였다. 1995년 4월 이 단체는 유사한 목적을 지닌 또 다른 감리교 갱신운동 단체인 헤드웨이(Headway)와 연합했다. 「두나미스 갱신」은 출판을 중단했고, 「헤드라인」(Headline)이라는 계간지를 출판했는데, 1999년에 약 500명의 감리교 목사들에게 2,500개의 부수를 보급하였다.

아주 유사한 갱신 단체인 메인스트림(Mainstream)이 1980년 영국 침례교인들 가운데 설립되었다. 메인스트림은 침례교 연맹(Baptist Union) 목회자들과 그 밖의 지도자들의 연례 대회를 구성하였으며, 최근 그 교단 내에 상당한 영향력을 끼치는데 까지 이르러 있다. 핵심적인 지도자들로는 1992년까지 스펄전 대학교(Spurgeon's College)에서 총장을 역임한 폴 비슬리-머레이(Paul Beasley-Murray)와 침례교 연맹의 총무인 데이비드 코프리(David Coffrey)를 꼽을 수 있다. 둘 다 은사주의 갱신운동에 헌신적이었다. 은사주의 그리스도인들의 영향력은 지난 10여 년간 침례교 연맹의 생활과 예배의 전체적인 기풍을 바꿔놓았다 것이 폭넓게 지지되는 견해이다. 50%에 해당하는 침례교회들의 주일예배가 성령 갱신운동의 영향을 받고 있는 것으로 평가되었다. 1997년 더글라스 맥배인(Douglas McBain)은 '1970년대 중반부터 후반까지 목회를 시작한 대다수의 영국 침례교 목사들은 어쨌든 갱신운동의 긍정적 자질을 인지하고 있는 자들로서 자신들의 정체성을 기꺼이 드러냈다'고 기록했다.[22]

침례교 연맹의 총회장이었던 더글라스 맥배인과 1999-2000년 기간 그의 후임자였던 마이클 보첸스키(Michael Bochenski) 둘 다 은사주의자들이었다. 2002-2003년간 총회장이었던 나이젤 라이트(Nigel Wright)는 유명한 은사주의 학자요, 신학자요, 스펄전 대학교의 총장이었다. 2001-2002년 기간 중 의미 있는 것은 메인스트림이 말씀과 성령의 도구로서 다시금 새로이 생명을 연장하는 듯이 보였다. 스완위크(Swanwick)에서 개최된 가장 최근 대회에는 참가자의 수가 극적으로 증가하였으며, 새로운 열정적 수준을 보여주었던 대회로 기록되었다.[23]

3. 새 교회(New Churches)

은사주의적 복음주의 운동의 초기부터 등장한 주요 관심사는 소위 '가정교회'라는 것이었다. 처음에 '성령세례 받았다'는 일단의 그리스도인들은 기존의 교파 교회들의 냉대와 형식주의에 점차적으로 만족하지 못하게 되었다. 그들은 서로의 가정을 돌아가며 모임을 갖다가, 숫자가 증가함에 따라 학교나 마을회관이나 심지어 극장을 빌려 사용하기 시작했다.

---

22) McBain 1997: 46.
23) Finnis 2002를 보라.

'새 교회'로 알려진 이후, 비록 그들이 더 이상 새로운 것은 아닐지라도, 가정교회는 각기 다양한 집단과 분파로 등장했다. 1970년대와 80년대에 하나의 큰 모임이 '복원'(Restoration)이라는 깃발아래 활동하였다. '복원'이라는 용어는 현대교회를 '복원하기' 위해, 즉 에베소서 4:11에 나오는 목회의 특성을 지닌 신약시대 교회의 목회와 구조 형태를 복구하기 위해 자신들을 헌신했다는 의미를 암시하고 있다. 이 모임은 '복원된' 사도들과 또한 명성을 지닌 예언 사역자들에 의해서 감독과 통제를 받았다.

앤드류 워커(Andrew Walker)는 자신의 고전적 저서 『왕국 복원』(Restoring the Kingdom)에서 그가 명명한 복원1과 복원 2(R1과 R2) 간에 구분을 시도하였다.[24] 비록 두 그룹이 하나님의 왕국이 그리스도의 재림 때까지 완전하게 복원될 수 없다는 것을 인식하고 있었지만, 그들은 자신들의 사역과 예배를 통하여 사람들이 왕국을 지금 맛보는 체험을 가질 수 있다고 믿기 시작하였다.

R1 복원주의자들은 자신들의 추종자들을 더욱 더 종교적으로 통제하는 자들로서 저들에게 더 큰 차원의 헌신을 요구하였다. 특별히 그들은 초기에 자신들의 '가혹한 목양'(heavy shepherding), 어떤 경우는 '학대적인' 목양으로 세간의 주목을 받았다.[25] R1은 1965년 브래드퍼드(Bradford)의 뉴 카비넌트 교회(New Covenant Church)에서 목회하던 브린 존스(Bryn Jones, b. 1939)의 허세적인 목회사역으로 알려졌다.[26] 1977년 그들은 성공회 교구 교회건물 본부를 사들여 사무실, 커피 숍, 라운지 그리고 500명을 수용할 수 있는 예배당 등으로 개조했다.

1980년 중반, 「복원」(Restoration)이라는 제목의 고급스러운 정기간행물을 출판하기 시작한 존스와 그의 동역자들은 12,000-15,000명에 달하는

---

24) 예를 들면, Walker 1998: 41ff.
25) 가혹한 목양에 대한 토론에 관해서 Scotland 2000: 109-100을 보라.
26) Walker 1998: 46을 참조하라.

높은 수치의 교회 회원을 목표로, 비록 다른 사람들은 그 숫자가 상당히 높게 잡혔다고 말하지만, 버밍햄(Birmingham), 레스터(Leicester), 그리고 리드(Leeds) 지역에 진출하고자 열정을 기울였다.[27] 침례교 출신으로 전 런던성경대학교(London Bible College) 학생이었던 테리 버고(Terry Virgo)가 잠시 동안 브린 곁에서 함께 일했다. 나중에 분리하여 나왔지만, 테리는 '코스트랜드'(Coastland)로 알려진 남동부 지역의 한 무리의 교회들을 돌보는 사도적 책무를 계속하여 수행하였다. 이 그룹은 뉴 프론티어스 인터내셔널(New Frontiers International, NFI)이라는 이름으로 R2에 속하는 강력한 유파가 되었다.

R2의 중요 회원들은 파이오니어(Pioneer)라는 이름으로 활동하였고, 우체국 직원 출신으로 그리스도 형제단(Christian Brethren) 회원이었던 제랄드 코츠(Gerald Coates)의 지도를 받았다. 1991년 존(John)과 크리스틴 노블(Christine Noble)의 지도하에서 보다 작은 친교모임으로 구성된 팀 스피리트(Team Spirit)는 파이오니어들과 함께 사역을 관계하기 시작했다. 2000년 그들 전체의 회원수가 7,400명에 달하였다.[28]

런던 남동 지역에서 로저(Roger)와 훼이스 포스터(Faith Foster)는 음악가이며 작곡가인 그래함 켄드릭(Graham Kendrick)의 도움을 받아 익두스 펠로우쉽(Ichthus Fellowship)을 창설했다. 1999년경 그들은 학교나 강당 그리고 사용하지 않은 교회 건물에 약 27개의 회중 모임을 설립했다. 게다가 영국과 유럽에 익두스와 연계된 교회를 120개 가지고 있었다.[29] 1999년 말경 익두스의 전체 회원 수는 5,000여명에 이르렀다.

은사주의 새 교회 그룹에는 소금과 빛(Salt and Light), 즉 '사도적 감독'과

---

27) Hocken 1997: 115를 참조하라.
28) Brierley 1999: 9, 11.
29) Ichthus Christian Fellowship은 1999년 5월 4일 회중에 관한 최신 정보를 갱신하였다. Ichthus Christian Fellowship 1999: 3.

조언을 목표로 하면서 바니 쿰스(Barney Coombs)가 이끄는 큰 무리의 교회가 포함되어 있다. 초기에 새 교회 그룹은 R1 입장에 견고히 있었으나, 1980년 중반에 목양적인 이슈가 점차적으로 느슨해지기 시작했다. 1994년 경 한 두 개의 영국 성공회를 포함하여 등록된 105개의 소금과 빛 회중 모임이 산재해 있었다. 2002년 초반에 이 집단의 총 지도자는 스티븐 토마스(Stephen Thomas)였으며, 영국 내 회원수가 5,000명이었다. 캘리포니아를 기반으로 사역한 전도자 존 윔버(John Wimber, 1934-97)가 설립한 빈야드 운동(Vineyard Movement)은 1980년대와 1990년대 초반에 미국 내에서 급속도로 확장되었다.

비록 미국 내 빈야드의 영향력이 이 단체의 다수의 이전 목회자들이 복음주의 성공회(Communion of Evangelical Episcopal Churches)에 합류하고 다른 주요 협회에 등록함으로서 시들어지기 시작했지만, 영국에서는 꾸준하게 성장하였다. 체스터 스퀘어(Chester Square)의 성 마이클(St Michael's) 교회에서 부목사직을 역임했었던 존 멈포드(John Mumford)가 이끄는 가운데, 1999년 말 영국 제도 안에 59개의 빈야드 교회가 있었고, 2001년 중반에는 72개의 교회로 늘어났다.[30] 미드랜드(Midlands)와 영국 남부에 위치하고 있는 새 교회의 소규모 모임들 또한 어느 정도 존재하고 있다.[31]

---

30) Equipped, June 2000.
31) 좀 더 자세한 내용은 Scotland 2000: 20-27을 참조하라. 이 모임에는 서댐튼(Southampton)의 Tony Morton이 이끄는 5,000명의 회원으로 구성된 코너스톤(Cornerstone), 약 3,000명에 달하는 그라운드 레벨(Ground Level), 올더스핫(Aldershot)의 킹스 센터(King's Centre)에 기반을 두고 활동하는 Dereck Brown의 지도하에 있는 킹스 처치스(Kings Churches), 레스터서(Leicestershire) 주 사우스 윙스톤(South Wingston)에 본부를 갖고 Alan Scotland가 이끄는 라이프링크(Lifelink), Telford로부터 시작되어 현재 토론토 에어포트 크리스찬 펠로우쉽(Toronto Airport Christian Fellowship)의 John Arnott의 감독아래 있는 파트너스 인 하비스트(Partners in Harvest) 그리고 약 2,000명의 핵심회원으로 구성된 지저스 아미(Jesus Army) 등이 소속되어있다.

4. 핵심 가치

위와 같이 예전적인 성공회와 감리교 회중들로부터 1960년대와 70년대 새 교회의 아주 최근 근본주의적 분파들에 이르기까지 은사주의자들이 아주 폭넓게 분포하고 있음에도 불구하고, 그들은 다수의 공동적 핵심 가치를 공유하고 있다. 대다수가 확실하고 의식적인 성령체험이 중요하다는 것을 강조한다. 이 체험은 일반적으로 회심 이후에 나타나며, '제2의 축복'으로 종종 불리운다. 어떤 사람들은 이 체험이 방언으로 반드시 입증되어야 한다고 보고 있으며, 다른 사람들은 '성령세례'라는 용어 사용을 삼가 하지만 방언에 대해서는 아주 관대한 입장을 취하고 있다.

모든 은사주의 복음주의자들은 새로운 예배의 중요성을 강조한다. 어떤 사람들에게 있어서, 이것은 사람들이 함께 참여하는 더 큰 자유로움과 즉흥적인 참여를 허용하는 자발성이 주어진 예배의 갱신을 의미한다. 전통적 찬송으로부터 민속 형태의 더욱 단순한 현대적 찬양으로 바뀌는 경우가 종종 있다. 여기에도 요란하고 거친 경배 찬양으로부터 부드럽고 반복적인 테제 찬트(Taizé chants) 또는 빈야드 합창에 이르기까지 아주 다양하다. 은사주의자들의 예배는 복장이 일반적으로 자유로우며, 분위기는 형식에 종종 매이지 않는다. 평화의 인사를 함께 나누며, 개인적으로 기도를 드리기도 하고, 성경을 읽거나, 말을 중얼거리기도 하고, 때론 춤을 추기도 한다.

성령은 친교를 촉진시켜준다. 따라서 은사주의 교회들의 분위기는 따뜻하고, 친절하고 그리고 서로 배려하는 것으로 흔히 알려져 있다. 주중에 모이는 작은 모임을 통해서 소속감과 상호 돌보는 의식이 강하게 유지된다. 이렇게 밀접하게 얽히게 됨으로써 '일체감'과 치유 기도가 강조된다. 그와 같은 기도는 가정 모임이나 공식적인 예배의 말미에 종종 일어난다. 다른 경우에는 사람들을 제단 앞 기도 난간으로 나와 무릎을 꿇게 하고 기름을 바르는 성사를 베풀어 준다.

은사주의 교회학은 은사 또는 능력을 행하는 모든 회원들로 구성된 한 몸으로서 바울의 교회론적 모델에 당연히 초점을 맞추고 있다. 은사주의 교회는 수동적인 구경꾼을 위한 것이 아니다. 교회 신자들은 교사나, 전도자, 돌봄이, 치유자, 행정가, 판별자, 예언자 그리고 퇴마사 등 자신의 역할을 발견하도록 훈련받으며, 기여하는 것이 무엇이든지 간에 꼭 필요한 것으로 느끼게 한다.

은사주의 신학의 중심은 하나님 나라에 대한 교리로서, 특히 1970년대 초 그것은 새 교회의 가르침이며 전략이었다. 은사주의자들은 자신들이 왕국을 회복하기 위하여 일어선 주님의 대리인이라고 믿었다. 그러므로 교회의 갱신이 매우 필수적이지만, 왕국은 더욱 더 크고 중대한 관심 사안이었다. 초장기에는 부활과 천국의 도래에 관한 종말을 매우 강조하였다. 그러나 1990년 경, 하나의 현실화된 종말론이 등장하기 시작했는데, 대부분의 복원주의자들과 일반적인 은사주의자들은 왕국의 중요성을 하나의 현재적 실제로 이해하기 시작했고, 따라서 그들은 실제적인 관심 사안과 사회 정의에 초점을 맞추었다. 특히 파이오니어와 빈야드 같은 그룹들은 건강, 빈곤 및 가정의 이슈들에 더 큰 관심을 갖게 되었다.

일반적으로 은사주의 그리스도인들은 '성령세례'의 체험이 자신들에게 보이지 않는 영적 실제를 인식할 수 있는 뛰어난 힘을 주고 있다고 믿었다. 넓은 의미에서 은사주의 복음주의자들은 보이지 않은 어둠의 세력과 충돌하고 있다는 강한 느낌을 가지고 있다. 그들 대부분은 일종의 '영적 전투'를 벌이고 있는데, 그 전투가 한 쪽 끝에서는 금식과 중보기도의 형태로 나타나든지, 또는 다른 한 쪽 끝에서는 중보를 위한 한밤 집회와 전투적인 기도 그리고 승리의 찬양 가운데 일어나든지 말이다. 은사주의 기독교는 축귀(exorcism)의 필요성을 새롭게 강조하고 있다. 그러나 축귀 방법은 다양한 형태로 나타난다. 은사주의적 복음주의의 어떤 면은 접근 방식에 있어서 분별력이 있어 보이기도 한다. 믿는 자는 세상과 육신뿐만 아니라 사탄에 대항하여 싸워야 한다고 인식하고 있다. 극단적인 요소로는 지나치게 악령론을 주장하는 경향이 있다거나, 잘못된 거의 모든 것을 악령의 탓으로 돌리는 것 등을 꼽을 수 있다.

전도에 대한 은사주의의 강조는 특별히 중요하다. 성령 체험은 분명히 숫자와 교회 회원의 주된 성장의 결과가 되었다. 복원운동의 초기에 새 교회는 주류 교파 교회들로부터 불만족스러워하는 교인들을 빼내간다는 비난을 강력하게 받았다. 그렇지만 1970년대 후반 경, 상당수의 새로운 회심자들이 있었다는 것이 분명했다. 은사주의 복음주의자들은 전 지역에 걸쳐 교회 개척에 앞장서 나아갔다. 문을 닫아 버린 교회들을 재 설립했던 브롬톤의 홀리 트리니티 교회를 대표적인 예로 꼽을 수 있다. 1990년대 중반 이후 이 교회의 알파 코스가 소개되면서 엄청나게 팽창하게 되었는데, 2001년 7,000여 개 이상의 알파 코스가 영국에서 운영되었다.[32]

5. 은사주의적 복음주의, 1965-95

종교 역사학자들과 사회학자들 사이에 은사주의 기독교를 네 가지 단계로 보는 것이 관례적인 견해이다. 오순절 초기 또는 첫 번째 물결, 은사주의적 갱신, 존 윔버가 주도한 제 삼의 물결, 그리고 토론토 블레싱 등이다.

첫 번째 물결은 1904년 웰시 부흥운동(Welsh Revival)과 알렉산더 보디

---

32) Combe 2001을 보라.

(Alexander Boddy)³³⁾가 교구 목사로 있었던 선더랜드(Sunderland) 지역의 몽크위어마우스(Monkwearmouth)에 있는 올 세인츠(All Saints) 교회에 임한 1907년 성령의 기름 부으심 사건에 뿌리를 두고 있다. 1907년 11월, 보디 부인은 스미스 위글스워스(Smith Wigglesworth, 1859-1947)의 몸에 손을 얹어놓고 기도하였다. 브래드퍼드(Bradford) 출신의 배관공 스미스는 나중에 초기 오순절 운동의 가장 강력한 지도자들 중에 한사람이 되었다. 이듬해 500명 이상의 구도자들이 '성령세례'를 받았으며, 그들 가운데 조지(George, 1876-1943)와 스티븐 제프리스(Stephen Jeffries, 1889-1962)가 있었다.

1915년 조지는 아일랜드로 건너가서 엘림 복음주의 동맹(Elim Evangelistic Band)을 결성하고, 이듬해 벨페스트(Belfast)에 첫 번째 엘림교회를 개척했다. 1926년 스티븐은 하나님의 성회와 함께 널리 순회 여행을 시작했다. 같은 기간 동안 그의 형 조지는 광범위하게 전도사역에 종사했으며, 대영제국 내 모든 오순절주의자들을 위한 보호막이 되기를 바라는 마음으로 1926년 영국 제도 엘림 포스퀘어 복음 연맹(Elim Foursquare Gospel Alliance of British Isles)을 창설했다.³⁴⁾ 정작, 단지 엘림 회원들만 합류하였고, 명칭은 나중에 엘림 오순절교회로 바꿨다.

1920년대와 1930년대에 이러한 출발을 통해 엘림교회와 하나님의 성회의 회중들은 꾸준히 성장하여, 1998년 경 전자는 62,000명 후자는 58,500명에 달하였다.³⁵⁾ 그러나 더욱 더 중요한 것은 같은 해에 회원 수 350,000명에 달하는 대영제국 오순절 교회(Pentecostal Churches of the United Kingdom, PCUK)가 형성된 사건이었다.³⁶⁾

---

33) Alexander Boddy에 관해서는 Lavin 1986과 Blumhofer 1986을 참조하라.
34) George and Stephen Jeffreis에 관해서는 Boulton 1928; Cartwright 1986 그리고 Kay 2000을 보라.
35) *Elim Church Conference and Agenda Report* 1996: 60. 정보는 하나님의 성회 본부 사무실에서 일하는 David Gill에게서 1999년 10월에 얻는 것이다.
36) 자세한 내용에 관해서는 Scotland 2000: 253을 참조하라.

두 번째 단계는 1960년대 초반 은사주의적 갱신운동의 시작부터 미국 복음전도자 존 윔버가 영국에 방문했을 당시까지로 이어진다. 언급한 바 처럼, 영국 교회 내에는 마이클 하퍼가 이끄는 집회사역과 「갱신」잡지의 출판 문화사역은 이 시기의 초기 추진력으로 크게 작용했다. 1970년대 노 팅햄(Nottingham)의 성 존스(St John's) 대학 내에 몇 명의 은사주의 복음주 의적 직원들이 있었고, 대학 예배는 뚜렷할 정도로 비형식적이었다.

1978년 성공회 은사주의 집회가 램베드 주교 대회(Lambeth Conference of Bishops)와 겹쳐서 개최되었다. 30명의 주교들을 포함하여 200명 이상의 성공회 지도자들이 켄트(Kent) 대학교에 모였다. 대주교 코간(Coggan)도 찬양축제를 위해 사람들로 가득 찬 성당에 참석하여 영국 안에 일고 있는 갱신운동에 대하여 극찬하는 연설을 하였다.

1980년 다수의 유명한 은사주의 성공회 교회들이 있었는데, 대표적으 로 브롬톤의 홀리 트리니티, 길링햄(Gillingham)의 성 마가(St Mark's), 옥스 퍼드(Oxford)의 성 올데이트(St Aldate's), 요크(York)의 성 마이클-레-벨프리 (St Michael-le-Belfrey), 버밍햄(Birmingham)에 있는 하본(Harborne)의 성 존 (St. John's), 세필드(Sheffield)의 성 토마스 크룩스(St Thomas Crooks), 노팅햄 (Nottingham)의 성 니콜라스(St Nicholas) 그리고 콜리우드(Chorleywood)의 성 앤드류(St Andrew's) 등을 꼽을 수 있다.

성 앤드류 교회의 직원이었던 베리 키셀(Barry Kissell) 목사가 이끄는 믿 음 나누기(faith-sharing) 사역 팀은 21년 이상의 기간 동안 영국 전체를 가 로지르며 은사주의 갱신운동을 확장하는데 아주 중요한 역할을 하였다. 이 운동의 초기 단계에는 은사주의적 신앙이 침례교인들과 감리교인들 에게는 영향력이 다소 덜 하였다.

1970년대 복원주의자들의 새 교회는 몇몇의 미국 형제들의 방문을 통 하여 강하게 영향을 받았다. 그들 중에는 데릭 프린스(Dereck Prince, b.

1915), 에른 벡스터(Ern Baxter, 1914-93) 그리고 밥 멈포드(Bob Mumford, b. 1930) 등이 포함되어 있었다. 찰스 심슨(Charles Simpson)과 돈 바샴(Don Basham)과 더불어, 그들은 '포트 로더데일 파이브'(Fort Lauderdale Five)로 알려졌다. 벡스터의 인도 하에 그들은 아르헨티나의 카를로스 올티즈(Carlos Ortiz)의 가르침에 영향을 받았으며, 자신들의 사도적 감독권에 따르기로 헌신한 회중들의 네트워크를 형성했다. 바샴은 '악령에 푹 빠졌던' 것으로 전해졌으며, 미국에서 그의 축귀사역이 꽤 알려져 있었다. 젊은 시절 케임브리지의 킹스 대학교(King's College)의 선임 연구원이었음에도 불구하고, 데릭 프린스는 극단적인 성경해석과 열성적인 시오니즘(Zionism)으로 유명했다.[37]

이 미국 형제들로부터 영국의 지도자들은 '덮어줌'(covering)과 '순종'(submission)과 같은 용어들의 의미를 배웠다. 이 용어들은 각 개인들에게 자신들의 장로들에게 '복종 하는 것을' 필수적으로 요구했다. 설사 그 장로들이 때때로 잘못했거나 지혜롭지 못했을지라도 말이다. 바로 이 미국인들의 영향은 브린 존스의 새 언약 사역(New Covenant Ministries)과 바니 쿰스의 소금과 빛(Salt and Light)과 같은 단체들이 사도적인 순회전도를 수립하고, 의심할 바 없이 억압적이며 어떤 경우에는 심지어 학대적이라 할 수 있는 개인적인 목양 체제를 구축하는데 기여를 하였다.

가정교회(House churches)의 1970년대는 교회 개척, 승리자의 찬양, 그리고 요크셔 데일스(Yorkshire Dales), 엑스터(Exester) 및 빌스 웰스(Builth Wells)에서 있었던 성경 주간 축제 등으로 점철된 열정의 발전 10년 기였다. 그렇지만, 1980년대 초반, '전쟁은 주께 속한 것이라' 그리고 '나의 손을 전쟁으로 이끄시는 분은 하나님이시라'와 같은 승리의 전투적 찬양들이 다소 약화되었고, 그리고 사실 이 운동의 초기 흡입력과 탄력이 이미 절정

---

37) Walker 1998: 93.

에 달하기 시작했다.[38] 앤드류 워커(Andrew Walker)가 지적했듯이, 현시대의 향락주의적 개인주의와 대처(Thatcher) 시대의 소비자중심주의가 지배하기 시작했던 세상에서, 복원주의자들은 공동체, 협력적인 기독교 정신 그리고 헌신적 관계를 강조했던 자신들의 초기 근본적 비전을 상실하였다고 보는 것이 아마도 옳은 것 같다.[39]

1981년 존 윔버가 영국을 방문했는데, '제삼의 물결'이라고 보통 명명된 그의 특유한 신앙은 은사주의 사고와 관습에 커다란 변화를 가져다주었다.[40] 퀘이커 신앙 배경을 가지고 있는 윔버는 풀러(Fuller)신학교에서 교회성장학 과목을 인상적으로 가르쳤다. 단순하고 실천적인 그의 신학은 예수님의 말씀은 그분의 사역을 통해 반드시 입증되어야 한다는 점을 강조했다.

그가 생각했고 가르쳤던 것처럼, 이것이 바로 성령의 역할이었다. '성령이여 오소서'라는 간결한 간구로 기원할 때, 윔버는 표적과 기적을 통하여 선포된 메시지를 확인한다. 윔버는 이것을 '능력전도'(power evangelism)라는 용어로 표기했다. 그에게 있어서 이 용어는 병든 자를 고치고, 악령을 쫓아내는 것을 포함하고 있다. 윔버의 접근방식에는 특별히 중요한 또 다른 두 가지가 있었다. 첫째는 그의 느긋하고 태평스러운 생활양식이었고, 둘째는 사도와 장로를 위한 사역이 아니라, 하나님의 모든 백성을 위한 사역이라는 그의 주장이었다.

또한 윔버는 한때 라스베가스에 근거를 둔 '의로운 형제들'(Righteous Brothers)이라는 악단을 형성하는데 도움을 주었던 음악가였으며, 그 악단은 국제적인 명성을 얻은 적이 있었다. 그 자신의 교회에 '부드러운 록' 음

---

38) Ibid.: 202-223.
39) Ibid.: 23. (여기서 Thatcher는 Margaret Thatcher를 말하며, 그녀는 1980년대 장기간 영국을 집권했던 최초의 여성 총리였다-역주).
40) Wimber 1981을 참조하라.

악과 현대적이고 비형식적인 유형의 예배를 도입했다. 그는 곧 '빈야드'(Vineyards)로 불리는 회중들의 작은 네트워크를 양산하였다. 그리고 빈야드는 미국 전역으로 빠르게 확산되었고, 곧이어 대영제국 내에도 뿌리를 내리게 되었다. 윔버의 집회에 몸을 바닥에 엎드리는 '신성한 대학살'(holy carnage)이[41] 있음에도 불구하고, 빈야드 운동은 북미의 중부 지역에 그리고 영국의 중산 및 전문직 계층 가운데 강하게 자리 잡았다.

지적한바와 같이, 이전에도 그랬고 지금도 그렇듯이 빈야드 운동은 근본적으로 중산층을 중심으로 나타난 현상이다. 빈야드 음악, 기풍 및 사역은 영국교회에 중대한 영향을 미쳤고, 여전히 미치고 있다. 마이클 미톤(Michael Mitton)은 다음과 같이 기록했다.

> 1980년대 기간 영국교회의 갱신운동은 캘리포니아에서 온 존 윔버와 그의 팀의 사역을 통해 상당하게 도움과 격려를 받았다. 성직자와 평신도를 포함한 수천여명의 성공회 교인들은 자신들의 목회사역에 변화를 가져다 준 윔버 집회에서 하나님에 대한 깊은 체험을 증언하게 될 것이다.[42]

존 윔버의 잘못된 판단 속에 잠시 동안 가졌던 캔사스 시티(Kansas City) 예언자들과의 연계 그리고 저들의 잘못 이해한 임박한 부활에 대한 예언에도 불구하고, 존 윔버의 영국 방문은 방향을 잃어버리기 시작한 시점에 놓여있던 영국 은사주의 신앙에 새로운 국면을 가져다주었다. 사도적인 형제들의 권위와 전적인 헌신의 개념을 거부하기 시작했던 많은 복원주의 회중들은 교회 회원 명부나 선거인의 임무에 대한 생각을 거의 즐겨하지 않는 윔버의 느긋한 방식을 열정적으로 수용하였다.

---

41) *Renewal* (January 1989) 1: 152를 보라.
42) *Renewal* 189 (February 1992): 27.

어떤 은사주의자들은, 그들 가운데에는 마크 스티베(Mark Stibbe)[43]가 있었는데, 1994년을 영국 은사주의 기독교의 새로운 전환점으로 보았으며, 그것을 '제4의 물결'로 명명하였다. 제4의 물결은 토론토 공항 빈야드 교회에서 개최된 일련의 모임과 더불어 시작되었다. 이 모임에 참석한 많은 사람들은 자신들이 성령을 체험하고 있다는 것을 분명하게 느꼈으며, 저들의 저녁 집회는 구르고, 떨고 그리고 동물 소리를 내는 등의 종교적인 현상을 동반하는 것으로 유명했다. 이와 같은 '신성한 의식'이 전혀 새로운 것은 아니었다. 이 모든 일들이 미 대륙의 초기 대각성 시기에 일어났던 특징들이었다.

그러나 그 신성한 의식은 호기심 있는 사람과 기자 등 수 많은 사람들의 관심을 불러 일으켰다. 사회학자들의 지적하는 바와 같이, 그 당시 그 시점에서 은사주의 운동은 새로운 열정이 주입되어져야할 필요성에 놓여 있었을 뿐만 아니라, 북미 대륙의 중앙에 위치하고 있는 국제적인 도시 토론토는 집회를 개최하기에 가장 이상적인 장소였다.

수많은 영국교회 지도자들이 '블레싱'(Blessing)을 받기 위하여 토론토로 순례의 길을 떠났다. 영국 제도에 다시 돌아온 수많은 그들은 자신들의 체험을 다른 사람들에게 전달할 수 있었다.[44] 한 때 무려 3,000개에 달하는 영국교회들이 토론토 블레싱을 체험한 것으로 집계되었다. 토론토 블레싱은 참석한 사람들의 생활과 목회사역에 아주 긍정적인 영향을 갖게 하였거나, 아니면 그들이 목격한 것이 심리적으로 유발된 것인지 또는 단지 최면을 거는 듯한 음악과 존 아노트(John Arnott) 목사의 설교 화술에 의해 발생된 것인지 저들의 마음에 혼란만 남겨놓았고 마음에 와 닿지도 않았다.

---

43) Stibbe 1995를 보라.
44) Percy 1996을 참조하라.

이와 같은 분열은 2001년 복음주의 동맹 보고서(Evangelical Alliance Papers)에 그 과정이 잘 기록되어 있다.[45] 빈야드 지도자들 존과 엘리너 멈포드(Eleanor Mumford), 홀리 트리니티와 브롬톤 직원, 그리고 콜리우드 지도자들은 토론토 체험을 통해 자신들의 변화를 느꼈던 사람들이었다.

브롬톤에서 일기 시작했던 알파 코스는 니키 검벨(Nicky Gumbel)이 토론토에서 영향을 받고 돌아온 이후 몇 년 안에 몰라볼 정도로 확장되었다. 그러나 알파 코스와 토론토 체험 이 두 가지 사건이 상호 어떠한 관계가 있는 것인지 아마도 미해결 문제이기도 하다.

토론토 블레싱은 의심할 바 없이 이안 머레이(Iain Murray)가 사용한 '부흥'(revival)과 반대적 개념인 '부흥주의'(revivalism)라는 용어에 어울린다. 그것은 부흥주의가 두드러진 인위적인 요소와 '수단'을 사용하기 때문이다.[46] 토론토 블레싱은 영국 은사주의 복음주의자들 가운데 뚜렷한 분열을 초래했다. 파운틴 트러스트 집회 또는 리 사원(Lee Abbey) 집회에서 '성령세례'를 체험함으로써 자신들의 생활이 깊이 변화되었다는 사람들이 많이 있었던 반면에, 그들이 토론토 집회를 과도한 히스테리로 생각했던 것을 결코 용납할 수 없다고 느꼈던 사람들도 있었다. 임박한 종말 부활에 대한 확고한 예언이 실현되지 않음으로 말미암아 그들의 의심은 더욱 가열되었다.

세필드의 유능한 은사주의 교회지도자 피터 펜위크(Peter Fenwick)는 저들의 입장을 대표했다. 초장기 피터는 도시 안에서 은사주의 지도자들을 위한 집회를 시작했다. 그러나 토론토 집회가 시작될 무렵 그는 다른 사람들과 더불어 자기 자신의 계획을 중단해야 할 것을 강하게 느꼈다.[47]

---

45) Hilborn 2001.
46) Murray 1994: 163-190을 보라.
47) Scotland 2000: 247; Walker 1998: 14.

한편, 브롬톤의 홀리 트리니티, 첼튼햄(Cheltenham)의 홀리 트리니티, 일링(Ealing)의 성 폴(St Paul's), 파이오니어의 많은 회원 그리고 NFI 연계된 교회 등이 토론토 집회를 수용하면서 상당한 수적 성장을 목도하였다.

토론토가 가져다준 하나의 중요한 결과는 다수의 사람들이 자신들의 예배 처소를 떠나도록 만들었으며, 교회의 중요 그룹들이 '은사주의적 복음주의'라는 용어를 포기하도록 만들었다는 것이었다. 영국에서 다수의 은사주의 그리스도인들이 1995년 이후에 16% 가량 가파르게 떨어졌다는 피터 브리얼리(Peter Brierley)의 평가는 아마 바로 이런 것을 반영하고 있는 것이다. 그렇다고 해서 성직자들 또는 저들의 회중들이 자신들의 은사주의 체험을 포기한 사례라고까지 말할 필요는 없다. 오히려 그들은 단지 '주류 복음주의자'라는 호칭을 더욱 편안하게 느끼고 있다고 할 수 있다.

6. 은사주의 복음주의자들, 현재는!

제3천년 시대의 초입에서 은사주의 그리스도인들이 자신들의 실상을 잘 점검하는 것은 아주 긴요한 일이다. 상황이 결코 일률적이지 못하다는 것이 나의 생각이다. 예를 들면, 어떤 성공회 교구들은 단지 소수의 명백한 은사주의 교회들만 가지고 있다.

2002년 1월과 2월에 실시한 한 조사에 따르면, 브래드퍼드 교구는 약 120개의 성직록이 있는 것으로 보고됐지만, 단지 두 개의 회중 모임만이 은사주의 전통을 뚜렷하게 지니고 있다고 했다. 이 교구는 '은사주의 과열지역이 아닌' 것으로 알려졌으며, '사면초가의 침체된 성공회 복음주의적 교회들로 가득 찼으나, 무시 받고 있는 저들의 분파들에는 약간의 은사주의 요소들이 종종 있었다.'[48] 링컨(Lincoln) 교구는 약 500개의 교회들 중에서 스켈링도프(Skellingthorpe)의 성 로렌스(St Laurence) 교회 하나 만을 분명한 은사주의 교회로 보고하였다.[49] 쳄스퍼드(Chelmsford) 교구는 약 500개의 교회들 중에서 단지 6개만이 명백한 은사주의 교회라고 말했다.[50] 종교사회학자 막스 베버(Max Weber)가 '은사의 관례화'라고 칭했던 것이 여기서 분명하게 입증되고 있다.[51]

어떠한 종교집단에라도 적용될 수 있는 베버의 이론에 따르면, 초기에 또는 이른 시기에 지도자의 능력과 인품(은사)은 어떤 종교적 운동이 전진하도록 밀어붙이는 역할을 한다. 그러나 시간이 흐름에 따라 초기 지도자와 그의 협력자들의 기력이 바닥나기 시작하고 추진력도 감소돼가면서, 점차 좀 더 손쉽게 관리하기 위하여 일종의 관례화 또는 구조화가 되어간다는 것이다. 결과적으로, 초기에 성령 안에서의 자유로움과 자발성은 관료적인 구조로 점차 빠져들어 가게 된다. 의심할 바 없이 영국의 은사주의 운동에도 어떤 부분에서 그러한 사례가 나타나고 있었다.

한편, 은사주의 성공회 교회들 가운데에는 견고하게 그리고 탄력적으로 성장하는 지역도 있었다. 첼튼햄의 홀리 트리니티 교회처럼, 우드사이드 파크(Woodside Park)의 성 바나바(St Barnabas)와 일링(Ealing)의 성 폴(St Paul's)과 같은 교회들도 상당하게 성장하였다. 마크 베일리(Mark Bailey)의 지도력 하에 있는 홀리 트리니티 교회는 두 번의 걸쳐 드리는 주일 저녁 예배에 약 800명에서 1,000명이 참석하고 있었다. 마이크 브린(Mike Breen)이 사역하는 세필드의 성 토마스 크룩스(St Thomas Crookes) 교회는 현재 도시 전역에 걸쳐 다른 교구들에서 모임을 갖는 일단의 협력적 교회

---

48) Scotland 2002, Bradford 교구의 보고서.
49) Scotland 2002, Lincoln 교구의 보고서.
50) Scotland 2002, Chelmsford 교구의 보고서.
51) Weber 1966: 2-5.

들을 가지고 있다. 브롬톤의 홀리 트리니티 교회의 영향력이 계속이어 지고 있다는 것이 아주 분명하며, 이 교회의 네트워크는 런던 남서 지역을 관통하면서 계속 뻗어나가고 있다.[52]

은사주의 운동이 성장하고 있다는 또 다른 중요한 표지는 456명의 성직자가 2001년 여름 쉐프턴 몰렛(Shepton Mallet)의 배스 앤드 웰스 쇼그라운드(Bath and Wells Showground)에서 열린 뉴 와인(New Wine) 집회에 참석했는데, 대다수가 영국교회에서 왔다는 사실이다.[53] 그 성직자들 가운데 137명은 그들의 우편주소에 '목사관' 또는 '사제관'이라고 기록한 것으로 볼 때 성공회에 재임 중인 사람들이라고 구분할 수 있다.[54]

이것은 150개의 교구들 중에서 아마도 137개가 뉴 와인 또는 빈야드의 어떤 가치를 적어도 반영하고 있다는 것을 뜻한다. 137명의 뉴 와인 성직자들 중에서 108명이 버밍햄으로부터 노퍽(Norfolk)의 습지대에 이르는 남쪽 선상의 교구들로부터 왔다는 점은 매우 의미가 있다. 이것은 은사주의적 복음주의가 영국의 남쪽 지역에 더 강하게 뿌리를 두고 있다는 것을

---

52) 브롬톤(Brompton)의 홀리 트리니티 교회 네트워크는 온슬로 스퀘어(Onslow Square)의 성 폴(St Paul's), 브리언스톤 스퀘어(Bryanston Square)의 성 메리(St Mary's), Simon Downham의 지도하에 있는 해머스미스(Hammersmith)의 성 폴(St Paul's), 웨스트번 파크(Westbourne Park)의 성 스티븐(St Stephen's), 배터씨(Battersea)의 성 마가(St Mark's), 노스 켄싱톤(North Kensington)의 성 바나바(St Barnabas) 그리고 옥톤(Acton)의 옥트리 성공회(Oaktree Anglican Fellowship) 등을 포함하고 있다. 브롬톤의 홀리 트리니티 교회는 현재 두 차례의 저녁예배를 운영하고 있으며, 세 번째 아침예배를 시작할 예정이다. 배터씨의 성 바나바와 성 마가 교회 둘 다 옥톤과 발함(Balham) 그리고 해머스미스 지역에 자신들 속속의 교회들을 개척했다. 옥크트리 교회는 치스윅(Chiswick)에 리버사이드 커뮤니티 교회(Riverside Community Church)를 개척했으며, 홀리 트리니티 교회는 월드 엔드 커뮤니티 교회(World's End Community Church)에 조언과 지원을 제공하고 있다. 아울러 홀리 트리니티 교회는 주일 저녁예배를 새롭게 설립하기를 원하는 교회가 있으면, 지원 팀을 보내기도 한다.
53) 2002년 2월 7일 이메일을 통하여 뉴 와인 네트워크의 Dr. John Knight로부터 입수한 자료이다.
54) 재임 중인 몇몇의 성직자들은 단지 자신들의 집 수소와 이름만을 주기 때문에 이 수치는 130명 보다는 더 많을 것 같다.

암시한다.

　이러한 사실은 2000년도에 출간된 은사주의 교회의 주소록인 『단체 전화번호부』(the Body Book)에 기록된 통계에 의해 더욱 힘을 얻고 있다. 이 통계는 성공회, 침례교 및 뉴(New) 네트워크를 포함하여 1,023개의 은사주의 교회에 대한 세부내용을 제공하고 있다. 이 교회들 중에서 67%가 국토의 절반에 이르는 남쪽 지역에 위치하고 있다. 또한 이 통계는 1998년 상위 10교회 중에서 8교회가 2000년에 이르는 동안 출석 성도의 숫자가 증가되지 않았다는 사실을 보여주고 있다.

　이러한 상황은 새 교회(New Church)의 주요 네트워크 안에서 놀랍도록 계속되는 탄력적인 성장을 통해 더욱 지지되고 있다. 예를 들어, 테리 버고가 이끄는 뉴 프론티어스 인터내셔널(New Frontiers International, NFI)은 1990년에 74개의 등록된 회중모임에 8개의 교회 그리고 13,000명의 회원을 가지고 있었다. 2001년 말, 이 수치는 더욱 증가하여 152개의 회중모임, 50개의 교회 그리고 26,500명의 회원으로 늘어났다.[55] 같은 기간 제랄드 코츠가 이끄는 파이오니어도 꾸준하게 증가하였는데, 1990년 50개의 등록된 회중모임과 3,000명의 성도가 있었던 반면에, 2001년 80개의 회중모임과 10,000명의 성도로 늘어났다.[56] 특히 솔트와 라이트(Salt and Light),[57] 코너스톤(Cornerstone) 그리고 빈야드와 같은 다른 부류의 새 교회들도 거의 필적할 만한 성장을 계속하여 보여주고 있다. 이들 모두는 자신들의 예배, 빈야드 유형의 찬양 그리고 기도 사역 안에서 영적인 은사를 계속하여 강조하고 있다.

　이러한 통계들로 인해 분명해진 것 같이, 은사주의적 복음주의의 큰 강

---

55) 2002년 2월 5일자로 기록된 이 자료는 NFI 사무실에서 근무하는 Steve Blaber에게서 받은 것이다.
56) 2002년 2월 5일 Pioneer로부터 받은 문서 자료이다.
57) Salt and Light에 관해서는 Scotland 2000: 24-25를 참조하라.

점들 중에 하나는 전도와 교회 설립에 대한 계속적인 강조이다. 브롬톤의 홀리 트리니티 교회로부터 시작된 알파 코스의 놀라운 확장보다 더 눈에 띌만한 것은 어디에도 없다. 1990년 니키 검블(Nicky Gumbel)이 그 코스를 인수하고 수정한 이후에, 알파 코스는 1992년 5개의 코스에서 2001년 말까지 영국에서 7,287개로 성장하였다.[58]

주목할 만한 것은 2001년에 해외에 무려 12,600개의 알파 코스가 있었으며, 미국 만해도 3,500개의 알파 코스가 운영되고 있었다.[59] 홀리 트리니티 교회 구내에 설립된 사무실에는 알파 코스만을 위해 일하는 직원이 64명으로써 니키 검블은 캔터베리(Canterbury) 대주교보다 더 많은 사무직원을 가지고 있었던 것으로 알려졌다.[60] 또한 알파 코스는 다른 주류 복음주의자들이 전도 사역에 종사하도록 자극을 주었다. 어떤 사람들은 알파 코스를 그대로 사용하였고, 다른 사람들은 강조점을 약간 달리하여 유사한 코스를 만들어 사용했다.[61]

은사주의 복음주의자들 가운데 전도에 대한 이러한 강조와 관련하여 하게 성경집회에 점점 더 많은 관심을 기울이기 시작했다. 이 집회에서는 다양한 학자들과 기독교 전문가들이 실제적인 문제에 관해 전체적으로 폭넓은 영역을 다루는 세미나가 개최되었다. 환경과 갈등해소와 같은 결혼과 가정 문제로부터 윤리적이고 도덕적 문제 등의 분야을 포함하고 있었다.

은사주의 그리스도인들은 스프링 하비스트(Spring Harvest)가 시작된 이후 이 모임의 조직과 운영에 적극적으로 참여하였다. 스프링 하비스트는

---

58) Askwith 1998; Combe 2001을 보라.
59) Combe 2001.
60) Ibid.
61) 예들 들어, 랭햄 플래이스(Langham Place)의 올 소울스(All Souls) 교회는 '기독교 탐구'(Christianity Explored)라는 제목으로 하나의 코스를 만들었다.

영국 제도 내에서 단연코 가장 큰 기독교 연중 회합이다. 1991년 부활절, 몇 개의 다른 장소에 거의 중산층에 해당되는 약 80,000명의 사람들이 운집한 것으로 집계됐다. 그렇지만 좀 더 작은 장소를 사용하였기 때문에 1999년 모임에는 그 수치가 60,000명으로 줄어들었다. 2001년 모임에는 거의 같은 숫자가 여전히 참석했다.[62]

가장 큰 연례 하계 집회 중에는 2001년 존과 앤 콜스(Anne Coles)가 주관하여 25,000명을 끌어 모았던 뉴 와인 집회와 같은 해 28,000명이 운집했던 스톤라이(Stoneleigh)의 뉴 프론티어스 인터내셔날(NFI)의 성경주간이 있다. 뉴 와인과 제휴하여 마이크 필라바치(Pilavachi)는 와트퍼드(Watford)에 본부를 둔 소울 서바이버(Soul Survivor)를 조직하였다. 더불어 2001년 약 18,000명에 달하는 젊은 청년들을 하계집회에 끌어 모은 소울 서바이버는 다수의 청년 교회(Youth Churches)들과 청년 회중 모임들을 후원하였다. 이들 중에는 첼튼햄의 홀리 트리니티 교회에 있는 더 패스(The Path)가 포함되어 있다. 세필드에 있는 크리스 브라이언(Chris Brian)의 『9시 예배』(Nine O'clock Service [N.O.S])를 둘러싸고 일어난 극적인 붕괴와 소문 이후,[63] 비록 은사주의 현안이 분명하게 끊어진 것은 아니지만, 청년 교회에 대한 열정은 약화되었다.

1999년 조지 오티스 주니어(George Otis Junior)는 자신의 비디오 영상물 변혁(Transformations)을 통해 많은 은사주의 교회들에 영향을 끼쳤다. 이 영상물은 지난 10년간 은사주의 복음주의자들 사이에 등장하기 시작한 사회적 관심을 강화시키는 효과를 가져다주었다. 1960년대의 이른 초창기부터 사람 개개인에게 완전성과 갱신을 가져다주는 성령의 능력을 강하게 믿어왔었다. 그렇지만 1980년대 켈트적인(Celtic) 영성에 대한 관심

---

62) 2002년 2월 25일 Spring Harvest로부터 입수한 자료이다.
63) Howard 1996.

의 증폭과 우주를 끌어안는 성령의 활동을 강조하는 신학의 출현으로 인해,[64] 은사주의자들은 점차적으로 자신들이 속해있는 지역 공동체의 변화에 대해 진지하게 관심을 기울이기 시작했다. 1970년대와 80년대에 장래의 부활과 다가오는 천년기에 집중했던 자들이 지금은 현재적 갱신과 국가의 치유에 관심을 갖기 시작했다. 마크 스티베는 그 사안을 다음의 몇 줄을 통하여 간결하게 설명하였다.

> 결국, 교회 안에서, 더 나쁜 것은 그리스도인 각 개인적으로, 성령의 사역에만 온전히 집중하려는 성령론 또는 성령 교리는 절망스럽게도 근시안적이다. 성령 하나님은 우리 자신의 해방뿐만 아니라, 사회와 문화와 자연 그리고 실제로 전우주의 해방에도 관심을 가지고 계신다.[65]

그러므로 은사주의자들이 캐어 트러스트(Care Trust)와 복음주의 연맹(Evangelical Alliance) 두 단체 안에서 선두적인 지도력을 발휘하고 있다는 것을 주목하는 것은 중요하다. 파이오니어, 뉴 프론티어스 인터내셔널 및 빈야드 모두가 지역적이든 전국적이든 상관없이 많은 사회 프로젝트에 점점 더 적극적으로 참여하고 있는 것으로 알려져 있다.[66]

7. 그리 좋지 않은 점들!

앞서 언급한 몇 개의 문단들은 은사주의 복음주의자들이 약점이 없다

---

64) Moltman 1992: 7.
65) Stibbe 1992: 6.
66) 2002년 2월 작성된 설문지의 응답을 통해 얻어진 자료이다.

는 것을 뜻하는 것은 분명히 아니었다. 신중한 생각과 행동을 요하는 몇 가지 지속적인 문제점들이 있다.

일반적으로 은사주의자들에게 있어서 경청하는 일이라든지 기다리는 일 등은 힘든 부분이다. 만약 그 다음 물결의 도래가 천천히 나타난다든지 어떤 중대한일이 발생하지 않는 것같이 느낄 경우, 곧바로 새로운 것을 창안해 낸다든지 아니면 과거의 어떠한 것을 다른 모습으로 내놓으려는 경향이 그들에게 있다. 이것은 실제적으로 은사주의 세계가 그 다음의 어떤 새로운 것을 항상 뒤 쫓으려는 측면이 있다는 것을 의미한다. 즉 지식의 말씀, 개인적인 예언, 전투적인 기도, 다른 기름 부으심, 켈트적인 예배, 기독교 시오니즘, 토론토 블레싱, 금으로 치아 봉하기, 그리고 영적 지도 만들기(spiritual mapping) 등과 같은 것들이다.

종종 앞을 향해 나아가는 속도가 너무 빨라서 현재를 진단하거나 평가할 시간조차 없다. 왜냐하면 또 다른 유명한 설교자가 하나님이 하시는 일이라고 믿는 그 다음의 새로운 의제를 밀어붙이기 때문이다.

또 다른 문제점은 은사주의적 복주의 속해 있든지 그렇지 않든지 간에 상관없이 모든 사람들이 관심을 표명하고 있는 중요한 분야이다. 즉 예언에 관한 것으로써, 신중한 목회 운영을 위하여 주의가 상당히 필요한 분야이다. 특히 교회나 개인에게 명령조의 예언을 한다거나, 또는 정치적인 내용으로 가득 찬 메시지가 예언적으로 선포되는 경우에는 더욱 그렇다. 예언사역에 관련하고 있는 많은 사람들은 확증을 구하는 자들이거나, 아니면 자신들의 의제를 보다 넓은 청중들에게 전해주는 방법을 구하는 자들이라는 점을 깨달을 필요가 있다.

한 미국 빈야드 목사가 최근에 말하기를, 대부분의 사람들이 예언하는 90%의 내용은 순전히 그 자신들의 것이라고 했다. 사람 개개인이 그 자신들도 한 부분으로 속해 있는 이슈 또는 환경에 관하여 예언을 하려고 할 경우, 그 관심 사항에 대한 자기 자신들의 견해와 개인적인 선호를 걸러낸다는 것은 정말로 매우 어려운 일이다. 어쩌면 이 시점에서 요청되는 것은 런던의 베리 키셀(Barry Kissell) 목사가 제시한 유형을 따라 예언자 학교를 세우는 것이다.[67]

중요한 예언이라고 느껴지는 것들의 가치와 적절성에 관하여 공개적인 토론을 벌일 수 있다. 그럴 경우, 예언은 청자들에 의해서 판명되어져야 한다는 조건을 전제로 다른 사람에게 승인받거나 전달될 수 있어야 한다. 부활이 다가오고 있다고 말하는 무모하고 잘못 판단된 예언들이 너무나 많이 있었다는 것을 널리 인식하고 있다. 영국과 관련하여 주어진 대부분의 예언들이 잘못된 것으로 입증되었을 뿐만 아니라, 많은 심적 고통과 낙심의 원인이 되기도 했었다.

개인 간에 주고받는 아주 개인적인 예언은, 특히 소위 예언자가 근본적으로 사적이거나 은밀한 정보를 알려주는 경우, 위험으로 가득 차게 된다. 다수의 미국 빈야드 지도자들은 자신들이 이러한 특별한 이유로 '점술'(divination)에 빠졌었다고 고백한바 있었다.[68] 이러한 것과 달리, 많은 회중들이 고린도전서 14:3에 나오는 명령에 따라 강건함과 격려 그리고 위로를 주는 긍정적이고 용기를 북돋아주는 말을 간략하게 나누는 경우에 있어서 감화적인 예언을 실시하는 것은 장려될 필요가 있다. 그것은 지역 기독교 공동체 안에 참여하여 다른 사람들을 격려해주는 기회를 제공해 준다. 예언과 밀접하게 관계되어 있는 사안은 인도하심의 문제이다. 성경의 원칙을 숙고함으로서 점차적으로 강화된 확신이라기보다 오히려 즉흥적인 감동에 의해서 인도되어지는 것만을 인정하려는 사람들이 은사주의 세계에 여전히 너무나 많이 있다.

---

67) Kissell 2002: 133-139.
68) Payne 1998.

일반적으로 말하면, '하나님으로부터 직통적인 인도하심을 바라는 욕구'에 관한 위험성이란 관련된 이슈들을 평가하고 현명한 결정을 내릴 수 있는 시간이 없다는 것이다. 비록 숫자로는 소수에 불과하지만, 성경말씀을 자신들의 마음에 달라고 하나님께 구하고 나서, 어떠한 깊은 통찰함도 없이 그 성경말씀에 따라 즉시 행동하는 사람들이 여전히 있다. 이와 같은 것을 18세기 철학자들은 '종교적 열광'이라고 판단했으며, 이것은 분명히 불행을 야기할 수 있는 잠재성이 내재되어 있는 것이다.

또한 현대 은사주의 복음주의자들 가운데 악령을 너무 지나치게 강조하고 있다는 견해가 많이 있다.[69] 과열된 악령론은 사람들 개개인이 현실에 대한 이해력을 빨리 상실하게 만들며, 하나의 악령의 기준 망을 통하여 모든 것을 보게 만드는 위험성을 가지고 있다. 또한 어떤 집단에서는 잘못 된 모든 것을 악령의 탓으로 돌리는 경향이 있다.[70] 그 결과, 크든지 작든지 간에 모든 문제를 사탄적인 것으로 얽어매고, 책망한다. 그리스도인들은 악의 세 가지 근원들, 즉 세상, 육체 그리고 사탄 등과 아마도 그러한 순서대로 틀림없이 붙잡고 싸워야 한다는 것을 알고 있어야 한다.

어떤 곳에서는 악령이 들어오는 지점(demonic entry point)과 지역영(territorial spirits) 등 불건전한 주장이 좀처럼 사라지지 않고 있다. 둘 다 믿을 만한 성경적 기반을 가지고 있지 않다. 들어오는 지점이라는 것은 악령이 눈, 입, 귀 또는 심지어 성기와 같은 특별한 신체 부위를 통하여 사람 안에 들어온다는 것이다. 어떤 퇴마사에 따르면, 들어오는 지점위에 기도를 하거나, 십자가 성호를 긋거나 기름을 바름으로서 악령을 몰아낼 수 있다고 한다. 로우랜드 하워드(Rowland Howard)는 자신의 책 『은사열광주의자』(*Charismania*)에서 이러한 유형의 사역으로 빚어진 몇 가지 처참

---

69) 극단적인 악령론에 관한 실례로서 Hammond 1992를 보라.
70) Scotland 2001b를 보라.

한 결과를 기록하였다.[71] 그 다음으로 지역영에 있어서 '영적 지도 만들기' 같은 최근의 유행은 악의 존재와 악령의 위험 지역에 너무 지나치게 초점을 맞추고 있다. 만일 이러한 활동을 하고 있는 사람들이 강신론적인 교회와 프리메이슨 집회에 종지부를 찍고, 동시에 신실한 교회와 경건한 목회 사역을 위해 노력하려고 계획하였다면, 적어도 상황에 맞는 약간의 균형이 있어야 할 것이다.

8. 결말

아주 분명한 한 가지는 은사주의 신앙이 복음주의 전체에 영구적인 영향을 주었다는 점이다. 데이비드 톰린슨(David Tomlinson)이 '은사주의화'(charismaticisation)라고 명칭 했던 것이 자리를 잡았으며,[72] 이것은 여전히 진행 중인 과정에 있다. 이 용어를 통해 톰린슨은 많은 주류 복음주의 교회들이 은사주의 문화의 양상 그리고 실제로 어떤 경우에서는 은사주의 체험의 양상을 받아들이고 흡수해야 한다는 점에서 그 방법론을 언급하였다. 따라서 은사주의 체험과 은사주의 신학을 멀리하는 것을 당연시 여기는 복음주의 교회는 간편한 복장 문화, 편안한 빈야드식 찬양과 음악, 그리고 주일예배의 말미에 있는 기도 상담(prayer counselling) 등을 아직도 추측할는지 모른다. 실제로 '은사주의화'는 복음주의라는 경계선 너머에서도 잘 관찰될 만한 것이 되었다.

더비(Derby) 교구가 스완위크(Swanwick)에서 연례집회를 개최했을 때, 형식에 얽매이지는 않는 예배, 청중의 참여, 그리고 기도 사역 등이 있었

---

71) Howard 1997.
72) Tomlinson 1995: 15-17.

다고 예를 들어 이미 설명한바 있었다.[73] 플리머스(Plymouth)의 순회 목사 폴 스미스(Paul Smith)는 감리교 내에 일반적으로 나타나고 있는 동일한 현상을 목격하였다. 그리고 그는 은사주의화가 특별히 이스트 앵글리아(East Anglia)와 영국 서반부 지역에 뚜렷하게 나타났다고 기록했다.[74]

실제로 그런 일이 있었기는 했지만, 1990년대 초 '은사주의화'의 점차적인 출현은 은사주의 운동의 종식을 나타내는 전조였다. 확실히 20세기의 마지막 10년 초반 즈음에 은사주의 기독교는 아주 다양한 현상이 되었고, 누가 은사주의자이고 아닌지를 분간하는 일은 더 이상 쉬운 일이 아니게 되었다.

영국 복음주의 안에는 현대의 은사주의 현상을 성령의 참된 현현으로 간주하지 않는 몇몇 주요 집단들이 여전히 있다. 이러한 입장은 은사주의 사역의 일부인 치유를 과장되게 주장함에 따라서 어느 정도 조성되었는지도 모른다.[75] 정말로 어떤 집단에서는 치유에 대한 미사여구가 실제보다 훨씬 더 넘어서는 경우도 있다. 일반적으로 은사주의자들은 완전하고 지속적인 신체적, 정신적 그리고 정서적 치유의 확률이 상대적으로 낮다는 것과, 유기적 치유(organic healing) 역시 수적으로 거의 미약하다는 점을 인정하기를 싫어하는 경우가 있다.

그럼에도 불구하고 공공연히 중지주의적 신학을 따르는 몇몇 교회들조차 평신도가 참여 하고, 빈야드와 켄드릭(Kendrick) 풍의 찬양을 부르고, 그리고 복장이 자유로운 성직자에 의해서 인도되는 그런 예배에 만족하고 있다. 더욱이 그들 중에 많은 교회들이 예배의 종료 시 몇 가지 유형의 기도 상담을 제시하기도 한다.

---

73) 2002년 2월, Derby의 성공회 갱신운동 사역 팀 John Leach 목사로부터 얻는 자료이다.
74) 2002년 2월, Plymouth의 감리교 목사 Paul Smith로부터 얻는 자료이다.
75) Glover 1997: 83-111; Sedden 1990을 참조하라.

마틴 퍼시(Martin Percy)는 자신의 평가서를 통해 제3천년 시대에 은사주의적 복음주의의 미래가 점차적으로 파열될 것으로 예견하였다. 주목할 만한 것은, 한 두 개의 보다 작은 분파들이 출현하고 있음에도 불구하고, 은사주의자들은 통일된 방식 내에서 함께 붙들어 주는 놀라운 포용력을 보여 주고 있다는 점이다. 그러나 실제로 성공회는 파열을 겪고 있는 중에 있다. 특히 미국 내에는 현재 35개의 성공회 감독파 공동체가 있으며, 뿐만 아니라 영국 내에도 동성애, 여성 목회자 그리고 게이와 레즈비언 이슈 등과 같은 문제로 갈라선 몇 개의 독립 성공회가 있다.

많은 은사주의자들의 일부 사역인 전도에 대한 강력한 강조와 그리고 정치적 현안과 사회 변혁에 대한 저들의 증가하고 있는 관심은 미래를 위해 분명히 좋은 징조임에 틀림없다. 새 교회 집단 내에는 핵심적인 자리에 새로운 지도자들을 세우거나, 올바른 신학 훈련을 제공하는 등의 의식적인 노력이 이루어지고 있다. 예를 들어, 사우스 런던(South London)에 위치한 익두스 네트워크 교회와 브리스톨 기독교회(Bristol Christian Fellowship)의 경우처럼 그러한 현상들이 눈에 띄게 나타나고 있다.

은사주의 신앙이 기존 교파 교회들 안에서 보다 오히려 새 교회 안에서 더욱 회복력이 있다는 것은 분명하다. 기존 교회 안에 있는 은사주의자들은 특별한 난관에 봉착해 있다. 이전의 성공회 갱신운동 사역(Anglican Renewal Ministries)에 동정심을 가지고 있는 사람들과 뉴 와인 네트워크(New Wine Network)에 제휴한 사람들 모두에게 이와 같은 일은 사실이다. 전자는 성공회 체제와 예배 그리고 가톨릭적인 영성의 요소 등에 점차적으로 마음을 빼앗겨 가고 있다. 후자는 '새 가죽 부대'에는 성령의 새 술이 필요하다고 항상 주장하고 있으나, 아주 최근까지도 뉴 와인 지도자들은 이러한 점에 관한 자신들의 현안을 일관되게 외면하고 있다.

그렇지만 2002년 여름, 뉴 와인 네트워크가 비준을 제의하고, 교단적인 의무를 갖고 있지 않은 뉴 와인 소속 교회들에게 목회적 조언을 제공하기로 합의함으로써 하나의 의미 있는 일보진전을 이루었다. 이것은 뉴 와인이 뉴 프론티어스와 파이오니어 같은 기구를 향해 보다 가까이 다가갈 것이라는 하나의 발전적 의미이다.

예배는 은사주의자들 사이에 또 다른 중요 쟁점이며, 그것은 사람들을 자신들의 회원으로 끌어 모으고 계속적으로 사람들을 매혹시키는 측면이 있다. 성공회 은사주의자들과 다른 계파에 온 사람들은 서로로부터 배울 수 있는 무엇인가가 분명히 있을 것이다.

많은 은사주의자들은 예전(liturgy)을 생명을 죽이는 율법으로 그리고 예전이 없는 것을 생명 주시는 영으로 간주하는 경향이 있다. 사실 다수의 은사주의자들은 적어도 예전적이고 성례적인 체제의 특별한 가치를 재발견하고 있다. 예전으로부터 라기보다는 예전 안에서 더 큰 자유가 있다는 인식이 은사주의자들 가운데 실제로 늘어나고 있음을 볼 수 있다. 간결한 예배 구성은 회중들이 마음 놓고 참여할 수 있고, 아울러 침묵, 기다림, 주시하기, 듣기 그리고 묵상 등과 같은 순간을 즐길 수 있는 안전한 상황을 참으로 제공할 수 있다.

은사주의 복음주의자들이 제3천년 시대의 초반기 수 년 간을 예상해 볼 때, 특별히 중요한 한 가지 문제가 있다면, 그것은 예배 문제와 관련하고 있는 뿌리 깊은 이슈이다. 많은 은사주의자들은 자신들이 반응을 하고 싸워야 하는 것이 무엇인지를 알고 있지만, 그들에게 있어서 항상 명확하지 않은 것은 무엇을 위해 그들이 씨름해야 하는가에 대한 문제였다.

많은 주류 복음주의자들처럼, 아마 그들도 뿌리, 즉 수 세기를 거쳐 내려오는 역사적 기반과 성경에 입각한 전통이 필요하다는 것을 깨닫고 있을 것이다. 뿌리에 대한 이러한 필요성은 마이클 하퍼를 포함한 다수의 은사주의자들이 그리스 정교회 안에 새로운 기반을 찾으려는 원인으로 작용하고 있다. 같은 이유로, 빈야드 운동에서 빠져나온 다수의 중요 목사들과 회중들이 미국 복음주의 성공회 공동체(Communion of Evangelical Episcopal Churches in the United States)로 넘어 갔다. 실제로 50명 이상의 전 빈야드 목사들이 미국 성공회의 이곳저곳에서 정해진 역량 내에서 현재 사역 중에 있다. 쇠퇴적인 전망과 달리, 은사주의적 복음주의는 미래에 대한 희망적 가능성을 여전히 제시하고 있다.

제3천년 초반기의 후현대주의적 세상은 교회의 다양한 표현을 통해 실질적으로 관심을 끌어 모을 수 있고 말씀을 전할 수 있는 다원주의적 문화이다. 이러한 점에서 다양하고 폭넓은 은사주의적 복음주의는 현대 교회의 사명을 추진하는데 있어서 복음주의의 다른 구성원들과 더불어 자신의 역할을 감당하도록 반드시 좋은 위치에 서 있어야 할 것이다.

Bibliography

Anon. (2002), 'C of E to be ARM less', *Christianity and Renewal* (June): 5.
Askwith, R. (1998), 'God's Own Spin Doctor', *The Independent*, 17 September.
Bax, J. (1986), *The Good Wine: Spiritual Renewal in the Church of England*, London: Church House Publishing.
Bede (1990), *History of the English Church and People*, Harmondsworth: Penguin.
Blumhofer, E. (1986), 'Alexander Boddy and the Rise of Pentecostalism in Britain', *Pneuma* 8 (Spring): 31–40.

Boulton, E. C. W. (1928), *George Jeffreys: A Ministry of the Miraculous*, London: Elim Publishing House.
Brierley, P. (1999), *UK Christian Handbook: Religious Trends 1998/1999*, Carlisle: Paternoster Press.
Cartwright, D. W. (1986), *The Great Evangelists*, London: Marshall Pickering.
Caughey, J. (1855), *Earnest Christianity*, Boston: J. P. Magee.
Christie-Murray, D. (1978), *Voices from the Gods: Speaking with Tongues*, London: Routledge & Kegan Paul.
Church of England Doctrine Commission (1991), *We Believe in the Holy Spirit*, London: Church House Publishing.
Church Information Office (1981), *The Charismatic Movement in the Church of England*, London: CIO.
Combe, V. (2001), 'Curate's Course Feeds Spiritual Hunger', *Daily Telegraph*, 26 December: 8.
Edwards, J. (1741), *The Distinguishing Marks of a Work of the True Spirit*, repr. Edinburgh: Banner of Truth Trust, 1991.
Finnis, M. (2002), 'Too Much Work in Our Churches', *Baptist Times*, 24 January.
Glover, P. (ed.) (1997), *The Signs and Wonders Movement Exposed*, Epsom: Day One Publications.
Hammond, F. and I. (1992), *Pigs in the Parlour*, Chichester: New Wine Press.
Hilborn, D. (ed.) (2001), *Toronto in Perspective: Papers on the New Charismatic Wave of the Mid-1990s*, Carlisle: Paternoster Press.
Hocken, P. (1997), *Streams of Renewal*, Carlisle: Paternoster Press, 1997.
Hood, A. B. E. (1979), *St Patrick: His Writings and Muirchu's Life*, Newton Abbot: Phillimore.
Howard, R. (1996), *The Rise and Fall of the Nine O'clock Service*, London: Mowbray.
Howard, R. (1997), *Charismania*, London: Mowbray.
Icthus Christian Fellowship (1999), *Welcome to Icthus Christian Fellowship*, London: Icthus.
Kay, W. K. (2000), *Pentecostals in Britain*, Carlisle: Paternoster Press.
Kissell, B. (2002), *The Prophet's Notebook*, Eastbourne: Kingsway.
Lavin, P. (1986), *Alexander Boddy: Pastor and Prophet*, Wearside Historic Churches Group.
Masters, P. and J. C. Whitcombe (1992), *The Charismatic Phenomenon*, London: The Wakeman Trust.
McBain, D. (1997), 'Mainstream Charismatics: Some Observations of

Baptist Renewal', in S. Hunt et al. (eds.), *Charismatic Christianity*, Basingstoke: Macmillan Press.

Moltmann, J. (1992), *The Spirit of Life*, London: SCM Press.

Murray, Iain (1994), *Revival and Revivalism: The Making and Marring of American Evangelicalism*, Edinburgh: Banner of Truth Trust.

Palmer, P. (1845), *The Way of Holiness*, New York.

Payne, L. (1998), '"Substitution" in Prayer, False Prophecy, and the Virtue of Hope', *Wheaton Pastoral Care Ministries School*, Tape 12.

Percy, M. (1996), *The Toronto Blessing*, Oxford: Latimer House.

Richards, A. (1997), *The Toronto Experience: An Exploration of the Issues*, London: Church House Publishing.

Scotland, N. A. D. (2000), *Charismatics and the New Millennium*, Guildford: Eagle.

—— (2001a), 'Signs and Wonders in the Early Catholic Church 90–451 AD and Their Implications for the Twenty First Century', *European Journal of Theology* 10.2: 161.

—— (2001b), 'Don't Blame the Devil for Everything which goes wrong!' *Skepsis/Anglicans for Renewal* 85 (Summer): 27–34.

—— (2002), Survey of Charismatic Churches in Church of England Dioceses, January–February. This survey consisted of structured questionnaires sent to the chairperson of all Diocesan Renewal Groups.

Sedden, P. (1990), 'Spiritual Warfare V Medical Reflections', in P. Jensen and T. Payne (eds.), *John Wimber Friend or Foe?*, 32–35, n.p.: St Matthias Press.

Sellers, C. C. (1928), *Lorenzo Dow: The Bearer of the Word*, New York: Minton, Balch.

Stibbe, M. (1992), 'The Renewal of Harvest – a Charismatic Theology of Creation', *Skepsis*.

—— (1995), *Times of Refreshing: A Practical Theology of Revival for Today*, London: Marshall Pickering.

Tomlinson, D. (1995), *Post-Evangelical*, London: Triangle.

Turner, M. (1996), *The Holy Spirit and Spiritual Gifts: Then and Now*, Carlisle: Paternoster Press.

Walker, A. (1998), *Restoring the Kingdom: The Radical Christianity of the House Church Movement*, Guildford: Eagle.

Weber, M. (1966), *The Sociology of Religion*, London: Methuen.

Wimber, J. (1981), *Riding the Third Wave*, London: Marshall Pickering.

© Nigel Scotland, 2003

제10장

B. 북미와 전 세계의 오순절
은사주의 복음주의자들을 위한 미래 여행: 복음주의 신학과 실천의 급진화

조나단 루스벤

    오순절-은사주의 복음주의자들의 미래는 어떠한 모습일까? 그것은 어디에서 시작하느냐에 달려있다고 본다. 나의 경우, 그것은 1967년 여름이었다. 잘 알려진 인근의 복음주의 신학교를 졸업한 직후, 나는 일리노이 주 시온(Zion)의 '신앙촌'(Faith Homes)에 거주하고 있는 한 친구에게 들렀다. 신앙 치유사 존 알렉산더 도위(John Alexander Dowie)가 유토피아적인 마을로 건설한 '신앙촌'은 영적 피난자들을 위한 안식을 제공하고 있었다. 놀라운 재능을 가지고 있었음에도 불구하고, 존 도위는 그의 인생 말년에 자신은 선지자 엘리야이며 많은 여성을 소유하는 것이 마땅하다고 믿고 있었다.

방문 기간 동안, 그 곳의 어느 한 집에 늘 집안에만 머물고 있는 연세 많은 한 성도를 알게 되었다. 그 분의 사역은 세계 구원을 위하여 매일 밤을 새워가며 기도하는 것이라고 했다. 나의 친구는 존경하는 태도를 보이며 그 노인의 침실로 나를 안내했다. 서로 가볍게 말을 주고받던 중, 나는 예수님이 재림하시기 전에 지상에 '성령 충만함을 받은 성도' 10억 명이 있을 것이라고 주님께서 그 중보 기도자에게 약속했다는 말을 들었다.

나는 쉽사리 믿겨지지 않았다. '성령 충만함'이라는 용어가 오순절주의자들 외에 누군가를, 또는 어쩌면 북미에서 저들의 존재감이 막 느껴지기 시작한 새로운 은사주의자들을 지칭할지도 모른다는 생각이 그때에는 도무지 떠오르지 않았다(아마 그 노신사도 마찬가지였을 것이다). 그러나 10억?! 우리는 작은 소수에 불과하다. 내가 다녔던 신학교의 한 교수가 몰몬교도들 그리고 여호와의 증인 사람들과 더불어 오순절주의자들은 학교에 입학이 허용되어서는 안 된다고 열 올리며 주장했던 것을 우연히 듣지 않았던가? 그때 다른 교수 한분이 이의를 제기했다. 그 분은 기독교 자애 정신 속에서 오순절 계열의 학생들이 구제될 수 있어야 한다는 희망을 붙잡고 있었다.

그 사이 몇 년간 나는 의심과 자만심으로 흔들리고 있었다. 하나님은 오늘날도 기적을 행하신다는[1] 자신들의 체험 속에서 안심하는 '성령 충만함을 받은' 그리스도인들이 약 5억 4천 3백만 명에 달하고 있다.[2] 10억이라는 그 예언적 수치에 속도 유지 장치(cruise control)를 맞춰 놓아 보

---

1) 2000년 4월 13일-14일, 프린스턴 조사 연구 협회(Princeton Survey Research Associates)가 실시한 「뉴스위크」(Newsweek) 설문조사에서 '하나님은 기적을 행하신다고 믿으십니까?'라는 질문에 미국 일반 인구의 84%가 '네'라고 답하였다. 물론 응답자들 가운데 오순절주의자들은 거의 없었으나, 응답의 결과는 북미 내에 오순절-은사주의 세계관을 위한 비옥한 토양이 있다는 것을 보여주고 있다. http://www.pollingreport.com/religion2.htm
2) David M. Barrett, 세계 복음화 연구센터(World Evangelization Research Center) http://www.gem-werc.org/. Barrett는 2020년경에 그 수치는 8억 1천 1백만에 도달할 것이라고 제안한다. Barrett 2002를 참조하라.

아라. '사탄의 마지막 엄청난 토사물'로서[3] 어떤 이들에 의해 근원적으로 묵살되어버렸던 오순절 운동이 지금 기독교 내에 가장 크고 활동적인 집단이 되었다.

그러나 모든 복음주의자들이 그 숫자 안에 놓이는 것을 원하지 않는다. 이러한 점은 오순절주의자들 그리고 이들의 소산물인 은사주의자들과 제3의 물결운동의 '복음주의적' 본질에 대한 논쟁을 발생시키고 있다.[4] 물론 복음주의자들은 좌파 쪽으로 표류하고 있는 '주류' 교단주의자들에 대항하면서 개신교 전통에 신실한 자들로 자신들을 여기고 있다.[5] 역사적으로 보면, 오순절주의자들은 복음주의자들의 선구자격인 근본주의자들과 짝사랑 관계를 맺고 있었다. 근본주의자들은 현대주의와 자유주의-성경의 무오성, 예수님의 동정녀 탄생, 그의 기적, 죄에 대한 대속적 죽음, 부활, 그리고 문자적인 재림 등과 같은 기독교 신앙의 역사적 특징을 부정한다-로 넘어가고 있던 전통적인 주요 교단들과 격렬하게 논쟁을 벌이며 쓰라린 분열을 겪었던 자들이다.

따라서 오순절주의자들과 관계를 맺을 때에 초기 근본주의자들은(약 1920년대에서 1950년대에 이르는) 종교개혁의 교리를 혼란시킬 수 있는 누군가와의 에큐메니칼 밀회에 마음이 썩 내키지 않아했다. 특별히 이것은 그

---

[3] 오순절주의자들에 대한 이러한 특성은 주로 G. Campbell Morgan 때문이다. 예를 들어, Ewart 1975: 38-39; Synam 1971: 44를 보라.

[4] 1900년대에 하나의 운동으로 태동된 고전적 오순절주의는 은사주의 운동이 발흥하기까지 엄격한 근본주의적 성향이 있었다. 은사주의 운동은 1960년대 기간에 거의 주류 교회 안에서 그리고 종종 주류 교회를 떠나서 일어난 운동이었다. 많은 독립교회와 교파 교회들의 절충된 오순절주의의 '제3의 물결'은 독특한 '증거'로서보다 오히려 교화로서 성령의 은사에 더욱 초점이 맞추어져 있다. 오순절주의의 세계관과 예배는 복음주의 전체뿐만 아니라 증가추세에 있는 소외된 '주류' 교파들 안에 폭넓게 스며들었다. 어떤 이들은 이러한 발전을 불쾌하게 생각하고 있다. 예를 들어 Wood 1996; Noll 2002를 보라.

[5] 그렇지만 Barna(2001)는 미국 담임목사 5명 중에 4명(83%)이 자신들을 '복음주의자'로 기술하고 있다는 것을 발견했다. '일반적으로 교회를 대표하는 대다수의 성직자들은, 예를 들어 주류 교회를 섬기는 10명 중에 7명은 그런 표식을 받아들였다고 해서 복음주의적이라고 생각하지 않았다.'

들이 가지고 있는 은사중지주의 교리 문제 때문이었다. 이 교리는 기적은 신약성경의 권위를 인정하기 위하여 엄격하게 사도시대로 제한되었다는 개념이다. 방언과 같은 기적을 주장하는 것은 성경에 새로운 본문을 추가하는 것과 동일한 것으로서, 이것은 성경숭배 사상으로 종종 비난받고 있던 자들의 입장에서 최악의 이단이었다.[6] 오순절주의자들은 인정받기 위하여 근본주의자들보다 더욱 근본주의자들처럼 필사적으로 행동하고 믿었지만, 대부분 그들의 노력은 거절당하고 말았다. 그럼에도 불구하고 고전적 오순절주의자들은 근본주의자들의 후렴을 열정적으로 공유하였다. '나의 희망은 순전히 스코필드(Scofield)의 주석과 무디(Moody)의 출판물 위에 세워져 있노라!'

1960년대와 1970년대, 가장 엄격했던 근본주의가 복음주의로 부드러워지면서, 은사중지주의를 포함한 대부분의 이슈들에 대한 논쟁이 다소 약화되었다. 복음주의협의회(National Association of Evangelicals)는 그 동안 빌리 그래함(Billy Graham) 전도 집회와 세계적인 선교대회 등과 같은 많은 연합행사에 기여했던 오순절주의자들을 포함시켰다. 현재 오순절-은사주의의 세계적인 지지층은 복음주의자들보다 그 숫자가 더 많다. 전세가 역전된 것이다. 오순절주의자들 가운데 복음주의자들로 알려지기를 바라는 관심이 여전히 강하지만, 전보다는 시들해져 있다.

선도적인 오순절주의 학자들은 복음주의신학회(Evangelical Theological Society)보다 오순절주의신학회(Society for Pentecostal Studies), 성경문헌학회(Society for Biblical Literature), 그리고 에큐메니칼 회의 등에 점점 더 관심을 가지고 있다. 비록 모든 오순절주의자들과 모든 은사주의자들이 근본적인 교리를 복음주의자들과 실제로 공유하고 있지만, 제2의 그리고 제3의 물결 은사주의는 자신들의 정체성을 복음주의자들로 규명하는 것에 대

---

6) 은사중지주의의 역사와 신학적 분석에 관하여 Ruthven 1993을 보라.

해 점점 더 모호해 보인다.

1. 최근의 정황

북미에서 1970년대와 80년대의 20여년 기간 동안 급속하게 성장한 고전적 오순절주의는[7] 소위 '수확의 10년 기'(Decade of Harvest)로[8] 불리는 1990년대 동안 성장세가 멈춘 듯이 보인다. 북미에서 가장 큰 성장세를 이루고 있는 독립적인 오순절-은사주의 혹은 '사도적' 교회와 그리고 빈야드 교회 등과 같이 새롭게 태동된 교단 교회들이 있다. 심지어 이렇게 성장하고 있는 새로운 운동의 제도화된 교회들조차 토론토 공항교회(Toronto Airport Fellowship)의 극단적인 대중적 은사주의 현상들을 불편하게 여겼다.

이 토론토 공항교회에 약 3십만 명이 방문을 했으며, 그들은 '블레싱'(blessing)을 자신들의 본국 교회에 확산시켰다.[9] '펜사콜라 부흥'(Pensacola revival)도 유사하게 오순절주의에 새로운 활력을 제공해 주었다.

이와 같은 현상에도 불구하고, 북미는 더 이상 교회성장의 중심이 아니다. 대신에 제3세계의 비 이슬람 국가, 아시아, 특히 남미와 아프리카에

---

7) 대표적인 교단으로는 하나님의 성회, 캐나다 오순절 성회(Pentecostal Assemblies of Canada), 하나님의 교회(The Church of God, 테네스 주 클리브랜드에 본부가 있음), 포스퀘어 복음교회(Church of the Foursquare Gospel), 그리고 약 5백만 명의 규모를 지닌 가장 큰 미국 흑인교회로서 그리스도의 하나님의 교회(The Church of God in Christ) 등이 있다.

8) 이 용어는 크게 노력하지 않았으나 뜻밖에 상당한 숫자적 성장을 이루었던 그 20년이 지난 뒤, 전도적인 열정이 식어져 가자 이러한 1990년대를 지칭하기 위하여 하나님의 성회 지도자들이 명명한 것이다. 그 20년 기간 동안, 성령체험을 가진 많은 사람들의 유입은 오순절주의자들이 '주류' 교단들과 소원해지는 경향의 원인이기도 했다. Lindner 2002에 나오는 통계를 참조하라.

9) Lester 2002.

서 오순절-은사주의 운동은 눈에 띌 정도로 왕성하다. 라인하르트 본케(Reinhart Bonnke)의 집회에는 종종 일백만 명의 군중이 모이는데, 그는 질병과 귀신의 억압 그리고 죄 가운데 있는 악령의 권세에 대항하여 역습적으로 공격적인 복음을 선포한다. 그럼에도 불구하고 제3세계는 오래 전에 백인 선교사들에 대한 의존에서 벗어나 있었다. 선교 통계학자 데이비드 바레트(David Barrett)는 '우리의 평가 자료에 따르면, 특별히 기독교내 새로운 독립교회는 약 3억 9천 4백만 명의 성도를 가지고 있다. 이것은 세계 그리스도인 인구의 20%에 육박하는 것이다'[10]라고 제시했다.

제3세계 내에서 이렇게 성장하는 이유는 무엇인가? 다양한 답변이 있을 수 있다. 선교학을 연구하는 많은 학자들은 기독교 선교의 성공에 대하여 많은 사회적, 경제적 및 정치적 이유들을 제시한다. 그러나 또 다른 전문가가 지적했던 바처럼, 그 학자들은 역사가로서의 매우 기초적인 단계에서부터 실패를 하였다. 저들은 일차적인 자료 즉 초기 선교사들의 증언을 진지하게 취급했어야 했다.

초기 선교사들은 새로운 지역에 복음이 확산되는 것은 병을 고치시고, 귀신을 쫓으시며, 영적은사와 이적을 드러내시는 하나님의 능력의 결과라는 증언을 정기적인 기록으로 남겨 놓았다.[11]

반면 하비 콕스(Harvey Cox)는 오순절주의가 영적인 수준에서 간지러운 곳을 긁어주고 있다고 제시한다. 즉 이 은사주의 복음이 모든 문화권에 걸쳐 인류에게 공통적인 '원초적 영성'에 맞는다는 것이다.[12] 인간은 사후

---

10) 재인용, Lester 2002.
11) McGee 2001.
12) Cox 1995: 81-84. Cox(1995: 83)는 오순절주의를 '원초적 언어(무아지경의 언어), 원초적 경건(신비적 체험, 입신 그리고 병고침), 그리고 원초적인 희망(더 나은 미래에 대한 확고한 기대감) 등의 회복'을 나타내주는 것으로 이해하였다. 이것은 북미 사람들의 경험을 통해서도 확인될 수 있을 것 같다. '무아지경적인 종교적 체험이 의심할 바 없이 교회성장을 촉진시키는 전도 활동에 중요한 요소라는 것을 우리는 주장한다.' Poloma & Pendleton 1989: 415.

세계뿐만 아니라, 계시적 경험, 악령 그리고 초자연적 능력을 믿도록 구조화되어있는 것 같다. 이러한 경험들은 종교개혁자들의 은사중지주의와 전통적인 복음주의 신학에 많은 영향을 끼친 계몽주의의 합리성보다는 예수님과 신약성경의 세계관에 더욱 밀접하게 들어맞는다. 아주 분명한 것은 기독교의 미래는 사도 바울의 희망으로 가득하다는 것이다. '너희 믿음이 사람의 지혜에 있지 아니하고 다만 하나님의 능력에 있게 하려 하였노라'(고전 2:5).

북미와 유럽 교회의 성장에 비하여 오순절-은사주의가 세계적으로 성장하는 이유가 무엇인가라는 질문은 '제3세계 내의 이 오순절-은사주의 운동은 어떤 면에서 다르게 진행되고 있는가?'라는 또 다른 질문을 통하여 가장 잘 답변되어 질 수 있다.

> ① 거의 모든 유형의 고통과 결핍('비만, 부귀 그리고 부족함 없는')으로부터 서구의 사람들을 보호하고 있는 서구 물질주의의 강력한 마취 효과와 달리, 제3세계 사람들은 보다 냉혹한 선택에 직면하고 있으며, 하나님의 능력과 생명을 구하는 간절한 기도의 필요성을 더욱 분명하게 느끼고 있다. 서양인들에게 하나님은 하나의 소모적인 위로가 될지 모르나, 가난한 자들에게 하나님은 생존 그 자체이다. 더 많은 전문적 식견, 건축술 그리고 과학기술 등을 통하여 영적인 문제들을 해결하려는 서구적인 충동은 매혹적이지만, 장기적으로 그것은 역효과를 낳을 수 있을 것이다.
> ② 북미 사람들의 사적인 개인주의와 달리, 제3세계의 사람들은 보다 공동체적으로 생각하고 행동하는 경향이 있다. 모든 기분을 충족시킬 수 있는 정부의 복지 프로그램과 강력한 경제적 능력이 없는 문화에서는 가족과 마을이 절대적이다. 제3세계 내에 도시화가 이루어지고 가족과 마을의 유대관계가 붕괴됨에 따라,

하나님의 공동체적 임재 가운데 교회는 가족의 대리자로서 안전과 양육 그리고 무엇보다도 다른 사람들에 대한 큰 책임감을 제공하는 일에 종종 관여하고 있다.

③ 전문적이고 정규적인 교육을 받은 북미의 목회자들과 달리, 제3세계의 목회는 평신도의 사역이다. 가능한 널리 영적 권능을 권장하고 있는 오순절주의 원리는 독립적이고, 학문적이고 때론 부적합한 정규 교육을 통해서라기보다는 견습 기간을 통해 훈련받은 사역을 실천하도록 만든다. 고린도전서 12장에 제시된 모형에 따라, 오순절 교회의 각 '회원'(영적 은사를 받은 사람)은 자신들의 성령의 은사를 표현하는 것을 당연하게 생각한다. 종종 잘못 해석되는 격언인 '사람의 재능은 자신을 위한 길을 만든다'는 말은 하나님 나라에서 유용한 사람이 되고 싶은 영적 열망 지닌 젊은 사람에게 적용된다. 그리고 이런 사람은 견습생으로서 배우는 동안 혹은 사역하는 동안 자신의 주변에 있는 사람들에게 목회 사역을 권장한다. 반면, 전통적인 신학교육은 북미에서 교회성장이 정체되는 원인이 되고 있다고 할 수 있다.[13] 이러한 구조는 해외에서도 그와 동일한 잠재성을 가지고 있다. 선교사들은 자신들이 선교지의 유능하고 명석한 젊은이들을 성경대학이나 신학교에서 훈련받도록 북미에 보내면 그들이 거의 돌아오지 않은 것에 대하여 종종 불평을 한다. 그리고 신학교육을 받은 경우, 그들은 물질주의, 출세지향주의 그리고 목회에 대한 첫 열정의 상실 등으로 종종 오염되어 돌아오는 것에 대해서도 불만족해 한다.

④ 서구의 그리스도인들과 달리,[14] 제3세계 그리스도인들은 신학에 대한 더 정교하고 세련된 이해력을 실제로 가지고 있다. 만약

---

13) Ruthven 2001.
14) Barna 2002. '놀랍게도 초자연적 세계의 능력과 중요성을 이해하는 미국인들이 많지 않다…대부분의 미국인들은 사탄과 성령의 존재를 부정하며, 자신들의 주변에서 그리고 생활 속에서 맹위를 떨치고 있는 영적 전투에 대하여 요행히도 모르고 있다. 이 영적 전투의 실제에 관하여 누가 하나님의 백성들에게 알려주고 깨닫게 할 것인가?'

'신학'이 기독교 신앙에 대한 이해와 구체적인 표현이라면, 그들은 신약신학에 대한 강조를 더욱 심오하게 깨닫기 위해서 복음주의 전통을 간파했을 런지도 모른다. 제3세계 그리스도인이 이해하는 구원은 더욱 통전적인 것으로서 중생과 성화에 대한 영적인 관심뿐만 아니라 인생의 물질적이고 사회적인 측면을 총망라하고 있다. 하나님의 기적적인 능력을 갈망하는 기도와 신앙이 전통적인 복음주의 신학 안에서 거의 긍정적으로 언급되고 있지 않으나, 반면 그러한 믿음은 신약성경과 제3세계 기독교 안에서 엄청난 역할을 하고 있다.[15]

2. 복음주의적 오순절-은사주의 신학과 실천의 미래

이 부분에 대한 주의 깊은 관찰은 오순절-은사주의의 '복음주의적 미래'를 짐작할 수 있도록 해준다. 다시 말하면 서술적이든지 또는 규범적이든지 간에, 복음주의는 신약성경의 가르침과 제3세계의(또는 원초적인 인간의) 경험에 더욱 들어맞도록 주요 신학적 용어를 재 정의하려고 한다. 신학이 앞서 나가든지 또는 뒤쫓아 가든지 간에 종교적 경험은 논란의 여지가 있다. 어쩌면 신학과 경험은 상호 조건적일 수 있다. 그러나 교회는 교회성장에 필요한 중요 요소들을 적어도 무시하거나 저해하지 않았던 신학으로부터 유익을 얻을 수 있었다.

전통적인 복음주의 조직신학 안에서 아래와 같이 약술된 다수의 주요 성경적 교리들이 고유한 은사주의의 중요성을 부정하거나 회피하는 하나의 공동된 특징으로 발전되어 갔다. 그와 대조적으로, 성경 연구는 하나님의 은사주의적 능력을 통해 매우 상당하게 알려지게 된 이러한 교리

---
15) Jenkins 2002: 123-131.

들 안에서 신약성경을 강조하였다. 더욱 더 훈련된 성경 연구는 이러한 은사주의적인 강조가 보다 중요하다는 것을 말해준다. 그렇지만 오늘날 성장세에 있는 오순절-은사주의 기독교조차 전통적인 개신교의 학문적 범주에서라기보다 오히려 급진적인 성경적-은사주의 관점에서 이러한 주제들을 취급하려는 점에서 철저한 신학이 부족하다고 볼 수 있다.

오순절 교리는 일반적으로 성경보다는 개인적인 체험으로 여겨지고 있다. 사실 오순절주의자들이 참된 복음주의 신학을 위해 급진적으로(뿌리로 돌아간다는 의미에서) 성경에 근거를 두고 있다는 점에서 그들은 결국 근본주의자들보다 더 근본주의자들이거나, 아니면 복음주의의 맞상대라고 어쩌면 누군가가 말할 수 있을 것이다.

어쨌든 전통적인 개신교 해석학은 신약성경에 있는 은사주의적인 주제들을 의식적으로 부정하거나 축소하는 것으로 비쳐질 수 있다. 예를 들면, 루터가 기적에 대한 강조에 근거하여 우선적으로 그리고 그 반대적인 면에서 신약성경의 각권에 등급을 매겼다.[16]

오순절주의 해석자들은 자신들의 성령 체험을 분명하게 표현하기 위하여 기적에 관한 전통적 견해를 그냥 채택하였다. 전통적인 견해란 '기적적인' 은사는 '표적'(signs)으로서의 역할을 하는 변증법적 도구이거나 아니면 비가시적 신적 행위의 '증거'(evidence)로서 오직 존재했었다는 것이다. 더욱이 오순절주의자들은 '성령세례'를 성화 단계의 일부분으로 두기 위하여 개신교의 오르도 살루티스(ordo salutis, 구원의 서정)를 따랐다. 즉 그런 까닭에 성령세례는 '구원' '그 다음으로' 발생하는 오직 성령의 '증거'로서만 역할을 하는 체험인 것이었다. 아래의 문단들은 신약성경이 성령체험을 오래된 개념인 '낡은 가죽부대'에서 보다 새로운, 더욱 유용하고 성경적인 패러다임으로 변경하였다는 점을 시사하고 있다.

---

16) Luther, *Works*: 35: 361. Althaus 1966: 83에 나오는 토론을 참조하라.

1) 성령

전통적인 신학은 성령을 삼위일체, 성령의 발현, 윤리 그리고 개신교의 구원의 서정 등과 같은 비본질적인 제반사의 부속물 정도로 논의하여 왔다. 다수의 중요한 성경연구는 성령에 관한 보다 은사주의적인 기능을 제시하였다.[17] 통계적 방법은 구약과 신약성경이 성령에 관한 동일한 모습, 즉 은사주의적인 표현 방식에 있어서 압도적으로 활동적인 성령의 모습을 근본적으로 공유하고 있음을 보여주고 있다. 성령은 계시, 예언 그리고 기적의 은사주의적 성령으로서 모든 그리스도인들에게 규범적인 분이시다. 그분은 중생과 성화라는 전통적인 기능으로서 제한받지 않으신다.

2) 하나님 나라

하나님 나라는 전통적인 분류체계에서 거의 주목을 받지 않았다. 그 체계는 '가시적 교회'(RCC)와 '비가시적 교회'(개신교)이거나, 아니면 종말의 이상적인 신정통치로서 알려져 왔다. 후자의 개념은 계몽주의의 '공평한 사회', 자유주의 신학 그리고 '해방' 신학으로 옮겨져 갔다. 슈바이처(Schweitzer) 이후의 성경연구는 하나님 나라가 어떻게 예수님의 사역 안에서(눅 4:43) 중심 주제이었는가를 보여주었다.

신약성경의 몇몇 문맥이 실제적으로 하나님 나라의 본질을 묘사하는

---

17) 예를 들어, Herman Gunkel의 『성령의 사역』(*Die Wirkungen des heiligen Geistes*)(1889), ET 1979. Gunkel의 작품은 G. Friedrich이 집필한 『신약성경신학사전』(*Theological Dictionary of the New Testament*)을 통해 많은 사람들에게 알려졌다. Gunkel의 글은 1960년대 후반에 영어로 번역되었는데, 은사주의를 훨씬 더 강조하는 방향으로 성령론을 근본적으로 재구성하였다.

경우에 있어서(예를 들어, 마 12:28; 눅 11:20; 롬 14:17; 고전 4:20), 비록 신약성경이 하나님 나라에 들어가는 것을 근본적인 요구사항으로 너무나 강력하게 강조하고 있지만, 그 문맥의 분석은 완전히 은사주의적 속성, 거의 '성령'[18]과 같은 동의어라는 것을 보여준다.

3) '새 언약'

'새 언약'은 전통적인 개신교 사상에 특히 고전적인 개혁주의 사상에 하나의 중요한 주제이다. 전통적인 '언약'은 죄 문제를 다루는데 있어서 율법에서 은혜로의 이동에 초점이 맞춰져 있다. 그러나 구약성경의 언약 약속은 규범적으로 '새 언약' 안에 있는, 다시 말하면, 예기적으로 경험된 '다가오는 시대' 안에 있는 자들을 향한 확실한 예언의 영의 약속(예를 들어, 사 59:21; 렘 31:31; 겔 11: 19; 36:26; 요엘 2:28-30)이다.

4) 인간의 상태

종교개혁은 사람을 주로 은혜가 필요한 죄인으로 보았다. 구속의 순서에 있어서 성화(윤리)와 부르심(칼빈주의) 안에 성장이라는 것이 있었지만, 이러한 분류 밖에 있는 인간의 은사주의적인 지각과 경험에 대한 넓이와 깊이를 거의 공감하지는 않았다. 성경적인 세계관은 모든 인류에게 고유한 '은사주의' 체험의 범위를 인정한다(렘 32:20; 롬 1:18-20). 즉 사탄적인, 예언적인 또는 물질적인 현상들을 포함하고 있다. '부패에 대한 속박'은 악령의 억압, 질병, 사람의 종교적 전통뿐만 아니라 사회적, 물질적 그리고 환경적 세력 등을 틀림없이 포함하고 있다. 이러한 신학적 강조는 '신

---

18) Dunn 1970.

학적 해결책을 제시하기 전에, 무엇이 문제인가, 다시 말하면, 인간의 상태가 문제인가?라는 것을 묻는다.

5) 구원

인간의 상태와 관련되어있는 것이 구원이다. 전통적으로 '구원'은 죄 용서, 중생, 윤리적 생활 그리고 천국에 대한 믿음 등을 수반한다. 성경연구를 통해 구원은 압제자(인간과 악령)와 육체적 치유로부터의 구출을 포함하는 개념으로 확장되었다. 신약성경에서 구원에 대한 의미론적 분석은 비록 윤리적인 것을 포함하고 있지만 육체적인 영역 쪽에서 그 용어를 더욱 더 사용하고 있다. 예를 들어, 문맥이 분명한 경우, 실제로 복음 안에 '구원'(sotēria, 소테리아)에 관한 모든 언급은 원칙적으로 육체적 치유에 해당된다. 신약성경에서의 구원은 전통적인 복음주의 견해보다 매우 폭넓은 개념이다.

6) 기적

'기적'에 관한 전통적인 개념은 합리적인 인식론과 자연에 대한 반 성경적 개념에 의존하는 바가 크다. 기적은 대개 증거(기적은 복음을 위한 '증거'이다)의 역할을 하거나, 전통적인 '구원'에 대한(시각장애인이 복음의 빛을 본다, 청각장애인이 하나님의 말씀을 듣는다, 등등) 비유적 역할을 한다. 성경연구에 의해서 기적에 대한 개념은 신앙과 계시를 표출하는 요소들을 포함하고 있는 성경적 세계관에 훨씬 더 가까워졌다. 성경적인 근거에 따라, 유감스러운 영어 번역 '표적'(sign)이 암시하는 것 같이 하나님의 '전능하신 행위'는 복음을 '가리키지' 않았지만, 오히려 복음을 표현해주었다고 누군가 주장할 수 있을 것이다. 그리고 그것이 복음을 입증하지 않지만, 그것이 곧 복음 이라고 또한 말할 수 있을 것이다. 기적은 죄에 대한 그리스도의 대속을 약화시키지 않지만, 아픈 자를 위한 그분의 대속을 확언해 준다(마 8:16).

7) 기독론

전통적인 기독론은, 하나의 모범으로서 그리스도의 인성과 기능과 비교하여, 죄에서 구원하시는 그 분의 유일성과 신성을 강조해왔다. 자유주의 신학은 그리스도의 인성적인 기능을 강조하고 있으나, 복음주의자들은 그러한 강조를 거부하고 있다. 성경신학은 보다 큰 균형을 회복시켰다. 이러한 점에서 신약성경은 예수님을 성령의 전달자와 표현자, '기름부음을 받은 자', 곧 모든 믿는 자들을 위해 성령의 인도를 받으시며 사역의 원형으로 섬기시는 이상적인 성자로서 강조하고 있다.

8) 제자도

성경적인 기독론은 불가분하게 하나의 중요한 목적을 드러낸다. 즉 이것은 모든 신자들을 위한 제자도의 모범으로서 그리스도를 닮아가는 것으로-신약성경의 거대한 주제-전통적인 신학과 성경신학 모두 안에서 주로 소홀히 여겨졌던 주제다. 제3세계는 이적과 은사주의 사역을 포함한 그리스도의 사역의 모든 측면을 닮아가기 위해 신약성경의 요구에 더욱 조화를 이루고 있다. 그 다음으로 이와 같은 통찰력은 전통적인 복음주의 제도 안에서 라기보다는 목회 훈련에 대한 표현 속에서 더욱 충실하게 적용되고 있다. 전통적인 복음주의 제도라 함은 인격적인 모방보다는 학문적 연구의 대상으로서 예수님의 사역을 이해하는 경향을 말한다. 이러한 상황은 전통적인 개신교가 예수님으로부터 라기보다는 더욱 예수님에 관한 종교라는 비판을 반영하고 있다.

9) 신앙

전통적인 개신교 신학에서 신앙은 세 개의 핵심적 솔라스(solas, 오직)들 중에 하나로서 역할을 하고 있으며, 근본적으로 '행위'와 대비되는 것으로 정의되어 있다. 신앙과 행위 이 두 단어는 '구원'의 수단으로서 경쟁적인 관계를 가지고 있다. 종교개혁 학자들은 '구원 신앙'(모든 그리스도인을 위한)과 '기적 신앙'(교리의 증거로서 사도시대로 제한되는)이라는 이분법을 발전시켰다.

전통적인 조직신학이 '신앙'을 논의하는 경우, 그것은 거의 독점적으로 개신교 '구원'과 관련된 것이다. 이것은 신약성경에 대한 강조가 아니다. 위에서 언급한 신약성경의 다른 주요한 교리들과 더불어, '신앙' 교리는 폭넓고 규범적인 은사주의 체험과 강력하게 관련되어 있다. 신약성경의 내용을 분석해보면, 제자들에게 하셨던 예수님의 가르침의 상당한 분량-약 절반정도-은 거의 종종 기적적인 이야기의 정황 속에서 신앙의 영역을 다뤘다는 점을 알 수 있다. 신약성경에서 피스티스(*pistis*, 신앙) 어족 언어들('신앙/믿다'[faith/believe])에 대한 분석은, 전후 문맥이 신앙을 '겨냥한 결과물'로서 명백한 경우, 총 230개의 성경 구절 중에 93개, 즉 40%가 치유와 또 다른 능력의 행위를 언급하고 있다는 것을 보여주고 있다.

10) 기도

기도 교리는 보통 교회학에 포함되고 있지만, 전통적인 복음주의적 분류체계에서 또는 성경 연구에서 거의 주목 받지 못했다. 그럼에도 불구하고 기도는 신약성경의 중요한 주제이다. 예수님은 약 26회에 걸쳐 기도하신 걸로 기록되어 있다. 바울은 자신이 기도하고 있는 바 그 목적은 바로 교회의 영적 성장을 위한 것이라고 종종 표현한다. 종말론적 양상과 관련된 신약성경의 많은 부분들이 기도와 찬양 그리고 예배 안에 표현되어 있다. 미래 복음주의 신학과 실천은 기도를 하나의 주된 강조점으로 포용하는 것이 필요하다.

11) 교회학

교회에 대한 전통적인 교리는 일반적으로 은사주의 측면을 소홀히 여기는 가운데 교회학에 대한 신약성경의 정황을 끌어안는데 실패했다. 오히려 전통적인 교회학적 구조는 신학적인 관심과 타당성에 대한 필요성을 발전시켰다. 성경신학은 특별히 은사를 통하여 '상호 교화적인' 개념을 회복하면서 공동체의 형성 과정에 더욱 더 민감함을 보여주었다. 교회에 관해 논하고 있는 신약성경의 정황을 조직적으로 분석할 경우, 거기에는 현대의 '셀 교회'에 아주 가까운 모델이 있다는 것을 볼 수 있다. '셀 교회' 회원에 대한 개념이 단순히 영적 지식의 소비가 아니라, 오히려 '그리스도의 몸을 세우기'를 지향하는 하나의 은사주의적인 기능으로 묘사하고 있다.

3. 결론

이상적으로 말하면, 세계적인 오순절 및 은사주의 복음주의자들은 미래 여행의 궤도선상에 있다. 저들의 운명은 자신들의 복음주의적 뿌리를 부정하는 것이 아니라, 그것을 확고히 하는 것이다. 특히 성경에 대한 절대적인 헌신과 그리스도인의 신앙과 생활 모든 영역에 스며드는 하나님의 능력에 대한 명백한 강조를 확증해야 한다. 만일 솔라 스크립투라(*sola scriptura*, 오직 성경)의 원칙이 복음주의적 정체성의 기초라고 한다면, 우리는 복음의 저자가 되시는 주 예수 그리스도의 성령 기름부음 받은 유앙겔리온(*euangelion*, 복음)과 참된 '복음주의적' 미래 안에서 복음의 역할을 나타내기 위하여 신약성경의 명령을 기꺼이 그리고 반드시 재검토해야 한다.

Bibliography

Althaus, P. (1966), *The Theology of Martin Luther*, trans. R. C. Schultz, Philadelphia: Fortress Press (German original 1963).
Barna, George (2001), 'A Profile of Protestant Pastors in Anticipation of "Pastor Appreciation Month", September 25, 2001', http://www.barna.org/cgi-bin/PagePressRelease.asp?PressReleaseID=98&Reference=B
—— (2002), 'Barna's Beefs: His Nine Challenges for American Christianity', *Christianity Today* 46.17 (5 August): 35.
Barrett, David M. (2002), *The Encyclopedia of Christianity*, New York: Oxford University Press.
Blank, R. (1996) *Teología y Misión en América Latina* [Spanish: Theology and Mission in Latin America], St Louis: Concordia.
Cox, Harvey (1995), *Fire from Heaven: The Rise of Pentecostal Spirituality and the*

Reshaping of Religion in the Twenty-First Century, Reading, MA: Addison-Wesley.

Dunn, James D. G. (1970), 'Spirit and Kingdom', *Expository Times* 82.11 (November): 36–40.

Ewart, Frank J. (1975), *The Phenomenon of Pentecost*, rev. ed., Hazelwood, MO: Word Aflame Press.

Gunkel, Hermann (1979), *The Influence of the Holy Spirit: The Popular View of the Apostolic Age and the Teaching of the Apostle Paul: A Biblical-Theological Study*, trans. Roy Harrisville, Philadelphia: Fortress Press (German original *Die Wirkungen des heiligen Geistes*, 1889).

Jenkins, Philip (2002), *The Next Christendom: The Coming of Global Christianity*, New York: Oxford University Press.

Lester, Toby (2002), 'Oh Gods!' *Atlantic Monthly* (February) http://www.The-Atlantic.com/issues/2002/02/lester.htm

Linder, Eileen W. (ed.) (2002), *Yearbook of American and Canadian Churches 2002*, Nashville: Abingdon.

Luther, M. (Works) *The Works of Martin Luther* (1955–), St Louis: Concordia.

Matviuk, Sergio (2002), 'Pentecostal Leadership Development and Church Growth in Latin America', *Asian Journal of Pentecostal Studies* 5.1: 164.

McGee, Gary (2001), 'Miracles and Mission Revisited', *International Bulletin of Missionary Research* 25.4 (October): 146–156.

Noll, Mark A. (2002), *The Old Religion in a New World: The History of North American Christianity*, Grand Rapids: Eerdmans.

Poloma, Margaret and Brian F. Pendleton (1989), 'Religious Experiences, Evangelism and Institutional Growth within the Assemblies of God', *Journal for the Scientific Study of Religion* 28.4 (December).

Ruthven, Jon (1993), *On the Cessation of the Charismata: The Protestant Polemic on Post-Biblical Miracles*, Sheffield: Sheffield University Press.

—— (2001), 'Between Two Worlds: One Dead, the Other Powerless to Be Born' – Pentecostal Theological Education vs. Training for Ministry', *The Spirit and Church* 3:2 (November): 273–297.

Synan, Vinson (1971), *The Holiness-Pentecostal Movement*, Grand Rapids: Eerdmans.

Wood, Laurence W. (1996), 'The Third Wave of the Spirit and the Pentecostalization of American Christianity: A Wesleyan Critique', *Wesleyan Theological Journal* 31 (Spring): 110–140.

© Jonathan Ruthven, 2003

제11장

복음주의와 정치

스티븐 라자러스

1. 서론

 형용사 '기독교적'(Christian)이라는 단어를 오늘날 '정치'라는 말 앞에 놓고 함께 사용할 때, 그것은 무엇을 의미하는 것일까? '기독교적 정치'라는 바로 그런 생각은 많은 사람들에게 다소 이상하거나 상반될 것같이 보인다. 이 두 단어는 서로 어울리는 것처럼 보이지 않는다. 그렇지만 이러한 질문이 미국의 수도 워싱톤 DC에서 최근에 개최되었던 복음주의 그리스도인들의 한 토론회에서 논의된 바 있다.[1] 사람들은 아주 다양한 답변들을 제시하였다.

---

1) 고든 대학교(Gordon College, Wenham, MA) 기독교 연구센터(Center for Christian Studies)의 후원 하에 2002년 5월 10일부터 11일까지 대중 정치에 관한 토론회(Collegium Conversations on Public Policy)가 개최되었다.

어느 한 교수는 기독교 정치는 무엇보다도 개인적인 자유를 증진시키는데 관심을 가져야 한다고 주장하였다. 설령 어떤 사람들이 부도덕하거나 잘못된 생활양식을 택했을지라도, 기독교 정치는 시민들이 선택한바대로 살아가고 예배하는 저들의 자유를 보장해주어야 한다고 말하였다. 다른 참가자들은 기독교 정치는 주로 죄와 악을 억제하고, 사회의 질서를 보존하는 일을 해야 한다고 주장하였다. 어떤 이들은 그리스도인들이 정의를 추구하도록 국가를 움직이게 해야 한다고 하였다. 그리스도인들의 공동체는 비폭력을 설파하고 국제적인 분쟁을 평화롭게 중재하는 일을 우선적으로 촉진시켜야 한다는 또 다른 목소리도 있었다. 그날의 끝 무렵까지, 기독교 정치에 대한 종합적인 접근방식이 어떠한 모습이 되어야 한다는 것에 분명하게 일치된 의견은 거의 없었다.

수십 년 전, 영국 문화 평론가이며 C. S. 루이스(C. S. Lewis)의 제자였던 해리 블래미어(Harry Blamires)가 교회 안에 탁월한 기독교적 사상이 부족하다는 것을 진단한 바 있었다. 대부분의 그리스도인들이 현시대의 세속적인 기류에 자신들의 사상을 넘겨주었다고 결론지으며, '더 이상 기독교 지성은 없다'고 한탄했다.[2]

이러한 결과로 말미암아 따르는 많은 문제점들이 오늘날 계속되고 있다. 그 결과가 교회와 세상 그 두 곳에 극도로 명확하게 보인다. 그 결과들 중 가장 중요한 점은 많은 국가에서 문화와 사회에 대한 기독교의 대중적 영향력이 거의 감지할 수 없을 수준으로 약화되었고 줄어들었다는 점이다. 사실 예수님의 메시지와 초청은 그분의 제자들이 하나님의 통치 하에 있는 이 세상에서 풍성한 삶을 누릴 수 있도록 해주어야 한다. 그러

---

[2] Blamires 1963: 3을 보라. 오늘날의 상황에 관련해서 미국 종교역사가 Mark Noll은 '복음주의 지성의 스캔들은 복음주의 지성이 많이 존재하지 않는다는 것이다'라고 비슷하게 언급한바 있다. Noll 1994: 3.

나 그분의 메시지와 초청은 정치적이고 문화적인 사회 참여를 포함하여 생활 모든 측면에서 저들의 삶에 방향성을 제공해주기 보다 오히려 사적인 예배 방식으로 또는 천국에서 천사들과 함께하는 사후세계에 이르는 입장권 정도로 점점 더 축소되고 있는 상황이다. 여하튼 기독교 신앙은 정치 또는 국정운영 기술과 같은 '이 세속적인' 문제들과 거의 관계를 갖지 않고 있다.

복음주의자들이 만약 미래 정치의 모양을 만들기를 원한다면, 기독교 지성뿐만 아니라 기독교 정치적 사고방식을 개발하는 것이 그들에게 필요하다는 것을 본 논문은 주장하고자 한다. 기독교 지성을 개발하는 일부분은 그리스도께 순종하면서 정치적으로 사고하고 행동하는 능력을 개발하는 것이다. 그렇지만 오늘날 많은 국가에서 대부분의 정치 수련생들뿐만 아니라 대부분의 정치 지도자들과 그리스도인들은 기독교 신앙과 정치 간의 관련성에 관한 논쟁을 색다른 어쩌면 아주 부적절한 것으로 간주할지도 모른다. 어떤 사람들은 심지어 위험스럽게 생각할지도 모른다. 기독교 신앙의 관점 또는 기독교 세계관은 정치적 사안들에 관한 어떤 특별한 통찰력을 거의 제공하지 않는다고 단순하게 추측한다. 이른바 신앙은 '사적인' 문제라는 것이다.

반면에 기독교 신앙-그것이 주권적인 창조주 하나님, 이 세상을 위한 그 분의 목적, 그리고 그리스도 안에서 다가오는 하나님의 통치를 가리키는 것처럼-은 그것이 영적인 것만큼, 생득적으로 대중적이고 정치적이다.[3] 그리스도인과 비그리스도인 둘 다 이러한 진리를 종종 무시한다. 복음주의자들은 세계의 모든 나라에서 정치적 체제의 시민들이다. 기독교

---

3) 예를 들어, Oliver O'Donovan은 '왕', '왕국', 그리고 '통치'와 같은 성경적인 용어들은 그것들이 지닌 명시적이고 정치적인 의미를 떼어 놓고는 완전하게 이해되어질 수 없다고 말한다. O'Donovan 1996을 참조하라. 서양의 정치 전통 속에서 정치사상과 기독교 신학 간의 반복되는 상호작용에 대하여 종합적으로 다룬 O'Donovan & O'Donovan 1999를 보라.

전통은 종종 그리스도를 '만왕의 왕이요 만주의 주'라고 선포한다. 이것이 바로 정치적인 직함이 아닌 그 무엇이겠는가![4] 문제는 기독교적 또는 복음주의적 정치와 같은 것이 있느냐 없느냐가 아니라, 오히려 복음주의자들이 정치 참여를 통해 주님을 섬기고자 할 때, 어떠한 정치 형태를 가지고 있느냐, 또는 어떠한 형태를 가져야만 하는가에 있는 것이다.[5]

복음주의자들은 정치인들에게 정직하라고 더욱 더 요구해야만 한다. 그렇지 않으면 지지자는 특별 정부 프로그램을 위한 자금 지원을 늘리거나 줄일 것이다. 복음주의 정치인들은 대중적인 정치적 사안에 관한 유익한 판단을 내릴 수 있도록 기독교적 체제를 발전시킬 필요가 있다. 토론장에서 논의된 질문을 더욱 분명하게 하기 위하여, 하나님이 세우신 제도로서 정부의 적절한 책무는 무엇인가? 국가 권력의 사용에 있어서 적절한 한계점은 무엇인가? 정부가 자신에게 해당하는 특별한 임무를 적절하게 수행하고 있는지를 그리스도인들이 어떻게 평가할 수 있는가? 이러한 질문들에 효과적으로 대답하기 위해서, 기독교 국민들과 정책 입안자들은 그리스도의 제자들로서 자신들의 가장 깊이 있는 신앙에 기초한 정치와 인류 번영을 위해 포괄적인 비전이 필요하다.

복음주의적 관점이 된다는 것은 그 관점을 좌우하는 개념이 이 세상 안에서 성경의 증거와 성 삼위 하나님의 사역을 통해 제공되어야 하고 구체화되어야 하는 것이다. 그 개념이 역사적으로 알려져 있는 것이기 때문에 정치계에 있는 복음주의자들은 성경 전체의 증거를 신중하게 다루어야만 한다.

본 장의 논증은 다음과 같이 전개될 것이다. 첫 번째 부분은 20세기 복

---

4) 계 19:16 (영어성경은 NRSV를, 한글성경은 개역 개정판을 따랐음–역주).
5) 예를 들어, 복음주의의 정치 참여를 혁신적으로 연구한 Paul Freston의 글을 참조하라. Freston 2001.

음주의자들이 정치 참여를 위해 채택한 몇 가지 다양한 입장을 살필 것이다. 대다수의 이러한 입장들이 없어서는 안 될 기독교 정치 증인의 성장을 방해하거나 양성하고 있지 않기 때문에, 향후 100년 내에 신자들은 자신들 앞에 놓인 산적한 수많은 일들을 맞이하게 될 것이다.

정치에 관한 최근의 복음주의적 생각이 우리의 생활을 위하여 성경의 기본 줄거리와 메시지에 충실하고 있는가? 특정 국가의 국민으로서 모든 그리스도인들에게든지, 또는 하나님과 다른 사람들 앞에서 특별한 책임을 지닌 공직자로서 몇몇 그리스도인들에게든지, 이러한 질문은 매우 중요하다. 과거의 몇몇 위험요소를 피함으로써, 복음주의자들은 신앙에 근거한 그리고 성경적 세계관에 더욱 일치하는 미래의 통치와 정치에 대한 새로운 접근방식을 개발할 수 있을 것이다.[6] 그러나 정치란 항상 단순한 지적훈련 그 이상이다. 복음주의자들은 정치에 관해 생각하는 새로운 방식 그 이상의 것이 필요하다. 주님께 대한 정치적 순종은 새로운 정치적 사고와 그리스도께 대한 새로운 헌신으로부터 흘러나오는 새로운 정치적 행동을 요구한다. 미래 정치의 모양을 참되게 형성하기 위해서, 복음주의자들은 정치를 위해 그리스도께서 세우신 차별적 특성을 실제적으로 구체화할 필요가 있을 것이다.

이러한 각성이 가능한 것은 그리스도의 구속이 참되기 때문이다. 그것은 널리 영향을 미치고 있다. 복음주의적 정치 지도자들과 국민들을 위한 도전의식이란 그리스도 안에서 하나님의 구속과 은혜로운 다스림에 대한 반응으로 정치와 통치에 참여하는 것이다. 그리스도의 사랑과 주권에 대한 순종은 틀림없이 통치의 사회적 구조와 업무에 영향을 줄뿐만 아니라, 각 개인과 가정의 '신앙적인' 또는 '인격적인' 생활에도 영향을 줄 것이

---

6) 성경적 세계관에 대한 자세한 아이디어에 관하여 Wolters 1985를 참조하라. 또한 이 책에서 세계관을 다룬 장(chapter)을 보라.

다. 따라서 정치에 종사하는 복음주의자들은 그리스도의 목적을 분명하게 보여주기 위해 계획된 새로운 공공 정책을 마음속에 그려보고, 그것을 규정으로 제정하는 기회-실제로 소명-를 가지고 있다.

복음주의자들이 만약 모든 국민을 위한 공의를 촉진하고 공익을 도모하는 책무를 감당했었다면, 사회가 얼마나 달라졌겠는가? 두 번째 부분은 미국과 영국의 복음주의자들에 의해 진행되는 혁신적인 정치 참여의 한 가지 실례를 다룰 것이다. '신앙 기반 운동'의 일부로서 공공 정책 분야에서 행하는 저들의 수고는 몇 가지 교훈적 가르침을 제시하고 있다. 복음주의자들이 자신들의 문화와 기독교적인 정치 사안을 연계시키기로 결심할 경우, 그들은 현대적(그리고 점차적으로 후현대적) 토론 공개광장에서 아마 많은 어려움을 맞게 될 것이다. 마지막 부분은 복음주의자들이 특별한 기독교적 동기 속에서 미래 정치의 모양을 형성할 수 있는 몇 가지 기본적인 방안을 제안할 것이다. 그들은 신앙으로 헌신된 모든 국민들을 위하여 대중적인 생활에 보다 뛰어난 정의의 기준을 구현할 것이다. 그렇게 함으로써 그들은 세속주의의 성장에 강력하게 대응할 수 있으며, 그리스도 왕국의 도래를 기대하는 가운데 하나님의 은총을 증거 할 수 있을 것이다.

2. 정치에 대한 복음주의적 접근방식

싸움이 난무하는 정치계의 참여여부 또는 참여방법을 놓고 복음주의자들 간에 의견이 일치하는 경우가 종종 있다. 미국과 영국 교회 출신의 100명의 복음주의자들에게 정치에 대한 그리스도인의 역할에 관하여 물어볼 경우, 상충되는 다양한 견해들을 들을 수 있을 것 같다.[7] 적어도 네

---
7) 지난 수십 년 넘게 미국과 다른 나라들의 복음주의자들이 따랐던 입장에 대한 세부적인

가지의 각기 다른 분명한 입장에 종종 직면하게 된다.

1) 분리

첫 번째로 '분리'(withdrawal) 또는 '구분'(separation) 입장이 있다. 이러한 접근방식은 그리스도인들이 정치 또는 정부 조직의 일에 종사하지 말 것을 권하고 있다. '분리' 입장을 옹호하는 자들은 정치란 종종 유혹이 득실거리는 아주 '더러운 일'이라고 논박한다. 권력은 인간을 타락시킨다. 정치계에 있는 그리스도인들은 자신들의 소신을 타협하거나 영향력과 권력을 얻기 위하여 복음과 맞바꾸려는 유혹을 받게 될 것이다. 따라서 저들은 자신들의 도덕적 순수성을 보존하기위하여 반드시 정치를 경원시해야 한다. 미국 복음주의 목사 에드 답슨(Ed Dobson)과 보수주의적 기독교 저널리스트 칼 토마스(Cal Thomas)는 자신들의 저서『권력에 사로 잡혀 있는』(Blinded by Might)에서 이와 같은 유형의 입장을 수용하고 있다.

> 만일 당신이 치사하게 행동하지 않는다면, 승리를 얻을 수 없다. 만일 윤리적인 기준을 따라 행동하는 착한 사람이라면, 당신은 틀림없이 패하게 될 것이다. 이것이 보수주의적 그리스도인들이 반드시 몰두해야만 하는 일종의 과정이란 말인가? 만일 그렇다면-만일 저들이 이러한 수준의 정치까지 틀림없이 내려가야 한다면-저들은 정말로 보다 위대한 왕국, 보다 위대한 왕을 섬기고 있노라고 말할 수 있는 것일까?[8]

이 입장의 지지자들은 사회를 변화시키기를 원한다면, 먼저 죄로부터

설명에 대해서는 Skillen 1990 그리고 Skillen, Herbert & Good 2001을 참조하라.
8) Thomas & Dobson 1999: 142.

각 개인의 영혼을 구하는 일에 주력해야 한다고 주장한다. 각 사람이 회심을 할 때, 저들은 새로운 정치적, 사회적 입장을 수용하리라고 본다. 신자들은 선교 기관이나 교회 등에서 복음전도자로서 일할 것을 권고 받는다. 정부기관이나 정치계는 구원과 거리가 먼 죄악 된 곳이기 때문에 그것들에 많은 희망을 걸지 말라고 한다.

사업이나 의학 그리고 심지어 교회사역 등과 같은 다른 직업들이 일으킬 수 있는 것처럼, 정치와 통치가 수많은 도덕적 도전과 유혹을 일으킬 수 있는 것이 사실이다. 그렇지만 복음주의적 관점에서 볼 때, '분리' 입장에는 중대한 문제점이 있다. 첫째, 어째든 하나님의 임재와 능력이 정부 또는 정치계에서 일하는 신자들에게 역동적이거나 효과적이지 않은 것으로 가정한다는 것이다. 하지만 성경은 그리스도가 모든 창조물, 즉 정부를 포함한 삶의 모든 양상위에 계시는 주님으로 가르치고 있다. 그리스도는 비가시적인 하나님의 형상이시다.[9] 그리스도의 제자들이 사회 불의를 고치거나 입법 활동을 통해 연약한 사람들을 보호하고자 할 때가 아니라, 저들이 오직 영혼을 구원하거나 선교활동을 할 때에만 왜 하나님의 주권적인 능력이 저들을 돕기 위해 강력한 힘을 발휘하는 것인가?

둘째, 그리스도인들이 분리와 구분 입장을 선택할 때, 저들은 타락한 세상에서 개혁과 구원을 위한 소금과 빛 그리고 대리인이 되라는 하나님의 소명을 무시하게 된다.[10] 신문의 주요기사는 현명한 정치 지도력과 사회 개혁뿐만 아니라, 영적 갱신이 절대적으로 필요한 세상임을 알려주고 있다. 더욱이 교회를 고립시킴으로 인해, 교회가 너무 '신성한 것'에 치우치는 위험을 무릅쓰게 될 수 있으며, 따라서 참으로 이 땅에서 어떠한 선행도 행하지 못할지도 모른다.

---

9) 골 1:15-20. Wolters 1985, ch. 4: 57-71을 보라.
10) 마 5:13-16.

셋째, 공공 생활의 형성을 돕도록 하나님이 어떤 한 사람에게 주신 의무를 다른 사람에게 넘겨준 것에 대하여 대가를 치러야한다. 즉 정치, 입법 그리고 공정한 집행이 '하늘 그리고 땅의 모든 권세를 내게 주셨으니'[11] 라고 선언하셨던 그리스도의 외침과 상관없이 이뤄지도록 허용하는 셈이다. 그리스도의 통치가 정치권력의 사용과 아무런 관련성이 없는 것으로 간주될 경우, 현 세상에서 인간 생활과 정의를 위해 지불해야 하는 비용은 엄청나며 고통스러운 것이다. 그리스도인들이 정치에 참여하든지 안하든지 간에 정치는 계속된다. 정치 의사 결정자들은 이러저러한 지도지침을 따른다. 그리스도를 떠난 우리는 자신을 파멸로 이끄는 우리 자신의 이상과 거짓된 '구원자들'을 따르게 된다. 즉 공산주의, 유대인 대학살, 낙태, 인종차별, 경제적 착취 그리고 테러리즘 등과 같은 것들이다.

오늘날 종종 세속주의-그리고 정치권에 존재하는 종교가 아니라-는 인류 생활의 정의와 존중을 위협하고 있다.[12] 정치적 대립 뒤에는 영적 비전의 충돌상태가 벌어진다.[13] 정치와 문화에 영향을 끼치는 일로부터 뒤로 물러서게 될 때, 삶의 모든 영역과 관계를 맺고 있는 하나님의 나라와 영광을 위한 고군분투로부터 우리는 움츠릴 수밖에 없다. 신앙의 이러한 손실로 인하여 세상은 더 고통을 겪게 된다. 기독교 정치 사상가 버나드 자일스트러(Bernard Zylstra)는 다음과 같이 기록하고 있다.

> '지배권과 권력, 지금 현존하는 어두움의 세상 통치자, 오늘날의 악한 자들의 영적 무리'-그들은 자신들의 존재를 노출하지 않는다. 따라서 이러한 권세들이 교육제도, 미디어, 정치 집단 그리고 산업 건설의

---

11) 마 28:18(영어성경은 NIV를, 한글성경은 개역 개정판을 따랐음-역주).
12) Marshall 2002: 1-17.
13) Dooyeweerd 1979: 105-110; 또한 프린스톤(Princeton)의 Robert George 교수는 낙태, 포르노그래피, 동성애 그리고 생명윤리와 같은 사안들과 관련하여 이와 같은 영적인 문제를 설명해주고 있다. George 2001을 보라.

신화 등의 수단을 통하여 우리에게 다가옴에 따라, 이들은 우리의 일상생활에 영향을 끼친다. 붕괴되고 있는 사회의 문제점들에 대한 해결책을 찾기 위해서 이 시대를 위해 결정을 내리는 사람들과 시대에 민감한 젊은이들이 기독교로 돌아서지 않는다는 것은 놀랄만한 일이 아니다. 기독교 지지자들…즉 복음(에반젤, *evangel*)주의적[좋은 소식]이라는 이름을 자랑스럽게 지니고 있는 사람들에게 있어서, 이러한 것들은 어둡고 음산한 날을 위한 빛의 원천으로서 근본적으로 새롭게 하는 복음의 능력을 믿는 신앙을 보여주고 있지 않는 것이다.[14]

2) 우위성

몇몇 복음주의자들이 채택하고 있는 두 번째 입장은 아주 정반대로 공공 토론광장에서 우위성(dominance)을 얻으려고 노력하는 것이다. 사회 안에 증가하는 부도덕성, 세속주의 그리고 사회적인 문제점에 직면하게 될 때, 분리 입장은 이 행동주의자들을 위한 선택 사항이 아니다. '어느 하나의 세계관이 보다 우세적이라면, 우리의 세계관으로 삼아야 한다!'는 것이 저들의 주장이다. 다른 신앙체계나 문화에 대항하는 기독교 생활양식을 위하여 이 복음주의자들은 공공 생활에서 하나의 특권적 위치를 확보하고자 정부 권력을 사용하려고 노력한다.

정부는 자신들의 신앙과 관습 그리고 전통을 특별하게 인정하고 거기에 알맞은 신분을 제공해야한다고 저들은 주장한다. 만약 미국이나 영국 같은 나라의 정부가 기독교적 토대와 유산으로 되돌아가지 않는다면, 사회의 도덕적 쇠퇴는 더욱 악화될 뿐이라고 저들은 외친다.[15]

---

14) Zylstra 1970: 19.
15) 미국 내에서 이러한 입장의 지지자들에 대한 자세한 그리고 역사적인 기록물에 관해서는 Brown 2002를 보라.

예를 들어, 그리스도인 연합(Christian Coalition)-미국 내 영향력 있는 정치집단-은 정부가 운영하는 공립학교 교실에서 기독교의 기도 행위가 다시 복구되어져야 한다는 것을 공약의 일부로 내세우고 있다. 1962년, 미국 대법원은 정부가 후원하는 기도는 미국 정부가 특정 신앙을 국가의 공식적인 종교로 설치할 수 없다는 필수조항을 위반했다는 근거에 따라 학교 기도를 위헌적인 행위로 선포하였다.[16] 기도 행위가 다른 신앙을 가진 어린이들에게 본인들의 의지나 그들의 부모의 의지와는 달리 기독교적 종교 활동에 참여하도록 요구하기 때문에 대법원은 학교에서 기도하는 것을 금지시켰던 것이다. 그렇지만 '우위성' 전략을 채용하고 있는 학교 기도의 수호자들은 미국이 그리스도인들에 의해서 세워진 그리고 다수의 그리스도인들로 구성된 '기독교 국가'라고 역설했다. 이러한 근거에 기초하여 저들은 학교 기도를 허용해야 한다고 주장했다.

미국이 기독교 국가라고 한다면, 정부는 특별히 그리스도인의 신앙과 관습에 정부의 공식적인 승인을 제공할 수 있어야 한다. 소수의 집단은 그와 같은 권리를 갖고 있지 않다. 기독교 정치에 대한 이와 같은 '다수의 규칙'이라는 접근방식은 복음주의자들을 정치적으로 조직화하고, 정부의 각 계층에 그리스도인 후보자를 뽑기 위하여 많은 유권자들을 동원하게끔 만들고 있다. 선거에서 다수로 이김으로서, 미국을 '재 기독교화 하고', 세속주의에 맞서며, 그리고 합법적이고 정치적인 조치를 통하여 공공 생활 내에 기독교를 특별한 위치에 복원시키도록 학교 기도와 같은 공공 정책을 법제화하는 것을 목표로 삼고 있다. 미국 그리스도인들이 '도덕적 다수당'(moral majority)을 변호하고 있기 때문에, 논리적으로 보면

---

16) *Engel V. Vitale*, 320 U.S. 421 (1962). 교회와 국가 간의 분리 개념은 정부를 공격적인 세속주의의 동력으로 삼기 위하여 오늘날 종종 오염되고 있다. 적절하게 이해하자면, 그러한 분리 개념이 종교를 공동 생활의 끝자락으로 밀어내는데 영향을 끼칠 필요는 없다.

그들은 미국의 정치와 사회에 대한 지배권을 되찾기 위하여 민주주의를 틀림없이 사용할 수 있다. '그리스도인 연합(Christian Coalition)의 소명은 간단하다'고 팻 로버트슨(Pat Robertson) 목사는 주장한다. 즉 그것은 '우리가 다시 한 번 꼬리가 아니라 머리가 되며, 정치 체제의 바닥이 아니라 오히려 정상에 있을 때까지-한 번에 한 구역, 한 번에 한 커뮤니티-그리스도인들을 결집시키는 것이다'라고 그는 피력한다.[17]

'분리' 입장과 달리, 이 견해는 그리스도인들이 자신들의 정치적 그리고 시민적 책임을 포기하지 말도록 당당하게 권고하고 있다. '종교적 권리'를 주장하는 그리스도인 연합과 다른 단체들은 최근 수십 년간 수백만의 미국 그리스도인들의 정치적 행동주의를 조성하고 유포시켰다. 그렇지만, '우위성' 전략이 가지고 있는 문제점은 그것이 충분히 기독교적이 아니라는 점에 있다.

다른 사람들보다 그리스도인들에게 호의를 베풀도록 정부권력을 사용할 경우, 이 전략의 옹호자들은 자신들이 그들에게 비쳐지기를 원하는 동일한 존경심으로 다른 신앙의 사람들을 대하지 못할 것이다. 그리스도인들이 마치 공적으로 그리고 개인적으로 자신들의 신앙을 따라 살아가는 종교적 자유를 열망하듯이, 기독교적 양심에 따라 그들은 다른 사람들에게까지 이와 같은 동일한 자유를 기꺼이 확대해야만 한다. 어떤 그리스도인은 다른 신앙을 가진 친구의 종교적 신념과 심하게 일치하지 않을지도 모른다. 하지만 정부의 간섭 없이 자신의 신앙을 실행할 수 있는 자유로움이 동일하게 그 친구에게도 있어야 한다는 것을 생각해야 한다. 이러한 관용은 유약함이 아닌, 강력함의 표시이다.

하나님은 죄인들을 향해 참으시고 은혜로우시다. 회개를 요구하고 있

---

17) www.geocities.com/capitolhill/7027/quotes.html에 있는 'Quotes from the Religious Right'에서 인용하였다.

으나, 그것을 강요하지는 않으신다. 곡식과 가라지에 관한 예수님의 말씀처럼,[18] 복음이 온 땅에 이르는 동안, 하나님은 은혜롭게도 구원받은 자들과 그렇지 않은 자들이 삶의 축복을 최후 심판 때까지 나란히 즐기도록 허용하고 계신다. 공적인 토론 광장에서 자신들의 반대자들을 완전하게 제압하려 하기 때문에, 몇몇 복음주의자들은 하나님의 이와 같은 은혜를 그냥 놓쳐버리고 있다. 엄밀히 말해서 그들 역시 교회가 가지고 있는 책무를 정부에 잘못 떠넘기고 있는 것이다. 사회에서 일고 있는 잘못된 종교적 신념을 교정하고 종교적 정통성을 장려하는 것은 바로 교회의 책임-정부의 책임이 아니라-이다.

학교 기도를 위해 제안된 법률이 만일 오직 기독교 학생들에게만 자신들의 신앙을 공개적으로 실행하도록 허용하는 것이라면, 다른 신앙을 가진 가정들이 국가가 그들에게 동일한 기회를 자제하도록 하게 하는 것은 어떠한 권한인지를 묻는 것은 아주 당연한 것이다. 통치에 대한 '다수의 규칙' 또는 '우위성' 접근방식은 단지 그리스도인들을 위한 것뿐만 아니라, 모든 국민들을 위해 공의를 추구하는 것이 정부의 특별한 책임이라는 점을 인정하지 않는다. 종교적으로 다양한 오늘날의 사회에서 공적 권력을 통제하거나 단지 하나의 신앙(또는 하나의 세속적인 신앙 체계)을 위해 공적 공간을 독점하려는 정치 전략-다른 사람을 무시하거나 불리하게 만들면서까지-은 모든 그리스도인들에게 영향을 끼칠 수 있는 불법을 조성하는 것이다.

수 세기 동안 그리스도인들이 기독교를 공식적으로 장려했던 정부가 좋은 정부라고 주장했던 것은 참으로 심히 유감스러운 일이다. 그러나 성경과 역사를 숙고하고 있는 가톨릭 교인들과 대부분의 개신교인들은 그와 같은 전통적인 가르침이 교회 또는 하나님께 속한 의무를 정부에

---

18) 마 13:24-30.

게 떠맡기고 있다는 것을 깨닫게 되었다. 그 결과, 웨스트민스터 신앙고백과 같은 신앙 신조문이 수정되어야 했었다. 침례교회와 같은 몇몇 교회들은 국가가 후원하는 신앙을 거부함으로서 자신들을 차별화하였다. 로마 가톨릭교회는 기독교 정부가 가톨릭교회에 반드시 호혜적이어야 한다는 이전의 입장을 단호하게 거부하였다.

신앙의 자유를 인정한다는 것이, 열광적인 세속주의자들이 주장하는 바처럼, 공공광장이 '적나라하게 드러나야'(리차드 존 노이하우스[Richard John Neuhaus] 신부의 기억할 만한 문구를 상기하며) 하고, 종교적 영향력으로부터 완전하게 벗어나야 한다는 것을 결코 필요로 하지 않는다는 점을 강조하는 것은 중요하다.[19] 오늘날 복음주의자들이 우위성 입장이나 냉혹한 세속주의 중에서 어느 것 하나를 택할 필요는 없다. 또는 환원주의적 유행에 따라 현대 정치가 종종 제시하고 있는 것을 택할 필요도 없다. 이러한 점은 다음의 네 번째 입장을 생각하게 될 때 보다 분명하게 드러날 것이다.

3) 마지못한 승낙

논객으로 알려진 영국의 저널리스트 피터 히친스(Peter Hitchens)는 복음주의자들이 종종 수용하는 세 번째 입장을 잘 전해주고 있다. 그는 다음과 같이 기록하고 있다.

> 최근 유행되는 형태의 정치가 종교에 대해 위협적이고 적대적이라는 것 외에 그 밖의 다른 것으로 상상한다는 것은 우리에게 있어서 말도 안 되는 일이다. 우리는 정치에 뛰어들어 영향을 주어야 한다.

---

19) Neuhaus 1986 그리고 Willis 2001.

단 정치의 영향력을 약화시키고 선악 간에 사람들이 스스로 결정할 수 있는 선택을 그들에게 되돌려주어야 한다.[20]

오늘날의 많은 그리스도인은 정부가 필요악이라고 생각한다. 정부는 기껏해야 자유 또는 경제적인 번영과 같은 다른 목적에 이르는 수단으로 작용한다. 최악의 경우, 정부는 자유 또는 그리스도인의 생활양식에 특별한 위협을 제기한다. 이러한 입장은 기독교 정치 개념을 하나의 역설로서 간주하고 있다. 그리스도인들이 참여해야 하는 것이지만, 정치 또는 정부가 특별한 기독교적 사역이 될 수 있다는 생각으로 본인들 스스로를 기만해서는 안 된다. 정치와 죄악은 불가분의 관계를 갖고 있다. 이런 것이 그리스도인의 정치 참여에 대한 부정적이거나 방어적인 생각으로 작용해 오고 있다.

이러한 입장은 교회와 서구 정치사상의 오랜 역사 속에 존재해왔다.[21] 예를 들어, 성 어거스틴은 하나님이 인간의 죄악 때문에 정부를 세우셨다고 믿었다. 인류가 하나님께 대항하지도 죄악에 빠지지도 않았었더라면, 정부가 필요 없었을는지도 모른다. 평화를 보존하고 죄악을 처벌하기 위하여 죄악 된 세상에서 정부가 필수적이지만, 정부가 선한 인간 사회를 위하신 하나님의 본래 계획의 일부는 아니었다. 어느 미국 건국 국부가 기록한 것처럼, '만약 인류가 천사였더라면, 정부가 필요 없었을 것이다.'[22] 성 토마스 아퀴나스 같은 다른 사상가들은 나중에 어거스틴의 견해를 거부하면서, 인간이라는 우리의 사회적 본성으로부터 정부에 대한 필요성이 자연스럽게 자라나게 된 것이라고 주장하였다.[23]

---

20) Hitchens 1999.
21) Skillen 2000b는 이 주제를 심도 있게 탐구한다. St. Augustine, *City of God*, Book XIX을 참조하라.
22) Madison, *The Federal Papers*, No. 51 in Hamilton, Madison & Jay 1961: 322.
23) Aquinas, *Summa*, I q. 96, art. 4.

어거스틴의 견해를 따르는 그리스도인들은 마지못해 정부의 필요성을 인정한다. 정부가 위험으로부터 국민을 보호하고 방어하기 위하여 경찰력과 군대와 같은 중요한 임무를 제공한다고 그들은 인식한다. 다른 국민들처럼, 그들은 빈곤과 다른 사회적 문제들을 극복하기 위하여 정부의 노력에 호의적일지 모른다. 분리적 견해를 지지하는 복음주의자들과 달리, 그들은 정치에 개입한다. 그렇지만 저들의 목적은 정치적 우월성을 추구함으로서 사회를 '재 기독교화하려고' 노력하는 사람들의 그것보다는 신중하다. 이와 같은 복음주의자들은 자의적인 선택으로 정치 정당에 가입할지 모르나, 실질적인 필요성 입장에서 그렇게 하는 것이다. 그들은 정치를 통하여 특별한 기독교적 사안을 추진하고자 하는 일에 힘을 기울이지 않지만, 다른 국민들과 이해 집단들이 하는 것처럼 대개 자기 자신들의 개인적 이익과 관심을 개선하는 일에 주력한다.

4) 소명

복음주의자들이 택하고 있는 네 번째 입장은 정치가 필요악이 아니라, 그것은 하나님의 세상에서 기독교적 섬김을 전적으로 수행할 수 있는 기회라는 것이다. 정치 지도자로서 섬기는 것은 목사로서 봉사하는 일을 통해 하나님을 기쁘게 하는 것과 동일한 소명이 될 수 있다. 이 복음주의자들은 정치와 통치에 종사하는 것은 가정을 돌보거나 사업을 운영하는 것과 동일한 것이라고 믿는다. 정치는 하나님이 자신의 창조물을 위하여 세상 안에 세우신 책임 있는 하나의 특별한 영역이다. 통치는 인간 본성의 일부이며, 정의를 촉진하며 공익을 도모하기 위하여 하나님에 의해서 창설된 것이다. 특별한 의무를 가지고 자신의 창조물을 돌보는 청지기로서 인간에게 공정하게 다스리고 실현하는 능력을 하나님은 부여하셨다.

폴 마샬(Paul Marshall)이 기록한 바와 같이, '정치는 세상에서 실로 중요한 문제들에 관여하고 있으며, 그것을 위한 어떠한 대체물은 없다. 정치는 우리가 살아가도록 만들어진 창조세계의 근본적인 부분이다.'[24]

자녀를 양육하거나 사업을 운영함으로서, 하나님의 뜻을 순종하든지 또는 불순종하든지 간에 여러분은 여러분의 정치적 책임을 수행할 수 있다. 이 복음주의자들은 정의를 추구하도록 정부와 국민을 부르신 하나님의 소명에 대한 응답으로서 정치 참여에 힘쓴다. 공공 정치와 공공 생활을 위한 정의를 기독교적으로 이해하는 특별한 관점에서 정치적 과정에 참여하고자 그들은 애쓰고 있다. 또한 그들은 다른 유형의 정치적 접근방식, 즉 보수주의 또는 자유주의와 같은 세속적인 정치적 이데올로기에 의해 압도적으로 지배되지 않은 방식을 출발 동기로 택하는 것을 좋아한다.[25]

지역, 국가 그리고 국제적인 사건들에 대한 자신들의 정치적 참여를 이끌어 가기 위하여 그들은 하나님이 주신 규범과 성경적 원리를 분별하고자 노력하고 있다. '분리'와 '우위성' 전략과 달리, 그들은 활동적이고 열정적인 정치 참여의 유형을 지지하지만, 공공광장에서 신앙을 가진 모든 사람들을 위해 공의를 증진시키도록 정부를 권고해야 한다고 주장한다. 정치 참여의 목적은 협소하게 기독교의 특별한 유익을 추진하기 위한 것이 아니라, 올바른 사회 질서와 회복을 위하여 정의와 공익에 대한 기독교적 관점을 제공하기 위한 것이다. 이러한 접근방식의 옹호자인 제임스 스킬런(James Skillen)은 '오늘날 기독교 사회와 정치 생활의 부흥을 위한 핵심은 하나님의 명령-정치를 포함한 모든 생활에 대한 하나님의 규범적인 뜻-에 대한 이해를 반드시 회복시키는 것이다'라고 했다.[26]

---

24) Marshall 2002: 35.
25) 예를 들어, Runner 1974: 45-102에 나오는 Lecture II 'Antithesis'를 참조하라.
26) Skillen 1981: 195.

3. 기독교 정치의 초석

이 네 번째 전략은 오늘날 미래 정치의 모양을 추구하는 복음주의자들을 위해 최상의 가능성을 제공하고 있다고 나는 믿는다. 그것은 현실도피주의, 승리주의 그리고 과거의 실패한 전략으로 인한 체념 등 이들 모두를 넘어 새로운 방향을 제시할 수 있다. 그러나 그것은 또한 복음주의자들에게 하나의 중대한 과제를 제시하기도 한다. 복음주의자들에게 있어서 만일 기독교 정치가 순수성을 위하여 분리하거나, 우위성을 향해 질주하거나, 또는 일상적인 것으로 정치를 찬동하는 것이 아니라, 반면 모든 사람을 위해 정의를 추구하는 특별한 기독교적 비전이라면, 이런 것은 과연 무엇과 같은 것인가? 복음주의자들을 이끌 수 있는 특별한 원칙들이 있는가?

첫째, 기독교 정치를 위한 바람직한 체제는 성경적 세계관에 의해서 형성되는 것이다. 성경적 세계관은 창조와 타락 그리고 구속이라는 성경 이야기를 세계관으로 안내해주는 빛으로 삼고 있다. 이러한 성경적 주제는 정치적 생활을 조망할 수 있는 시각을 제공해준다. 우리는 죄에 대한 타락을 시작으로 또는 심지어 구원자 예수님을 시작으로 성경 이야기(또는 정치 이야기)를 말할 수 없다. 태초에 하나님이 세상을 창조하셨으며, 그것도 선하게 창조하셨다. 정부와 정치에 대한 역할을 포함하여 세상의 모든 복잡성이 잠재되어 있는 세상을 인류 사회를 위하여 하나님은 창조하셨다. 복음주의자들은 하나님이 완전한 공의와 정의 안에서 번창하도록 인류를 창조하셨다는 것을 인지하면서 정치적 활동에 참여할 수 있다. 그러나 인간의 죄는 모든 것-가정생활에서 정치생활에 이르기까지, 자녀를 양육하는 것에서 국회 정치에 이르기까지 그리고 그 사이에 있는 모든 것-을 혼란에 빠뜨렸으며, 그 모든 것을 왜곡하고 있다.[27] 이러한 이유 때문에 정부는 종종(유일한 것이 아닌) 죄를 억제하고, 무죄한 자를 보호하고, 그리고 사람들이 법률을 지키도록 보장하는 등의 역할을 한다.

하나님은 창세기의 첫 장으로부터 구약성경 전체 및 신약성경에 이르기까지 사람들을 공의로서 대하고 있다. 예를 들어, 살인에 대해 처음으로 기록된 성경이야기를 생각해 보라. 가인이 아벨을 죽인 이후, 하나님이 공격으로부터 가인을 보호하고 그가 사학하게 시작한 폭력의 순환을 제한하기 위하여, 심판의 일부로서 그에게 하나의 증표를 주었다고 성경은 기록하고 있다.[28] 폴 마샬이 설명한 바처럼, 이 이야기는 후 세대들이 인간의 죄를 억제하고 공의를 유지하기 위하여 세웠던 초기 형태의 법 조항을 만들어 내는데 하나님의 행위가 어떠한 역할을 했는지 보여준다. 그는 다음과 같이 기록하고 있다.

> 형벌이 아벨을 죽인 가인에게 주어졌으나, 반면 가인 자신은 혼란으로 고통 받지는 않았다. 이러한 질서는 가인과 그에게 사적인 보복을 하고자하는 사람 이 둘 모두에게 해당되었다. 가인에게 준 증표가 개인적으로 가인에게 특별한 것뿐만 아니라, 그것은 공의를 유지하기 위하여 하나님이 질서를 정하셨다는 하나의 증표였다. 이러한 질서는 인류 전체를 포괄하고 있으며, 하나님이 계획하신 바처럼, 그들이 서로 간에 배려할 것을 요구하였다.[29]

그러나 죄가 성경 속에 또는 정치 생활 속에 있는 이야기의 끝은 아니다. 그리스도는 죄로 인한 저주의 영향력을 물리치고, 지상에 그의 나라

---

27) Spykman 1992: 301-322; Monsma 1984: 9-31.
28) 창 4:15.
29) Marshall 2002: 39.

를 세우시기 위하여 돌아올 것이라고 약속하셨다.[30] 회개를 통해 구원에 이르는 길을 제시함으로써, 또한 그리스도는 '우리를 흑암의 권세에서 건져내사 그의 사랑의 아들의 나라로 옮기셨으니, 그 아들 안에서 우리가 속량 곧 죄 사함을'[31] 얻게 하셨다.

하나님의 정의가 널리 통치되는 창조세계 아래 산다는 것은 미래의 희망일 뿐만 아니라, 부분적으로 현재적 실재이기도 하다. 그리스도는 그의 피조물을 지금도 회복하고 계신다. 인간 생활의 모든 영역에 접촉해 있는 그의 나라는 그리스도의 충성된 신자들의 사역을 통하여 작지만 번성하는 겨자씨처럼 날마다 번성하고 있다.[32] 그리스도인들이 정치적 업무를 통하여 공의를 실행하거나 하나님께 순종하듯 다른 책임들을 수행할 때, 그들은 하나님의 창조물을 돌보고 회복하는 임무를 공유하게 되는 것이다.

사도 바울에 따르면, 하나님은 자신의 창조세계를 포기하지 않으신다. 오히려 세상은 죄의 파괴적인 결과로부터 완전한 자유를 얻고자하는 간절한 기대 속에 '발돋움하여 서려고 한다.'[33] 하나님의 은혜로 말미암아 정부는 지금도 불의를 허용하거나 인정하는 대신에 공의를 촉진시킬 수 있다. 하나님의 뜻이 '하늘에서 이루어진 것 같이 땅에서도' 이루어지기를 추구하면서, 그리스도의 구속의 축복과 혜택이 창조물의 모든 구석구석에-심지어 복지 정책 또는 국제적인 문제에 대한 논쟁 같은 정치적 이슈들까지-이를 수 있도록 그리스도인들은 추구해야 한다.[34]

성경의 증거를 현실 세계의 정치적 상황에 연계하는 것은 복음주의자

---

30) Wright 1999.
31) 골 1:13-14 (영어성경은 RSV를, 한글성경은 개역 개정판을 따랐음-역주).
32) 마 13:31-32.
33) cf. 롬 8:18-25.
34) 예를 들어, Carlson-Thies & Skillen 1996; Marshall 2002, ch. 8을 보라.

들에게 시급히 요청되는 부분이다. 하나의 영적훈련으로서 복음주의자들은 한손에는 성경을 그리고 다른 한손에는 신문을 가지고 살아야 한다. 그렇게 함으로써 공익을 위하여 궁극적으로는 하나님의 영광을 위하여, 공공 토론광장에 참여하여 정치적 확신을 강력하게 구현해야 할 것이다. 존 칼빈은 '우리는 하나님께 받쳐져 있으므로, 그의 영광을 고려하지 않고, 생각하거나 말하고, 계획하고, 또는 행동해서는 안된다'고[35] 상기시켜 줌으로써, 우리의 일상에(정치 생활을 포함하여) 관한 그리스도의 종합적인 외침을 담아내고 있다.

예를 들면, 창세기를 통하여 성경은 인류가 하나님의 형상으로 창조되었다는 것을 알려주고 있다.[36] 이러한 이유 때문에, 모든 사람들은 자신들의 차이점에도 불구하고 하나님이 손으로 지으신 자신들의 존재감으로 인해 하나님이 주신 위엄을 소유하고 있다고 복음주의자들은 믿고 있다. 각 사람들은 한 사람의 예외 없이 그 '지으심이 신묘 막측'[37]하도록 하나님이 짜놓으신 것이다. 따라서 단지 인종이나 종교에 근거하여 어떤 부류의 사람들을 열등하거나 '이류 시민'으로 선언하는 법령은 위헌적이고 불공평한 것임으로 서둘러 폐지되어야 한다는 것이 시민권에 관한 복음주의적 견해이다. 이러한 정치적 판단을 만들어 내는 것이 바로 인간에 대한 기독교적 관점이다.

둘째, 정치를 위한 기독교적 체제는 공의를 실현하는 것이다. 공의란 사회 속에 있는 개개의 사람 또는 사물에게 마땅히 예정된 것을 제공해주는 것을 의미한다. 공의는 추상적이거나 사변적인 이론이 아니라, 창조주

---

35) 이 인용된 글에서 보듯이 그리스도인의 자기 부정에 관한 미덕을 논하는 칼빈의 도전적인 논증을 살피기 위해서 Calvin, Inst: 3.7을 보라.
36) 창 1:26.
37) 시 139:14.

와 창조물 간에 맺은 언약을 지키기 위한 하나의 개인적 책임이다.[38] 하나님은 공의를 사랑하시는 반면에 불의를 미워하신다고 성경을 반복적으로 가르치고 있다.[39] 기독교 접근방식은 모든 시민에게 공의를 제공해주는 국가를 믿을만한 것으로 지지하는 것이다. 공의를 제공하는 이러한 임무의 일부분으로서 정부는 어떠한 다른 기관도 갖고 있지 않은 특별한 책임을 가지고 있다. 현대 민주주의 사회에서 정부는 정치 과정에 찬반의 의사를 표시하고 참여하는 권리를 시민에게 보장하고 있다. 또한 정부는 법적인 논쟁을 공정하게 해결하도록 공평한 법정 체계를 유지해야하는 의무를 가지고 있다. 정부는 시민들이 생활 속에서 하나님이 주신 소명을 수행하기 위한 필요한 자원들에 접근할 수 있도록 공정한 경제 구조를 증진시키는 정치를 발전시켜야 한다. 이러한 책무들은 국가가 공의를 어떻게 추구하는가에 대한 몇 가지 실례를 보여주는 것에 불과하다.

이러한 책무를 수행하는데 있어서, 정치와 통치란 '힘이 권리를 만든다' 또는 '금이나 총을 가진 자가 규칙을 만든다'는 그런 단순한 사안이 아니다. 정부의 정치는 공의의 규범을 따라야 한다. 하나님은 자신들의 공권력을 슬기롭고 공평하게 사용하기 위하여 정치적 책임을 믿음직스럽게 이행하는 사람들을 지지하신다.[40]

셋째, 정치를 위한 복음주의적 체제는 공의가 사회의 다양한 제도들 가운데서 올바른 관계를 유지하게 하는 것이라는 점을 강조한다. 책임을 지닌 특별한 영역에서 공의를 증진하기 위하여, 생존하고 번창하도록 하나님으로부터 각자 고유한 권한을 받은 사회의 다른 기관이나 집단들과 알맞은 관계를 맺을 필요성이 국가에게 있다. 예를 들어, 정부의 법이 학교

---

38) Jackson 2003: 36; Skillen 2000a를 보라.
39) 시 11:7; 암 5:7-17, 24; 미 6:8; 눅 18:1-8; Sherman 1999.
40) 시 82편; 롬 13:1-4; 골 1:16-17.

는 교육하도록, 회중은 예배하도록, 부모는 자녀들을 양육하도록 하는 능력을 장려해야한다(그리고 방해가 되어서는 안 된다). 공의는 입법권을 지닌 국가가 자신의 권한이 제한되어 있다는 것을 깨닫도록 해야 하며, 그렇게 될 때 다른 기관들은 자신들의 고유한 목적을 수행할 수 있는 것이다.

국가는 공의를 집행하는 의무를 가지고 있다. 그러나 사회의 모든 것을 관리하는 책임을 갖고 있지는 않다. 만약 국민을 위한 공중의 법질서를 유지하는 일 보다 오히려 정부가 가정이나 교회처럼 행동하기 시작한다면, 엄청난 폐해가 뒤따를 것이다. 관료주의에 의해 승인된 하나의 양육 모형에 따라 자녀들을 기르라고 정부가 부모들에게 요구하는 반면에, 그렇지 않고 자기 자신들의 자녀 양육 방식을 고집했던 부모들에게 벌주었던 경우를 상상해 보라!…또는 하나의 특별한 방식으로 예배할 것을 국민들에게 강요하기 위하여 나라의 법이나 경찰력을 동원했던 국가들을 상상해 보라. 예를 들어, 이전에 많은 공산주의 국가들은 기독교 및 다른 종교를 금지하기 위하여 국민들에게 무신론을 강요한바 있었다.

불의가 끔찍하게 자행됐고, 많은 순교자들이 역사에 기록되었다. 국민은 가족 구성원, 부모, 예배자들, 고용인들, 그리고 다양한 기관과 공동체의 회원들을 말한다. 그렇기 때문에 공의 또는 '마땅히 예정된 것을 제공하는 것'이란 하나님의 세상에서 일상생활의 일부분으로 국민이 가지고 있는 수많은 민간적 책임을 존중하도록 정부에게 요청하는 것이다.

이러한 사례들은 기독교 정치에 관한 두 가지 중요한 원칙을 잘 설명해준다. 첫 번째는 '구조적 다원주의'로 알려져 있다. 이 원칙은 다양한 제도와 관계로 전개될 수 있는 잠재력을 지닌 사회를 하나님이 창조하셨다는 것을 인정하고 있다. 따라서 이 원칙은 국가의 법이 건강한 시민 사회의 이러한 필연적 부분들을 반드시 신중하게 다루어야 한다는 것을 정책입안자들에게 상기시켜주고 있다.

두 번째 원칙은 '고백주의적 다원주의'로 알려져 있다. 이 원칙은 인류는 본질적으로 불가피하게 종교적 피조물이라는 점을 인정한다. 모든 사람은 자신들의 가슴에 채워지기를 바라는 하나님이 만드신 빈 공간을 가지고 있다. '비종교적'이라거나 무신론 또는 불가지론을 주장하는 사람들이라 할지라도 삶의 궁극적 의미에 관한 자신들의 깊은 신념을 따라서 행동을 한다. 때문에 인간의 삶이 종교적 그리고 비종교적 영역으로 단순하게 구분될 수 없다. 모든 삶(통치의 임무와 시민권을 포함하여)은 매 순간 우리를 조성하신 창조주에 대한 응답이기 때문이다.

그렇지만 죄와 인간의 반역 때문에 사회의 모든 사람들은 동일한 신앙을 공유하지 않는다. 그렇다면, 다양한 그리고 수많은 신앙공동체에 속해 있는 국민을 국가는 어떻게 공평하게 대할 수 있을 것인가? 고백주의적 다원주의의 원칙에 따르면, 올바른 정부는 공적인 그리고 사적인 생활 속에서 자유로이 자신들의 다양한 신앙을 따라 살도록 자국민의 권리를 그리스도가 다시 오실 때까지 지켜준다는 것이다. 미국 국민은 이러한 근본적인 자유를(그리고 정부를 억제하는) 미국 헌법 첫 번째 수정안을 통하여 잘 인식하고 있다. 이 수정안은 정부가 국민의 신앙의 자유를 존중해야 하며, 어떠한 공식적인 종교를 세우지 않을 것을 명시하고 있다.

복음주의자들은 정치와 공공 정책에 관한 자신들의 생각을 이끌어 가는데 있어서 구조적이며 고백주의적인 다원주의, 즉 이 두 원칙 모두를 사용할 수 있다. 이 원칙들은 발생되는 모든 정치적 문제점을 거의 다 다룰 수는 없다. 그렇게 할 수 있는 원칙은 없다. 그러나 그 원칙들은 사회의 다른 기관들과 관련하여 정부의 올바른 역할에 대한 지침을 세우는데 도움을 준다. 복음주의자들은 국가가 자신에게 주어진 모든 권한과 역량 안에서 또는 그것을 능가하여 일하고 있는지를 판단함으로써, 국가가 사회 공의를 보존하고 향상시키고 있는지를 더욱 더 잘 평가할 수 있다. 우리가 살피게 될 바와 같이, 이러한 원칙들과 자신들의 기독교 세계관을 공공광장에서 행동으로 옮기는 일에 아주 열심인 몇몇 복음주의자들이 있다. 그들은 모든 국민을 위해 공의를 증진시키도록 일하는 복음주의자들의 살아있는 본보기를 제공하고 있다.

4. 복음주의자들과 신앙 기본 솔선

다음과 같은 사실들을 고려해보자. 오늘날 미국에서 약 1,500만 명의 젊은이들이 마약, 범죄 그리고 갱단 등에 연루되어 있는 위험에 처해있다. 약 150만 명의 어린이들이 부모의 큰 보살핌 없이 성장하고 있다. 저들의 어머니 또는 아버지가 감옥에 있기 때문이다. 그들이 장년으로 성장할 경우, 어느 시점에선가 그들 또한 감옥에 갈 경향이 높다는 통계가 있다. 비록 미국이 세계-세계 역사에서-에서 가장 부유한 나라라고 하지만, 어린이를 가진 여섯 가정들 중에서 한 가정 이상이 약 17,000달러의 연간 수입으로 살아가고 있다.[41] 2001년 1월 직무를 시작한지 불과 2주째 되는 시점에서 미국 대통령 조지 부시(George W. Bush)는 여러 사회적 문제들에 관하여 연설하는 가운데 신앙 기반 및 공동체 솔선(Faith-Based and Community Initiative)을 다음과 같이 제안하였다.

> 정부는 빈곤 속에 있는 미국인과 어려움에 처해 있는 이웃들의 필요를 채워주어야 하는 중대한 책임을 가지고 있다. 그러나 정부 혼자서 자선을 감당할 수 없다. 신앙 기반 및 다른 자선 단체들의 절대적이고 과감한 활동이 반드시 뒷받침되어야 한다. 정부는

---

41) Bush 2001a: 1.

자선단체들을 대신할 수 없으나, 그들을 협력자로 환영할 수 있으며 반드시 환영해야 한다. 우리는 미국 전역에 확산되고 있는 공감대, 즉 성공적인 정부의 사회 프로그램이 공동체 섬김 및 신앙 기본 단체-감리교, 모슬렘이나 몰몬교, 또는 전혀 믿음이 없는 선한 사람들에 의해서 운영되든지 간에-들과 함께 효과적인 동반자 관계 속에서 운영되고 있다는 점을 반드시 유념해야 한다.[42]

솔선(Initiative)의 목적은 신앙 기반 및 다른 공공 단체들과 정부 간에 새로운 동반자 관계를 형성하는 것이다. 이 단체들은 노숙자들에게 거처를 제공하고, 중독자들을 도우며, 실직자들을 훈련시키고, 그리고 다양한 사회적 필요성을 충족시키기 위하여 다양한 자선 사업을 해나가고 있다. 정부가 종교 단체들과 함께 일하는 방법에 변화를 주고 향상시켜야 할 것을 부시 대통령은 진심으로 다짐했다. '지금부터 시작이다. 연방정부는 신앙 기반 및 공동체 솔선을 존중하고, 규제하지 않는 새로운 자세를 수용하고 있는 중이다. 그와 같은 프로그램을 기각시키기보다 오히려 수락할 것이며, 그것들을 무시하기보다 오히려 허용할 것이다.'[43]

이러한 정책 목적을 추진하기 위하여, 대통령은 백악관 내에 신앙 기반 및 공동체 솔선 부서를 설치하였고, 핵심적인 연방 기구 안에 사회 프로그램을 집행하는 또 다른 부서들을 두었다. 2001년 8월, 많은 복음주의적 및 여러 신앙 단체들이 공동체 프로그램을 위해서 공적 자금의 지원을 정부에 요청할 경우, 그들이 차별대우와 불필요한 장애물에 종종 직면하고 있다는 것을 백악관은 문서로 남겼다.[44] 공동체가 종교 단체일 경우, 법이 지닌 종교적인 규제 때문에 다른 단체들에게 했던 방식의 업무를 그

---

42) Ibid.: Foreword.
43) Ibid: 6.
44) Bush 2001c. Monsma는 정부 정책이 때때로 관대하거나 지나치게 엄격하는 등 종종 일관성이 없다고 지적하였다.

제11장 복음주의와 정치   437

종교단체에게 제공하는 협약을 할 수 없다는 잘못된 생각을 가지고 정부 기관이 종종 운영되어 왔었다. 여러 해 동안, 전국 전체 주(states)에 있는 공동체 프로그램의 지도자들은 만약 프로그램이 무엇보다도 '모든 종교적인 영향으로부터 자유롭도록' 보기 좋게 고쳐졌더라면, 자신들의 프로그램이 자금 지원을 받았을 것이라는 말을 들었다. 몇몇 사례에 있어서, 실제로 정부의 안내 지침서가 이러한 것을 요구하기도 했다. 하지만 프로그램을 효과적으로 이끄는 것은 신앙 기본 프로그램 안에 있는 '신앙'으로 종종 알려져 있다.[45]

현재 백악관은 개혁을 수행하고 장애물을 제거하는 일에 심혈을 기울이고 있다. 그리고 단지 종교적인 특성으로 인하여 정부와 동반자가 되는 것에서 어떠한 단체도 결코 배제되지 않는다는 것을 보장하기 위해 노력하고 있다. 새로운 정책의 목적은 종교적이든 세속적이든지 간에 모든 단체들을 위한 공평한 환경을 조성하는 것이다.

솔선은 부시 행정부의 대중의 높고 관심과 중대한 사안으로서 미디어로부터 많은 주목을 받았다. 그러나 정부의 안팎에서 일하는 몇몇의 복음주의자들이 배후에서 솔선 정책의 기본 안을 구성하는 일에 협력하고 있다는 점은 잘 알려져 있지 않은 부분이다. 신앙 기본 솔선의 사례는 정의에 관한 성경적 규범에 따라 공공 정책을 구체화하려는 그리스도인들의 탁월한 본보기를 제시해주고 있다.

복지정책 경험을 가지고 있는 사회정책 전문가 스탠리 카슨-타이스(Stanley Carlson-Thies)는 백악관의 법률 및 정책부서의 부국장을 역임한바 있다. 시민 사회에 관한 글을 폭넓게 써온 또 다른 복음주의자 돈 에버리(Don Eberly)는 국장 대행을 역임했으며, 솔선의 출범을 도왔다. 솔선의 중심에서 공공 정책을 지원한 법조계의 지성인은 칼 에스벡(Carl Esbeck)으

---
45) Johnson, Tomkins & Webb 2002.

로서, 그는 법무부의 특별 전문위원회인 신앙 기본 및 공동체 솔선을 이끌었던 기독 변호사였다. 존 디룰리오(John Dilulio)-이부서의 첫 번째 국장이었고 대표적인 가톨릭 사회 과학자이며 공공 행정 전문가인-와 더불어, 상기의 인물들과 다른 지도자들은 미국 정부의 최고 수준에서 공공 정책을 세우려고 노력하였다. 공공 정책을 통해 그들이 추구하고자 하는 혁신은 미국 정치에 있어서 중대하고 새로운 발전을 의미한다.

그러나 기독교 정치의 사색의 세계에서 솔선의 배경적 아이디어는 전례가 없거나 전적으로 새로운 것은 전혀 아니다. 개신교와 가톨릭교회 양측의 정치사상 전통은 이 분야에 선구적 역할을 하였다. 즉 신앙 기본 및 공동체 솔선이 의도하고 있는 바와 같이, 이들은 다양한 사회와 정치 기관들이 공익을 증진시키기 위하여 동반자적 관계 속에서 어떻게 함께 일할 수 있는지에 대한 이해를 이미 잘 개발해 놓았다. 역사적으로 두 전통은 가난한 자들을 돌보는 일은 정부 혼자만의 책임이 아니며, 교회나 다른 종교 기관들의 독자적인 책임도 아니라고 오랫동안 주장해왔다. 그것은 하나의 공동 책임이다. 루이스 루고(Luis Lugo)는 '그 다음으로 주요한 과제는 가난한 사람들을 돌보는 사역에 참여하고 있는 시민 사회 단체들과 정부 사이의 관계를 올바르게 구축하는 것에 있다'고 기록하고 있다.[46]

2003년 현재, 솔선은 정부와 신앙 기반 단체들이 궁핍에 처한 사람들을 섬기는 일에 공동으로 일할 수 있는 방법을 근본적으로 서서히 바꾸기 시작하였다. 사회의 많은 '선한 사마리아인들'의 사역이 과거의 잘못된 정부 정책에 의해 종종 방해 받아 왔었으나, 대통령의 솔선은 현재 정부에게 불필요한 여러 규제(그리고 어쩌면 위헌적인 요소가 있는) 정책들을 뒤엎는 일종의 새로운 규정을 채택하도록 요구하고 있다. 일련의 새로운 규정

---

46) Lugo 1998: 17. 솔선의 배후에 놓여 있는 개신교와 가톨릭의 근원을 보다 유심히 살펴보려면, Marshall 2002: 59-61; Hoover 2000: 4-7, 26을 보라.

은 자선 선택(Charitable Choice)으로 알려져 있다.

자선 선택 하에서, 지금 연방정부는 사회봉사를 위해 다른 기구들이 오랫동안 누려왔던 공적자금에 대한 접근을 동일하게 신앙 기본 단체들에게도 반드시 주어야 한다. 이 단체들은 정부와 함께 일하는데 있어서 '종교적' 또는 '지나치게 종교적'이라는 인식으로 인하여 더 이상 차별받을 수 없다. 이제 사회봉사를 제공하기 위해 공적자금을 사용할 수 있는 저들의 권리가 법으로 보장되어 있기 때문이다(비록 정부의 협약과 보조금이 예배나 전도 또는 종교적 교육을 위해 사용될 수 없지만 말이다). 신앙 기본 프로그램들을 성공적으로 이끈 신앙을 따로 떼어놓으라고 강요받아서도 안 된다. 또한 이러한 프로그램들을 자신들의 기본원리에 맞춰 올바르게 유지하기 위해, 단체가 운영하는 프로그램의 특별한 신앙적 기준에 헌신할 수 있는 직원을 고용하는데 있어서 법으로부터 자유로워야한다. 존중할 만한 동반자적 관계를 유지하기 위한 새로운 규범을 정부에 요구해야한다. 그렇게 함으로써 신앙 기반 단체들과 정부 기관들은 사람을 돕는 저들의 공동 목표에 이를 수 있다.

또한 자선 선택은 정부로부터 서비스를 받는 사람들의 종교적 자유를 보호한다. 자선 선택 하에서, 어느 누구도 자신들의 종교적 소속 때문에 서비스가 거절되어서는 안 된다. 또한 도움을 받는 사람들은 자신들 스스로 신앙 기반 공급자로부터 서비스를 받을지에 대한 여부를 결정한다. 어떤 사람이 신앙 기반 프로그램으로부터 도움을 받기를 거절할 경우, 자선 선택은 추천할 만한 대안적인 프로그램을 제공하도록 정부에 요청해야 한다.

현재 진행 중인 정부 정책과 실행에 있어서의 변화는 입법과 정책 과정에 그리스도인들의 참여로 인해 맺어진 진지한 결실을 반영하고 있다는 점이다. 자선 선택에 대한 아이디어는 1990년대 중반 경에 나왔는데,

그 당시 칼 에스벡은 종교 단체들이 정부의 사회 복지 프로그램을 공동으로 일하는 과정에서 당면했던 위헌적인 방해 요소들을 연구하고 있었다. 그는 문제점들을 단순히 문서화하는 것에 그치지 않고 한 걸음 더 나아갔다. 신앙 기본 단체들에 대한 불공평한 차별을 검토하기 위한 입법안이 채택되어 질 수 있도록 일련의 법 규정을 그는 초안하였다. 에스벡의 고향인 미주리(Missouri) 주의 상원의원 존 애쉬크로프트(John Ashcroft)는 국회에서 그가 지지하고 있는 복지 개혁 법안에 자선 선택 안을 포함시켰다. 복음주의자들과 다른 종교 및 공동체 단체들은 연합체를 구성했으며, 이 새로운 규정의 필요성을 설명하기 위하여 무수히 국회의원들을 만났다. 1996년 8월, 전직 대통령 빌 클린톤(Bill Clinton) 정부 하에서, 국회는 국가의 사회봉사 프로그램에 대한 일련의 주요 개혁안의 일부로서 자선 선택의 '신앙 친선' 지침을 채택하였다. 오늘날 대통령의 솔선(Initiative)은 많은 복음주의자들이 수립 과정에서 도움을 주어 성취된 이 입법안을 기반으로 시도하고 있다.

유사한 솔선이 영국에서도 진행 중에 있다. 수차례의 연설을 통해 영국 수상 토니 블레어(Tony Blair)는 국가와 지방정부 그리고 종교 사회봉사 단체들 간에 전략적 동반자 관계의 증대를 강조하였다. '그리고 두 단체가 함께 할 경우, 정부는 정부의 책임을 전적으로 인식할 것이며, 대리가 아닌 동반자로서 자발적인 역할을 구할 것이다-그 영향은 정부가 독자적으로 수행하는 것보다 매우 엄청나다'고 그는 주장했다.[47] 보수당의 전직 당 대표였던 윌리암 해이그(William Hague)도 보다 밀접한 공동 사업을 지지하였다. 미국에서처럼, 영국의 복음주의자들은 이러한 새로운 운동의 일선에 나섰다. 스티브 초크(Steve Chalke)가 이끌었던 한 복음주의 단체 오아시스 트러스트(Oasis Trust)는 수상에게 75,000명의 서명이 담긴 탄원서

---

47) Butler 2001.

를 전달하고자 준비했다. 이 탄원서는 신앙 기본 단체들이 권한 분산 프로그램을 통하여 가난한 사람들을 돕기 위한 공적 자금에 동일하게 접근해야 한다는 것을 권고하고 있다. 2000년, 영국 국회는 지방의 사회 복지 프로그램을 수행하는데 있어서 필수적인 동반자로 이전에 제외되었던 공동체 및 신앙 기반 단체들을 포함할 것을 정부 당국에 강력히 권고하는, 소위 자선 선택과 같은, 지방정부 조례를 법률로 규정하였다.

그 조례가 통과된 이후, 오아시스 트러스트는 이 새로운 기회에 관심을 갖고 있는 단체들을 교육시키고 조직하는데 도움을 주기 위하여 주요 운동을 계속 펼쳐나갔다. 또한 이 기구는 법률이 신앙 기반 단체들의 차별화된 특성과 실천을 유지하도록 전폭적으로 존중한다는 것을 확실하게 보장받기 위하여 정부 직원들과 부서들을 교육하고 로비활동을 벌였다.

변화를 위한 분투는 쉬운 것이 아니었다. 예를 들어, 이 두 나라에서 반대자들은 직원을 채용하는데 있어서 종교적인 헌신을 하나의 중요한 자격조건으로 내세우는 신앙 기본 단체들의 요구에 반대운동을 펼쳤다. 몇몇 유럽 공동체의 지시문서와 미국의 법령은 '종교적인 차별' 행위를 금하고 있다. 그러나 이러한 규제는 자신들의 프로그램들이 지니고 있는 종교적인 기본원리에 충분히 헌신된 직원들만을 채용하고자 하는 신앙 기본 단체들에게 힘겨운 부담감을 주고 있다.

미국의 경우, 반대편 정치인들은 신앙 기반 단체들을 편견적이거나 편협적인 단체들로 묘사함으로써 솔선을 훼손시키려고 한다. 그렇지만 실제로 신앙 기반 단체들은, 다른 기구들이 자신들의 비전과 사명을 공유하는 사람들을 채용하는 것을 즐겨하는 것처럼, 그와 같은 기본적인 자유를 단지 주장하고 있는 것이다. 이러한 우려에 대처하기 위하여 그리고 그와 같은 규제를 유지하려고 노력하는 비평가들의 논쟁을 반박하기 위하여, 복음주의자들은 이러한 권리를 존중하고 신앙 기본 단체들의 독립성을 보호하려는 공공정책을 개발하고 그것을 위해 싸워야 한다. 그들은 '가난한 사람들을 돌보야 하는 책임을 정부가 교회에 그냥 떠넘기려는 것이 아닌가?', 또는 '정말로 이것은 교회와 국가를 분리해야하는 위헌적 위반이다! 정부는 종교를 후원하는데 나의 세금을 사용해서는 절대 안된다'는 식의 다른 비평들에 대해서도 반박해야 한다.

신문지상과 텔레비전 그리고 권력의 회랑에서 떠도는 이러한 비난들에 대응하기 위하여, 옹호자들은 정부와 신앙 기반 단체들 간의 관계에서 어떠한 공의가 요구되는지에 관한 논쟁을 추진해가야 한다. 공공 토론광장에서 그들은 자신들의 기본적인 정치 원칙들을 상세히 표현해야한다. 폭넓은 지지를 얻기 위하여 모든 시민이 이해할 수 있는 공동의 대중적 언어로 자신의 기본적 입장을 표현하는 일관된 정치적 체제와 능력이 필요하다. 복음주의자들은 이러한 일련의 정책이 지난 과거에 했던 방법들보다 더 옳은 지에 대한 이유를 설명해야한다.

이렇게 하기 위해서, 이 운동의 핵심적인 복음주의자들은 앞서 언급한 구조적 그리고 고백주의적 다원주의 원칙을 끌어내야 한다. 구조적 다원주의 개념은 솔선의 활동이 정부와 신앙 기본 단체들 그리고 도움을 청하는 사람들 사이에서 아주 잘 맞는 관계를 회복하는데 어떻게 도움이 되는지를 설명해준다. 가족 구성원이 약물 중독으로 고통을 당하거나 실직으로 인해 직업을 구할 때, 사회의 다양한 기관으로부터 여러 종류의 도움이 필요하다. 가정, 학교, 교회, 약물 처방 프로그램, 정부, 그리고 기업 등이 함께 도움을 줄 수 있는 중요하고도 이상적인 역할을 할 수 있다. 부시 대통령이 언급한 바처럼, '정부는 돈을 지출할 수 있으나, 우리의 가슴에 희망이라든지 삶의 목적의 의미를 심어줄 수는 없다.'[48]

---

48) 인디애나 주 인디애나폴리스(Indianapolis)에서 있었던 선거 유세 중 텍사스 주지사 George W. Bush가 했던 연설의 일부이다. Bush 1999.

제11장 복음주의와 정치   443

새 법규는 예를 들어 정부가 할 수 없는 도덕적인 도전의식, 일대일 격려 그리고 돌봄을 제공하기 위하여 동반자 관계를 조성하고 기독교 약물 치료 프로그램에 자원을 공급하고 있다. 이런 것을 통하여 이 법규는 공동체 단체들이 정부의 노력과 더불어 공동으로 일하는데 있어서 적합하고 본질적인 역할을 하고 있다는 것을 인지하고 있다. 이러한 사실은 공의를 향상시키기 위한 정부의 책임을 회피한 것이 아니라, 그것을 지지하는 것이다. 부시 대통령은 '최상의 멘토링 프로그램이 가난한 어린아이들을 위한 의료보험제도로 결코 대체되지 않을 것이다'고 말하면서, '주택건설을 혁신하기 위한 최상의 노력은 공정한 주택건설 규정을 위한 대안이 결코 되지 않을 것이다. 그러나 우리는 [신앙 기반 및 공동체 단체들이] 더 할 수 있으리라고 굳게 믿고 있다. 우리는 저들의 규모를 확장하고 숫자를 증설하는데 창의적인 방법을 반드시 찾아야 한다'[49]고 역설하였다.

또한 구조적 그리고 고백주의적 다원주의의 아이디어는 다른 비난에 응전하는 데에도 도움이 된다. 솔선은 교회와 국가의 분리 정책을 위반하거나 어떤 특정 종교에 특권을 주지 않는다. 반대로, 고백주의적 다원주의 원칙에 기초하고 있는 자선 선택은, 대통령이 언급한 바처럼, 정부의 프로그램이 '감리교, 모슬렘이나 몰몬교, 또는 전혀 믿음이 없는 선한 사람들에 의해서' 운영되든지 간에, 기금에 대한 공정한 접근이 모두에게 제공되어야 한다는 것을 명시하고 있다.

정부는 '어느 편을 두둔하는 것' 없이 사회의 무수히 다양한 신앙 공동체의 공공 서비스를 인정하고 있다. 이러한 새 법규는 비중립적이고 세속적인 세계관에 뿌리박힌 이전의 불공정한 정책과 규정을 뒤집었으며, 신앙 기반(또는 세속적인) 프로그램을 위하든지 또는 반하든지 간에 지금은 어떠한 편견도 없다는 것을 보장해주고 있다. 자선 선택은 위헌적인 방법

---

49) 시장(Mayors)들을 위한 한 집회에서 대통령이 행한 연설의 일부이다. Bush 2001b.

으로 종교를 지원하기는 보다 오히려 솔선을 비평하는 자들이 주장하는 종교단체를 향한 세속적 편견이 담긴 불공정한 제도를 방지하고 있다.

또한 자선 선택은 정부 권력의 사용을 자신의 역량까지 만으로 제한하고 있다. 정부는 지금 어떤 특별 프로그램이 적법한 공공 사회봉사의 목적과 결과를 효과적으로 성취하고 있는지를 간략하게 평가하고 있다. 국가는 어떤 프로그램이 얼마나 종교적인지, 또는 그것이 '편견으로 가득찬' 것인지, 즉 종교적인 임무와 공적인 임무를 구분할 수 없는지 또는 있는지를 먼저 물어보는 권한을 더 이상 남용할 수 없다. 신앙의 자유와 다양성을 존중하는 공정한 국가는 종교적 편견을 끊어 버려야 한다.

마찬가지로 가장 시급한 사회적 위기에 대처하기 위하여 도와 달라는 정부의 초청을 신앙 기본 단체들이 수용할 경우, 제도적이고 종교적으로 다양한 사회를 인정하는 공정한 국가는 그 단체들에게 정책을 바꾸라고 결코 요구하지 않을 것이다. 사회의 각종 모든 종류의 종교단체들은 신앙 기반 프로그램의 정신에 따라 본보기가 되거나 그렇게 살고자하는 직원을 채용하는 권리를 가지고 있다. 만약 국가가 그 권리를 인정하지 않는다면, 국가는 공의에 관한 정치적 규정을 위반하는 것이다. 만일 어느 유대인 프로그램이 그 기구를 이끌기 위해 같은 뜻을 품은 직원을 채용하는데 있어서 자유롭지 못하거나, 또는 시간이 흐르면서 침례교 또는 무신론주의를 따르는 직원들에 의해서 운영되어진다면, 그 프로그램은 그것이 가지고 있는 독특한 유대인적 특성을 잃어버리게 될 것이며, 그 프로그램이 뜻한 바를 더 이상 수행할 수 없게 될 것이다.

고백주의적 다원주의의 원칙은 다양한 신앙 공동체들이 사적인 문제뿐만 아니라, 대중적인 그리고 정부적인 차원의 문제에 있어서도 자신들의 종교적 원칙에 따라 반드시 자유롭게 살아가야 한다는 것을 인정한다. 다양한 신앙 공동체들은 자신들의 프로그램에 맞는 직원을 채용하기 위하여 색다른 요구조건과 접근방식을 가지고 있다. 정부는 두루 적용되는 한 가지 접근방식만을 모든 단체들에게 강요해서는 안 된다. 즉 그 단체들이 프로그램을 운영하고 직원을 채용하는 데 있어서 종교적 헌신을 부적합 것으로 요구해서는 안 된다. 정부는 자체적인 직원 채용 정책을 만들어 내도록 그 단체들의 독립적인 권리를 인정함으로서 그와 같은 달갑잖고 정당하지 못한 형태의 통설을 단체들에게 강요하는 것을 피할 수 있다. 구조적 다원주의 원칙은 하나님께서 신앙 기반 단체들이 동반자인 정부의 정체성과는 다른, 자신들만의 독특한 특성을 갖도록 만드셨다고 여긴다. 그러므로 저들을 정부의 한 '지류'로 간주할 필요가 없다. 저들은 정부 기관을 지지하는 자들과 달리 다른 종류의 기준을 부분적으로 따라야한다. 만일 정부의 법규가 신앙 기반 단체들의 독특한 특성과 독립성을 존중하지 않는다면, 시민 사회의 이러한 '파워 조직'은 도움이 필요한 사람들을 위한 동반자로서 정부가 그 단체들 안에서 얻고자 원하는 바로 그러한 동력과 효과를 잃어버린 가능성이 있다.

신앙 기반 솔선의 사례는 구조적 그리고 고백주의적 다원주의와 같은 원칙들이 기독교 정치 체제 속에서 중요한 역할을 할 수 있다는 것을 강조하고 있다. 그러나 정부가 반드시 고심해야하는 공의에 관한 몇 가지 문제점은 그리스도인의 정치 툴박스(toolbox)로부터 다른 분석 도구나 분석 방식의 사용을 필요로 하고 있다. 종종 정치적 논쟁은 돈 문제에 집중하게 된다. 얼마나 많은 돈을 정부가 지출해야하는가? 비록 세금의 증가라든지 경제 성장의 둔화 같이 어떤 경우에 발생할지라도, 예를 들어, 적합한 교육 시스템 또는 건강관리 프로그램을 위해서는 충분한 공적자금이 필요하다. 이러한 논쟁에 의견을 개진하기 위해서, 그리스도인들과 저들의 동료 시민들은 자신들의 신념과 세계관을 가지고 실제 사실과 수치에 관한 공개토론에 자유롭게 임해야 한다.

이러한 이슈들을 고려해 볼 때, 몇몇 환원주의자의 접근방식이 제시하는 바처럼, 공공이익은 경제적인 능률을 극대화하는 만큼이나 좀처럼 단순하지 않다는 것을 기억하는 것이 중요하다. 지출에 관한 자금 논쟁은 중요한 원칙들을 포함하고 있는 보다 깊은 질문에 답변하는 것을 거의 항상 전제하고 있다. 정부가 학교 교육에 자금을 지원할 경우, 누가 그 교육비를 제공해야만 하는 것인가? 복지 혜택의 적절량을 놓고 논쟁이 격렬해질 경우에도, 다른 질문들이 당연하게 종종 발생한다. 복지혜택을 받은 사람에게 자신과 자신의 가족을 더 잘 부양하고 일할 있도록 돕기 위해 어떠한 종류의 지원이 주어져야 하겠는가? 정치계에 있는 그리스도인들은 공의를 추구하는 신성한 소명의 일부로서 하나님의 선하신 창조세계 안에 있는 이러한 모든 문제들을 자세히 조사하는 소임을 가지고 있다.

5. 앞으로의 과제

복음주의자들이 미래 정치의 모양을 만들어 나아가기 위하여 택할 수 있는 그리고 그리스도의 왕국을 위한 하나의 섬김으로서 공공광장에 참여할 수 있는 기본적 조치란 도대체 무엇인가?

첫째, 우리는 우리가 섬기는 하나님은 공의가 이 땅에 있기를 원하신다는 것을 새롭게 생각해야 하며, 우리가 할 수 있는 역할을 반드시 찾아야 한다. 오늘날 세상이 직면하고 있는 많은 문제점들은 정치권력의 책임 있는 활용 없이는 해결되기 어렵다. 모든 권력과 권한의 근원이신 하나님은 모든 사람들을 위한 공의를 추구하고 구현하도록 국민과 공직자들에게 책임을 부여하셨다. 하나님께 순종한다는 것은 정치적 책임을 수행하는 국민과 지도자로서 공의를 실천하기 위하여 하나님의 소명을 분별하고 따르는 방법을 배운다는 것을 의미한다. 우리가 만일 하나님과 언약 관계에 있다면, 이러한 소명이 개인적으로 그리고 집합적으로 우리에게 무엇을 요구하고 있는지를 반드시 찾아내야 한다.

둘째, 공의를 추구하는데 있어서 성경 이야기와 이러한 일에 관련된 사람들 그리고 믿음 가운데 우리보다 앞서 간 사람들의 이야기들로부터 우리는 영감을 받을 수 있다. 선하지만 타락한 창조세계에 있는 우리가 하나님의 피조물로서 사랑 많으신 창조주의 뜻에 따라 역사의 모양을 만들어 가고 세상을 재구성하도록 부르심을 받았다는 것을 창세기와 주기도문은 상기시켜 준다. 복음주의자들은 지도자들의 모범을 통해 배움을 얻을 수 있다. 예를 들어, 윌리엄 윌버포스(William Wilberforce)는 영국에서 노예제도가 폐지되는데 있어서 정치적인 사랑의 수고를 아끼지 않았다. 네덜란드의 수상을 역임한 바 있는 신학자 아브라함 카이퍼(Abraham Kuyper)는 그가 속한 정당이 만인을 위한 정의라는 개념에 기초한 기독교 정치 강령을 실현하도록 이끌었다.[50] 또한 우리는 신앙 기반 솔선 운동에 참여하고 있는 사람들과 같이 오늘날 이 시대의 일선에서 봉사하고 있는 사람들로부터 배울 수 있다.

셋째, 복음주의자들은 자신들의 정치적 행동을 이끌어 가기 위해 일관된 틀을 발전시키도록 반드시 함께 협력해야 한다. 이러한 일의 진행은 수년 또는 수십 년이 걸리지도 모른다. 우선적으로 정부 업무에 종사하는 그리스도인들이 함께 회합을 갖고, 공의에 관한 성경적 원칙이 일반 대중의 종으로서 그리고 하나님 나라의 종으로서 자신들의 업무를 어떻게 알려주었는지에 대한 성명을 만들어 낼 수 있을 것이다.[51] 그

---

50) 이러한 그리스도인 정치 지도자들의 생애에 관하여 더 알기를 원하면, Langley 1984; Heslam 1998 그리고 Belmonte 2002를 보라.
51) Ron Sider는 이런 것과 더불어 다른 유용한 권장사항을 제시하고 있다. Sider 2000.

들은 교회 안에 특별한 식견을 지닌 경제학자나 사회학자, 목회자, 신학자, 교육자, 사업가, 환경주의자 그리고 공공광장에서 제기된 실행 가능한 기독교 정치의 선택권을 갈망하며 관심을 갖고 있는 시민들과 함께 일할 수 있어야 한다. 어느 한 사람의 관점과 기본 원칙을 확고한 정책 방안으로 바꾸기 위해서는 특별한 전문적 지식을 지닌 복음주의자들이 관심 사안에 반드시 공감해야 하며, 관련된 문제점들에 대한 세부적인 연구와 사회적 분석을 시도해야 한다. 기독교 세계관과 공의에 대한 비전은 빈곤, 낙태, 민족적 및 인종적 화합, 인권, 생명윤리, 핵무기 확산 그리고 국제적인 문제 등과 같은 이슈들을 어떻게 다루어야 하는가? 성경적으로 현명한 지도력이 시급히 요구된다는 문제들 그리고 각종 많은 이슈에 관한 토론들을 복음주의 지도자들은 어떻게 이끌어가거나 재구성을 시도할 것인가? 구조적 그리고 고백주의적 다원주의와 같은 원칙들은 논쟁을 해결하고 더 큰 공의를 증진시키기 위하여 어떠한 역할을 할 수 있겠는가?

넷째, 복음주의자들은 공공광장에서 공의를 지지하기 위하여 강력한 기구와 연합체를 반드시 구성해야 한다. 정치는 장기간의 공동체적 임무이지, '론 레인저'(Lone Ranger, 시리즈 서부영화의 주인공-역주) 유형과 같은 그리스도인들의 개인적 업무가 아니다. 그러므로 미국 복음주의 협회(the National Association of Evangelicals)와 영국 복음주의 연맹(the Evangelical Alliance)과 같은 단체들은 최근 이슈들에 관하여 국민을 계몽하고, 정부 각료들에게 공의를 위한 그리스도인의 목소리를 분명하게 표명하는 등 중대한 역할을 하고 있다. 기독교 공공 정책 두뇌집단과 같은 기구들은 공의를 구현하도록 입법자들 앞에 내 놓을 수 있는 세부적인 정책 방안과 새로운 아이디어를 개발하는 일에 주력하고 있다. 입법안의 개혁을 법률로 규정하는 지원방안을 수립하기 위하여, 때때로 유사한 정치적 목적을 공유하고 있으며 생각이 비슷한 다른 신앙의 사람들과 더불어 연합체를 구성하는 것이 복음주의 정치 단체들에게 필요하다. 모든 참된 공의는 하나님의 공의이기 때문에, 정부가 당면하고 있는 이슈에 적절한 행동 방침이 무엇인가에 대한 활기찬 정치 토론에 다른 사람들(다른 신앙 전통을 가진 신앙인들과 비신앙인들을 포함하여)과 함께 복음주의자들도 대범하게 동참해야 한다. 재차 언급하면, 이러한 일은 우리의 신앙이 당면한 입장을 왜 우리가 지지하도록 만드는지를 우리가 알고 있다는 것을 전제로 하고 있다. 또한 왜 우리가 지지하는 입장이, '단지 우리'(just us)라는 폭 좁은 특별한 관심을 구현하기 위한 시도가 아니라, 만인을 위하여 참된 대중적인 공의를 구현하기 위한 시도인지를 틀림없이 전달할 수 있어야 한다.

끝으로, 공공광장에서 공의를 옹호하는 것은 힘든 작업이다. 복음주의 정치인들은 그리스도의 나라를 위한 자신들의 수고에 활력을 제공하고 계속 추진해 나가기 위하여, 담대하고 깊은 영성 개발이 필요하다. 때로는 공의를 증진시키는 아주 좋은 아이디어가 노력한 만큼 결실을 맺지 못할 때도 있다(또는 적어도 즉각적으로). 어쩌면 반대자들이 자신들의 주장을 후원하는 사람들을 결집하는데 더욱 효율적일지도 모른다. 영국에서 윌리엄 윌버포스가 노예제도를 종식시키기 위하여, 그가 죽은 지 며칠 뒤인 1833년 국회 법령에 의해서 노예제도가 공식적으로 폐지되기 전까지 수십 년간 지칠 줄 모르게 일하였다. 공의를 구현하기 위하여 일할 때, 좌절하거나 낙심에 빠지기 쉽다. 그리고 궁극적으로 공의의 하나님이 자신의 목적을 이끌어가고 있다는 점을 쉽게 잊어버린다. 오직 소명을 신뢰하고, 순종하고 그리고 신실히 따를 것을 하나님은 우리에게 요구하신다. 복음주의자들이 과거의 실수를 극복하고 새로운 비전 속에서 현재와 미래의 과제를 직시하고 있는 것처럼, 우리는 우리 자신이 하나님과 함께하는 협력자임을 반드시 명심해야한다. 공의를 최종적으로 수립하고 하나님 나라를 이 땅에 회복시키는 일은 왕이 주시는 선물로서 어느 날엔가 틀림없이 성취 될 것이다. 오늘날 우리는 표지판들을 보고 있다. 그 날까지, 우리의 수고를 변함없이 지속하기 위하여 주님의 말씀을 우리의 마음 중심에 새겨야 한다. '사람아 주께서 선한 것이 무엇임을 네게 보이셨나니 여호와께서 네게 구하시는 것은 오직 정의를 행하며 인자를 사랑하며 겸손하게 네 하나님과 함께 행하는 것이 아니냐', '우리가 선을 행하되 낙심하지 말지니 포기하지 아니하면 때가 이르매 거두리라.'[52]

Bibliography

Aquinas, Thomas (Summa), *The Summa Theologica* (trans. Fathers of the English Dominican Province, 1948), vol. 1, New York: Benziger.

Belmonte, Kevin (2002), *Hero for Humanity: A Biography of William Wilberforce*, Colorado Springs, CO: NavPress.

Blamires, Harry (1963), *The Christian Mind*, London: SPCK.

Brown, Ruth Murray (2002), *For a 'Christian America': A History of the Religious Right*, New York: Prometheus Books.

Bush, George W. (1999), 'The Duty of Hope', campaign speech, Indianapolis, IN, 22 July.

——, (2001a), 'Rallying the Armies of Compassion', Administration document, Washington, DC: The White House, January.

——, (2001b), 'Remarks by the President to the United States Conference of Mayors', Detroit, MI, 25 June.

——, (2001c), 'Unlevel Playing Field: Barriers to Participation by Faith-Based and Community Organizations in Federal Social Service Programs', Administration document, Washington, DC: The White House, August.

Butler, Patrick (2001), 'Blair invites religious groups to deliver public services', *The Guardian*, 29 March.

Calvin, J. (Inst), *Institutes of the Christian Religion* (trans. F. L. Battles, 1960),

---

[52] 미 6:8; 갈 6:9(영어성경은 NIV를, 한글성경은 개역 개정판을 따랐음—역주).

Library of Christian Classics, vols. XX and XXI, Philadelphia: Westminster Press.
Carlson-Thies, Stanley and James W. Skillen (1996), *Welfare in America: Christian Perspectives on a Policy in Crisis*, Grand Rapids: Eerdmans.
Dooyeweerd, Herman (1979), *Roots of Western Culture: Pagan, Secular, and Christian Options*, Toronto: Wedge Publishing Foundation.
Freston, Paul (2001), *Evangelicals and Politics in Asia, Africa and Latin America*, Cambridge: Cambridge University Press.
George, Robert P. (2001), *The Clash of Orthodoxies: Law, Religion, and Morality in Crisis*, Wilmington, DE: ISI Books.
Hamilton, Alexander, James Madison and John Jay (1961), *The Federalist Papers*, ed. Clinton Rossiter, New York: Penguin Books.
Heslam, Peter S. (1998), *Creating a Christian Worldview: Abraham Kuyper's Lectures on Calvinism*, Grand Rapids: Eerdmans.
Hitchens, Peter (1999), 'The False Religion of Politics', speech given at Morpeth Arms, Westminster, October, Conservative Christian Fellowship, ccfwebsite.com.
Hoover, Dennis (2000), 'Charitable Choice and the New Religious Center', *Religion in the News*, A Publication of The Leonard E. Greenberg Center for the Study of Religion in Public Life, Trinity College, Hartford, CN, 3.1: 4–7, 26.
Jackson, Timothy P. (2003), *The Priority of Love: Christian Charity and Social Justice*, Princeton: Princeton University Press.
Johnson, Byron R. with Ralph Brett Tompkins and Derek Webb (2002), *Objective Hope – Assessing the Effectiveness of Faith-Based Organizations: A Review of the Literature*, Philadelphia: Center for Research on Religion and Urban Civil Society.
Langley, McKendree R. (1984), *The Practice of Political Spirituality: Episodes from the Public Career of Abraham Kuyper, 1879–1918*, Jordan Station, Ontario: Paideia Press.
Lugo, Luis E. (1998), *Equal Partners: The Welfare Responsibility of Governments and Churches*, Washington, DC: Center for Public Justice.
Marshall, Paul (2002), *God and the Constitution: Christianity and American Politics*, Lanham, MD: Rowman & Littlefield.
Monsma, Stephen V. (1984), *Pursuing Justice in a Sinful World*, Grand Rapids: Eerdmans.
—— (1996), *When Sacred and Secular Mix: Religious Non-Profit Organizations and Public Money*, Lanham, MD: Rowman & Littlefield.

Neuhaus, Richard John (1986), *The Naked Public Square*, Grand Rapids: Eerdmans.

Noll, Mark (1994), *The Scandal of the Evangelical Mind*, Grand Rapids: Eerdmans.

O'Donovan, Oliver (1996), *The Desire of the Nations: Rediscovering the Roots of Political Theology*, Cambridge: Cambridge University Press.

O'Donovan, Oliver and Joan Lockwood O'Donovan (eds.) (1999), *From Irenaeus to Grotius: A Sourcebook in Christian Political Thought*, Grand Rapids: Eerdmans.

Runner, H. Evan (1974), *Scriptural Religion and Political Task*, Toronto: Wedge Publishing Foundation.

Sherman, Amy (1999), *Sharing God's Heart for the Poor: Meditations for Worship, Prayer, and Service*, Indianapolis: Hudson Institute; Charlottesville: Trinity Presbyterian Church.

Sider, Ron (2000), 'Toward an Evangelical Political Philosophy', in David P. Gushee (ed.), *Christians and Politics Beyond the Culture Wars: An Agenda for Engagement*, Grand Rapids: Baker.

Skillen, James W. (1981), 'Politics, Pluralism and the Ordinances of God', in Henry Vander Goot (ed.), *Life is Religion: Essays in Honor of H. Evan Runner*, St Catharines: Ontario.

——, (1990), *The Scattered Voice: Christians at Odds in the Public Square*, Grand Rapids: Zondervan.

——, (2000a), *A Covenant to Keep: Meditations on the Biblical Theme of Justice*, Grand Rapids: CRC Publications; Washington, DC: Center for Public Justice.

——, (2000b), 'American Statecraft: A New Art for the 21st Century', the Sixth Annual Kuyper Lecture, Washington, DC: Center for Public Justice.

Skillen, James W. with Jerry S. Herbert and Joshua Good (2001), *At A Political Crossroads: Christian Civic Education and the Future of the American Polity*, Washington, DC: Center for Public Justice.

Spykman, Gordon J. (1992), *Reformational Theology: A New Paradigm for Doing Dogmatics*, Grand Rapids: Eerdmans.

Thomas, Cal and Ed Dobson (1999), *Blinded by Might: Can the Religious Right Save America?* Grand Rapids: Zondervan.

Willis, Ellen (2001), 'Freedom from Religion', *The Nation*, 19 February.

Wolters, Al (1985), *Creation Regained: Biblical Basics for a Reformational Worldview*, Grand Rapids: Eerdmans.

Wright, N. T. (1999), *New Heavens, New Earth: The Biblical Picture of Christian Hope*, Cambridge: Grove Books.

Zylstra, Bernard (1970), 'The Crisis of our Times and the Evangelical Churches', *Out of Concern for the Church*, Toronto: Wedge Publishing Foundation.

© Stephen Lazarus, 2003

복음주의 미래

The Futures of Evangelicalism
: Issues and Prospects

2012년 8월 5일 초판 발행

편집인 | 크레이그 G. 바돌로뮤 외 2인
옮긴이 | 이호우
펴낸곳 | 사)기독교문서선교회
등록 | 제16~25호(1980. 1. 18)
주소 | 서울시 서초구 방배동 983-2
전화 | 02) 586-8761~3(본사) 031) 923-8762~3(영업부)
팩스 | 02) 523-0131(본사) 031) 923-8761(영업부)
홈페이지 | www.clcbook.com
이메일 | clckor@gmail.com
온라인 | 기업은행 073-000308-04-020, 국민은행 043-01-0379-646
         예금주: 사)기독교문서선교회

ISBN 978-89-341-1215-0 (93230)

* 낙장·파본은 교환해 드립니다.